THE OTHER ADAM SMITH

另一个亚当·斯密

[美] 麦克·希尔 (Mike Hill) 著

[美] 沃伦·蒙塔格 (Warren Montag)

译 余莉

中国社会科学出版社

图字：01－2015－7039 号

图书在版编目（CIP）数据

另一个亚当·斯密／（美）麦克·希尔（Mike Hill），（美）沃伦·蒙塔格
（Warren Montag）著；余莉译 . —北京：中国社会科学出版社，2018.10
（知识分子图书馆）
书名原文：The Other Adam Smith
ISBN 978－7－5203－2634－6

Ⅰ.①另… Ⅱ.①麦…②沃…③余… Ⅲ.①亚当·斯密（Adam
Smith 1723－1790）—思想评论 Ⅳ.①F091.33

中国版本图书馆 CIP 数据核字（2018）第 117787 号

出 版 人　赵剑英
责任编辑　巴 哲　刘志兵
责任校对　石春梅
责任印制　李寡寡
封面设计　李华凯

出　　　版　中国社会科学出版社
社　　　址　北京鼓楼西大街甲 158 号
邮　　　编　100720
网　　　址　http：//www.csspw.cn
发 行 部　010－84083685
门 市 部　010－84029450
经　　　销　新华书店及其他书店

印刷装订　北京君升印刷有限公司
版　　　次　2018 年 10 月第 1 版
印　　　次　2018 年 10 月第 1 次印刷

开　　　本　650×960　1/16
印　　　张　34
字　　　数　460 千字
定　　　价　98.00 元

总　序

1986—1987 年，我在厄湾加州大学（UC Irvine）从事博士后研究，先后结识了莫瑞·克里格（Murray Krieger）、J. 希利斯·米勒（J. Hillis Miller）、沃尔夫冈·伊瑟尔（Walfgang Iser）、雅克·德里达（Jacques Derrida）和海登·怀特（Hayden White）；后来应老朋友弗雷德里克·詹姆逊（Fredric Jameson）之邀赴杜克大学参加学术会议，在他的安排下又结识了斯坦利·费什（Stanley Fish）、费兰克·伦屈夏（Frank Lentricchia）和爱德华·赛义德（Edward W. Said）等人。这期间因编选《最新西方文论选》的需要，与杰费里·哈特曼（Geoffrey Hartman）及其他一些学者也有过通信往来。通过与他们交流和阅读他们的作品，我发现这些批评家或理论家各有所长，他们的理论思想和批评建构各有特色，因此便萌发了编译一批当代批评理论家的"自选集"的想法。1988 年 5 月，J. 希利斯·米勒来华参加学术会议，我向他谈了自己的想法和计划。他说"这是一个绝好的计划"，并表示将全力给予支持。考虑到编选的难度以及与某些作者联系的问题，我请他与我合作来完成这项计划。于是我们商定了一个方案：我们先选定十位批评理论家，由我起草一份编译计划，然后由米勒与作者联系，请他们每人自选能够反映其思想发展或基本理论观点的文章 50 万至 60 万字，由我再从中选出 25 万至 30 万字的文章，负责组织翻译，在中国出版。

但 1989 年以后，由于种种原因，这套书的计划被搁置下来。1993 年，米勒再次来华，我们商定，不论多么困难，也要将这一翻译项目继续下去（此时又增加了版权问题，米勒担保他可以解决）。作为第一辑，我们当时选定了十位批评理论家：哈罗德·布鲁姆（Harold Bloom）、保罗·德曼（Paul de Man）、德里达、特里·伊格尔顿（Terry Eagleton）、伊瑟尔、费什、詹姆逊、克里格、米勒和赛义德。1995 年，中国社会科学出版社决定独家出版这套书，并于 1996 年签了正式出版合同，大大促进了工作的进展。

为什么要选择这些批评理论家的作品翻译出版呢？首先，他们都是在当代文坛上活跃的批评理论家，在国内外有相当大的影响。保罗·德曼虽已逝世，但其影响仍在，而且其最后一部作品于 1996 年刚刚出版。其次，这些批评理论家分别代表了当代批评理论界的不同流派或不同方面，例如克里格代表芝加哥学派或新形式主义，德里达代表解构主义，费什代表读者反应批评或实用批评，赛义德代表后殖民主义文化研究，德曼代表修辞批评，伊瑟尔代表接受美学，米勒代表美国解构主义，詹姆逊代表美国马克思主义和后现代主义文化研究，伊格尔顿代表英国马克思主义和意识形态研究。当然，这十位批评理论家并不能反映当代思想的全貌。因此，我们正在商定下一批批评家和理论家的名单，打算将这套书长期出版下去，而且，书籍的自选集形式也可能会灵活变通。

从总体上说，这些批评家或理论家的论著都属于"批评理论"（critical theory）范畴。那么什么是批评理论呢？虽然这对专业工作者已不是什么新的概念，但我觉得仍应该略加说明。实际上，批评理论是 60 年代以来一直在西方流行的一个概念。简单说，它是关于批评的理论。通常所说的批评注重的是文本的具体特征和具体价值，它可能涉及哲学的思考，但仍然不会脱离文本价值的整体观念，包括文学文本的艺术特征和审美价值。而批评理论则不同，它关注的是文本本身的性质，文本与作者的关系，文本与读者的关系以及读者的作用，文本与现实的关系，语言的作用和地位，等等。换句话说，它关注的是批评的形成过程和运作方式，批评本身的特征和价值。由于批评可以涉及多种学科和多种文本，所以批评理论不限于文学，而是一个新的跨学科的领域。它与文学批评和文学理论有这样那样的联系，甚至有某些共同的问题，但它有自己的独立性和自治性。大而化之，可以说批评理论的对象是关于社会文本批评的理论，涉及文学、哲学、历史、人类学、政治学、社会学、建筑学、影视、绘画，等等。

批评理论的产生与社会发展密切相关。1960 年以来，西方进入了所谓的后期资本主义，又称后工业社会、信息社会、跨国资本主义社会、工业化之后的时期或后现代时期。知识分子在经历了 1960 年的动荡、追求和幻灭之后，对社会采取批判的审视态度。他们发现，社会制度和生产方式以及与之相联系的文学艺术，出现了种种充满矛盾和悖论的现象，例如跨国公司的兴起，大众文化的流行，公民社会的衰微，消费意识的蔓延，信息爆炸，传统断裂，个人主体性的丧失，电脑空间和视觉形象的扩展，等等。面对这种情况，他们充满了焦虑，试图对种种矛盾进行解释。他们重新考察现时与过去或现代时期的关系，力求找到可行的、合理的方案。由于社会的一切运作（如政治、经济、法律、文学艺术等）都离不开话语和话语形成的文本，所以便出现了大量以话语和文本为客体的批评及批评理论。这种批评理论的出现不仅改变了大学文科教育的性质，更重要的是提高了人们的思想意识和辨析问题的能力。正因为如此，批评理论一直在西方盛行不衰。

我们知道，个人的知识涵养如何，可以表现出他的文化水平。同样，一个社会的文化水平如何，可以通过构成它的个人的知识能力来窥知。经济发展和物质条件的改善，并不意味着文化水平会同步提高。个人文化水平的提高，在很大程度上取决于阅读的习惯和质量以及认识问题的能力。阅读习惯也许是现在许多人面临的一个问题。传统的阅读方式固然重要，但若不引入新的阅读方式、改变旧的阅读习惯，恐怕就很难提高阅读的质量。其实，阅读方式也是内容，是认知能力的一个方面。譬如一谈到批评理论，有些人就以传统的批评方式来抵制，说这些理论脱离实际，脱离具体的文学作品。他们认为，批评理论不仅应该提供分析作品的方式方法，而且应该提供分析的具体范例。显然，这是以传统的观念来看待当前的批评理论，或者说将批评理论与通常所说的文学批评或理论混同了起来。其实，批评理论并没有脱离实际，更没有脱离文本；它注重的是社会和文化实际，分析的是社会文本和批评本身的文本。所谓脱离实际或脱离作品只不过是脱离了传统的文学经典文本而已，而且也并非所有的批评理论都是如此，例如詹姆逊那部被认为最难懂的《政治无意识》，就是通过分析福楼拜、普鲁斯特、康拉德、吉辛等作家作品来提出他的批评理论的。因此，我们阅读批评理论时，必须改变传统的阅读习惯，必须将它作为一个新的跨学科的领域来理解其思辨的意义。

要提高认识问题的能力，首先要提高自己的理论修养。这就需要像经济建设那样，采取一种对外开放、吸收先进成果的态度。对于引进批评理论，还应该有一种辩证的认识。因为任何一种文化，若不与其他文化发生联系，就不可能形成自己的存在。正如一个人，若无他人，这个人便不会形成存在；若不将个人置于与其他人的关系当中，就不可能产生自我。同理，若不将一国文化置于与世界其他文化关系之中，也就谈不上该国本身的民族文化。然而，只要与其他文化发生关系，影响就是双向性的；这种关系是一种张力关系，既互相吸引又互相排斥。一切文化的发展，都离不开与其他文化的联系；只有不断吸收外来的新鲜东西，才能不断激发自己的生机。正如近亲结婚一代不如一代，优种杂交产生新的优良品种，世界各国的文化也应该互相引进、互相借鉴。我们无须担忧西方批评理论的种种缺陷及其负面影响，因为我们固有的文化传统，已经变成了无意识的构成，这种内在化了的传统因素，足以形成我们自己的文化身份，在吸收、借鉴外国文化（包括批评理论）中形成自己的立足点。

今天，随着全球化的发展，资本的内在作用或市场经济和资本的运作，正影响着世界经济的秩序和文化的构成。面对这种形势，批评理论越来越多地采取批判姿态，有些甚至带有强烈的政治色彩。因此一些保守的传统主义者抱怨文学研究被降低为政治学和社会科学的一个分支，对文本的分析过于集中于种族、阶级、性别、帝国主义或殖民主义等非美学因素。然而，正是这种批判态度，有助于我们认识晚期资本主义文化的内在逻辑，使我们能够在全球化的形势下，更好地思考自己相应的文化策略。应该说，这也是我们编译这套丛书的目的之一。

在这套丛书的编选翻译过程中，首先要感谢出版社领导对出版的保证；同时要感谢翻译者和出版社编辑们（如白烨、汪民安等）的通力合作；另外更要感谢国内外许多学者的热情鼓励和支持。这些学者们认为，这套丛书必将受到读者的欢迎，因为由作者本人或其代理人选择的有关文章具有权威性，提供原著的译文比介绍性文章更能反映原作的原汁原味，目前国内非常需要这类新的批评理论著作，而由中国社会科学出版社出版无疑会对这套丛书的质量提供可靠的保障。这些鼓励无疑为我们完成丛书带来了巨大力量。我们将力求把一套高价值、高质量的批评理论丛书奉献给读者，同时也期望广大读者及专家学者热情地提出建议和批评，以便我们在以后的编选、翻译和出版中不断改进。

王逢振

1997 年 10 月于北京

致　谢

　　本书作者感谢埃米莉 – 简·科恩（Emily-Jane Cohn）在本书整个完成过程中所给予的支持，感谢她在此期间所表现出的耐心。在阅读了本书初稿的读者中，我们要特别感谢埃里克·史莱塞艾尔（Eric Schliesser）和米切尔·沙皮罗（Michael Shapiro）提供的建设性意见。南希·阿姆斯特朗（Nancy Armstrong）在《另一个亚当·斯密》的最初阶段所做出的评论既犀利又中肯。我们感谢塔尼娅·弗劳里斯（Tania Flores）和斯坦福编辑团队——特别是埃米莉·史密斯（Emily Smith）和詹妮弗·高登（Jennifer Gordon）。书中的任何遗留错误，责任全在本书作者。

　　此外，麦克·希尔（Mike Hill）的以下同事和朋友在该书写作的不同阶段阅读了其中的某些章节，或以其他方式对本书的完成给予了支持：理查德·巴耐（Richard Barney）、凯文·弗莱（Kevin Frye）、劳拉·希尔（Laura Hill）、麦尔文·杰克逊（Melvin Jackson）、托尼·加莱斯（Tony Jarrells）、蒂芙尼·卢塞（Devoney Looser）、毛特·舒曼（Mort Schoolman）和格里夫特·西斯金（Glifford Siskin）。在本书大部分章节的写作期间，希尔一直担任纽约州立大学阿尔伯尼分校英语系系主任，他希望对那里的同事表示感谢，感谢他们对这项学术研究的理解，因为它必然分散了他在管理职责上的精力。该校艺术与科学学院的艾伽·武夫特（Elga Wulfert）院长准许他一个学期不上课以完成这本书。最后，希尔要对过去几年中在关于启蒙的研讨班上做出评论、提出质疑的研究生表示感谢。

沃伦·蒙塔格（Warren Montag）感谢理查德·巴耐（Richard Barney）、迪莫斯·坎贝尔（Timothy Campbell）、罗伯特·艾斯珀斯托（Roberto Esposito）、罗伯特·马克雷（Robert Markley）和克里斯蒂安·马罗比（Christian Marouby）——他们提供了各自的意见和建议。他同样感谢西方学院学术部副主任姚格·冈萨雷斯（Jorge Gonzalez）为本研究提供的支持。

目　录

引　言　"渐趋堙没"　另一个亚当·斯密是哪一个？ …… （1）

第一章　"无知产生的美妙诧异"：亚当·斯密的
　　　　知识划分 ………………………………… （44）

第二章　"争论不断的合并"：从亚当·斯密到斯宾诺莎
　　　　跨越个人成见的争执 ……………………… （158）

第三章　"数量，噪音，权力"：作为历史方法难题的
　　　　暴动 ………………………………………… （218）

第四章　"豁免，自由的必要补充"：僵尸经济学的
　　　　诞生 ………………………………………… （350）
　　自由竞争/任其毁灭（第一部分） ……………… （350）
　　"不可能存在强制性的生存权"：自由竞争/
　　　　任其毁灭（第二部分） …………………… （446）

索　引 …………………………………………………… （492）

引 言

"渐趋埋没"
另一个亚当·斯密是哪一个?

　　2008 年 10 月,大萧条以来最严重的经济危机期间,美国众议院监察与政府改革委员会共举行了五场听证会以对全球性的金融崩溃达成初步理解。[①] 根据委员会主席亨利·魏克斯曼(Henry Waxman)的说法,第四场听证会讨论的是"联邦监察员的行动——和不作为",因为"华盛顿的普遍态度……市场……最了解情况"(《金融危机》(*Financial Crisis*))。为此,美联储前主席阿兰·格林斯潘(Alan Greenspan)于 2008 年 10 月 23 日被要求说明联邦监管或失于监管在此次危机中的影响。魏克斯曼在对格林斯潘进行质询时直截了当。他最尖锐的问题包括将格林斯潘自己说过的话重新抛回给他:"我的确有一种思想。我的判断是自由的竞争市场迄今为止是组织经济活动的至上法则。我们尝试过监管。没有什么监管真正发挥过效用。"(《金融危机》)缺乏监管已经导致全球性的有毒资产聚积(其中大部分源自美国),它们被出售、重新打包、重新出售,直到整个金

---

　　① 美国众议院,监督和政府改革委员会,*The Financial Crisis and the Role of Federal Regulators*,第 110 届大会,第 2 次会议(2008 年 10 月 23 日),http://oversight-archive. waxman. house. gov/文献/20081023100359. pdf 这个网址也包括听证会上特别证词的链接。

融系统崩溃，因为有这个明显的事实，魏克斯曼其实只需问格林斯潘是否一直都不是囿于他自己的思想方式：如果这位前美联储主席是在某种意识形态的基础上做出了各项决定，那么在全球金融危机这个背景下，他现在恐怕必须承认这个意识形态是错误的。

　　在回答这个问题时，格林斯潘承认，不光他有意识形态，"每个人都有"（《金融危机》），不错，他的意识形态在某些方面已经证明是错误的。哪些方面？格林斯潘的回答闪烁其词，很有技巧：并非因为对次级债权证券化失于监管，而是他所称的"对应机构监督"（counterparty surveillance）（即在竞争环境中追逐自身利益必须要有的知识，无论是金融机构，还是投资人都应具有这些知识）的失败导致了此次危机。因此，自身利益和追逐此利益所必需的知识——最有把握的、自然的、内源性的（相对于人为的、外部的、外生的）市场监管形式——没有发挥作用。结果是"百年一遇的信贷海啸"（《金融危机》）。

　　2008 年的金融崩溃所产生的后果已经无情地摆在面前：不是质疑某种显然已经失败的意识形态，而是各主要经济大国重申了它们的信念。进入 21 世纪以来，实行紧缩政策的决心或许从未如此坚定：福利国家空洞化；民间组织的解散，包括公共高等教育的取消；不仅是前国有职能部门被无情地私有化，连最基本的生活要素水和空气也被私有化；国家内部和国家之间的不平等日益加剧。①

---

　　① 　关于世界财富分配的统计数据令人震惊，也很容易找到。根据联合国的一项研究，这个数据很有价值，因为它是目前此类研究中规模最大的，这个世界上 1% 最富有的成年人拥有这个地球上 40% 的财富。见 James Randerson，"World's Richest 1% Own 40% of All Wealth, UN Report Discovers"，*The Guardian*（2006 年 12 月 6 日），http：//www. guardian. co. uk/money/2006/dec/06/business. internationalnews（2014 年 3 月 11 日查询）。

　　今天，甚至斯密那十分有限的对穷苦劳工的同情看上去也像是一种道德准则，它在关于如何有效、快速缩减已经被缩减的政府职能的辩论中没有合法地位。很明显，格林斯潘所指的那种意识形态的失败，不管他在承认这一点时所使用的语言多么含蓄，都绝不仅仅是一个技术问题。它是，某种意识形态的失败，根据这个意识形态，只有一开始相互分离的个体才能最有效地生产和分配世界的财富，他们以可能是最理性的方式追逐其自身利益。关于合理的自我利益的假设导致了这样一个供需法则，它不仅解释了价格波动，而且保证了劳动与资本的有效分配，因此推动社会不断发展，而危机不过是为了更大的繁荣而必然会有的修正。

　　在他向众议院监察委员会所做的证词中，格林斯潘始终不提他的理论，而是说他的"意识形态"，注意到这一点很重要。如果他搬出一个模式，很清楚，这个模式——通过固有的"对应机构监督"原则监管衍生市场——事实上就是这个意识形态本身的一个附带品。意识形态远比理论或模式宽泛，而且它的成功非常荒谬地取决于它所掩盖或排除的事物：它就是一种世界观，在这种情形下，和在其他情形下一样，不仅蕴含着一种经济学，而且蕴含着一种政治学，一种方法论，最后还有一种经济[2]神学，如果经济概念在历史上与那些神学和天命概念是相互分离的话。

　　"意识形态"一词在格林斯潘那里是一个不太确定的关键词，有时和它的词源学意义相同：一种思想体系。但是，是关于什么的思想？而且哪些思想被包括在一个特定的意识形态之内，哪些被排除在外？但是，更常见的是，尤其是在20世纪，使用这个词时一直带有轻蔑意味。有人会将其对手的话语斥为意识形态的，而非客观的或科学的。正如我们今天所说的，为了某些政治计划或议题的需要，意识形态常常被彻底污名化；或者至少经常被理解为对某些已达成一致的事实的有害歪曲，它扰乱并玷污了理性的讨论。但是，在这里，情况更加严重：引导格林斯潘之流执着于无监管市场的意识形态超越了思想家的认识，因此必然会有忏悔这一举动，在忏悔中，只有在实施罪恶之后，犯罪者才明白自己所犯的罪。因此，我们可以说，格林斯潘被他仅凭直觉感知到的某种意识形态所掌控，而且他也是由于情势所迫，不得已才做出更严苛的自我反思。

自我监管的市场这个概念本身建立在一整套前提之上，包括个体的本性、个体与其他个体的关系、最后还有改进或危及社会秩序的方式。在这个意义上，"意识形态"这个名词，按照格林斯潘的用法，或许可以看作是某个专有名词的替身：亚当·斯密的著名概念"看不见的手"以比喻的方式解释了一个观点，即社会和谐是人类活动的产物，这种活动**部分而言**是清楚明白的（因为是个体的），**普遍而言**是有效的（因为相互受益），但不是人类设计的结果。格林斯潘——他曾经在苏格兰的可卡迪（Kirkaldy）发表了纪念亚当·斯密的演讲，恰好是导致众议院监察委员会举行听证会的金融崩溃的前三年——仍然坚持斯密的一个说法，这个说法不一定全错，但要支撑它则必须隐瞒他实际著作的复杂性以及其中的构成性矛盾。①

对于亚当·斯密著作的意义颇多争议，或许它们都比不上格林斯潘承认他在对斯密的解读中所获取的世界观有瑕疵更有指向性，这是一个方面，另一方面，著名的马克思主义社会学家乔万

---

① 学者们对斯密的那只"看不见的手"的概念大惊小怪，在他的著作中只有三处提到这个概念。关于这个概念的意义尚未达成一致意见。有一份很长的关注这一概念的次要文献的名单，见 Peter Harrison, "Adam Simith and the History of the Invisible Hand", *Journal of the History of Ideas*, 72, No. 1（January 2011）, pp. 29 – 49。Harrison 的文章在追溯这个词语在当代的用法方面是一篇佳作，这个词语在斯密时代与神意传统紧紧地联系在一起。我们将在第四章对斯密和神意做详细阐述。

尼·阿里吉（Giovanni Arrighi）则在捍卫斯密的思想。对阿里吉而言，斯密为此次危机提供了答案，对格林斯潘而言，它使斯密式的世界观受到质疑。① 当然，阿里吉的亚当·斯密不是格林斯潘的亚当·斯密。阿里吉的斯密是一位研究商品社会的理论家，他拒绝自由监管市场思想，并且看到了国家干预对保证经济发展和防止危机的必要性。不仅如此，阿里吉的斯密认为，只有国家干预才能减轻种种必然会产生的但极具破坏性的影响，这些影响在通向国家昌盛的漫长征途中一直存在，北美和欧洲的政策制定者们今天都从这一点上败下阵来。阿里吉的斯密哀叹资本生产所必需的劳动分工所产生的后果，同时认为这些后果（对斯密而言可能令人震惊）必须通过国家支持的公共教育得到补偿。

与当下经济学圈子之外的很多评论家一样，或许比他们更大胆，阿里吉指出，斯密不仅从来就不像人们所认为的那样是自由资本主义的倡导者，而且他从未拥护过资本主义。相反地，阿里吉的斯密坚决主张实行**非—资本主义**的商业社会，或者，至少是一个经过谨慎立法的、国家控制的市场社会。在这里，他指的不是战后欧洲的社会民主试验，而是中华人民共和国良性的专制政体，他坚持认为，中国高效的经济体系不是（或至少尚不是）资本主义的，尽管表面如此。在对斯密的《国富论》中有关中国的描述进行极端解读时，阿里吉没有将1949年的革命看作是一场大胆的、全新的社会试验，而是看作对一种和谐的国家/经济体系的恢复，这种经济体系已经延续了近两千年，只是由于欧洲和日本帝国主义强国的入侵而短暂中断，中国革命已经成功地击退了它们的入侵。根据这一论

---

① Giovanni Arrighi, *Adam Smith in Beijing: Lineages of the Twenty-First Century* (London: Verso, 2007).

点，中国经济经受住了全球金融崩溃的考验，是因为这个政体了解并坚持了阿里吉的亚当·斯密已做出全面阐述的一些原则，而那些自称是斯密信徒的西方人却忽略或有意无意地忽视了这些原则。

将对斯密的这些特殊解读和对其所做的特别宽泛的解读并置，二者都是对资本主义最近这次大危机的回应，这种并置在很多方面颇有启发性。正如格林斯潘所注意到的，对资本主义纠正其自身的能力失去信心在大萧条时期导致一种普遍的马克思主义转向，今天，似乎不太可能放弃由斯密的文本所构成的领域。你赞成或者反对亚当·斯密已经不再是一个问题。相反地，问题似乎在于你喜欢**哪一个**亚当·斯密，或者必须对哪一个亚当·斯密视而不见。① 具有讽刺意味的是，今天，这个不受限市场的设计者试图协调个体化的自我利益和国家财富及全球性的社会和谐之间的关系，令人难以置信地，他竟然与亚当·斯密这个被完全颠倒的人物共存，后者是个不自觉的社会民主党人，其著作展现的

---

① 例如，Charles Grisworld 强调，他将完全忽略掉全部的修辞演讲。Charles L. Grisworld, *Adam Smith and the Virtues of the Enlightenment* (Cambridge, UK: Cambridge University Press, 1998), p. 20, 与 Grisworld 类似，Stephen I. McKenna 将斯密作为一剂缓和剂来反对后现代的多元主义。见 *Adam Smith: The Rhetorica of Proproety* (Albany: SUNY Press, 2006)。同样地，T. D. Campbell 选择最大限度地忽略斯密那些很少被阅读的著作，偏向于"有见识的解读，（在其中）（斯密的）著作被认为是一个系统性的整体"。见 T. D. Campbell, *Adam Smith's Science of Morals* (London: Allen & Unwin, 1971), pp. 15, 19. V. M. Hope 接受了 Campbell 的表面价值，假定斯密对于道德品行有一种认同主体间性的理解。见 Hope, *Virture by Consensus: The Moral Philosophy of Hutcheson, Hume, and Adam Smith* (Oxford: Clarendon, 1989), p. 8. 有一篇很少见的文章注意到遗漏与"沉默"——不仅是围绕着斯密，也见于《道德情操论》和《国富论》内部——是 Rpbert Urquhart, "Adam Smith's Problems: Individuality and the Paradox of Sympathy", 见 *The Philosophy of Adam Smith: Essays Commemorating the 250ᵗʰ Anniversary of "Theory of Moral Sentiments"*, eds. Vivienne Brown and Samuel Fleischacker (New York: Routledge, 2010), pp. 181 – 197。

正是市场理性的不可能性。[①] 不过，值得一提的是，对斯密的种种
描述互不兼容绝对不是 21 世纪初才有的新鲜事。[②]

　　事实上，从一开始，在对他作品的评价中，种种完全相悖的
看法便一直困扰着斯密研究者。有一个被一分为二的亚当·斯密
这一观点——一个是早期的、思考后来所谓主体间性的道德哲学
家和思想家，与之相对的另一个是后来的市场理论家，他重点研
究个人的自身利益——是由德国学者奥古斯特·昂肯（August
Oncken）提出的，他称为"亚当·斯密难题"。[③] 在美国，关于

---

　　① Michael Hardet 和 Antonio Negri 按照相同的脉络要求极左思想家寻找一种超验
形式的斯密式主体主义，它非常独特地充满了美好的情感意愿。见 Michael Hardet 和
Antonio Negri, Multitude：*War and Democracy in the Age of Empire*（New York：Penguin,
2004），pp. 144 – 145。近期的其他作家也都强调斯密著作中有关平等主义的主题。见
Spenser J. Pack, *Capitalism as a Moral System：Adam Smith's Critique of the Free Market E-
conomy*（Cheltenham, UK：Edward Elgar, 2010）；Stephen Darwall, *The Second-Person Stand-
point：Morality, Respect, and Accountability*（Cambridge, MA：Havard University Press,
2006）；Emma Rothschild, *Economic Sentiments：Adam Smith, Condorcet, and the Enlighten-
ment*（Cambridge, MA：Havard University Press, 2002）；以及 Samuel Fleischacker, *A Short
History of Distributive Justice*（Cambridge, MA：Havard University Press, 2005）。关于早期
以 18 世纪晚期以激进为主题的研究例子，in Matthew Hodgart, "Radical Prose in the Late
Eighteen Century", *The English Mind*, eds. Hugh Skyes Davies and George Watson（Cam-
bridge, UK：Cambridge University Press, 1964），pp. 156 – 152（原注如此——译者）。

　　② 下列文本在斯密的伦理学著作中发现了关于提倡节俭和公正的内容，这两点
可以保证资本主义受到适当约束：Donal Winch, *Adam Smith's Politics：An Essay in Histo-
riography Revision*（Cambridge, MA：Havard University Press, 1978），尤其是第五、六、七
章；Winch, "Science and Legislator：Adam Smith and After", *Economic Journal* 93（1983），
pp. 501 – 520；and Jerry Z. Muller, *Adam Smith in His Time and Ours*（Princeton, NJ：Prin-
ceton University Press, 1993）。亦见 Andrew S. Skinner, *Adam Smith and the Role of the
State*（Glasgow：University of Glasgow Press, 1974）；Joseph Cropsey, *Polity and Economy：
An Interpretation of the Principles of Adam Smith*（The Hague：Martinus Nijoff, 1957）；and
Duncan Forbes, "Skeptical Whiggism Commerce, and Liberty", in *Essays on Adam Smith*,
eds. Andrew S. Skinner and Thomas Wilson（Oxford：Clarendon, 1976）. 关于斯密是一名
反帝国主义者，见 Jennifer Pitts, *A Turn to Empire：The Risk of Imperial Liberalism in Britain
and France*（Princeton, NJ：Princeton University Press, 2005）。

　　③ 见 August Oncken, "The Consistency of Adam Smith", *Economic Journal*
（1897）：444。关于"亚当·斯密难题"的综述，见 Keith Tribe, " 'Das Adam Smith
Problem' : and the Origins of Modern Smith Scholarship", *History of European Ideas* 24
（2008），pp. 514 – 525；David Willson and William Dixon, " 'Das Adam Smith Problem' :
A Critical Realist Perspective", *Journal of Critical Realism* 5, No. 2（2006），pp. 252 –
272；and Laurence Dickey, "Historicizing the 'Adam Smith Problem' : Conceptual, Histo-
riographical, and Textual Issues", *Journal of Critical Realism* 58（September, 1986），
pp. 579 – 609.

如何认识一分为二的斯密，常被引用的经典是雅各·维纳（Jacob Viner）的著作，他发现无法将早期写作《道德情操论》的斯密与写作《国富论》的那位成熟作者统一起来。[①] 维纳关于分裂的斯密的看法——一个斯密被分割开来，一半强调个人化的资本主义自我利益，另一半则强调崇高的社会和谐——在后来批评家的一致同意下被改写，他们想在《国富论》与《道德情操论》之间找到某种平衡。1926—1927 年，为纪念《国富论》出版150 周年，芝加哥大学研究小组聆听了格兰·毛若（Glenn Morrow）和维纳等作家非常有影响的讲座。[②] 这些讲座至今仍然是为时甚久的一个研究兴趣最重要的源头之一，即有一个完整的，或多或少统一的亚当·斯密。

　　但是，可能有人会说，将对斯密的那些各不相同的描述这样统一起来——称为 20 世纪的一种"亚当·斯密解决方案"——其本身便预示了对他所谓的小部头著作有一种不自觉的忽视。[③] 不仅如此，在亚当·斯密已出版的经济学资料和一个伦理学的斯

---

　　① 见 Jacob Viner, *The Long View and the Short: Studies in Economic Theory and Policy* (Glencoe, IL: Free Press, [1927] 1958), p. 216。Glenn Morrow 也发现了同样的矛盾并根据斯密 1764—1766 年在法国逗留对此作出了解释，在法国期间，他遇到了魁奈以及其重农主义学派中的门徒。见 Morrow, *The Ethical Economic Theories of Adam Smith: A Study in the Social Philosophy of the Eighteenth Century* (Cranbury, NJ: Scholar's Bookshelf, 1969), p. 4。

　　② 除了 Morrow, 见 Jacob Viner 同样观点的简明版，"Adam Smith and Laissez Faire", *Journal of Political Economy*, 35 April, 1927, pp. 228 - 230。Wilson 和 Dixon 提出，关于是什么将斯密的两部正式出版的大作联系起来，尚未达成广泛的一致。见他们的文章，"Das Adam Smith Problem", 前面引用过。关于一个分裂的斯密的最佳综述，见 Tribe, "'Das Adam Smith Problem' and Modern Smith Scholarship"。

　　③ 不仅是那些所谓的小书一直少有人读。*A New York Times Book Review* 上有一篇文章分析了 P. J. O'Rourke 那本十分保守的书 *On "The Wealth of Nations"* (Boston: Atlantic Monthly Press, 2006)，在阅读斯密的两卷本 900 多页的原著时提出了那个非常沉重的问题。O'Rourke 的书是 "Books that Changed the World" 丛书中的一本。但是，这位书评者提出要对丛书书名进行补充，他称为 "Works Which Let's Admit You'll Never Read the Whole Of."见 Allan Sloan, "Capitalist Punishment", *New York Times Book Review*, January 7, 2007, p. 12。我们要感谢 Donald Charles Mendelson 提供了这个参考资料。Robert Heilbroner 极具挑衅性地说道，在过去大师级的经济学家当中，斯密是"被最多提及，同时极少被阅读的一位"。见 Robert Heilbroner, "Economic Predictions", *The New Yorker*, July 8, 1991, 73。

密之间做一个简单的二元区分就等于抛弃了个人性（作者的）和集体性（文本的）这一难题。在这里，值得强调一下斯密传记作为一个整体的结构设计（或者作为一个整体从一个时刻转到另一个时刻），如我们在整部《另一个亚当·斯密》中将要看到的，恰恰是——个人和集体的——特殊性与总体性问题控制着苏格兰启蒙运动中每一个层面关于划分和绝对的完整性（division and categorical completness）的思考。斯密的同代人亚当·弗格森（Adam Ferguson）是早期研究市民社会的历史学家，也是黑衣高地联队（Black Watch）的牧师（关于此人，详见第三章），他声称有一种接近"处在这个分离时代中的思考本身"的新方法。①

　　无论是在认识论、伦理学、民族主义领域，还是在政治经济领域，**另一个**亚当·斯密难题，即我们将要讨论的难题，尚未在关于斯密的全部著作的研究中得到充分论述，该难题以这样一个问题开始，即如果现代性的个人利益在理论和政治上均优先于普遍需要，如何按照普遍性一词的实际意义实现普遍性？有很多方式可以表述**另一个**亚当·斯密难题——部分被变成了整体，特殊如何适应一般，个人如何适应普遍，特殊性如何适应总体性——这些同样的难题从可能获取斯密本人的文本（或更确切地说，那些大多数学者都认为属于他的文本）这个角度而言，甚至在传记层面也是显而易见的。的确，在 19 世纪 90 年代后期，昂肯假设出一个斯密，这个斯密站在两个相互对立的立场上，这之后约半个世纪，超过《国富论》和《道德情操论》这两本著作的字数两倍以上的文字进入到斯密语料库的收尾部分，大多数学者目前认定这些文字出自斯密

5

---

　　① Adam Ferguson, *An Essay on the History of Civil Society*, Fania Oz-Salzberger ed. (Cambridge, UK: Cambridge University Press, 1999), p. 175.

之手。①

　　因此，部分斯密历史似乎随着时间而翻了一倍。在现今的大部分评论者对这个数量难题所做的回应中，如我们接下来在第四章中将要看到的，都有一种近乎自反性的，而且是典型的斯密式欲望，即在将新发现的斯密的著作与其早期的材料联系起来时，既要统合，又要分割。新近发现的斯密的学生所记录的斯密的修辞学与文学讲座笔记、他的哲学文章（也被认为已遗失）以及两份不同的法律文本，后面两种也都是笔记形式，都在昂肯之后，它们有助于解决另一个与亚当·斯密有关的难题：这个新难题不会强迫甚至允许我们选择一个或**另一个**亚当·斯密，它也不要求我们一开始就有一个前提，即最近发现的文本毫无疑问适用于那个旧框架，该框架假定作者的思想是前后一致的。

　　有两份很长的文稿仍然下落不明，这个事实应该同样值得注意：一份似乎包括一篇题为《法律与政府之历史》的论文，另一篇是关于"文学的不同分支"的研究。这显然在斯密的文集中画出了一条巨大的界沟。因此，除了在什么程度上决定认同哪一个斯密这个（变化着的）尺度问题，我们也必须考虑缺失这个潜在的问题：即使在我们拓宽了传记框架之后，哪些主题、结论、参考资料和文字在斯密的文集中依然缺失？② 在我们心中，对斯密的阅读是与 18 世纪其他重要的思想家联系在一起的，这样的阅读强调他著作中的某些部分，在这些部分，对结构性整体

----

① 正是 Joseph A. Schumpeter（1883－1950）成为早期一位对严格的数学经济学表现出社会学兴趣的样板，他称斯密 1746—1748 年的天文学文章是他哲学作品中的"珍珠"。见 Schumpeter, *History of Economic Analysis*（New York：Oxford University Press, 1954），p. 182。

② 关于我们称为生产性缺失的主题，见 Maureen Harkin, "Adam Smith's Missing History：Primitives, Progress, and the Problems of Genre", ELH：*English Literary History* 72, No. 2, Summer 2005, pp. 429－451。

的期望不会，或者不会轻易取代顽强的多样性。在四个不同层面 6
上——认识论、主体性、民族性和经济学——我们对**另一个**斯密
的兴趣会重新引发部分与整体的问题，它是我们的研究对象，即
斯密本人，所固有的，在他那里，多样性没有半点消解，相反表
现得最强烈。

　　大量迟来的被认定是斯密所写的补充材料，他的所谓小部头
著作，说起来有点矛盾，提出了一系列新的亚当·斯密难题，与
格林斯潘被迫所讲的关于意识形态的盲目性的种种假设有直接关
系。在由已知的斯密文本组成或围绕着这些文本建构的松散网络
中，有些变化不定的意义首先根据新发现的文字材料加以确定，
昂肯他们并不知道有这些材料。在这个意义上，我们认为承认这
些材料（这次，我们自己承认）非常重要，**哪一个**亚当·斯密
可以被拿出来，这个问题依历史机缘而定。我们提出了一个既是
历史的，也是当代的亚当·斯密：这个被扩展了的研究对象包括
斯密后来被重新发现的文本，很矛盾的是，在其内部包含了诸种
自然而然的划分形式和集体性，它们今天都迫切想要为人所知。

　　早在 1967 年，对美国和欧洲那场著名的辩论而言，这是一
个幸运年，罗纳德·米克（Ronald Meek）敏锐地注意到，在写
作关于亚当·斯密的文章时遇到的第一个难题是浩瀚的、各种各
样的、目前仍在进行的解释。① 因为有现在的斯密研究者做出的
非常精彩的概括，还有最近开设的以他的名字命名的综述性期
刊，我们没必要在这里详述那个庞大的研究群体。相反，我们只
是通过简单的介绍来突出一点，即在对待斯密问题上所表现出的
数量之多和意见之分歧使得他成为一个大众人物，这里指的是这
个词最正面的含义，同时又什么都不是，如果不是故意矫情的

---

　　① 见 Ronald L. Meek, *Economics and Ideology and Other Essays: Studies in the Development of Economic Thought* (London: Chapman and Hall, 1967)。

话。历史学家 H. T. 巴克勒（H. T. Buckle）激情洋溢地说道，那种激情为 19 世纪资本主义的坚定信念所特有，斯密的《国富论》"可能是所有书籍中最重要的一本。"① 这也许不像听上去那么夸张。《道德情操论》已经使斯密扬名，后来这本书，他的最后一本书，出版后六个月便告售罄，而且很快便有了十个版本。除了美国版（1789 年），《国富论》当时很快便有了德国版（1776 年），接着是丹麦版（1779—1780 年），法国版（1779—1780 年），意大利版（1780 年），西班牙版（1794 年）——甚至盖尔语版——直到 18 世纪末期。②

　　在这些介绍性的文字中，就斯密是一个大众人物这个事实，我们所关注的是大众性问题本身如何在他写作的物质性中发挥作用——不仅关系到如何接受斯密，而且几乎可以说，非常奇特地，也关系到斯密如何处理他本人最关心的主题。大众性问题，即如何衡量多样和多数这个问题是斯密著作的核心，也是围绕斯密著作的问题。的确，作为个体——以及使**个体化**——同时又是集体计划中的一分子，究竟意味着什么？这个集体依靠它从自身暂时地而且常常是有危险地排除在外的事物而存在，斯密在追寻这类问题时不止一次走入死胡同。要实现不确定的集体秩序，是通过对某种普遍知识体系做出合理划分和归类，还是通过自身和他人之间，例如，不列颠人与苏格兰人之间，已经变得微小的差别，或者是通过极少数资产阶级有产者和大多数劳动人民之间出现美好的和谐，这是一个在个体化和总体之间进行斡旋（mediation）的问题，也意味着这个斡

　　① 引自 D. D. Raphael, "Adam Smith", in *A Hotbed of Genius*: *The Scottish Enlightenment*, *1730 - 1790*, David Daiches, Peter Jones, Jean Jones（Edinburg: Edinburg University Press, 1986），p. 69。

　　② 关于《国富论》的不同版本，见 Fred Glahe, "Introduction", *Adam Smith and "The Wealth of Nations"*, pp. 1776 - 1976, *Bicentennial Essays*, ed. Fred Glahe（Boulder: University of Colorado Press , 1978），p. 1。

旋过程绝不可能完成或得到任何保证。① 在亚当·斯密**那里**出现的及围绕着他出现的哲学、伦理、民族和经济统一体的各种僵局——格林斯潘，举个例子，遗憾地见证了这些僵局——必然再次出现。历史会继续改变，时间会转移，范畴会变异，异常情况会在和平的集体秩序中汇集，或依托其汇集；这些事物发生的方式，斯密（或他的读者）都不可能提前获知。

因此，形形色色对斯密的看法会更趋复杂，涉及范围更广，或许变化也会更多，因为我们当下所处的时代必须面对的局面是对启蒙运动遗产各执一词，互不相让。还有一种荒诞情景，即存在多个颇有影响的**斯密们**——从格林斯潘到阿里吉，以及在他们之外和之间——都以某种方式在他的名下找到了一席之地。关于历史、阅读以及随时间而产生的解释性差异有诸多适用范围更广的启示，格林斯潘在议会委员会的证词清楚地捕捉到这种差异，而这种荒诞只是这些启示之一。这样的荒唐现象绝对是格林斯潘在议会委员会的证词在历史、阅读以及常常令人吃惊地遇到的关于时间的解释性差异等方面所提供的一个更具广泛意义的教训。②

《另一个亚当·斯密》并非要限制我们在格林斯潘和阿里吉的斯密之间做出选择——或者选择一个介于两者之间的斯密——而是更倾向于将仍然有待阐释的个体性和集体性作为更突出的斯密难题。我们或许简单地称其为大众抗争难题（the problem of

---

① 我们将在下文关于不同启蒙的多样性的讨论中对"斡旋"一词做更细致的阐释。我们采用的方式与 Clifford Siskin 和 William Warner 相似，我们将对他们那本书引言部分的不同之处做出解释，见 *This Is Enlightenment*（Chicago：University of Chicago Press, 2010），pp. 1 – 33。

② 举个例子，斯密从未使用过"资本主义"一词，尽管有时声称自己是一名辉格党人，有时又说自己是一名托利党人，他的同时代人都认为他总是给人不真实的感觉，无论是他的行事风格还是明确的政治承诺，都是如此。见 Nicholas Phillipson 的知识分子传记，*Adam Smith: An Enlightened Life*（New Haven, CT：Yale University Press, 2010）。

popular contention），这个难题从亚当·斯密的大众地位和他争吵不休的读者延伸至他在认识论、伦理学、管理术以及财富等领域内竭力探究的集体性与矛盾。我们不满足于拿出一份蹩脚的关于斯密的政治经济的控诉状或颂扬书，而且决不能有损于现在可以获得的大量各种斯密本人的著作。相反地，《另一个亚当·斯密》试图将他解读为一个充满矛盾的谈话者，有时将他解读为第一个说出产生了深远影响的话语的人，这些话语涉及知识的生产、情感、自由和市场，以及社会和经济的公平正义，较之典型的传统研究，本书还将聚焦于更广泛的文本资料，以此为依据来思考他留下的遗产中的某些特殊内容。

是时候该将斯密解读为一名一般意义上的系统性思想家了，对他的理解不能只基于《国富论》和《道德情操论》这两本比较著名的著作中某些广为人知的片段。我们这本书将提供一些更复杂、更丰富的材料，不过我们依然不会离开某个更完整的斯密难题这个语域，相比于过去的研究，本书也将提供某些具有更广泛联系的材料：我们称之为**另一个**亚当·斯密。但是，我们对"另一个"一词的使用并非要刻意地重新挑起关于他的**要么**以商业为导向，**要么**以道德为导向的争论；我们也不是不得已要将这些倾向整合成一个整体。我们在亚当·斯密这个专有名词前使用"另一个"与我们提到大众抗争时一样：是一种概念性的简写，由此，差异和多样性得以保留而且能指出僵局的各个节点，这个僵局随着历史（他的历史以及我们的历史）的持续变化打断了已经被接受的连续形式。为了在一个不同的语域中讲清楚这个关于大众抗争的观点，我们可以说个体主体性的对立面不是"另一个"。相反地，这种主体性在历史上被认为是大众问题的一个对应物。

因为在 20 世纪 70 年代获得了——没有得到作者的同意——斯密的《修辞学与纯文学演讲录》（*Lectures on Rhetoric and Belles*

Lettres）（以下简称《演讲录》），50 年代，发现了两个包括学生笔记版的《法理学讲义》（*Lectures on Jurisprudence*）（*LJ*，用 A 或 B 区分两个版本），1980 年，牛津大学出版社重印了他的《哲学论文集》（*Essays on Philosophical Subjects*），书信集以及他早期的文学批评文章，伊斯特万·亨特（István Hont）和米切尔·伊格纳蒂夫（Michael Ignatieff）在亚当·斯密研究中呼吁来一次"文艺复兴"是有道理的。① 他们坚持这项工作应该包括重新思考西方的现代性，西方的现代性原来在很大程度上源自特威德北部（North of the Tweed）这块可能不属于大不列颠联合王国的边缘地带。② 他们这么做是正确的，特别是斯密研究的目录中截止到 20 世纪最后几十年仍然对那两本最著名的著作——《道德情操论》和《国富论》——之外的斯密文集没有任何体现，那两本书成了他长期事业生涯的终结。因此，1992 年，在一本纪念斯密去世二百周年的集子中，约翰·多亚（John Dwyer），在该文集所收录的十名诺贝尔奖获得者中间，重新号召在斯密研究中发起一次"文艺复兴"。③ 但是，不幸的是，斯密研究史直到 20

9

---

① 据 *The Scotsman Newspaper* 第 1、2 版报道，1961 年，阿伯丁大学的一名英语读者 John M. Lothian 发现并购买了一本题为 *Notes on Doctor Smith's Rhetoric Lectures* 的手稿。Lothian 1963 年出版了这些笔记，仍然没有第一场讲座的笔记，之前，他付给那家旧货店一笔可观的报酬寻找，至今仍无下落。现在，我们承认，斯密本人的 *Lectures on Rhetoric and Belles Lettres* 手稿（后来发表在 *Essays on Philosophical Subjects* 中的大部分文章也包括在内）在他去世前已经按照他的要求被毁掉了。对于就斯密来一场"文艺复兴"这个号召的新材料，见 István Hont 和 Michael Ignatieff eds.，*Wealth and Virtue: The Shaping of Political Economy in the Scottish Enlightenment*（Cambridge, UK: Cambridge University Press, 1983），vii。

② 在 20 世纪 70 年代，"苏格兰文艺复兴"的标签指的是 18 世纪中叶这段时期本身，后来指的是关于这个主题的学术研究。见 "When Was the Scottish Enlightenment?" 的第二章，in Cairns Craig, *Intending Scotland: Scottish Intellectual Culture Since the Enlightenment*（Edinburg: Edinburg University Press, 2009），第 8 页缺失。

③ John Dwyer, "Virtue and Improvement: The Civic World of Adam Smith", in *Adam Smith Reviewed*, Peter Jones and Andrew S. Skinner eds.（Edinburg: Edinburg University Press, 1992），p. 190.

世纪 90 年代，除了少数几个我们愿意认同的例外，基本上都趋
向于一位思想家的某个非常片面的部分，而这位思想家一直大力
推广的，正如那个著名的称谓"不偏不倚的旁观者"（关于此，
详见第二章）所透露的，恰恰是不偏不倚的公正。

　　例如，关于亚当·斯密研究，从《国富论》出版二百周年
（1976 年）之后，可以得出两种观点。第一，有关两本文集，它
们是对这一事件的直接回应，它们所收录的 44 篇文章中没有一
篇以任何可以接受的方式讨论贫穷问题。有一套四卷本文集收录
了由顶级经济学家所写的 150 篇对斯密的"批评性"评价文章，
有一篇是关于贫穷的，有一篇是关于社会福利政策的。① 斯密反
复将穷苦劳工描述为"大多数人"使得这些文章对贫穷的忽略
显得尤其刺眼。② 第二，在今天，必然要阅读亚当·斯密，或作

---

　　① 引起争议的那些书是 Andrew S. Skinner and Thomas Wilson eds. , *Essays on Adam Smith* (Oxford：Clarendon, 1975) 及 Thomas Wilson and Andrew S. Skinner eds. , *Market and the State：Essays in Honour of Adam Smith* (Oxford：Clarendon, 1976)。关于斯密的四卷本著作 *Adam Smith：Critical Assessments* (4 卷), John Cunningham Wood ed. (London：Croom Helm, 1984)。与这些书不同的一本书讨论了亚当·斯密对穷人的关注——如果不是恐惧的话，这本书是 Richard F. Teichgraeber Ⅲ 的 "Free trade" and Moral Philosophy (Durham, NC：Duke University Press, 1986) 的第四章。我们十分感谢 Mitchell Dean，他对这些遗漏做了总结。见 Dean, *The Constitution of Poverty：Toward a Genealogy of Liberal Governance* (New York：Routledge, 1991)，主要在第七章。

　　② 我们指斯密研究的主流中忽略了贫困，这并不是说他的道德理想和充满同情的旁观者完全没有受到质疑。那些对斯密执着地将社会和平和受到规训的个人行为理想化的人包括：Sheldon S. Wolin, *Politics and Vision：Continuity and Innovation in Western Political Thought* (Princeton, NJ：Princeton University Press, [1960] 2004); John Durham Peters, "Publicity and Pain：Self-Abstraction in Adam Smith's *Theory of Moral Sentiments*", *Public Culture* 7 (1995), pp. 657 – 675; Ronald L. Meek, *Smith, Marx, and after：Ten Essays in the Development of Economic Thought* (London：Chapman and Hall, 1977); Jacob Viner (他指责关于斯密难题认为斯密是分裂的一方), *The Long View and the Short*. 关于斯密在《国富论》中对历史进步的消极主义，见：James E. Alvey, *Adam Smith：Optimist or Pessimist? A New Problem Concerning the Teleological Basis of Commercial Society* (London：Ashgate, 2003); Robert Heilbroner, "The Paradox of Progress：Decline and Decay in *The Wealth of Nations*", *Journal of the History of Ideas* 34, No. 2 (April – June, 1973), pp. 243 – 262; Willie Henderson, "A Very Cautious or a very Polite Dr. Smith?" *The Adam Smith Review* 1 (2004), pp. 60 – 81; and Nathan Rosenberg, "Adam Smith on the Division of Labor：Two Views or One?" *Economica* 32, No. 1 (May 1965), pp. 127 – 139.

为一般情况下的一种社会行为必然要阅读应该不是一个确定的结论。如果阅读本身是重要的，那是因为在斯密那个时代，它是某种形式的社会力量，还有其他一些原因，那就是他和他的同僚都一心想获得升迁。①

但是，确实有一种很有希望的迹象，在 21 世纪的头十年，在参照他较少为人知的文章和演讲来重新思考斯密更为著名的著作方面已经作出了有价值的努力。② 2006 年出版的《剑桥亚当·斯密研究指南》（*The Cambridge Companion to Adam Smith*）（后面简称为《指南》）是对过于狭隘的主流趋势的一次纠正，是"对斯密思想的所有方面的一次最新考察"。③ 这本很有影响的著作的前两章分别讨论了斯密的想象理论和纯文学主义；第三章讨论了语言。但是，《指南》有个问题，恐怕没有哪一本书（哪一本指南？）能躲过这个问题，即特殊性这个斯密难题，"斯密思想的所有方面"的这个"所有"似乎推翻了特殊性。埃里克·施列塞（Eric Schliesser）同意纳德·哈肯森（Knud Haakonssen）（《指南》的编者）和唐纳德·文奇（Donald Winch）的观点，即斯密想要"抵制富人的贪得无厌，使它（政府）能够弥补穷人受到的损害"，但他同时指出了一种"反哲学的**偏见**"，这种偏见表现在对某些主题的排斥和"撰稿人的学术定位"上，也

---

① 在第一章，我们将用更大的篇幅探讨阅读在 18 世纪的重要性以及阅读对于斯密及其同道的意义。关于这个主题，见 Mark R. M. Towsey, *Reading the Scottish Enlightenment: Books and Their Readers in provincial Scotland, 1750 – 1820* (Leiden: Brill, 2010)。

② 关于 The Adam Smith Review 的有关信息，见 http://www.adamsmithreview.org/index.html。亦见 Sankar Muthu, *Enlightenment Against Empire* (Princeton, NJ: Princeton University Press, 2003)。Muthu 试图"使我们对启蒙思想的理解多元化"（第 2 页）。他发现，在一个多元的启蒙运动内部（下文有更多论述），有一股强大的力量在支持多元性问题，在这里表现为 18 世纪反对帝国主义的英国和法国哲学。

③ *The Cambridge Companion to Adam Smith*, ed. Knud Haakonssen (Cambridge, UK: Cambridge University Press, 2006).

表现在"编者对待斯密遗产的态度上"。① 尤其是哈肯森和文奇区分了"合法的与非法的遗产受赠人"(《指南》367)。后一个范畴包括没有将斯密的全部作品当作一个整体的读者,这些作品的各部分无法脱离总体来理解,这个总体决定了每个文本的意义,甚至作为编者,他们自己也承认斯密的全部作品也是不完整的(他的一些演讲稿仍然未被发现,斯密本人并未实现自己将其著作全部集中起来的诺言,他原本打算将不同文章和书中的主题串联起来)。

一旦斯密的"学术事业被当作一个整体"(《指南》367),我们就能实现斯密本人亦未成功做到的将作品统一起来的愿望。② 不仅如此,斯密的哲学财富也吸引了"一大批热心的索要者",在他们中间,有必要区分合法的要求与毫无根据甚至带有欺诈性的要求。重要的是在使用"群"这样的词(更不用说还用了"热心的"一词,我们在第三章会看到是和休谟放在一起的)时没有做任何历史性的反思,这个词对18世纪的政治思想非常重要,甚至在编者多次重复斯密的姿态,将特殊性归入合适的范畴和可以控制的集体时也是如此。在这个意义上,"连贯性"一词(但是谁能反对"连贯性"呢?)使得21世纪的亚当·斯密的读者能够,甚至是迫使他们忽略他著作中

---

① 见 Eric Schliesser 关于 *Companion* 的评述 in *Notre Dame Philosophical Reviews*, 8 (2007), http://ndpr. nd. edu/news/23101/? id = 10823 (2014 年 3 月 29 日检索)。

② 仍有人执着地将整体性作为阅读亚当·斯密的方法和目标。见 Leonidas Montes, *Adam Smith in Context: A Critical Reassessment of Some Central Components of His Thought* (London: Palgrave Macmillan, 2004), pp. 2, 5。Montes 还坚持认为,参考作者"反映在写作行为中的意图"(p. 7)对于研究文学的学者,至少自 T. S. Eliot 以来,不是一个获取确定和真实意义的充分途径。斯密终其一生都致力于修订他的著作,这也许表示他的意图同对他的理解一样一直在变化。见 W. K. Wimsatt and Monroe C. Beardsley, "The Intentional Fallcy", *Sewanee Review*, 54 (1946), pp. 468 - 488;重新修订后再次发表于 *The Verbal Icon: Studies in the Meaning of Poetry* (Lexington: University of Kentucky Press; 1954), pp. 3 - 18。

的那些段落，这些段落似乎与他思想的合法意义相矛盾或偏离了这一合法意义。正是这种沉默或空白围绕的那些点上，他认识到了大众抗争问题，表明斯密的论点和解释具有某些局限性，使得超乎它们之外的意义变得模糊不清。①

埃里克·施列塞和李奥尼达斯·蒙泰斯 (Leonidas Montes) 所编的文集《亚当·斯密新论》（*New Voices on Adam Smith*）（后面一概用《新论》，与《指南》一样，都出版于 2006 年）与其说是试图确立在亚当·斯密研究中什么是合法的，倒不如说是想要确定真正具有新意的东西。② 哈肯森在给这卷书的前言中明确指出，对于研究斯密的新手而言，目前的共同问题就是"面对各种评论者五花八门的研究角度和讨论主题感到无所适从"（《新论》xvi）。他重新回到关于继承、遗产的语言，因此便重新回到财产在几代人之间移交这一难题。他注意到，众多学科都能和斯密挂上钩。即便如此，他仍然对《新论》大加赞扬，因为它"应该有助于促进对研究斯密而言必不可少的多元状态"（《新论》xviii）。总的来说，这种多元状态对于斯密那些被重新发现的文字而言是必要的，而且根据我们的知识，那本来应该更丰富。例如，哈肯森将我们的注意力引向斯密的讲座，尤其是他的神学讲座，对此我们没有任何书面记载，但是这方面的缺失的确在某种程度上塑造了对斯密的理解。

整体内部的多样性问题，或更准确地说，使得文本甚至文本中的某些部分无法连贯成一个整体的差异不仅是在重新阅读斯密被扩充了的文集时遇到的问题，也是存在于他著作中的问题，对

11

---

① 见 Schliesser 的博客，"On the Positivist Dogma of Historical Scholarship, or Adam Smith as Reader of Spinoza"（2012 年 7 月 3 日），New Apps: Art, Politics, Philosophy, Science, http://www.newappsblog.com/2012/07/on-the-positivist-dogmas-of-scholarship-or-adam-smith-as-reader-of-spinoza.html（2014 年 3 月 12 日检索）。

② Leonidas Montes and Eric Schliesser eds., *New Voices on Adam Smith*（New York: Routledge, 2006）.

此，我们只能**反过来**称其为现代学科。的确，在第一章中，我们非常认真地讨论了现代学科分类，讨论了将各部分置于打着统合名号的各范畴中、于是有了吸引我们研究斯密的各种谜一样的认识论绝境。《新论》一书由讨论斯密的原始资料、道德理论和经济理论等部分组成。但是，在"新"字上最有意义的收获（在本书中也指那些更早入道的学者，他们关于斯密的论文写于 2000 年至 2004 年），是最后一个部分"亚当·斯密与知识"，它正是《另一个亚当·斯密》的起点。

在《启蒙与书籍》（*The Enlightenmentand the Book*）中，理查德·谢尔（Richard Sher）让我们注意到威廉·古瑟里（William Guthrie）那本 1770 年出版、被广为阅读的《新地理、历史与商业语法；世界几大王国的现状》（*A New Geographical, Historical, and Commerical Grammar; and Present State of the Several Kingdoms of the World*），他要说明"18 世纪的英国［**独一无二**的大不列颠］不仅在'快速'学习方面居于领先地位……而且在'知识的普遍融合'上也居于领先地位。"① 启蒙时期的学者没有几个会否认新兴的大不列颠联合王国是欧洲图书贸易和自由环境的中心，尤其是苏格兰各大学，在那里，对知识的传播与组织发生了决定性的变化。用古瑟里的话说，斯密站在知识大融合的前线，斯密后来称其为哲学或科学，认为它可以替代一般意义上的知识。

同他的导师亨利·休谟，克米斯勋爵（Lord Kames）（与他的一位亲戚，斯密的好友大卫·休谟同姓）一道，在从法律上放弃永久版权以使 1774 年后书籍能够广泛传播这件事上，斯密

---

① Richard B. Sher, *The Enlightenment and the Book: Scottish Authors and Their Publishers in Eighteenth-Century Britain, Ireland, and America* (Chicago: University of Chicago Press, 2006), p. 1.

也发挥了一定的作用。① 但是，也许更重要的是，斯密和他的同道协力将 18 世纪爆发的一种新文体涵括并归纳于一套多少更加具有普遍性的形式当中，这是对蒲伯（Pope）在《群愚史诗》（*The Dunciad*）中对用新的学科、经典和文体将散文“膨胀”成诗歌所发出的抗议的回应。② 因此，我们在《另一个亚当·斯密》的第一章首先说明了斯密在创建现代学科分类中如何发挥了决定性的作用，他的著作现在仍然适合这样的分类。根据斯密本人的认识论，通过一种特殊的分类规则可以将这个世界上那些令人困惑的对象和纠缠在一起的事物加以组织（这个过程在斯密那里一直有所体现）。但是，这项计划受到干扰，产生了一些矛盾。对斯密和他的同道而言，进行分类归纳的意愿造成了哲学的冲突和移位，他们在这里指的是一般意义上的知识，根据这一意愿，人的理解被细分至更多的专业形式，与此同时，印刷品的传播日益扩大。不仅如此，因为斯密在他的著作中对知识做了明确的说明，划分——不仅是知识的划分，还有脑力劳动和体力劳动之间的划分——使我们能够在这方面区分出更多的亚领域。在斯密那里，关于劳动的肉体化（corporealization）与**去**肉体化（de-corporealization），一直存在激烈的斗争，这本身也是在劳动内部划分不同劳动领域这个问题的一部分。他以及他的同时代人——克米斯、休谟、弗格森及其他人——竭力想要确定对于这两种分类，我们应该遵守到什么程度，他们在这样做时，已经谨

12

---

① 关于 18 世纪印刷史的著作在这里难以尽数。最近的一个评估和综述包括了这个领域中重量级人物的文章，见 Sabrina Alcorn, Eric N. Lindquist and Eleanor F. Shevlin eds., *Agent of Change: Print Culture Studies after Elizabeth L. Eisenstein* (Amherst: University of Massachusetts Press, 2007)。关于 18 世纪的专论，见 Alvin B. Kernan, *Samuel Johnson and the Impact of Print* (Princeton, NJ: Princeton University Press, 1989)。关于 1774 年那个特殊日子以及（苏格兰）强制执行（英格兰的）版权法的重要意义，见 William St. Clair, *The Reading Nation in The Romantic Period* (Cambridge, UK: Cambridge University Press, 2007), p. 31。

② Alexander Pope, *The Dunciad*, pp. 273 - 274.

慎地关注到大众抗争。

　　《另一个亚当·斯密》的第一章重点讨论了斯密的解释系统及其与劳动行业和亚行业的关系。我们这样做的原因是想要考察一系列知识难题，这些难题应该与他的较为人们所熟知的理论，既有经济理论，也有其他理论，联系起来；较之相对晚近的时间内持续将研究聚焦于他的较少为人知的著作上，这种联系使我们能够做一次更有批判性的、更仔细的审视。因此，在《另一个亚当·斯密》中，至少**其他**之一是哲学、美学意义上的，由此发现一个关心社会的亚当·斯密，他与那个被认定为鼓吹一帆风顺的自由市场体系的亚当·斯密之间的关系难解难分，我们还是不要像昂肯那样太过简单地将其说成是**对立关系**。

　　在我们已经注意到的最近的斯密研究热中，米歇尔·沙皮罗（Michael Shapiro）的《解读"亚当·斯密"：欲望，历史，价值》（*Reading "Adam Smith"：Desire, History, and Value*）（后面简称为《解读"亚当·斯密"》）采取了一个独特的批评视角。①他没有看到斯密关于语言在商业社会的上升期会发展得更复杂、更透明这方面的诸理论之间有一种同源性，相反地，沙皮罗辩称，对于斯密而言，"价值……在语言交换过程中……绝对是出现于［意义］流被禁止的点上"（《解读"亚当·斯密"》46）。接着，他又极富挑衅意味地说，斯密的"感觉（他此语的意思是以感情为基础的）认识论"，非但没有保证两个平等主体（真实的，或更多是想象出来的）之间在谋得一致意见的交流中实现互惠，反倒揭示出一种"对欲望之破坏力量的恐惧，并因此对主体的独特性感到恐惧"（《解读"亚当·斯密"》xix）。沙皮

---

　　① Michael J. Shapiro, *Reading "Adam Smith"：Desire, History, and Value* (New York：Rowman & Littlefield, 2002).

罗在这里为我们这个引言的目的做了很好的解释。不过,那些以一种更成熟的方式看待斯密的语言观的新锐学者都有这样一个特点,所以,沙皮罗的方法或许更严格地说是强调文学—哲学,而非政治—经济学,他忽略了这些话语在斯密的其他著作中是如何绞缠在一起的。①

在严格意义上的经济学内部,尽管有些学者已经开始考虑主观的非理性因素在行动者的决策过程中发挥了重要作用,② 却几

---

① 约翰·盖尔利 (John Guillory) 关于文化资本的著作让人想起斯密也是从审美角度尝试在现代社会的秩序原则和道德哲学名目下的个人自我利益之间进行协调。在这个意义上,盖尔利从另一种规训视角,而不是从沙皮罗的角度得出几个结论,它们可以与上文引述过的经济学和自然法研究最近新推出的关注社会的亚当·斯密相一致。见 Guillory, *Cultural Capital: The Problem of Literary Canon Formation* (Chicago: University of Chicago Press, 1993), p. 321. 佩吉·卡穆夫 (Peggy Kamuf) 提出了一个颇具挑衅性的论据,文学意味着知识的划分要 "继续进行划分"。然而,文学本身的历史在这个论据中却没有出现。见 Kamuf, *The Division of Literature: Or the University in Deconstruction* (Chicago: University of Chicago Press, 1997), 6. Alexander Dick and Christina Lupton eds., *Theory and Practice in Enighteenth Century: Writing Between Philosophy and Literature* (London: Pickering & Chatto, 2008), 是新的学科再划分研究的另一个例证,不过将政治经济排斥在外。

② 有人想到 Gunnar Myrdal 的著作在 20 世纪 20 年代后期将政治重新引入到经济学当中。见 Gunnar Myrdal, *The Political Element in the Development of Economic Theory* (Cambridge, MA: Havard University Press, [1925], 1965)。更近些时候, 见 Gary Becker 和 Kevin Murphy 的 *Social Economics: Market Behavior in a Social Environment* (Cambridge, MA: Belknap of Havard University Press, 2000), pp. 1, 5。Deirdre McCloskey 因为批评主流经济科学中的 "哀伤的戏仿" (sad parody) 赢得了认可和赞赏,因为它忽略了 "亚当·斯密……在理智和道德方面的美德。" 见 McCloskey, *The Vices of Economists—The Virtues of the Bourgeoisie* (Amsterdam: Amsterdam University Press, 1996), 130; 以及 *The Bourgeoisie Virtues: Ethics for an Age of Commerce* (Chicago: University of Chicago Press, 2006), 1. 我们的观点是除了极少数几个例外,跨学科研究本身常常出现的情况是一门学科在它有限的越界侵入之后洋洋自得地重新回归。关于在更一般意义上仍然具有学科边界性质的跨学科研究这个难题, 见 James Chandler, "Introduction: Doctrines, Disciplines, Discourses, Departments", *Critical Inquiry* 35 (Summer 2009), p. 739; 以及 Clifford Siskin 和 William Warner, "Stopping Cultural Studies", *Profession* (2008), pp. 94 – 107. 关于所谓跨学科的优点和公共研究大学的没落, 见 Bill Readings, *The University in Ruins* (Cambridge, MA: Havard University Press, 1996); 和 Mike Hill, "Cultural Studies by Default", in *Class Issues*, ed. Amitava Kumar (New York: Routledge, 1997), pp. 48 – 62.

乎无人真正考察过那一系列概念背后的复杂历史，这些概念包括"经济"或"市场"，在它们当中，有些行为注定是理性的或非理性的。虽然亚当·斯密的专家做派现在确实依然存在于各自分离的领域，如自然法，道德哲学，或不是非常普遍的文学研究中，但是，例如，如何划分经济与今天被简称为"文化"的事物这个问题本身如何成为一个跨越了认识论、伦理以及法律诸领域而发挥作用的核心问题，我们尚未看到有力的论据，这些领域在斯密的著作中彼此敌对，又相互靠近。① 相应地，我们也不同意这样一个前提，即对于斯密的全部努力在情感和材料方面提出的质疑是相互一致的。随着学者们继续严肃地将斯密的著作看成一个整体（这个整体永远都不可能存在），无论出现何种另外的解读，我们首先都需要对学科划分提出质询，这些划分回头看，是不合时序地被假设为确实存在。② 我们所谓的通才的困境只有在一个固执地执着于划分和专业化的时代才成其为困境。这种执着出现了——如我们将要讨论的那样，一出现便问题重重——因为斯密本人的写作让它成为现实。

　　一位著名的社会评论家回避了现代学科专业化的种种压力——对我们来说至少在引言中提到他是合适的，就是因为他名气很大——他就是欧文·克里斯托（Irving Kristol）。克里斯托将《道德情操论》与《国富论》结合起来，糊里糊涂地成了 20 世

---

　　① 在关于现代专业难题及其对斯密的学术研究的影响，有一个很特殊的早期例子，在其中，A. L. 麦克法伊（A. L. Macfie）说道，"今天，我们都太专业了，结果是我们一旦脱离自己的学科，我们谈论的非常弱智的肤浅性正是我们必须接受和面对的不充分性"（第 34 页）。见 Macfie, *The Individual in Society: Papers on Adam Smith* (London: Allen & Unwin, 1967)。

　　② 一个没有受到正确评价的例外是 David M. Levy，他坚持认为"有偏向性的旁观者"而不是斯密关于公正理想的思想才是斯密的经济体系的关键。不仅如此，Levy 还宣称，解释是斯密想象社区过程中的核心难题。见 Levy, *How the Dismal Science Got Its Nature: Classical Economics and the Ur-Text of Racial Politics* (Ann Arbor: University of Michigan Press, 2001)。

纪闹哄哄的学者的一块空招牌，这些学者对资本主义制度历史的
兴趣受到自身对该制度的消极境况进行道德说教这一责任——而
且的确，还有大众对其进行抵制的历史——的限制。① 我们不是
简单地将克里斯托的解读说成是一种误读，而是想探寻同情作为
道德情操是否可能为克里斯托对大众的恐惧提供某种支持。② 斯
密所说的利益 1759 年在《道德情操论》中最早提到，它被说成
是朱庇特（Jupiter）那个伟大的无形计划中一种感情的——在经

---

① 我们在这里可以提供一个非常长的名单来涵括我们称为前资本主义斯密学者
中的道德限制学派。比较有代表性的，见 Jerry Evensky, *Adam Smith's Moral Philoso-
phy: A Historical and Contemparary Perspective on markets, Law, Ethics, and Culture* (Cam-
bridge, UK: Cambridge University Press, 2005); Patricia H. Werhane, *Adam Smith and
His Legacy for Modern Capitalism* (Oxford: Oxford University Press, 1991); Peter J. Dough-
erty, *Who's Afraid of Adam Smith? How the Market Got Its Soul* (New York: Wiley, 2002),
44; John A. Dwyer, *Virtuous Discourse: Sensibility and Community in Late Eighteenth-Centu-
ry Scotland* (Edinburg: John Donald, 1987); Athol Fitzgibbons, *Adam Smith's System of
Liberty, Wealth, and Virtue: The Moral and Political Foundations of "The Wealth of Nations"*
(Oxford: Clarendon, 1995); *Intersubjectivity in Economics: Agents and Structures*, ed.
Edward Fullbrook (New York: Routledge, 2002); James R. Otteson, *Adam Smith's Market-
place of Life* (Cambridge, UK: Cambridge University Press, 2002); and Pierre Force, *Self-
Interest Before Adam Smith: A Geneology of Economic Science* (Cambridge, UK: Cambridge
University Press, 2003). 哲学对道德哲学的挪用亦见于 John Rawls, *Lectures on the His-
tory of Moral Philosophy*, ed. Samuel Freeman (Cambridge, MA: Harvard University Press,
2000). 关于斯密的某个极端自由概念是伦理学启示的一个源头，见 Amartya Sen,
"Capitalism Beyond the Crisis", *The New York Review of Books* (March 26, 2009), ht-
tp://www.nybooks.com/articles/22490 (2014 年 3 月 13 日检索)。关于 Sen 对斯密的
道德远见理想的解释，见 "Adam Smith's Prudence", in *Theory and Reality in Develop-
ment: Essays in Honour of Paul of Paul Streeten*, eds. Sanjaya Lall and Frances Stewart
(London: Blackwell, 1987); and Sen, "Moral Codes and Economic Success", in *Market
Capitalism and Moral Values: Proceedings…British Association for the Advancement of Science*,
eds. Samuel Brittan and Alan Hamlin (Cheltenham, UK: Edward Edgar, 1994), pp. 23 –
33.

② 斯密最初接触到的 18 世纪道德哲学是他的老师弗兰西斯·哈钦森（Francis
Hutcheson）的道德哲学，耗费了斯密和休谟早期的大量心力。当然，他们二人都精
通新教教义内部的道德哲学脉络，它从格劳秀斯（Grotius）延伸至其他自然哲学家。
更多关于自然哲学联系的论述，见 Knud Haakonssen, *Natural Law and Moral Philoso-
phy: From Grotius to the Scottish Enlightenment* (Cambridge, UK: Cambridge University
Press, 1996), 尤其是第一章。

14 济之前——时刻，它既假定了一种主体间性，又使其问题化，这一主体间性无法被归结为一种程序性的自由主义秩序，或交际理性，或不受任何情感影响的共识。①

的确，与哈贝马斯这样的人物相左，斯密承认有一种核心情感，即使这种情感也受很多条件的制约，他最终将其与斯多葛主义传统联系在一起。这并不意味着斯密是一个"斯多葛主义者"或他只是完全挪用了斯多葛主义的世界观。虽然斯密的确试图为斯多葛传统的关键元素进行辩护以反对他的老师，苏格兰道德哲学的教父弗兰西斯·哈钦森（Francis Hutcheson）对该"教派"的攻击，他挪用了这些元素服务于自己的目的，将它们用在一个与它们原先的环境极为不同的语境中。在《论自然及激情与情感控制，道德意义上的阐述》（*An Essay on Nature and Conduct of the Passions and Affections, with Illustrations on the Moral Sense*）（后面简称为《自然与情感》）一书中，这是一本关于引导人类激情与情感的书，哈钦森成为苏格兰启蒙人物中极少数坚定地使用"群众"（multitude）这个平常词汇的人之一，他的原话是"让群众幸福"。②他将"斯多葛派"看成是"一个崇高的自私学派"（《自然与情感》83）。

我们对斯密利用斯多葛哲学的理解与某些人形成了巨大的反差，他们在《道德情操论》中只看到"分析性平等主义"那显而易见的仁慈，或如斯密所言，"自然的"伦理体系。我们对斯密的解读是对局限于道德中的主体间性的批判性诠释，

① 关于哈贝马斯的交往正义（communicative justice）与公共领域之外的大众抗争之间的关系，见 Mike Hill and Warren Montag, "What Is, What Was, the Public Sphere? Post-Cold War Reflections", in *Masses, Classes, and the Public Sphere*, eds. Mike Hill and Warren Montag（London: Verso, 2000）, pp. 1 – 12。

② Francis Hutcheson, *An Essay on the Nature and Conduct of the Passions and Affections, with Immustrations on the Moral Sense*, ed. Aaron Garrett（Indianapolis: Liberty Fund, [1728] 2002）, p. 94.

或曰附属性美德过于脆弱，无法保护穷人在自由市场体系中不受侵害，这一概念也被称为"基督的仁慈美德"，但是，21世纪，在斯密的支持者中占据主导地位的自由主义这一脉依然对其大加赞颂，以此抗拒那些想探索市场经济的替代形式的人。①我们在第二章将进一步证实，斯密那个饱受赞誉的公正的旁观者只能是缺乏感情方面的模仿或交流导致的结果，这种缺乏是在各种社会矛盾内部形成的，斯密本人对这些社会矛盾也深感困惑。

　　斯密的一个非常典型的担忧是片面性可能会阻碍一个十全十美的社会和谐愿景，这一担忧与处理贫困问题有关。尤其是考虑到英国中产阶级社群相对而言具有诸多特权，更是如此，面对巨大的道德和物质代价所换来的贫困和剥削，这个社群本身也会有消长。当然，对于大多数英国人而言，中产阶级社群既非一个既定的，也非一个稳定的部分，更不用说**英国人**同时也是**苏格兰人**，正是在这一时期，斯密写作了他的那些文本。斯密在《道德情操论》中的研究是按照与斯宾诺莎提出的泛个人主体（transindividual subject）概念相对立的路径进行组织的，在斯宾诺莎的这个概念中，伦理性个人是一个综合性独体，与斯密的理想化商业社会场域（socius）保持着一种很别扭的关系。这样的话，单独的主体便避开了主体性与大众抗争之间顺势形成的对立。

　　特别是在苏格兰，18世纪是一个对现代性的基本概念展开激烈争论的时代，这些概念包括认知和情感体验。尼尔·戴维森

15

---

　　①　Sandra J. Peart 和 David M. Levy 解释了"分析性平等主义"的概念，见他们 *The Street Porter and the Philosopher* 一书的前言（Ann Arbor：University of Michigan Press，2008），pp. 1 - 14。在用到"基督教美德"一词时，Ryan Patrick Hanley 对于斯密及其同道在18世纪所面对的圣公会教徒、新教教徒以及天主教教徒之间的政治斗争几乎没有做什么强调。见 Hanley，*Adam Smith and the Character of Virtue*（New York：Cambridge University Press，2011），p. 9。

（Neil Davidson）提醒我们，威廉·罗伯特·司各特（William Robert Scot）1900 年为弗兰西斯·哈钦森写的传记中首次使用了"苏格兰启蒙"这个术语来表示文化生产与更普遍意义上的社会改良之间的重要关系。[①] 众所周知，苏格兰的金融创新——苏格兰皇家银行 1728 年发明了现金信贷系统——在现代商业的形成中发挥了决定性作用。[②] 而其相对进步的社会机构也较伦敦市中心的那些机构更先进，一度比欧洲其他地方的机构都先进。[③] 早在 1696 年，具有讽刺意义地，在同一年，亵渎宗教的托马斯·爱肯海德（Thomas Aikenhead）被起诉（并在一个月后被处死），苏格兰议会通过了一项《设立学校法案》（Act for Setting Schools），在每一个没有学校的教区设立一所学校。对于早期现代教育的建立，我们应该补充一点，苏格兰传播基督教知识学会（the Society in Scotland for the Promotion of Christian Knowledge）的公开目标是找到"教授宗教和美德"的学校（1711 年，有 5 所该学会设立的这类学校，到了 1808 年，达到了 189 所，学生

---

①　Neil Davidson，"The Scottish Path to Capitalist Agriculture 3：The Enlightenment as the Theory and Practice of Improvement"，*Journal of Agrarian Change*，5，No. 1（January 2005），pp. 1 – 72. Davidson 引述了 Duncan Forbes 之后在 20 世纪 60 年代和 70 年代于剑桥大学所做的阐发。见 Forbes，*Hume's Philosophical Politics*（Cambridge，UK：Cambridge University Press，1975），xi。Davidson 在上文列举过的那篇文章中对后来诸次争论的对立观点进行了总结。除了我们在下文将要引述的，尤其是关于启蒙运动有关苏格兰内容的其他书籍，其他材料见 Christopher Berry，*Social Theory of the Scottish Enlightenment*（Edinburgh：Edinburgh University Press，1997），pp. 185 – 194。

②　见 Joyce Oldham Appleby，*Economic Thought and Ideology in Seventeenth-Century England*（Princeton，NJ：Princeton University Press，1978）．斯密完全拒绝了较早时期的商业标准，如重商主义，重金主义，以及重农主义，这也是被严密遮盖起来的一个领域。见 Roy Porter，*Flesh in the Age of Reason*（New York：Norton，2004）。更多关于斯密之前的经济思想，见 Terence Hutchison，*Before Adam Smith：The Emergence of Political Economy，1662 – 1776*（London：Blackwell，1993）；and Hannah R. Sewall，*Theory of Value Before Adam Smith*（New York：A. M. Kelly，[1901] 1968）。

③　正如 Christopher Berry 在 *Social Theory of the Scottish Enlightenment* 一书中指出的，斯密对卢梭的影响，或者休谟对康德的影响标志着一股权威流从偏远省份流向内陆大都市，这股权威流在这段时期后来的历史中还没有得到广泛的认识。

13000 名）。该学会的目的当然不是大公无私的，尤其是在民情躁动的高地地区。到了 18 世纪 40 年代，英国国教会的巡回教师着手执行一项专门任务，帮助苏格兰最北部的民众培养一种心态，它将对抗罗马天主教的影响和约各派（Jacobite）倾向，同时要顺应新经济中的工资劳动和畜牧业。①

18 世纪 20 年代，阿兰·拉姆塞（Allan Ramsay）依托他在爱丁堡的书店建立了英国第一家流通图书馆，付很少的会员费，可以每周借阅图书。罗伯特·福尔斯（Robert Foulis）与哈钦森的一名学生一样，1753 年在格拉斯哥建立了第一所设计艺术学校。礼貌交谈和开化的品位之类的理想——约瑟夫·埃迪森（Joseph Addison）在《旁观者》（The Spectator）中提出的供公众消费的东西，同时在一些文学社团中也得到体现，如星期二俱乐部、普客俱乐部、牡蛎俱乐部、镜子俱乐部、精英协会——在那些有机会依靠国王的神授君权超越政治党派而谋得社会地位提升的人中间大受欢迎。② 与英国大学中那些恪守传统的古板学究形成鲜明对比，到斯密 1737 年被格拉斯哥大学录取，以及他后来在那里做讲座的全部时间，苏格兰的各个中心都以对现代性的发轫具有决定意义的方式为公民人文主义，公众美德，以及学科创新准备好了前提条件。③ 借用戴维·戴切斯（David Daiches）从 16那个时期的文学作品中搬过来的一个词，苏格兰启蒙运动是天才

<hr>

① 关于苏格兰普及基督教知识学会目前的使命，见 http://www.spck.org.uk/。关于它对高地人的政策，见 Charles W. J. Withers, "Education and Anglicization: The Policy of the SSPCK Toward the Education of the Highlander, 1790 – 1825", Scottish Studies 26 (1982), pp. 37 –56, 以及 Geoffrey Plank, Rebellion and Savagery: The Jacobite Rising of 1745 and the British Empire (Philadephia: University of Pennsylvania Press, 2005)。

② 关于苏格兰各文学学会，见 J. G. Pocock, "Cambridge Paradigms and Scotch Philosophers", in Wealth and Virtue, 242。

③ 见 Thomas P. Miller, The Formation of College English: Rhetoric and Belles Lettres in the British Cultural Provinces (Pittsburg: University of Pittsburg Press, 1997)。

的温床。[①]

　　18 世纪的苏格兰也标志着一个特殊的时刻，对于大不列颠的地理总体性的审议——在那段时间里，这一审议在大街，在酒馆里，在即将被取消的苏格兰议会大厅里被翻来覆去地谈论——激发了他们自己高涨的政治热情。如果说苏格兰是爆发商业革命与学术革命的场所，自 1707 年《联合法案》颁布之后，它也是一个对由北部发起的政治动乱充满深沉忧虑的地区，英国北部是个充满野性的边缘地带——尚处在英格兰和低地地区等文明世界的外沿，有人说，罗马人见到皮克特人后便厌恶地弃之而去。[②] 1745 年，有一位作家对高地地区的定位是在从狩猎—采集时代向商业社会的冰退（有时序的或分阶段的）过程中被忽略的地区，这种观点在当时很有代表性。当时还有一位评论家完全避开发展中历史的标准形式，公开声称，"苏格兰人由野蛮人进化而来。"[③] 高地人被认为属于"人类尚未开始将自己组织成庞大社会的年代"，[④] 即杰弗里·普兰克（Geoffrey Plank）在《反叛与野蛮》（*Rebellion and Savagery*）中所说的脱离了正常的历史轨迹。笛福将当时对高地生活的理解比作人类学家（这个术语直到康德时期才被引入）尚未得见的"非洲的核心部分"（《反叛与野蛮》第 12 页）。

　　早在克伦威尔侵入该地区寻找最终被砍头的查理一世时，他的统治时期是 1625—1648 年，关于联合的思想在苏格兰便不受

---

　　① 见 Daiches 等，*Hotbed*，34。追溯苏格兰在西方现代性形成中的中心地位的其他书籍，见 James Buchan, *Crowded with Genius*：*The Scottish Enlightenment，Edinburgh's Moment of the Mind*（New York：Harper Collins, 2003）。

　　② 见 Isabel Henderson, *The Picts*（London：Thames & Hudson, 1967）。

　　③ Walter Bagehot，转引自 John R. R. Christie, "Adam Smith's Metaphysics of Language", in *The Figural and the Literal*：*Problems of Language in the History of Science and Philosophy，1630 - 1800*，eds. Andrew E. Benjamin, Geoffrey N. Cantor and John R. Christie（Manchester：Manchester University Press, 1997），203。

　　④ Plank, *Rebellion and Savagery*, p. 9.

欢迎。四十多年之后，他的儿子苏格兰的詹姆斯国王七世和英格兰的詹姆斯国王二世（1685—1689 年）被流放至法国，因为他公开宣布要打造一个天主教王国的意图，这标志着二世党人事业的开端，因为还有路易十四和梵蒂冈的利益，所以在外交事务中形成了三足鼎立的局面。一得到詹姆斯逃亡法国的消息，尽管二世党的力量十分强大，苏格兰各党派还是在伦敦聚集，以保护新教势力。受到苏格兰内部政治的极大影响，他们的目的得以实现，威廉和玛丽在 1688 年的不流血革命中被授予王冠。① 38 岁的麦克唐纳因为迟迟不宣布效忠新国王而于 1692 年被谋杀，当时他正在宴请他的军队、女人和孩子，他们在被放火焚烧之后饥饿而死，没有赶上庆祝奥伦治王子不沾一丝血污的驾临。②

17

　　表面上，向从小接受加尔文教教育的威廉发出邀请是为了解决反抗的权利这个难题以及先前克伦威尔治下的内战问题：用 1689 年写进英格兰新《权利法案》中的由国王按照人的法律概念取代君主的天授神权。但是，正如多比亚斯·斯摩莱特（Tobias Smollett）在他的 1688 年的《英国史》（*The History of England*）中指出的，"他们的［人民的］救星似乎夸大了其对自己的自由和特权的依恋。"③ 威廉仍然刻意按照自己的意愿解散议会，并且"仍然是所有毁灭性工具和机器和暴力工具和机器的

---

　　① Anthony Jarrells 已经证明，不流血的神话是现代性起源阶段的一个非常独特的和平特征，是想象性历史确立了这个特征，不仅用一种特殊的方式——在 Jarrells 看来就是一种浪漫的审美化方式——而且与写作历史本身保持着一定的距离。见 Anthony Jarrells, *Britain's Bloodless Revolutions: 1688 and the Romantic Reform of Literature* (London: Palgrave Macmillan, 2005)。

　　② 关于 Glencoe，见 John L. Roberts, Clan, *King and Covenant: History of the Highland Clans from the Civil War to the Glencoe Massacre* (Edinburgh: Edinburgh University Press, 2000)。

　　③ Tobias Smollett, *The History of England from the Revolution in 1688, to the Death of King George the Second; Designed as a Constitution of Hume* (Philadelphia: Thomas Davis, 1844), p. 15.

主人"（《英国史》第 16 页）。

斯摩莱特是苏格兰人，传统上更多的是作为 18 世纪中期英国小说经典的四巨人（另外三巨人是理查森［Richardson］，菲尔丁［Fielding］，斯特恩［Sterne］）之一而著称于世，即使仅仅因为他与当时占主导地位的辉格党历史学家之间存在巨大的分歧，他也是有用的。他为托利党首相、同为苏格兰人的约翰·斯图亚特（John Stuart）（标特伯爵［the Earl Bute］）那本短命的杂志《英国人》（*The Briton*）撰稿，此举刺激了约翰·威尔克斯（John Wilkes），一怒之下出版了《北方英国人》（*The North Briton*）。众所周知，这本杂志与同时期的威尔克斯骚乱牵扯到一起。除了让辉格党多了一个视角，由于他的历史是从 1688 年到 1760 年国王乔治二世去世，斯摩莱特（11 年后去世）也写到当时和比较晚近的历史。在整部《英国史》中，他对何事才能被解读为那一时期的民族凝聚神话，尤其是在苏格兰，表现出敏锐的眼光，这种神话同数不清的政治忠心和习俗准则交织在一起，不可能将苏格兰简化为英格兰的一个被颠倒过来的——因此可以包含其中的——他者的对立面。说到英国统一本身，威廉刚刚被多党同盟任命为国王，斯摩莱特便急切地写道，"这个纽带断了……（而且）威廉很快就会发现自己只是一个帮派头目"（《英国史》第 16 页）。

安妮女王 1702 年的加冕没有引发任何争议，这场加冕维持了皇家统治的延续。正如斯摩莱特所言，"就连二世党人似乎也对她的即位感到欢欣"（《英国史》第 179 页）。但是，根据《王位继承法》，她不得接受自己同父异母的兄弟，老僭王詹姆斯三世与八世的天主教信仰，这一法律将她牢牢地限制在英格兰教会的新教职责之中（该继承法中未提到苏格兰）。承认天主教信仰意味着她必须放弃王位。斯摩莱特对最高政治阶层的权力机会看得十分透彻，他称为"尾随（詹姆斯的）父王的放逐而来的、古怪的命运变迁"(《英国史》第 179 页)。

18

　　具有讽刺意味地,苏格兰政客们在安妮即位的过程中发挥了决定性作用(除了与遭放逐的斯图亚特一脉有直接的血缘关系,她还是玛丽的妹妹),但他们却促成了反对苏格兰的法律。一个非常有说服力的例子是安妮女王颁布颇具争议的《联合法案》之前有一个先兆,即《移民法》(The Alien Act)(1705 年)。根据这一法律(由英格兰国会通过,仅仅两年之后,联合问题至少在法律上宣告解决),除非苏格兰人在当年圣诞节之前承认汉诺威选帝侯一脉的继承权,他们将被当作异邦人,他们的商业利益将被大幅削减。更加著名的是 1715 年和 1745 年(还有其他年份)的二世党人起义,英国军队 1746 年在克劳顿(Culloden)的屠杀(包括对非战斗人员实行斩首,将苏格兰人驱逐至美洲和其他殖民地,蓄意使苏格兰人饿死、强奸),《缴械法令》(Disarming Act)(1747 年),禁止苏格兰花格织物的《服装法》(The Dress Act)(1746—1782 年)(苏格兰高地警卫团除外)以及后来的高地清洗(Highland Clearances)都为解读斯密及其同道提供了重要的参考标准。普兰克的评论无疑是准确的:"英国的士兵在 1745 年是当着哲学家的面在作战"(《反叛与野蛮》第 106 页)。我们认为反过来也同样正确:苏格兰启蒙运动的主要思想家在思考,而国家则自己和自己打起来了。①

　　相对比较晚近一些的头衔,"人文教授"的谱系可以直接追溯至斯密在格拉斯哥的教书生涯,最早使用这个称谓的是他的继承者托马斯·雷德(Thomas Reid),他是那里的道德哲学教授。雷德想将公共演讲,例如斯密关于模仿艺术的言论,与斯密作为

---

　　① 当然,英格兰不仅陷于同其自身的战争。1688 年与实行联合的 1707 年之间发生了严重的金融灾难。在苏格兰从革命到合作的 19 年里,只有 5 年的和平时间。见 P. W. J. Riley, *The Union of England and Scotland: A Study in Anglo-Scottish Politics of the Eighteenth Century* (London: Rowman & Littlefield, 1978), 198ff。

"逻辑学……（,）道德……（,）自然哲学教授"所做的演讲区分开来。[1] 如我们已经提到的，其目的是建立一门学科。这样一来，传播知识和集体经验的各种新方式便可以从根本上被用来设想一种更具联合意义的代表英国民族凝聚力的公共形象。[2] 本书第三章将继续讨论斯摩莱特与一种新文类之间的关系，这一新文类就是从前未归置一处的英国小说。在这一章中，我们将"英国民族凝聚力"这个短语解读为历史上一个谜一般的凝聚力，具有浓郁的地域性，因为围绕着苏格兰议会的解散和莫衷一是的苏格兰并入一个更大的不列颠王国，整个国家处于高度紧张状态。在第一章，我们参照对知识的组织来讨论个体性与集体性的问题，在第二章，是从情感关系的组织来讨论这个问题，在第三章，则是从地缘政治的视角对其进行探讨。

　　针对《联合法案》的大众抗争一直持续到大约 18 世纪中期，这一争执的意义揭示出同一个问题，即特殊性与整体性问题，对这个问题，我们已经参照斯密对认识—逻辑和伦理的关注做了介绍。苏格兰的大臣对来自安妮女王和她的主张联合的政府官员的压力做出了积极回应，但他们这样做是因为他们当时必须处理特威德河两边的二世党人的抗议。苏格兰议会中那些导致议会解散的联合派成员始终不确定他们能躲过街上众人的指指点点："粗鲁的、愚昧的亡命徒，发了疯的女人和男人"，他们聚集在门外要求苏格兰具有独立权。[3] 斯摩莱特记录了培根勋爵关于联合的态度：

19

---

　　① Sir William Hamilton ed., *The Works of Thomas Reid* (Edinburgh: Edinburgh University Press, 1846), pp. 773 – 774.

　　② 见 Benedict Anderson, *Imagined Communities* (London: Verso, 2006)。关于 Anderson 在苏格兰民族主义语境中的待遇，见 Craig, *Intending Scotland*, pp. 41 – 52。

　　③ Riley, *Union of England and Scotland*, 283.

与苏格兰民族的认识相反：人民的低语已经变成了洪钟巨
响，响彻整个王国：胆大放肆，竟至聚于议会门外……转向
一个合并而成的联合王国对两个民族而言都是最危险的试验
之一。（《英国史》第 244 页）

哈弗希厄姆勋爵（Lord Haversham）"认为联合王国是将这
么多不般配的事物，这么多不协调、不兼容的成分拉到一起"，
甚至需要常备军来维持它，使它不至于分崩离析。（《英国史》
第 243 页）斯摩莱特继续解释培根的看法：

通过直接吸纳格格不入的东西而形成的整体从根本上讲就像
尼布甲尼撒塑像上的脚趾头，它们用铁和泥做成，它们可能
粘在一块，但永远不会融合。（《英国史》第 243 页）

尼布甲尼撒（Nebuchadnezzar）是巴比伦国王，他征服了耶
路撒冷，将犹太人驱逐出境，由此声名远播（见丹尼尔书 [The
Book of Daniel]），这个古老的例子在很多层面上极有意义，而
且直击这个复合体的核心，即当时英格兰和苏格兰之间很难达成
一致的国内政治处境。他的名字的第一部分或许可以移译为
"边界保护者"；第二部分 Bakhat Nasar 意为 "赢得命运者" 或
按照字面译为 "命运赢家"。

培根想起了尼布甲尼撒（或者如果你愿意，斯摩莱特想起
了培根），这表现出一种因为民族差异无限靠近而产生的恐惧，
这种差异存在于相对晚近时候才被理解的不同民族内部，也存在
于当时刚刚提出的更大的英国民族性意识内部。的确，斯摩莱特
详述了英国议会关于联合的争论，那一连串的引用都专注于正在
联合的双方这个难题，不仅仅是苏格兰的特殊性要融入一个更大
的不列颠整体，而且还有一个难题，即如果双方的各种条件无法 20

统一，政客们原以为是可以糅合的，如何实现联合？在培根对历史进程的引述中，表现出一种更深层次的焦虑，因为君权可能（即使在威廉之后）受制于一段时间内暂时的云谲波诡，而没有哪个党派可以预先对此加以控制。在第三章，我们将对历史上一些偶然事件的意义做更细致的论述，尤其是与获得广泛支持的二世党有关的事件，该章的重点是一群苏格兰喜好做出种种猜测的历史学家。① 我们现在注意到，培根对犹太人出埃及记的参考并未如某人所预料的那样有助于苏格兰与英格兰之间直接对立的民族主义政治。相反地，其最重要的一个主题是一种**无国家状态**（statelessness）的主题，是归属主题，上帝知道归属一个什么样的地缘政治实体，或者说得更准确一点，被不均匀地附加在某个其在出现之前并不存在的实体。

培根的"危险实验"中那个非常大胆的部分于是直接将我们引回到我们在谈论另一个亚当·斯密时介绍"另一个"一词的方式。我们的命题是斯密的全部著作不能被简化为关于市场内在理性的理论或关于植根于同情的某种原初主体间性的表达，甚至也不是将这两者巧妙地结合起来。相反，斯密的著作常常制造矛盾，而它们则恰恰立足于这些矛盾之上：市场发挥其神奇的作用（基本上是在玉米贸易中）必须以它应该维护的生命为代价，就如同之所以会有同情，是因为个体之间不可能进行情感交流。

展示总体存在的冲动必然会导致各种空白，它们是已被排除在外的事物留下的痕迹，唯其如此，才能编制一个总体，就如同统一体总是受到多元性的威胁，受到某种"多样性"（multitudi-ousness）的威胁，这种多样性无法被限制，它不断地出现（"叛乱"［insurrection］这个名词源于拉丁语"insurgo"——"起来

---

① 如我们在第三章将要分析的，二世党人起义的平民层面一致被认为更引人注目，对当时的启蒙思想家也更具威胁性；见 George Rudé 的经典之作 *Wilkes and Liberty: A Social Study of 1763 to 1774*（London：Clarendon，1962），13ff。

或起义"）。因此，我们并不打算制造一个被称为亚当·斯密的合成体。总之，他的著作中的种种僵局和空白全都围绕着大众抗争或群众的权力这个概念出现，他从未远离这个概念，对此，我们将在《另一个亚当·斯密》的其他部分加以详述。同时，亚当·斯密在他本人所处的历史时刻（现在依然如此）完全沉浸在关于大众性本身的各种复杂材料当中，不管这个词是什么意思：我们想读他的著作，不仅要看关于大众都说了什么，而且要注意 18 世纪大众抗争的历史轨迹如何分解和扰乱了他的研究。21
最后，我们希望勾勒出是何原因决定了他的著作在 21 世纪的头十年能（和不能）言之事。

　　根据杜格尔德·斯图亚特（Dugald Stewart）的 "亚当·斯密的生平及著作"（"Account of the Life and Writings of Adam Smith"）（以下简称为 "生平及著作"），这是斯密去世后不久为爱丁堡皇家学会准备的传记，这位名人总是有 "走神的习惯"。①
"我讨厌传记，" 斯图亚特在 1797 年的一封信上如是说，不久前，为了让世界记住这位天才人物，他写了斯密生平，尽管他憎恨这种体裁。② 斯图亚特的传记记录了随着对亚当·斯密最早的批评性评价而出现的十分正常的矛盾。他从叙述一件事开始，特别有意思，不可能不是真的，"在［斯密］只有三岁左右时，被一群流浪者劫持"（"生平及著作" 第 269 页）。③ 早年的这一不幸遭遇似乎使一个脆弱的生命变得更加有价值，它因为斯密的社

---

① Dugald Stewart, "Account of the Life and Writings of Adam Smith, LL. D. ", in *Adam Smith*, *Essays on Philosophical Subjects*, eds. W. P. D. Wightman, J. C. Bryce, and I. S. Ross (Indianapolis: Liberty Fund, [1793], 1982), p.331.

② Stewart 的 1797 年的信函被引用于 Wightman 等人的 *Essays on Philosophical Subjects*, p. 305。

③ 斯密小时候被 "流浪汉" 劫持的故事在 John Rae 的 *Life of Adam Smith*: *With an Introduction by Jacob Viner* (New York: A. M. Kelly, [1895] 1965) 中被第二次引述，还有一次是在 E. G. West 的 *Adam Smith*: *The Man and His Works* (Indianapolis: Liberty Fund, 1976), p. 28。

交怪癖，以及斯密后来自己承认的在书写上的困难而被肆意渲染（"生平及著作"第372页）。1759年，他出版了第一部著作，当时，他35岁左右，但是，他1737年被格拉斯哥大学录取时只有14岁，这在当时并不稀罕。根据斯图亚特的传记，斯密的社交习惯包括"一个人自言自语"，以及"和他人在一起时**走神**"（黑体为斯图亚特的原文，"生平及著作"第270页）。亚历山大·卡莱尔（Alexander Carlyle）称他是"我见过的聚会时最心不在焉的人，在一大群人中间，嘴唇翕动着自言自语，同时露出微笑。"①

斯图亚特说，斯密的很多特点使得他"肯定不适合这个世界的一般商业，［也］不适合充满活力的生活"（"生平及著作"第329页）。"在**爱走神的**人中或许没什么奇怪，"他继续说道，斯密的"全神贯注……使他看不到熟悉的事物和平常琐事"（黑体为我们所加，"生平及著作"第315页）。他的"孤僻的习惯"，他"在一群陌生人中间……的尴尬……（,）而且更重要的是，这些他都知道"，这些构成了斯图亚特笔下这位独特的思想家的浪漫原型，他完全不在这个世界上或不属于这个世界。他描述这一点的方式很简单，就是"**我的**斯密"（黑体为我们所加，"生平及著作"第315页）。在1759年给斯密的一封信中，斯图亚特将这封信收入了这本传记，大卫·休谟试图安慰他的这位朋友和支持者，他当时非常担心公众对他的第一本书《道德情操论》的接受程度："凝神静气"，这是他的建议。"想着人们的一般评论空洞无物……而且毫无意义……哲学主题……超出了凡夫俗子的智力范围"（"生平及著作"第297页）；因此，"没有什么是比凡夫俗子的称许更荒唐的无稽之谈"（"生平及著

---

① Carlyle 被 Arthur Herman 引述，*How the Scots Invented the Modern World*（New York：Three Rivers Press，2001），p. 196。

作"第 298 页)。

22

　　这一连串的引述之所以重要是因为斯图亚特将斯密描写得随时可能消失，是偶然的产物——一个与众不同又丰富多样的亚当·斯密。接着，他刻画了一个几乎是拜伦式的，这里出现了时空错位，睿智的、独处的斯密，一位遭受了天谴的经济学家（economiste maudite）。不过，这样一来，斯密走神的习惯就成了应对荒诞的另一种方式，特殊性，数不清的数字，休谟的"人群"，注定是既不适合这个，也不适合那个统一体的各个部分，我们把这些难题都归结在大众抗争这个一般性概念下。休谟的观点是普通百姓必须同哲学保持恰当的距离，以使哲学能够将其对象化。与斯密本人的基于推测的历史（conjectural history）方式相一致（基于推测的历史一词见斯图亚特的"生平及著作"第 239 页），斯图亚特将斯密从游移不定的状态中拉了回来，将其塑造成一个历史人物，他因为几乎（一直？）已经被丢掉而更受珍视。

　　斯图亚特的斯密既被置于专业领域中，他本人也在从事专业研究，因为这个传记开创了一个长达 100 多年、一直延续至 19 世纪的传统，即将斯密解读为伟大的经济学家。他一直处于那一领域，直到最近，这一传统才得以纠正，因为一个偶然的机会在民间找到了斯密缺失的文本（斯密 1748 年的《修辞与文学讲稿》[Lectures on Rhetoric and Belles Lettres] 在阿伯丁的旧货商店被发现，随后在 20 世纪 60 年代向公众展出），我们才能够从不同层面阅读斯密，本书是又一次尝试。但是在那次偶然的发现之前，亚当·斯密一直被斯图亚特描写成一个传记对象，他的才华被缩小——或者说得更准确一些，他赢得才名是因为他专注于——斯图亚特所突出的、他的最重要的遗产，即塑造了"欧洲商业政策"的形态（"生平及著作"第 270 页）。根据斯密及其同道苦心发明的逻辑，他的生活是与众不同的，有时会遇到一些倒霉事，但最终会因为校友对这位经济学天才的崇敬而逢凶化吉。生产出价值的诡秘手法——在这里，斯密的价值根据学术身份的不同而有所变化——以斯密的方式发挥着作用，它在个别与一般之间移动，想尽办法不让天才本人在字面上受损失（心不在焉，他的性格，他的文本）。

　　《另一个亚当·斯密》并非要设想一个没有矛盾的亚当·斯密，相反，它包容了斯密著作中的那些场景，他进行划分，与此同时，他本人也被划分，尤其是他接近大众抗争与反抗这个问题时，更是如此。我们这样做是因为斯密建构的划分问题既肯定又否定替代性集体秩序的力量，准确地说，就是在他著作的现有论

23　述中变得难以想象的秩序。斯密的著作从最广义来讲也绝对不是为各种相互一致的命题排定秩序：实际上，它本身的空白与缺失所产生的重力迫使它表现为开放的状态，对仍然不可见的未来保持开放。

　　以下各章的重点分别是斯密的知识模式，感情模式，民族模式和经济模式。

　　第一章，"'无知产生的美妙诧异'：亚当·斯密的知识划分"重点描述了在亚当·斯密的认识论内部占据中心地位的**科属**（genus）概念，在他去世后发表的关于方法与哲学进程的文章中，以及他去世后出版的《修辞与文学讲稿》中关于"美术"的部分，这个概念也非常重要。我们首先提出，斯密的道德情操理论建立在一种分析之上，这种分析认为，通过不断提高的学科专业化程度可以保证一个和平的社会场域。其次，我们解释了他在其解释系统中对无知的关注——他只是简单地称之为"空白"——它们表现为群众力量及大众阅读等认识论风险。以凯

姆斯（Kames）、休谟、莱沃兰德·诺克斯（Reverend Knox）和乔治·特恩布尔（George Turnbull）为例，我们解释了一门被称为文学的新的学科专业在将想象作为其专门领域的同时如何取代了对哲学更一般的应用。由于智力劳动日益成为体力劳动之外的一个范畴，想象便被禁锢在文学批评和高雅品位的死胡同中。

第二章，"'混乱的组合'：从亚当·斯密到斯宾诺莎的超个体"以同情作为斯密道德讨论的逻辑起点。不过，它也只能在斯密清空了各种情感关系这个层面上真正起到这一作用，这些情感关系必然构成了超越个人界限、涉及任何内容或意义的同情。在斯密被广泛看作是在鼓吹基于认同他人（不偏不倚的旁观者）的伦理约束的地方，我们认为他是在采用一种抵制人际交往中的超个人维度的策略（沙夫兹伯里［Shaftesbury］最先对此做出描述），他采取的方式是使用超个体性的词汇。因此，如果《道德情操论》使超个体维度变得难以想象，它的目的却并非要反驳或推翻这一概念。

关于同情，无论是休谟那些犹豫不决、含糊其辞的话语，还是马勒布朗士（Malebranche）内容更加丰富但最终却毫无依据的评论，都难以促使斯密重新调整他所谓的"有条件的同情" [24]这一观点。对斯密而言，饱受贫困煎熬者基本不可能产生恻隐之心。斯密宣扬斯多葛派的原则，即智者从不因将辛劳的穷人作为异人至于道德同情的社会功能之外而抱怨（whine）（斯密原话）自己的命运。为了厘清斯密以社会为导向的自我约束和隔离，我们借鉴了斯宾诺莎的模仿感情这一观点，它为独立于意志的情感联系提出了基于肉体的重新定位。我们认为斯密对他所谓的"混乱的组合"的反对是激情的偶然喷发，或者是受到感情的传染，是他为避免斯宾诺莎所暗示的大众抗争而做出的努力。

第三章，"'数字、喧嚣与权力'：历史方法遇到的反抗难题"以介绍受到广泛支持的二世党开篇。我们当然明白，为了斯图亚特王朝卷土重来而组织的军事起义不能直接等同于一般的大众抗争。但是，他们以十分重要的方式实现了越界，对18世纪的思想家而言，这些方式都被归在"群众"这个意义多变的标题下。我们描述了斯图亚特王朝复辟触发的动荡，在其中，我们想要说明的是对二世党人和其他"暴徒"的描写如何作为冰退阶段这一历史进程的对立面与休谟对因果之类推理性概念的否定形成一种比照。

由此，我们从获得广泛支持的二世党以及同类事件转向对18世纪历史编纂的阐述：社会和政治对于起义的忧虑——对于休谟、罗伯逊（Robertson）及其他人而言，1603年，在詹姆斯六世和一世治下正在使王权恢复充满变数的统一——如何通过关于所谓基于猜测的思想在认识论意义上的辩论得以表达？

接下来，我们以一种更加集中的方式深入探究了多样性、小说、历史之间的关系。这一部分讨论的问题是，像这样将这些小说集中在一起是前所未有的，它以文学过量生产的形式提出了一个有关"数字"的难题，类似于18世纪的历史写作中所描写的反叛恐惧难题。

最后，我们阐发了苏格兰历史学家赋予他们所谓的"尚武美德"（martial virtue）的模糊价值，这是一种基于武力的国家霸权对叛乱进行疏导的方式，它也被认为可以遏制资本主义的奢靡风尚。在这里，大众抗争成为一个永恒的难题——有时可以控制，有时导致骚乱、暴动和战争。休谟所谓的"群众的怒火"标志出大众反抗对于历史进程所具有的危险性并且使得用冰退阶段等词语书写有效历史叙事的能力变得难以捉摸。

第四章，"'豁免权，自由的必然实现'：僵尸—经济学（Necro-Economics）的诞生"提出，在《国富论》中，斯密认为，通过获得金钱实现自我完善的理性形式是对人类有益的准普遍性冲动。不过，在这本书中，这一冲动更多地表现为各种不正当的或目光短浅的追逐私利，它们牺牲未来的完善来换取某种当下癫狂的欢愉。在此，我们指的是《道德情操论》中占据大量篇幅的罪犯：窃贼、入室抢劫者、盗马贼（菲尔丁小说中著名的大盗），即使对他们施以金钱上的惩罚也几乎很难让他们有所收敛。

追求自身的完善是内心抗拒身体享乐之诱惑的结果——不仅是肉体之欢，还有单纯的舒适与松弛所带来的享受，味觉和视觉产生的快感，以及摆脱了生活与劳作逼迫的欣慰。正如斯密在《道德情操论》中所言，现代社会设计本身便是宇宙设计的一部分，是属于更大的"自然组织法则"（oeconomy of nature）的一部分的政治经济，即，是为统治万物的天道所辖的人类世界的一种延续。因此，凭借自然组织法则，各个社会都将促进并保障无监管市场（最重要的是食品市场，尤其是谷物市场），如果给个人食物便意味着违反自由贸易的自然法则，国家则必须允许（自由的）个体走向死亡。但是，斯密并没有直接提出这些问题，这些问题是法国政治经济的中心问题，他的市场概念是对这些问题的一个回应，不仅要避免法律和政治上的争议，而且在他的理论中也不能有这方面的嫌疑。

最后，我们转向那些被认为是斯密的嫡传弟子的思想——从马尔萨斯到路德维希·冯·米塞斯（Ludwig von Mises）和弗里德里希·哈耶克（Friedrich Hayek）。我们确定，这些斯密的后继者虽然常常对斯密有所诟病，但他们结合了他的生命概念本身，更确切地说，是将生命交给死亡。

26

第一章

"无知产生的美妙诧异"：
亚当·斯密的知识划分

因为无知而产生的美妙诧异与科学带来的更奇妙的满足相携而生。我们对这些结果感到诧异，也感到惊奇；我们自己喜悦快乐，因为我们发现，我们多少能够理解这些精彩的结果是如何产生的。

亚当·斯密《论模仿艺术》①

上面这句话中的"无知"一词有两层含义，我们是从一本不完整的、斯密去世后出版的，而且——对将斯密看作政治经济学家的学者们来说——不怎么起眼的小书上摘取的这句话。这本书也出现在《哲学主题文集》（*Essays on Philosophical Subjects*）（《文集》）当中，该文集于 1795 年首次出版，不过是与倒退回去几十年斯密最早的学术思想联系在一起。模仿艺术一文对我们非常重要，因为它确立了斯密可能获得的身份——加上他的时代和我们的时代之间两百多年的专业过程——一位跨学科学者，而

---

① Adam Smith, "Of the Nature of That Imitation Which Takes Place in What Are Called the Imitative Arts", in *Adam Smith: Essays on Philosophical Subjects*, eds. W. P. D. Wightman, J. C. Bryce, and I. S. Ross (Indianapolis: Liberty Fund, 1982), p. 185.

且是在有这些学科之前。整部《文集》从天文学与物理学，到音乐与舞蹈，到形而上学与想象力，到诗歌的比较研究，无所不包，不时会有某个主题与另一个主题糅在一起。

《文集》因此得以在其他可能昙花一现的著作中间占据一席之地——特别是1748年以来的《修辞与文学讲稿》。在这篇关于模仿艺术的文章中（后面简称为"模仿"）以及在更早些时候的演讲中，斯密考察了"美术"，这是斯密18世纪90年代的传记作者杜格尔德·斯图亚特在为他所著的传记中随意给出的一个名称（"生平及著作"）。① 我们在前言中已经提到，有意思的是，被大多数斯密研究者看作无关紧要的文章——相比于他的恢弘大作《国富论》，或者更早期的《道德情操论》，要靠边站的文字——实际上构成了现在的斯密《全集》的大部分资料（学生的笔记、演讲、片段、信函，以及主要著作的不同版本）。② 27
这其中包含了一个历史谜题，它涉及价值差别，而且非常含蓄地涉及这些价值差别如何出现在斯密不重要与重要的著作之中/之间，我们现在想要在18世纪的知识的这个或那个**科属**之间探查这些价值差别。斯图亚特说，斯密兴趣广泛，他"总是喜欢略做归纳"（"生平及著作"第306页）。无论是否如此，只要斯密这位通才刻意被称作盎格鲁—苏格兰启蒙运动的一位关键人物——或许就是关键人物，那么，我们也许就可以说，归纳这个难题本身——特殊性与普遍性的难题，划分与整体的难题，专业化与全面性的难题——恰恰持续构成了现代性核心的哲学难题。这至少是我们在本章开始时所引的斯密关于美术的警句的要点。

---

① Dugald Stewart, "Account of the Life and Writings of Adam Smith, LL. D. ", in *Essays on Philosophical Subjects*, p. 305.

② Adam Smith, *An Inquiry into the Nature and Causes of the Wealth of Nations*, R. H. Campbell, A. S. Skinner and W. B. Todd eds. (Indianapolis: Liberty Fund, 1981) and Smith, *The Theory of Moral Sentiments*, D. D. Raphael and A. L. Macfie (Indianapolis: Liberty Fund, 1984).

在这条关于知识带来愉悦的警句中，第一部分的顺序是惊奇—诧异—崇敬，这个顺序与无知的情感内涵有关，这是一根产生焦虑情绪的认识论绊线，如果处置得当，它会产生斯密称之为诧异的最初的喜悦效果。其次，因为有了更多的满足，可能通过一种不同的知识模式回想到无知。无知所带来的令人愉快的诧异暂时被限定在斯图亚特所谓的——并非完全是褒义的——斯密对"系统的热爱"中，我们可以说，是在其中被重写（"生平及著作"第306页）。这样一来，所谓惊奇，即由于被打断而产生的沮丧，便得到恰当的疏导，带有思考性质的诧异使其得到减缓，并在一个被称作崇敬的短暂的静止时刻令人愉悦地实现了客体化。

无知与理解之间的这三部曲使得"人类心灵的各种力量"（"生平及著作"第274页）较之静态的冥想具有更大的生产快乐的能力；或者说得更准确一点，在了解学科分类自相矛盾的性质的过程中，我们看到一个规律性，这个规律性的产生是因为变化受到赞赏。不仅如此，斯密在认识论生产线的开头和结尾处都设置了一个理论上的"我们"，因此迈出了启蒙的一大步。这样，他表面上用社会化形式的快乐取代了个体，因为他在理性意义上致力于他后来最广义的所谓"科学"成就。但是，令人不解的是从无知到科学，从诧异到快乐，最后从更大的快乐到斯密所谓的"我们自身"这种社会状态所做出的转移，恰恰证明对无知的彻底征服既非人所愿，也从来不可能真正实现（"模仿"第185页）。

在追溯牛顿（与此形成对照的是休谟）对斯密的认识论所产生的影响时，埃里克·施莱瑟（Eric Schliesser）基本上还是强调"［斯密的］大量粗略估计都有一个开放式的结尾"。[1] 在

---

[1]　Eric Schliesser, "Some Principles of Adam Smith's Newtonian Methods in *The Wealth of Nations*", in *Research in the History of Economic Thought and Methodology* (Vol. 23), eds. Warren J. Samuels, Jeff E. Biddle, and Ross B. Emmett (Emerald Group, 2005), pp. 33 – 74, 具体位置是第59页。

施莱瑟看来，斯密对粗略估计的依赖与他对自然价格和当地价格的区分相一致，如果移除阻止资本、劳动、货物自由流动的障碍（奢华、垄断以及我们今天所谓的联合），就能将这两种价格区分开来。① 但是，与斯密那个时代（以及我们自己的时代）的市场现实，即自由流动——在认识论意义上称其为开放性结局——相一致的与其说是某个引发争论的问题，不如说是一些具体的方向、渠道和界限，它们不限制流通，通常指思想、人员和物品的流通。正如我们在本章将要展示的，由惊奇开始，最后结束于崇敬，这个开端受到一种正在出现的学科划分的引导。引申一下施莱瑟的意思，一旦大多数人类（斯密后来这样说）都有了工作的充分条件，这种管理秩序就会取代单纯的蓄意阻挠。

较之于斯密的不受任何阻碍的资本主义市场这一愿望，他的认识论一点也不是理想主义的——施莱瑟在另一篇文章中用到这个词。② 这在某种意义上将斯密的相对乐观主义与休谟不那么严重的怀疑论忧虑区分开来。③ 休谟在其《人类理解研究》（*Enquiry Concerning Human Understanding*）中认为，哲学家"理解我们的无知"的能力在知识进程中与其说增强了知识，不如说是知识的负担。④ 斯密在某种意义上所背负的负担较轻。尽管如此，当"新的或独特的"实践发生时，斯密的认识论依然充满

① Eric Schliesser, "Some Principles of Adam Smith's Newtonian Methods in *The Wealth of Nations*", in *Research in the History of Economic Thought and Methodology* (Vol. 23), eds. Warren J. Samuels, Jeff E. Biddle, and Ross B. Emmett (Emerald Group, 2005), p. 37.

② 在"Wonder in the Face of Scientific Revolutions"中，Schliesser写道，斯密"关于是什么激发了哲学家这个问题，的确有一幅理想的图卷"（第711页）。见这篇文章，in *British Journal for the History of Philosophy* 13, No. 4 (2005), pp. 697 – 732。

③ Ibid. , pp. 697 – 698, 726.

④ 见 Hume, *Enquiry Concerning Human Understanding* (Oxford: Oxford University Press, [1748] 2007), p. 28。

焦虑和不安。一般而言，斯密不喜欢"喧哗骚乱"①，然而，正是在这种状况中，想象能够产生某种缓解效果。

因此，通过进一步的观察，我们可以从这两点开始：第一，**调整**（pace）那些人的观点，他们认为斯密是一个平等主义者，他的集体，即"我们"，是通过特殊形式实现的，不是对于正在形成的集体—和—知识分子的一种想象的、理想化的一般性理解。理解只"在某种程度上"发生，就如同理想化的资本主义市场内部的种种阻碍——而准确地说，最合适的词语便是"喧哗骚乱"——可能在没有任何预警的情况下突然冒出来。正如我们将看到的，那些乱七八糟的阻碍的确出现了，尤其是非常荒唐地通过划分寻找普遍性时更是如此。

第二，一定不能忘记伴随着惊奇的焦虑和**不愉快**。斯密对知识生产的兴趣使他将科学置于一个不稳定的区域中（惊奇体验），这个区域随后由于诧异被阻断，接着又根据崇敬标准从头思考一遍：我们还是只能"在某种程度上"理解诧异；在同诧异和关于诧异的部分（解读"拣选""规范的""社会或认识论意义上的适宜"）回忆的碰撞中，愉悦战胜了焦虑。于是，如果我们遵循从诧异到形成一个"我们"这个运动过程，其逻辑就是在"我们本身"这个临时标题下，所有的人类集体都建筑在一种张力之上，无知偶然的占据上风会继续扰乱科学，而不是被科学挫败。

有一个问题，它必须始终作为一个问题存在——片刻的无知，某种不知状态，某种不在场在斯密的著作中都表现为"喧哗骚乱"可能产生的威胁，这个问题就是在多大程度上能够有效控制那种骚扰？要实现知识的各种秩序和商业社会的组织，需要通过怎样的入口，面对怎样的阻挠？对于这些阻挠既不能视而

---

① Schliesser, "Wonder in the Face of Scientific Revolutions", p. 701.

不见，也无法消除。

我们应该再次强调，在斯密所处的历史时期，审美的愉悦尚未同社会生活截然分开。斯密不愿意使用他身后兴起的浪漫的个人主义话语，在那种话语中，欣赏诧异需要大片空旷的空间，其间散居着高地少女、隐士、收蚂蝗者，在这些话语中，快乐会聚集——华兹华斯对平常语言的赞许被搁在一边，但是这些话语与公众的责任成反比。[①] 斯密批判"洞穴中那种阴郁的恐惧"——也提到隐士，特别是——因为他能引发"有预兆的灵感和启示"这个方面（《演讲录》第71页）。与之相反，对斯密而言，审美愉悦的展开跨越了只有后来才更加相互独立的学科，这一跨越以集体为导向，而且是连续的（即没有预兆的）；但是，也要注意到，正是在朝向集体性的运动中，无知在科学内部保留了一块模糊的立足之地。相对于以一种温和的方式，或者如斯密所言，与休谟相反，以一种多少带有连续性的方式直接将知识塞进门窗，无知保留了，或者说能够保留一个关键的对应点。[②] 关于科学的这一警告，只有"在某种程度上"指向某个关于理解的理论时才有可能成立，这种理论无疑是集体的成果，但也是——这一点很关键——一种未有定论的成果，因为尽管极有可能是大众的，但却是不完全的，这一点很令人恼火。

斯密著作中的这一缺陷在惊奇向更加肯定的崇敬目标靠近的过程中给其表现造成了一些麻烦，这一缺陷可能避开了对威廉·

---

① 关于按照这些线索来评估"浪漫主义意识形态"，见 Clifford Siskin, *The Historicity of Romantic Discourse* (Oxford: Oxford University Press, 1988); and Martha Woodmansee, *The Author, Art, and the Market: Rereading the History of Aesthetics* (New York: Columbia University Press, 1994)。

② 休谟认为，革命性变化是同标准价值观的间断性分裂，斯密对于变化的理解是，如果变化是标准价值观的延伸或者是以和平方式适应这种价值观，那么，变化的发生会更加令人快乐，二者之间的差异，见 Eric Schliesser, "Copernican Revolutions Revisited in Adam Smith by Way of David Hume", *Revista Empresa y Humanismo* 13, No. 1 (2010), pp. 213–248。

华兹华斯做出评价，因为超凡的理性与世界密切相关。这一次的
难题与学科有关。在他 1815 年的"序言补遗"中，华兹华斯暗
指斯密是"苏格兰培养的更糟糕的批评家……苏格兰的土壤似
乎天然会生出这样的杂草"。这与我们关于华兹华斯所称的"崇
敬倾斜度"的讨论有关，他在此就《失乐园》迟到的声誉提出
了与斯密不同的异议。华兹华斯高度评价弥尔顿的史诗，认为正
是因为其永久的意义虽然在当时遗失了，但"假以时日"却会
成为英国文学的经典文本。华兹华斯在"补遗一文的注释 3 中"
指责斯密，因为斯密提出文学的价值较之优秀的诗歌更容易发生
变化，以及只要非文学方面的专家（别介意，就是苏格兰人）
动起来，同样可以获得令人愉悦的思想。① 到 19 世纪早期，认
为经济学家同样可能拥有文学品位，或者任何人都应该喜爱文学
已经成为对学科专业化新形成的法则提出的令人气恼的挑衅。不
过，在斯密的解释系统中，成为知识产生之途径的疑惧可以解读
为具有某种历史意义的专门许可性，这可以通过学科变化得到证
实。与华兹华斯的情况不同，斯密演讲和写作时，批评尚未完全
同科学分离，科学也尚未同哲学分离，因此，哲学也尚未同一般
的知识生产分离。②

---

① 见 Wordsworth 的 "Essay Supplementary to Preface［1815］"，*Harvard Classics*，http：//Bartleby. com/39/39. html#tst3.

② Susan Manning 提醒我们，"直到康德的《纯粹理性批判》于 1781 年出版，哲学才完全成为一种专门职业。"见 Manning，"Literature and Philosophy"，in *The Cambridge History of Literary Criticism*（Vol. Ⅳ），eds. H. B. Nisbet and Claude Rawson（Cambridge，Uk：Cambridge University Press，1997），587. 亦见于 Leonidas Montes，*Adam Smith in Context：A Critical Reassessment of Some Central Components of His Thought*（London：Palgrave Macmillan，2004）。在追溯牛顿对斯密的启示时，Montes 写道："如果不同的知识分支之间没有界限，那么，问题就不是牛顿的方法是否能够被移至社会领域，而是这一代新兴的'社会科学家'如何实现这个目标"（第 142 页）。关于在其他学科语境中的政治经济学历史，见 Deborah H. Redman，*The Rise of Political Economy as a Science：Methodology and the Classical Economists*（Cambridge，MA：MIT Press，1997）；and Redman，*Economics and the Philosophy of Science*（Oxford：Oxford University Press，1993）。

　　学科变化问题在更晚近时候的斯密研究热中被严重忽视，即使这项研究已经为我们指出了新的创造性方向，即重新认识斯密那些所谓的小文本。这类研究至少承认应该解读语言史、修辞与纯文学、认识论等著作。例如，尼尔·德·马奇（Neil De Marchi）考察了斯密著作中贯穿始终的对模仿功能的思考，斯密在一篇专论模仿艺术的文章中对其进行了阐述。在斯密身上，德·马奇看到了"快乐源自独创性"，它战胜了"表面上将各种不同连接在一起而造成的某种悬殊"①。在这里，有价值的是德·马奇和我们一样，试图提出这个难题（当他的文章被收录于 2006 年的《剑桥斯密研究指南》［The Cambridge Companion to Adam Smith］发表时，这依然是个难题），即"斯密论艺术的文章并未引起当代人足够的注意，数量不多的［这类研究］也大多出自那些将这篇文章看作是对美学的一个贡献的学者。"②

　　德·马奇对学科的关注是有意义的，即使它在大多数情况下并未引起关注。但是，他在提到斯密可能超越了认识论划分难题时忽略了一个重要的难题，这个难题涉及 19 世纪不同种类的知识得以出现的方式，它们如何在一段时间之后便开始分裂。斯密和他那个圈子关心的最重要的问题是如果你必须对知识进行划分，如何确定一种知识和另一种知识之间的界限。有一点一直未得到充分挖掘，不光是德·马奇没有充分挖掘，其他大部分开始涉入我们将要强调的美学与哲学之间充满矛盾冲突的相互置换的学者都未做出充分的挖掘——尤其在 18 世纪

31

---

　　① Neil De Marchi, "Smith on Ingenuity, Pleasure, and the Imitative Arts", in *The Cambridge Companion to Adam Smith*, ed. Knud Haakonssen（Cambridge, UK：Cambridge University Press, 2006）, pp. 136 – 157；具体页码是第 139 页。

　　② 同上，第 154 页。关于早期对斯密在美学上的兴趣的鉴别，它并没有论及 18 世纪在美学与哲学之间做出的划分，见 James S. Malek, "Adam Smith's Contribution to Eighteenth-Century British Aesthetics", *Journal of Aesthetics and Art Criticism* 31（1972 – 1973）, pp. 49 – 53。

的苏格兰，这一点就是学科变化的历史性。下面我们要论述的是那个典型的斯密式的任务——再重复一遍，充满悖论的——通过划分来寻求整体：特别是制度化的想象工作所遵守的现代秩序。① 就想象而论，这段历史非常迷人，它至少非常理想化地——引发了焦虑的、被称作小说的大众文体是个明显的例外，我们将在第三章讨论这一点——在 18 世纪末期，在更加恰当或许最终也是更少"喧哗骚乱"的文学研究范畴内同社会生活隔离开来。②

在斯密早期关于美术的著作中，如我们提到的，令人迷惑的诡异能力并没有完全同公众对知识的应用区别开，在公众对知识的运用中，仍然是根据社会性和思维对完全意义上的结束的抗拒来对它们加以定义。因此，在斯密的认识论中，有一种神秘的不安，有人可能会像华兹华斯一样，用"不透明的"这个词，这种不安以某种方式公然挑战他所声称的对系统的热爱，而且在他帮助形成的思想的学科秩序内部很难清楚地表述这种不安，这种学科秩序也决定了他后来被大家习以为常的命运。对斯密这位非重构性的归纳者而言，无知仍然保持着一种

---

① Andrew E. Benjamin, Geoffrey N. Cantor, and John R. R. Christie eds., *The Figural and the Literal*: *Problems of Language in the History of Science and Philosophy*, *1630 - 1800* (Manchester: University of Manchester Press, 1997), 应该被单列出来，因为它为那些做出贡献者提供了空间，他们就文字话语和比喻话语之间的学科僵局提出质询。这几位编者看到了学科划分这个难题在引起 Thomas Sprat 及英国皇家学会所提到的几所苏格兰大学注意之前的若干征兆（第 6 页）。尽管 Christie 避免将这个难题放在历史的镜头前，他的文章还是对修辞学家斯密进行了德里达式的解读，"他无法在其哲学历史编纂中结构性地整合进这一（文字学的）视角，在他的历史编纂中，这一直都是文本潜在的一个麻烦。"见 Christie 的文章 "Adam Smith's Metaphysics of Language", in *Figural and Literal*, pp. 224, 227。

② 想象的起源被斯密掩盖了，Schliesser 的这个论点是正确的。在 "Wonder in the Face of Scientific Revolutions" 一文中，他写道，"没有证据表明斯密相信他能够对心灵的创造性给出一个满意的解释"，而想象仍然是 "斯密哲学中最闹人的问题之一"（第 716 页）。

荒唐的活力，因为"我们"试图战胜它，同时又想接受它，但两者我们都做不到。这一障碍标志着历史上一套非常特别的社会和认识关系，我们后面将会看到，它为斯密的作为道德哲学的美学计划提供了保障。

在斯密早期对美术的关注中，当这种和其他形式的知识焦点之间的严格划分刚刚开始制度化时，仍然不断地感到跨越了经验与理性的分界而带来的愉悦。只是到了后来，亚当·斯密去世后，在斯密逐渐被限定在他的**经济学**学科之后，愉悦才被符码化为一门被称作**文学**的专门知识。通过对斯密如何建构他的解释系统的介绍，我们确定了这一点，即无知仍然是一个关键的特征，而愉悦是一个高度复杂的方面。

但是，接下来，我们不想简单地说，批评家亚当·斯密应当达到文学之神的高度并且最终超越了政治研究和经济学研究这类枯燥的科学。我们也不想以一个头脑敏锐的 19 世纪的政治—**经济**人物为背景建构一个 18 世纪中期的**文学的**亚当·斯密。本章的宗旨与《另一个亚当·斯密》的各个更大的目标相一致，就是为斯密那些常被忽略的文本提供一个历史论据和新的解读，这些文本共同对 18 世纪不同知识形式之间的划分提出了质询。最后——不仅仅是为这些认识论的划分做出解释——我们还要质疑一个更具普遍性的划分，斯密提出这一划分，虽然有些摇摆不定，是为了让华兹华斯完成这一划分：劳作的大多数所承受的物质贫乏与极少数文学家之间的超级划分，那些文学家拥有占据抽象（在这里，按照斯密的说法，即"想象的"）思想的特权。新知识在才子圈内进行划分的时机尚未到来，在斯密仍然文思敏捷的年代，所有跟书写文稿有关的职业：律师，法学家，所有的小贵族；都可能被直接冠以"作家"的名号。但是，斯密处在一次剧烈的历史变化的风口浪尖。

理查德·特里（Richard Terry）以及他之前的几个人都认为英国文学发轫于18世纪是一个不言自明的常识，他的意思是它是一个应该提出质疑和改进的常识。[1] 应该重点强调特里的观点，因为在他做出的轻微调节中，他提到了18世纪学科划分的技术和社会这两个方面。[2] 首先，在指向18世纪之前的词汇证据时，特里能够证明"文学"一词被用来指称想象性写作，但不排除其他类型的写作。的确，"纯文学"一词，斯密在他的演讲中用到这个词，对18世纪的作家来说，是一个文化上的时髦用语，很显然，这个词是法国批评家热内·拉宾（René Rapin）造出来的，他在自己1686年的文集标题中使用了该词。还有卡迪纳尔·黎塞留（Cardinal Richelieu），他1634年成立法兰西学院时承诺将对纯文学给予特别支持。

在特里看来，相比于将文学一词的语义更多的局限于想象性写作——例如，罗曼司、小说、诗歌以及戏剧，更引人注目的变化是印刷这个新要素。基于想象的文字作品在整个那一时期以购买（或租借）书籍、杂志、报纸等形式以前所未有的规模在传播。特里认为像这样聚焦于媒体，较之那个更大的主题，即启蒙运动之前没有实际意义上的文学，更符合实情。[3] 但果真如此吗？学科划分的关键挑战之一就是解决规模难题，整理大量的数

---

[1]　Richard Terry, "The Invention of Eighteenth-Century Literature: A Truism Revisited", *British Journal for Eighteenth Century Studies* 19 (1996), pp. 47 – 62. 英语学科史其他有价值的参考材料应该包括: Terry Eagleton, *Literary Theory: An Introduction* (Minneapolis: University of Minnesota Press, [1983] 2008); Raymond Williams, *Marxism and Literature* (Oxford: Oxford University Press, 1977); Alvin Kernan, *Samuel Johnson and the Impact of Print* (Princeton, NJ: Princeton University Press, 1989); Lawrence Lipking, *The Ordering of the Arts in Eighteenth-Century England* (Princeton, NJ: Princeton University Press, 1972).

[2]　关于技术对于思考18世纪写作史的重要性，以及对于思考普遍意义上的启蒙运动的重要性，见 Clifford Siskin and William Warner, *This is Enlightenment* (Chicago: University of Chicago Press, 2010)，尤见引言部分。

[3]　Terry, "Invention of Eighteenth-Century Literature", p. 60.

据、印刷材料和广泛搜集来的新的感觉印象，更不用说人数日益 33
增加的、潜在的"动乱的"力量，他们催生了文学和现代劳动
市场，如果我们一直记得这些，回答便是否定的。

那么，或许可以问这样一个问题，在哪一点上，文学以及随之
而来的一切（休闲、抽象化、不同于平常文字的特征）可以称得
上是体力劳动的对立面。用特里的话说，他称这是纯文学
"对……划分态度暧昧"的时间点，这有"可能将创造性话语与批
评性话语合为一体"①。我们将会看到，斯密调控这种合并的能力
随着时代的前行越发难以施展，而且具有讽刺意味的是，在他促成
的划分原则基础上更是如此。对斯密而言，商业市场根据专门化和
工资劳动进行划分，用商业市场将一群和平相处的人们统一起来意
味着，围绕着体力劳动的矛盾被化解了，而且意味着在社会性一直
正常运行这个层面上，它不会与广义的社会形成敌对态势。② 先行
控制劳动对抗这个意义上的社会性包括文学家的职业化以及为想象
性思想设立学科防御，其使用的方式是斯密发明的，但他也许未必
喜欢。我们今天甚至可以谈论——还是始于 18 世纪中期盎格鲁—
苏格兰的启蒙运动——斯密用半美学方式处理无知而解决的知识—
经验问题与理解造成无知的原因的元认知模式之间的划分，哪怕只
是"某种程度上的"理解，这掩饰了斯密《全集》中的一场关键
性斗争，我们必须有分寸地称这场斗争为一场学科斗争。

斯图亚特在他的传记（"生平及著作"）中写道，批评是斯
密最钟爱的主题（"生平及著作"第 306 页）。尼古拉斯·菲利
普森（Nicholas Phillipson）在他的学人传记中引用了涉及斯密在
大学的第一封通信的信件，信中特别提到一项非同寻常的能力，

————————

① Terry, "Invention of Eighteenth-Century Literature", p. 57.

② 见 Nicholas Phillipson, "Adam Smith as Civic Moralist", in *Wealth and Virtue*: *The Shaping of Political Economy in the Scottish Enlightenment*, eds. István Hont and Michael Ignatieff (Cambridge, UK: Cambridge University Press, 1983), p. 192。

即"保护你们的文学和国王国土内的产业，它们是爱国主义的两个最真切的标志"①。但是，与特里对文学争论的出现所做的微调相一致，斯密本人也用到"批评"一类的词语以及与此相关的"品位"，却并未在文学与一般意义上的道德哲学之间进行区分。斯密写道，"这个科学更恰当的名称应该是伦理学"，它"与批评类似……并不承认绝对的精确，不过，［但是］却是既非常有用，也容易接受"（《道德情操论》第329页）。在其他场合，他对术语上的偏差并没有表现出特别的关心，和他的浪漫主义后辈一样，他用"批评"特指文学研究。

对斯密而言，根据品位的养成来整理不同的对象，这种能力34本身就是学科间的一种融合行为，学科始于他之后不久。在对学科秩序的划分过程中，斯密本人从未能完成这一划分，我们看到在斯密那个时代这种倾向日渐明晰，但是对于知识的专业化，还有很多犹豫不决和关键性的空白，这成了自由研究的模型，他对这种研究模型的形成起到了推动作用。因此，接下来，我们将要考察那个逐渐发生的转移，从科学（或哲学），它一度包括了想象性思维，到这个和另一个尤其是文学知识之间最初的划分。最终，这一知识范畴或多或少只能处理与想象出来的快乐有关的各种问题。与此同时，作为一场爆炸性事件的一部分，即克利福德·希斯金（Clifford Siskin）所称的"评论文化"，某种批评也作为一种预备同期出现，它是一种话语，其主要对象是快乐在**文学**中的传播和品位的标准价值。②

这一专门化的另一面，我们想作一补充，是将想象性思维与

---

①　Nicholas Phillipson, *Adam Smith: An Enlightened Life* (New Haven, CT: Yale University Press, 2012), p. 86.

②　Guanyushibashiji 的批评所发明出来的文学，见 Clifford Siskin, *The Work of Writing: Literature and Social Change in Britain, 1700 – 1830* (Baltimore: Johns Hopkins University Press, 1999), p. 30。

确实由斯密提出的"工业"——亦即体力劳动，区分开来。（在第三章，我们将更全面地讨论爱国主义。）被用来解决斯密时代发生在**苏格兰**法庭的、关于**英格兰**版权法的争执的关键词是"去—物质化"（de-corporealization）：这是一次从口头向书面文本的跳跃，这次跳跃发生的方式在法律上保留了他的导师克米斯勋爵和其他法律界人士所论述的思想的非物质性。

到了 1742 年，托马斯·雷德（Thomas Reid）的老师，乔治·特恩布尔，他本人是苏格兰常识学派的创建者，而且最终取代了斯密在格拉斯哥大学的位置，他认为品位是一种通过教授英语培养"人心中的情感"的方式，也是实现他所称的"很多双劳动的手"的社会团结方式。[1] 特恩布尔的通识教育立场（在《通识教育观察录》[Observations Upon Liberal Education] 中提到，下文中简称为《观察录》）即是"给他们［这里指孩子们］一种最杰出的诗人的品位，使他们能够优雅地朗读"（《观察录》第 31 页）。因此，"对想象力加以规范这个内向性工作"作为一种基于印刷物的实践，与"修正思想……，［实现］秩序和良好的规训"并无二致（《观察录》第 137 页）。在特恩布尔看来，蒲伯对荷马的注解是真正的批评样板，批评的目的和规则从根本上讲都"与自然或道德哲学"联系在一起（《观察录》第 397 页）。

休·布莱尔（Hugh Blair）有效地继承了文学批评家更高超的能力，斯密仅仅是文学批评的发端，对布莱尔而言，真正的批评是对品位的深思熟虑的应用，这意味着对艺术品的评价可以说是为了某种提升，"从个别作品……到普遍原则"的提升。[2] 同样地，在《论艺术》（Discourses on Art）一书中，乔舒亚·雷诺 35

---

[1]　George Turnbull, *Observations Upon Liberal Education*, *in All Its Branches*, ed. Terrance O. Moore（Indianapolis：Liberty Fund, 2003），pp. 31, 120.

[2]　Hugh Blair, A Critical Dissertation on the Poems of Ossian（1763）Vol. 1, ed. Harold F. Harding（Carbondale：Southern Illois University：1965），p. 36.

兹爵士（Sir Joshua Reynolds）拒绝哥特式的索然无味的自相矛盾，就绘画而言，是为了唤醒"关于自然的普遍的、恒久不变的种种想法"所形成的美德。[1]

对斯密来说，划分与整体，特殊性与普遍性难题，或者，单调沉闷的体力劳动（《观察录》第 120 页）与武断的人文品位始终没有得到完全或前后一致的统一。在雷诺兹和布莱尔之前的那一代苏格兰知识分子，即中世纪的知识分子中间，斯密指出，在社会关系当中，美术自然也不例外，从来不存在一般的中间立场，因此，对关于品位的争论贡献甚大——而且引发了长期的、广泛深入的讨论：只有面对想象，才能获得一般性；但是，依靠想象，正如我们所说过的，来忽略有颠覆社会理想的威胁，也只能获得**部分**成功。在 18 世纪的后几十年中，想象一方面因为文学研究带来的稀罕的、同时又是荒唐可笑的快乐而被排除在外，只有极少数有幸接触到它的人才能享受到这种快乐。另一方面，与这类阅读有关的各种工作，又将劳苦大众的艰辛保留在一种被小心经营的关系中，同想象中的集体理想联系起来。[2] 在这个意义上，英语那至关重要的能量在斯密之后 300 年的今天传输到我们身上。媒体技术的另一场革命即将爆发，在这场革命中，脑力劳动与体力劳动的界限正在发生又一次改变，而且，不能确定的是，种种无法预料的集体性也正在维护自己的存在，这时，我们

---

① Sir Joshua Reynolds, *Discourses on Art*（*1769 – 1790*），ed. Robert R. Wark（New Haven, CT: Yale University Press, 1975），pp. 15 – 16. 更多关于 18 世纪普遍性和特殊性问题的材料，见 Leo Damrosch, "Generality and Particularity", in *The Cambridge History of Literary Criticism*（Vol. 4），eds. H. B. Nisbet and Claude Rawson（Cambridge, UK: Cambridge University Press, 1997），pp. 381 – 393. 尤其是关于 Reynolds，见 John Barrell 产生很大影响的 *The Political Theory of Painting from Reynolds to Hazlitt*（New Haven, CT: Yale University Press, 1986）。

② 关于 18 世纪改造阅读实践的更深入的讨论，见 Mark Towsey,（Leiden: Brill, 2010）; and John Brewer, *The Pleasures of the Imagination: English Culture in the Eighteenth Century*（Chicago: University of Chicago Press, 2000）。关于市场对文学流通的影响，见 George Justice, *The Manufacturers of Literature: Writing and the Literary Marketplce in Eighteenth-Century England*（Newark: University of Delaware Press, 2002）。

必须重新思考思维与劳动之间的对立。

开始这一重新思考的过程，即本章剩余篇幅要做的事，将分成两个部分：第一部分是"知识的划分"，重点讨论科属在亚当·斯密的认识论中的中心地位。而在第二章，我们将直接考察《道德情操论》中模仿与感情之间的关系，第一章至少会对主要由斯密对知识生产的兴趣所引发的道德情操做简单的介绍和说明，这里的知识包括哲学和其他知识。我们在此关心的是作为一种分析方法的道德。斯密对知识的划分建立了一种新的主体形式，构成了一种社会性的，同时又是原子化的——在商业性方面已经做好一切准备，却又是高度抽象的——作为人的个体。J. G. A. 波考克（J. G. A. Pocock）对这一事件在 18 世纪从公民义务向公民人文主义过渡的过程中的意义做了非常有益的阐发，这个过渡将关于人的科学送入社交和礼节领域。①

在我们的第一部分，我们将在斯密较少为人关注的著作范围内谈论这一过渡。但是，除了社交性和人文知识，我们还要强调因为无知而产生的欣喜的诧异如何贯穿于知识的划分，通过试图克服斯密所指称的时间及认识论上的空白而产生出哲学对象。我们想要展现斯密对知识生产中不在场的关注——而且我们将这些不在场解读为对很多双劳动的手的无知——如何掩盖了一个同样充满疑惑的难题，即社会的不完整状态。如果恰如斯密在《国富论》的早期手稿中所言，哲学——因为同体力劳动区别开来——"生产无（nothing）"，那么，这个"无"在斯密的解释理论中在哪些方面发挥作用？②

36

---

① 见 J. G. A. Pocock, *Virtur, Commerce, and History*: *Essays on Political Thought and History Chiefly in the Eighteenth Century* (Cambridge, UK: Cambridge University Press, 1985). 但是，这不表示斯密是一位市民人文主义者（civic humanist）。

② Adam Smith, "'Early Draft' of Part of *The Wealth of Nations*", in *Lectures on Jurisprudence*, eds. R. L. Meek, D. D. Raphael, and P. G. Stein (Indianapolis: Liberty Fund, 1982), 手稿 B: 570。

　　对斯密而言，哲学在惊奇带来的焦虑和诧异带来的喜悦之间起到一种调节作用，依照朱庇特的"看不见的手"（详见第四章）而形成一个暂时的崇敬点和界限。但是，我们如何理解这个看不见的力量，既被划分，又进行划分，因为它内在于受到良好训练的想象之中？如何追踪无知在科学内部的永恒回归，如何追踪跨越划分界限而持久存在的空白以及哲学在获得范畴准确性的启蒙过程中产生的"无"？这些划分界限为不相关联的知识程序画出界限，但同时却丧失了学科优势？为了与社会意义上的无知和认识论意义上的无知为斯密的想象转向背书的方式保持一致，斯密转向想象是为了克服因为惊奇而产生的焦虑，是否可能从斯密留下的空白这一角度来解读斯密？①

------

　　①　因为各种原因在引言部分及下文中已经解释得很清楚，我们在本章的惊奇主题只关注苏格兰人的观点。在斯密和其他泛欧洲思想家之间，尤其是与卢梭之间，存在丰富的联系，已有多部著作对此进行探寻。关于这两位作者笔下完全相反的"偶然奇观"的一本必读书，见 David Marshall, *The Surprising Effects of Sympathy: Marivaux, Diderot, Rousseau, and Mary Shelley*（Cgicago: University of Chicago Press, 1998），p. 1. Robert Mitchell 的评论是，在卢梭那里，"集体想象有产生对抗与暴力的趋势"，而"斯密则通过将同情与过去和死亡绑缚在一起，努力要包含这种能力的各种投射功能"（第 22 页）。见 Mitchell, *Sympathy and the State in the Romantic Era: Systems, State Finance, and the Shadows of Futurity*（New York Routledge, 2007）。Eric Schliesser 注意到斯密不同意卢梭的"推断，即语言的起源在某种诗性或情绪语言当中。"这与我们对斯密及其支持者的论述完全一致，他们认为，诗歌对 18 世纪的公众尤其具有危险性。见 Eric Schliesser, "Reading Adam Smith After Darwin: On the Evolution of Propensities, Institutions, and Sentiments", *Journal of Economic Behaviour and Organization* 77（2011），p. 18。除了这些参考资料，亦见: Ronald Beiner, *Civil Religion: A Dialogue in the History of Political Philosophy*（Cambridge, UK: Cambridge University Press, 2001），尤见第十八、十九章；Spencer J. Pack, *Capitalism as a Moral System: Adam Smith's Critique of the Free Market Economy*（Northampton, MA: Edward Elgar, 2010）；Samuel Fleischacker, *A Short History of Distributive Justice*（Cambridge, MA: Harvard University Press, 2004）；Pierre Force, *Self-interest Before Adam Smith: A Genealogy of Economic Science*（Cambridge, UK: Cambridge University Press, 2003）；Étienne Balibar, "What Makes a People a People? Rosseau and Kant", 见 *Masses, Classes, and the Public Sphere*, eds. Mike Hill and Warren Montag（London: Verso, 2000），pp. 105 – 131；and E. G. West, "Adam Smith and Rosseau's Discourse on Inequality: Inspiration or Provocation?" *Journal of Economic Issues* 5, No. 2（June 1971），pp. 56 – 70.

本章的第二部分重提斯密通过考察现代早期印刷品前所未有的增长来划分知识这一问题。[1] 在这里直接转向斯密的文学兴趣，转向苏格兰的通识教育所发生的革命性变化以及 1774 年苏格兰法庭在英格兰版权法问题上已经提到的一个关键决定所包含的革命性变化。对基于印刷物的知识形式在 1707 年英格兰和苏格兰议会联合之后如何划分，二者都非常重要。这一时期，通过美学教育对大量出现的写作进行管理，美学教育在一种持续不断的划分过程中提高了知识而非抑制了知识。我们将用不同的术语在本章的第一部分解释学科思想的矛盾之处，例如，学科思想是一项计划，它通过狭隘化实现普遍化，是通过增长来控制的计划，是扩大了的一般教育，为劳苦大众提供了剂量和方法均十分恰当的治疗药物。[2]

37

但是，还是在这里，划分出来的整体这个悖论在 18 世纪品位标准的应用中被特别申明。[3] "品位"一词作为言谈举止得体和待人接物礼数周全的一个标志早在 18 世纪 20 年代便为人们所认可，根据学科专业的情况，它的使用范围日益缩小，但同时由于其在崭露头角的文学研究中无处不在，它也得到更

---

① 关于"写作的新的令人烦恼的技术"，尤见 Siskin，*The Work of Writing*，第 26 页。

② 论及书籍的物质生产，随着 18 世纪印刷业的兴起出现的激增与一致性之间的关系并不十分突出。正如 David McKitterick 提醒我们的那样，在 15 世纪和 17 世纪晚期之间，"手写本与印刷本之间的差异也许可以忽略不计。"（第 50 页）从文献角度看，"文本不是确定不变的。他们一直处在动态当中"（第 4 页）。"到 15 世纪末期，原本订在一起的卷本被分散开"（第 50 页），而且"按照个人需要或品位……装订手写本……在 15 世纪才成为正式行业"（第 51 页）。为实现生产的一致性而做的努力恰好与 1770 年之后英国印刷材料激增同时发生。见 McKitterick，*Print, Manuscript, and the Search for Order, 1450 - 1830*（Cambridge, UK：Cambridge University Press，2003）。

③ Henry Home, Lord Kames，*Elements of Criticism*（Vol. 1），ed. Peter Jones（Indianapolis：Liberty Fund，2005），p. 3.

加**广泛的**培植。① 到 1762 年，伏尔泰极不情愿地做出让步，"今天，我们都是从苏格兰获得所有艺术中的品位标准，从抒情诗到园艺。"② 的确，在斯密的《修辞学与纯文学演讲录》中，在克米斯勋爵新近被赋予专业意义的《批评的要素》（*Elements of Criticism*）中，在其他人的著作中——例如休谟、牛津的莱沃兰德·诺克斯（Reverend Knox）的著作，乔治·特恩布尔的《通识教育观察录》——我们看到知识的划分基本上都表现为一个学科专业化的难题，即进行多层面划分的同时能实现想象中的完整这个难题。③

　　并非忽略了哲学家之间的差异，我们可以说，斯密、克米斯、休谟、诺克斯、特恩布尔和其他我们无法在此一一列举的学者都具有重要的意义，因为他们与一场具有决定性意义的苏格兰革命距离非常近，即 18 世纪中叶以来发生在通识研究领域和文字作品流通领域的苏格兰革命。这样一来，他们便面临对多样性进行分类这个现代难题，亦即在（特别是苏格兰的）

---

　　① 《牛津英语词典》将品位与写作之间的关系追溯到 18 世纪头 10 年 Joseph Addison 的 *Spectator*。Sheldon Rothblatt 提到 1725 年的小册子，它将欧洲的礼仪说成是"让**现代品位**更精致"的一项工作（黑体为原文所有）。见 Rothblatt, *Tradition and Change in English Liberal Education*（London：Faber and Faber, 1976），19。爱丁堡学会 1755 年颁发了一项最佳品位散文奖；Hume 的 "Essay on Taste" 发表于 1757 年，它同斯密在 1759 年版的《道德情操论》中对同一主题的评论在时间上非常靠近。

　　② Voltaire，转引自 James Buchan, *Crowded with Genius*：The Scottish Enlightenment, *Edinburgh's Moment of the Mind*（New York：Harper Collins, 2003），p. 2。

　　③ 关于 Kames，Ian Hunter 提出，在 *Elements of Criticism*（1762）的出版和 Schiller 的散文 "On the Sublime"（1801）的发表之间，批评概念发生了基础性转变，这一转变"去除了关于植根于人性当中的品位的某种普遍性，或某种神授的自然秩序"（第 197 页）。这个观点很有影响，但不应该遮蔽掉文学标准化在建构品位问题中所发挥的重要作用，它将品位问题既当作是对具体文本及影响的缩小，也看作是对文学教育的拓宽。见 Hunter, *Culture and Government*：The Emergence of Literary Education（London：Macmillan, 1988）。同样应该注意的是，正如我们在引言部分所提到的，我们不希望消除不同的苏格兰启蒙之间的重要差异。Turnbull 同斯密不一样，他在阿伯丁教授道德哲学，而且对 Thomas Reid 的常识哲学产生了影响。

社会和认识层面避开特殊性难题。我们认为，这种回避通过新生的学科实践得以表现，为数不多的这几个人和这些实践让很多人了解了美学鉴赏。

在这样一个历史时刻，凡俗之人，或普通人（应理解为"劳动者"）主体——普通群众，他们的空闲时间可能受到或不会受到想象性阅读这件令人愉悦之事的打扰——在历史上第一次进入到写作当中，他们作为一股力量支持温和的文人学者与特威德北部抗衡。[①] 最底层阶级与想象性知识的接触经历了从试探性，或者至少是作为一种潜在的可能性到彻底颠覆这个哲学—社会排列方式的转变。这一排列方式本身即以进行多层划分为基础，尤其遵循思维与劳动之间的各种界限。因此，我们将论证，这里有若干层面的抽象化在发挥作用：首先，对象的抽象化——在非常情况下，它通过诧异将惊奇转化成崇敬；第二，将思维从劳动中脱离出来的抽象化；最后，将想象性思想移入文学学科的抽象化，文学学科在终极社会意义上是超验的。

英国文学一段极具挑衅性的历史是，东印度公司续签了1813 年的执照，英国（以及苏格兰的地主阶级）随之进入印度，在这之后，英国文学才在大不列颠王国正式露面。[②] 这一论点颇具挑衅意味是因为它提供了一段学科历史，这段历史将文学的起源置于王国的边缘地带，颠覆了宗主国身份高于殖民地身份的传统。但是，这种后来所谓的地缘政治划分实际上在殖民过程这个语境中便已经完成，先前是由被殖民者在一个新统一的大不列颠 38

---

① 见 Richard Sher, *Church and University in the Scottish Enlightenment: The Moderate Literati of Edinburgh* (Edinburgh: Edinburgh University Press, 1985)。

② 关于印度的文学教育，见 Gauri Viswanathan, *Masks of Conquest: Literary Study and British Rule in India* (New York: Columbia University Press, 1989)。

王国内加以展现。① 在联合王国的殖民征服之前大约一百年的时间里，英语性（Englishness）无论在认识领域还是在民族领域都是一个次要概念。文学研究作为排在倒数第二、又具有普遍目的的学科专业找到了入口，这个入口既不是在完全意义上的大不列颠王国内部，也非完全在其外部。

在第三章，我们将再次讨论英语性的地缘政治含义。但是现在，必须先简单提一下在文学学科意义上，英语的历史性登场，它的登场试图在边缘与中心、特殊性与一般性，或者如果你愿意，在个人与社会之间达成一种和谐。在这个意义上，划分出来的整体性的两重悖论——一个是认识论的，另一个是民族的——在斯密及其同道的研究中围绕想象性写作这一概念卷土重来，想象性写作现在完全被限定在文学领域。②

批评将写作问题推至一个显要地位，写作既深植于社会当中，又是一种与众不同的想象媒介，既具一般性，同时更具个性：普通群众、平民百姓、凡夫俗子、下里巴人、人类中的暴徒（mobs of mankind）、各色人等都必须按照学科技术同等对待，学科技术也会将一般性知识排列为具体的学科范畴。品位的标准有时非常有用，有时则无法产生一个更加平和的集体主体——在某些事例中，会努力避开牛津的诺克斯在其《随笔，道德与文学》（*Essays, Moral and Literary*）中直接称为"蛊惑言论……［和］内战"的东西。③ 因此，在本章的结束部分，我们将讨论写作如

① 关于"印刷在统一大不列颠及塑造其居民观念"中的强大作用方面的一个经典论述，见 Linda Colley, *Britons: Forging the Nation, 1707 – 1837* (New Haven, CT: Yale University Press, 1992), p. 20. 我们在第三章将做详细论述的，是对民族自我理解的塑造绝非一件简单的事。印刷介入到那种困难当中，而且因为印刷本身被看作是一件混合性的、巨大的好事，因此在很大程度上是那种困难的结果。

② "想象出来的群体"这个表述属于 Benedict Anderson。见 *Imagined Communities* (London: Verso, [1983] 2008)。

③ The Reverend Mr. Knox, *Essays, Moral and Literary* (London: 1779), p. 375.

何成为将个人性、想象以及社会性统合在一起的技术—经济节点，从而使大众抗争免受划分出来的、整体这个捉摸不定的概念的侵扰。所谓的强盗劫匪进入到文学作品当中，因为文学作品要表现一个难题，即在实现集体性和传播高雅品位的双重意义上表现其自身的伟大（greatness），如此一来，会产生什么样的效果？无知如何需要培养哲学；或者更确切地说，因为哲学已经分解为更多形式的专业，它如何仍然依靠它在历史上隐藏起来的种种空白而仍然处于划分状态？

39

知识进行划分

> 对于所有强大的征服者（如恺撒或亚历山大），强盗劫匪自然都心甘情愿地予以仰视，带着某种诧异，尽管无疑也都带着有些愚蠢的崇敬。不过，由于这种崇敬，可以教导他们更自愿地对那个政府表示默认，那是一种强加在他们身上的无法抗拒的力量。
>
> 亚当·斯密（《道德情操论》第 253 页）

在斯密的《道德情操论》这段离题的话中，它从道德同情的技术操纵偏移到"人类中的暴徒"的可控性，"崇敬"一词非常刺目。因为在这里，在一个关于社会性的理论当中，斯密非常关键地将社会性预测为公平性和自我克制（《道德情操论》第15、34 页），斯密对社会的关注与他在认识论方面的忧虑之间发生了联系。整个这一系统都取决于一种变形，从人类中的暴徒变形为人这个完整的**哲学元素**（philosopheme）。这个变形一度是超验的，其标志是斯密坚持对道德同情的多个主体间维度进行适当的划分，这也在某种程度上保留了主体间的差异。

正如这段话所提示的，对于征服者凭借无法抗拒之力所产生的专制威胁，斯密的态度绝非偏颇。斯密在他的《法理学讲义》中阐释了历史发展的亚冰期理论（stadial theory），该理论强调对人文道德背书，如在这里所提示的那样。即便如此，"更自愿地默认"这个表达前面的"不过"一词也十分关键。它揭示出斯密对暴徒与政府之间某种更为紧密的距离所表现出的兴趣，这种距离改变了抗拒问题，抗拒从一个严格意义上的力量问题变成为一个完全内化了的解决矛盾的范围，在这个范围里，"诧异"和"崇敬"等词语现在派上了用场。暴徒在其更早期的历史演绎中对**向上**（upward）感到诧异，我们可以说，这一演绎强调一种暂时的等级关系，这种关系不接受以道德为基础的个体形式，而以道德为基础的个体可能正适合于斯密为自由市场的背书。但是，斯密通过负面的例子得到一种方法，可以帮助强盗劫匪更多地对自己的**内心**感到诧异。这种安排是平面的、联想性的，是划分的，也是完全个人化的，但是其方法也具有普遍性。如果"愚蠢"是古代进入现代必然要迈过的一个台阶，由诧异转而崇敬则掩盖了与默认之间的联系，斯密将保留这一点并朝着更进一步的效能迈进。

　　"崇敬"一词为如何详细说明那一发展提供了一个很好的解释。它代表了一种想象性认知方式，使得斯密通过划分实现统一这一核心悖论具有互惠性和个体性。思考一下《国富论》中对40 象关系层面上的道德情操：

> 当它们［我们的同伴的情操］不仅碰巧与我们的相一致，而且引导和规范着我们的情操；当形成那些情操时，他也许注意到若干我们忽略的事物，而且可能使它们顺应于其对象的种种不同情形；我们不仅认同它们，而且诧异惊叹于它们不同寻常的、出人意料的精准与全面，于是，他似乎应该获得高度的崇敬与热烈的喝彩。（《道德情操论》第20页）

恰恰是被忽略的事物使得各种变化在某种意义上成为一个具有普遍代表性的对象。这个对象具有代表性是因为它诱发了崇敬这一统一的集体反应。通过诧异达至的一种全面性让知情的伙伴结识一位无知的朋友。

在此，他们的崇敬同时存在，这一点仍然非同寻常——这位朋友的知识恰恰是我们所忽略的，在这个意义上——却为斯密设想的公民互惠提供了基础。至于我们忽略了什么，无知的同伴仍然一无所知，或者说了解得不十分确切，但是，情操在许多人为某事欢呼这个层面上促成了一次情感转移。的确，因为老百姓对造成意义的多种条件仅有瞬间的理解，这些认识可能具有无政府主义性质，对象的地位天生就不确定，因此就使得现代**社会场域**不仅依赖于公正的品位，而且，更麻烦的是，依赖于"财富……对于人类道德情操的影响"（《道德情操论》第 252 页），如果阐释系统有效地发挥作用，变化则被某种碰巧产生的对先前诸个对象的若干范畴的依赖所引导。这些对象依然是有价值的，或者应该是有价值的，尽管需要加以调整。但是，"由于她［财富］要么青睐有加，要么白眼冷对，［她］能够赋予这个对象同样的特性，或者是一般的爱和崇敬，或者是普遍的仇恨或轻蔑"（《道德情操论》第 252—253 页）。

同样出自 1759 年的一封信函（以下统称为《通信》），因为"普遍的赞许总体而言是**无法实现的**"（黑体为本书作者所加），在这个无法实现的普遍性面前，我们可以探寻斯密所谓的功能性中立："一个一般意义上的人，而且是一位不偏不倚的旁观者［可以］用中立的态度思考我们的行为，我们也用同样的中立立场来看待其他人。"对某个无法了解，也无法使其驻留的东西加以操纵，崇敬是可以预测的，除非机缘做出另外的安排：如果对象不能被一般化，那么，它要么沦为晦暗不明，要么就必须改变学科。对斯密而言，最先出现的是这一朝向范畴化的意志，如我

41

们将要看到的，它随即留下了各种分歧。

斯密在上文所指的中立立场当然不是说不在意你的邻居。它的意思是在处理和她的关系时要小心谨慎。中立立场在此既有技术含义（就好像一模一样这个情形：不要侧重于任何一方），也有实用含义（例如忽略：让厄运溜走，即使这样非常不公平）。《哲学主题文集》（*Essays on Philosophical Subjects*）中有一篇关于外部感觉的文章，它的写作时间几乎与《道德情操论》第一版同时，是在 1759 年，在这篇文章中，斯密用了"归于"（ascribe）一词来解释想象人类既被划分同时又是一个整体这件事的重要意义。①《论外部感觉》（"Of External Senses"）一文谈道—把椅子远观何其渺小，与近看完全不同，他写道："它们（椅子）所代表的实际物体一直没有变，（所以）我们将它们归于相同性，相同性始终属于它。"② 这里的"它"指椅子的一般范畴，我们在看之前一定是从这个范畴开始，而且它阻碍而非提升了这个物体所属的相同性。在此，斯密对伯克利博士的《视觉新论》（*New Theory of Vision*）稍加改动，写道，"视觉对象……构成了一种语言"（《论外部感觉》第 156 页）。在索绪尔的符号学之前两个多世纪，他便循着索绪尔的符号学路向写道："文字或语音与它们所指代的事物没有任何相似性，这在语言当中十分普遍，所以，在这个另外的语言中（视觉），所看到的物体与其所代表的实际物体同样没有任何相似性"（《论外部感觉》第 156 页）；"（字母表）中的字母全部是随意而生"（《论外部感觉》第 157 页）。

后面，我们会更进一步讨论斯密在社会语言学领域的探索。现在，只是简单地提一下斯密在他的哲学考察系统内给出的另一套术语，斯密的这个考察体系没有将关于相同性的分析与可触性

---

① 基于认为它写于 1752 年之前，斯密的编辑们使这篇文章靠近这个日期。

② Adam Smith, "Of the External Senses", in *Essays on Philosophical Subjects*, p. 155.

连在一起，可触性有可能抑制范畴性的规则，而是同某种抽象化的内部行为联系在一起，它（a）始于一般；（b）将个体事物整合成一种在给定的一般性中具有代表意义的想象形式；（c）将其余事物均当作个体、无穷的变体、随意性，或者我们随便给它们一个什么名称，而不予考虑，用斯密自己的话说，是所谓真实的不能同化的、矛盾的情景："尽管我可能**设想**，所有的椅子和桌子……在我的眼睛看来始终是相同的……在**现实**中，它们的外形在不断地变化"（黑体为作者所加，《论外部感觉》第 155 页）。

现在的重点是斯密不是在提出一个实证主义的现实概念，在现实中，某个物体单纯的、有据可依的状态可以被毫不走样地回忆起来。[①] 运气，正如我们已经看到的，与历史特殊性一样，一直在发挥作用，并以这种方式禁止永恒不变的价值，限制我们也许希望能想象出来的、任何保证认识及社会平衡的事物。"暴徒"是斯密就认识层面上的形式变化性提出的一个危险的社会对应物。斯密的现实，正如他在这里用到这个词以及在其他我们将特别标明的地方使用这个词一样，完全是视角性的，即使那个视角必然变得无法确定。

注意，幻想开始发挥作用，无知变得活跃，因为视角一般而言是一种特殊的形式，因此，所有的椅子会被看作是完全不同的，的确是独一无二，原因"不仅在于变化和距离……而且还在于我

---

① 因此，我们并不是要强加给斯密一个真实对想象这样一个概念，在这个概念中，一方代表真，另一方代表伪。我们接受 Andy Denis 的文章，该文认为，斯密偏爱"调停，胜过调查"，我们对他对"幻觉"（illusion）一词的用法不是十分确定，Denis 用它作"物质原因"的一个未被充分理论化的对立面。对于休谟和斯密而言，物质性常常被看作是一个关于群体的难题。我们认为，付诸印刷的思想本身根据苏格兰版权法必须被**去**一物质化，但不一定以那种方式开始。因此，在真实与想象这对对立物之间进行某种划分行不通。当然，在斯密的论述中，想象具有物质影响，所以我们乐于一直用"肉体的"一词来命名不同种类的劳动。见 Denis，"The Invisible Hand of God in Adam Smith"，in *Research in the History of Economic Thought and Methodology*，23 - A，pp. 1 - 32；13。

身体的姿势所发生的很难察觉到的变化……视角随着一切事物变化，哪怕是最细微的……差异"（《论外部感觉》第155页）；最后，"任何有形的事物从来都不是一模一样，无论是总体而言，还是就某个可指定的部分而言，都始终处于两个连续的时刻当中，因为永远有新的部分添加进来，同时失去旧的部分，始终处在一个不断的流变和延续当中"（《论外部感觉》第121页）。这段话的核心归结起来，就是形体令人惊奇，它处在不明状态，它是劳动着的女人和男人的庞大躯体。斯密的现实，或说得更准确一点，他对形体存在的指涉，意味着变化类似于中断这种令人痛苦的感觉：主体与一个无以代表的全部（all-ness）所处的运动之间的关系，你可以称其为特殊性，但它同时也是一个无法衡量的尺度问题，斯密反复将其与"真实的"（real）一词连在一起。

还是在这篇文章中，"事物由之生发、所有特殊的物体似乎都由其构成的东西就是物质材料，以及特殊本质的表现形式，形式决定事物的类别"（《论外部感觉》第125—126页）。我们看到对近似于本质的总体性的一个影射。但是在此，我们又一次将总体性不是看作无法实现的普遍性，而是看作一团团的物质，在其中，每一种可能的特殊性都存在于极不确定的（因为是范畴性的）斯密称为"材料"（stuff）的混沌之中。现实必须被归于它根本不具备的相同性。而根据某种特殊的"指代作用"，这种事情一直在发生。

对这种秩序奇怪的强烈愿望并不是（或尚未）按照某个简单的真实与奇怪的划分之间的对抗来发挥作用，而是通过激发某些另外的关系来发挥作用，这些关系如果不是想象出来的，就是为社会所乐于接受的。于是，我们可以说，形体视角的确是我的心灵不会了解的。更确切地说，任何身体秩序都可能存在，某种被培育出的对现实的**无感**在斯密那里已经被提了出来，他所依据的是形式的一般性，即感觉的投射并不经过大脑的思考。

正是在这里，斯密以对一切合成的独特性（在此还是解读为"所谓的真实"）所表现出的惊奇为参照，将对于无知和崇敬在情感方面所做出的指责与斯密在其他语境中提到的公共安全问题联系起来。斯密再一次想到运气，他写道，"我们的道德情操中的这种巨大混乱绝非……没有效用"（《道德情操论》第253页）。在该句话的前面一句中，"对建立等级标志是必须的"（《道德情操论》第253页）这个表达是与"或许"一词连用的。"或许"这个情态动词使等级问题脱离了所有可评估的逻辑并使其与不得而知的个性化安排不期而遇，这种安排是物体的虚幻（或任意）价值，是经由划分而实现联系的无形过程，和平社会所依赖的正是这一过程。

在这一连串的引用当中，尤其要注意的是，最基本的混乱无序也包括了等级的划分。这里在惊奇与崇敬之间有一个滑移，它为混乱无序提供了一个软功能，其**目的**恰恰是要避开划分出来的普遍性这个悖论。秩序于无形中聚集起来，而情感印象可以接触到隐而不见的联系，情感印象最终被简化为欢呼：惊奇通过崇敬得到校正。之所以会达到理解，是因为真实物体的被移位的现实受到机遇的极大影响，而且与人类所有的、友善的兄弟情谊的指涉保持距离。如我们已经说过的，斯密并非倾向于文化价值的确定不移，这赋予他的划分系统以明显的灵活性和力量："（就）习俗和时尚而言，无法达成一致的意见……在各个年代和各个民族中间都十分常见"（《道德情操论》第194页）。接受秩序是不和谐的与斯密的对象匹配观点是完全一致的。正如他在反复引用一个标准公式时所强调的，这个公式洛克和休谟都提出过，"如果两个物体经常放在一起看，想象便会习惯于频繁地从一个物体转向另一个物体"（《道德情操论》第194页）。

这就是说，优越与低劣之间的这种混乱无序被贬低为——而且由此得到调整——一种情感反应，这种情感反应必然高于本质意义上的理解。如果决定——或者说有幸或不幸——要瓦解已经被认为是习以为常的思维模式，我们要格外小心，因为这样做可能在学术和社会上引发混乱。休谟是一个怀疑论者，这个人尽皆知的头衔就是一个例子，正是这个头衔使得忧心忡忡的詹姆斯·鲍斯维尔（James Boswell）在 1776 年"就像一个突然陷入险境的人在寻找他的保护伞"一样跑到休谟的灵床前。[①]（塞缪尔·约翰逊认为，休谟所谓的无需上帝也能勇敢快乐地面对死亡是在撒谎。）我们接受信仰的习惯有多种，这在不同方面激怒了休谟并让他努力维护自己的立场，对这些习惯的审慎接纳成为构成社会凝聚力的"材料"。在斯密笔下，习惯表现为公正的旁观者的礼貌准则，公正的旁观者是一个系统标示，即我们能够充分地做到自我节制，盖社会契约发端于此。"弥漫着战争与纷争的天空乌云翻卷，风雨欲来"，斯密在一份实录性的战争笔录中写道，"（在）公众的扰攘与困惑（中），严格的自我克制才能得到最好的发展和最成功的培养"（《道德情操论》第 194 页）。

在第二章，我们将对《道德情操论》和其他资源做进一步的挖掘，来探究斯密与斯多葛式的自我克制的联系，因为这个自我克制是与贫苦大众的苦难联系在一起的。那么，现在，就让我们继续讨论一个不同却相关的问题：斯密所要求的基于秩序的自我克制如何被成功地培养起来，受到限制的主体性实践在他的知识哲学语境中会有怎样的结局？

"在公众扰攘的背景下"，在《道德情操论》比较靠前的部分，斯密写道，

> 爱国者为了这个社会的……安全献出了自己的生命，看起来，他的行为无可挑剔。他似乎就是在用中立的旁观者那种

---

① Boswell 的这句话转引自 Martin Bell 为休谟 1779 年出版的企鹅版 *Dialogues Concerning Natural Religion* 所写的"引言"（New York：Penguin，1990），第 1 页。

自然而然的目光在看待他自己，不过是将其看作众人之一……注定要为了……更多数人的……安全随时准备牺牲和奉献自己的生命。因此，他的行为激起……我们最高的诧异与崇敬。（《道德情操论》第 228 页）

爱国者是伟大的，因为他**不像**我们，这有些荒诞，他涉身于一个自我牺牲乃至死亡的过程当中，是捍卫公众安全的榜样。在崇敬的基础上，斯密通过要求民众克制其自身又一次提出多数性（multiplicity）问题——更多的数量造成的不稳定性。斯密以爱国者之名树立起英雄的谦逊形象，爱国者为了他称为人类事务的正统安排而死，斯密由此迅速跳过了多数的代表者——"我们只不过是众人之一"。在人这个超验性的大标题下，人们中的大多数或许会发现自己屈从于等级。因此，爱国者的自我疏离所产生的效果就是消除在等级之外想象集体性的可能，因为等级就存在于我们之间，多数人理应为了上等人而死。（在此，我们应该先提一下本书第四章和最后一章，这两章讨论的是我们所称的斯密的僵尸—经济学，它以斯密的财富分配系统为参照极大地扩展了死亡的中心意义。）

斯密赋予爱国者一种不凡的独特性，因为自我克制，它显得十分庄重，因此，爱国者在字面意义上是谦逊的。不仅如此，只有在没有人存在的来世，才能设想真正的（斯密所理解的，即不可能的）平等。如我们此前看到的：

我们在此生的幸福……靠的是对来世谦卑的希望与期待：……在未来的世界里，每个人都将享受到绝对的公义，每个人都将与在道德和智力上真正同他们平等的人并肩而立。（《道德情操论》第 132 页）

爱国者的自律达到了实实在在的移除（通过死亡），因此可以保护社会免受各种公共骚乱的侵害，从而根据绝对的正义和真正的平等调动集体（再次用到斯密的说法），在绝对的正义和真正的平等面前，身份问题必须抛至一旁。

在《国富论》的早期版本（"早期版本"）中，斯密非常清楚地写道：

> 为了要使一个伟大的社会产出更多的数量，就永远不会有公正平等的划分这回事……（在一个）有着十万家庭的社会中，将来可能会有一百个家庭根本无需劳作……（,）他们……要么通过武力，要么通过更加有组织地运用法律进行压迫，占有社会中远超过一万家庭的劳动成果。（"早期版本"第565页）

尽管斯密相信高薪原则，对于真正的平等，他也注意到，"那些干得最多的拿得最少"（"早期版本"第564页）。的确，不偏不倚——是根据某种抽象的、想象出来的、一般性的超验概念定义自我和设计行动的结果——意味着有组织地利用法律实施压迫是有效的，在思维本身这个层面上，我们可以这样说。不平等的分配，或说得更准确些，对于不真实的品质的接受是公正性在知识（因为，例如对于上帝和死亡，正在施行的道德规范并不了解）以外的王国中计划要解决的难题。诚然，斯密的"人类的普遍性"这一说法如果不是含混地放置在一个普遍平等的范畴内，就什么都不是，但它永远不可能真的置于那个范畴内。[①]

紧接在平等后面的问题是真实，这在斯密那里是虚幻的：公正性被提了出来，"尽管……在财产上存在各种巨大的不平等"

---

① Smith, *Wealth of Nations*, p. 27.

（《早期版本》第 564、566 页）。简言之，根据他的说法，我们或许可以说，真实是一种在商业化伦理体系中逐渐消失的事物，至少，平等在公共和平的名义下已经不可能存在。对爱国者的塑造必须符合他的特点，爱国者要用一个公正的（也是不存在的）旁观者具有普遍概括性的眼光来看待自身。于是，反过来，根据同样的旁观者逻辑，我们在内心感到诧异。对自我监督做出的这一多层面抽象化凸显出了人的普遍性这一悖论，即事实上，因为有等级区分，所以是不平等、不真实的，而在其假想状态中，还要装出一种和谐，它表现为商业性的，而且同样充满感情的交换。

因此，《道德情操论》所勾勒出的互惠性的本质建立在这样一种动力学基础之上，即在一个高度个人化的——却不透明的——情感转移的地带相互观看。在斯密阐发的恭顺中未被言明的各种不平等借由无知的诧异得以显现，以诧异为桥梁，最终被一种想象出来的、被当作崇敬的相互性准则所战胜。"若有一位富人，则至少必须有五百个穷人相对应，少数人的富足以多数人的困顿为前提"（《国富论》第 177 页），斯密可能是在《道德情操论》完成二十多年后写下的这些话。但是，在斯密看来，富人与穷人之间天然存在的种种划分已经通过负有社会责任的自我体认得到解决。这类矛盾在市民社会中会被刻意避开——根据斯密的洛克规则①——你也能找到"保证财产安全的办法……（和）富人防卫穷人的措施"（《国富论》第 181 页）。

对斯密来说，道德的边界包含在某种形式的资本主义社会性当中，这种社会性得以维系是因为某种特定的调和使得所有形式的多元性（无论是社会意义的还是认识论意义的）满足了公正，因而也是平和的目光。《国富论》第三章的第二部分（第 167 页

---

① 见 Athol Fitzgibbons, *Adam Smith's System of Liberty*, *Wealth*, *and Virtue*：*The Moral and Political Foundations of "The Wealth of Nations"* (Oxford：Clarendon, 1995)。

及以后部分）说得非常明确，这部分内容是对他在更早的那篇写于 1759 年的论文中所描绘的道德情操蓝图的重复，阶级划分中任何一方的不公正行为都被归纳至一个超物质主义的领域当中，例如品格、行为，以及所谓的普遍崇敬。（《道德情操论》第 250 页）同样值得注意的是，后面我们对此有更详细的讨论，"阶级"一词的使用表明，正是在此时，一个由经过划分但同时又具有普遍性的个人所组成的体系——**依托**贫困的大多数——抓住了历史的引力。

为了表述得更清楚，我们暂时离开斯密片刻，1705 年，笛福（Defoe）说道："亲爱的薪水将我们的人民塑造成了比民族所能展现的更多的阶级。"[1] 但是，在提供七个层次的划分并强调这一划分超出了民族凝聚性的过程中，阶级矛盾这一概念几乎无法被简化为阶级的二元前景，马尔萨斯（Malthus）于 1798 年将这一二元划分描述为"社会被分成有产者阶级和劳动者阶级。"[2] 菲尔丁的江奈生·魏尔德（Johnathan Wild）（英国十八世纪小说家亨利·菲尔丁的小说《大伟人江奈生·魏尔德传》中的主人公——译者）在 1743 年曾言："人类……应该会有两大划分，使用自己的双手的人和那些雇用别人的手的人。"[3] 这里的关键词是"会有"。

尽管自由贸易政策是因为小威廉·皮特（William Pitt the Younger）——自称是斯密的信徒——而得以在 1784 年至 1794 年间贯彻实行，但苏格兰的工业革命开始结出成果一般可以追溯

---

[1] Daniel Defoe, *The Poor Man's Plea…* (London: 1968), p. 19.

[2] Thomas Malthus, *Essay on the Principle of Population* (New York: Penguin, [1798] 1970), 144. 关于"阶级"的历史，它既是探索范畴，又是社会范畴，见 Peter Calvert, *The Concept of Class: An Historical Introduction* (New York: St. Martin's, 1982)。

[3] Henry Fielding, *The Works of Henry Fielding: Amelia Part III and Jonathan Wild* (Vol. 5) (Philadelphia: John D. Morris, 1902), p. 67.

至 19 世纪前三分之一时期。① 斯密尚未完全预见到商业社会在 18 世纪六七十年代会沿着阶级路线实现其二元转换，在写作《道德情操论》和《法理学讲义》的更早时期也无此迹象。② 在马尔萨斯和笛福之间的年代，即 18 世纪中期，相对于较早出现的有关反对内讧、起义，或者（说得更确切些）反对多元性的类型化思考，对出现得较晚且不言自明的阶级斗争的调和还不算是一个在二元论意义上能够被理解的社会对立问题。③

　　确切的阶级概念一开始是一个关于在知识将劳动生产包含进自身之前如何制造知识的问题。这一双重发展的发生正值劳动与思想之间的划分以及思想内部的划分即将获得其现代形式之时。④ "阶级"这个名词更可能是用来指称卫理公会研究《圣经》的系统，或者是指教室中的分类系统，而不是像后来那样

---

① 关于 Pitt（和 Shelburne）是斯密的信徒，见 E. G. West, *Adam Smith：The Man and His Works*（Indianapolis：Liberty Fund, 1976）, 12ff。

② 关于斯密与 19 世纪的经济转变之间的关系更完整的解释，见 C. P. Kindleberger, "The Historical Background：Adam Smith and the Industrial Revolution", in *Essays on Adam Smith*, eds. Andrew S. Skinner and Thomas Wilson（Oxford：Clarendon, 1975）。

③ "中产阶级"一词代表一种明确的政治身份，正如 Dror Wharman 指出的，进入到历史情境中是在"英国社会的大量观察家急切的欢呼声中，其他人则否定它的存在"。在法国大革命和 1832 年的《改革法案》中间，它作为明确的政治角色被纳入到时间顺序的框架中。见 Dror Wharman, *Imagining the Middle Class：The Political Representation of Class in Britain*, c. 1780 – 1840（Cambridge, UK：Cambridge University Press, 1995）, 8. 关于中产阶级同 19 世纪工业资产阶级几乎是同一类型，这方面有价值的研究，见 Theodore Koditschek, *Class Formation and Urban-Industrial Society：Bradford, 1750 – 1850*（Cambridge, UK：Cambridge University Press, 1990）。

④ 在她关于 18 世纪英国阶级的广泛研究中，潘内洛普·J. 考菲尔德（Penelope J. Corfield）说道：

到 18 世纪 40 年代，特别是在 18 世纪 50 年代，对社会结构的指称使用了新的（关于阶级的）词语。Nelson 的五个阶级的人民出现于 1753 年……1749 年，Joisa Tucker 写了"社会的阶级"，并且确立了低层民众的身份。（113）

但是，她继续道，表示具体的职业身份的阶级概念"仍然只有少数人在用。"见 Corfield, "Class by Name and Number in Eighteenth-Century Britain", in *Language, History, and Class*, ed. Penelope J. Corfield（London：Basil Blackwell, 1991）.

专用来指代大多数劳动妇女和男性。① 我们恰恰是要将亚当·斯密定位在"人类中的大多数"中的**多**与阶级划分欲望之间的关系上。在一个必定是不平等和不真实的社会中，这个资本主义的观察者发现，在市民社会内部，经验上的一致就是同情（《道德情操论》第10页）。众多个人因此可能借助自我利益和自我控制在等级内部以及——关键是——跨越等级特征而达成一致。在这个意义上，社会组织有赖于个人有能力获得美德和财产，这反过来使得社会划分能够以和平的方式实现。② 在斯密看来，社会的和谐靠的是层次分明，而不是压制那些已经不言自明的各种对立性失衡，等级划分一经完成，这一点就会清晰地表现出来。③

　　关于道德同情如何对社会结构而言是固有的，我们已经讨论得够多了，用斯密的话说，社会结构既有划分，又具一般性。但是，在对这个话题暂告一段落之前，第二章会重提这一话题，我们还应该关注到《道德情操论》的另外一个特征，它对于我们有关斯密的知识划分的思考非常重要。我们应该再次强调想象在斯密的认识论中的核心地位。我们一直在说，想象是斯密的一个48 技术术语，用来表示崇敬如何缓解惊奇。不仅如此，它还是一个嵌入社会内部的计划，与面对难以计数的大量对象和混合对象对

---

　　① 关于阶级和课堂系统，见 David Hamilton, "Adam Smith and the Moral Economy of the Classroom System", *Journal of Curriculum Studies* 12, No. 4 (1980), pp. 281 – 298.

　　② 相对于更普遍意义上的类别含义，阶级在 19 世纪指代工业劳动阶级，关于此，见 Michael Mckeon, *The Origins of the English Novel*, *1600 – 1740* (Baltimore: Johns Hopkins University Press, 1987)；关于阶级的两个意义的同步性，见 E. P. Thompson, "Eighteenth-Century English Society: Class Struggle Without Class?" *Social History* 3, No. 2 (1978), pp. 147 – 150。

　　③ Michel Foucault 提出一个论点，先前的各种等级概念预示了 19 世纪的社会阶级概念，因此，在这个意义上，共产主义独裁可以看作是国家种族主义。见 Foucault, *"Society Must Be Defended": Lectures at the Collège de France*, *1975 – 1976* (New York: Picador, 2003), pp. 189 – 214。

社会等级进行和平划分和对已知对象进行划分都有关联，斯密巧妙地称这些对象为"素材"（stuff）。我们也讨论过，他话语中的两条线索——社会的和认识论的——源自对无知域进行了恰当的**去**—有形化（de-corporealized）。

那么，我们应该承认，斯密的道德同情理论比乍一看复杂得多。"我们假设我们是自己行为的观察者，"他写道，"而且要努力想象在这种情况下，它将对我们产生怎样的影响。这只是面镜子，通过它，我们可以以某种方式用他人的眼光来审视我们自己行为的适宜性"（《道德情操论》第 16 页）。道德镜子最重要的特征不单单是它要求是环形的，而是：（a）它需要假设——我们想象有一个第三人，一位公正的法官（《道德情操论》第 135页），这样就可以将我们自己变为"赞许的……合适对象"（《道德情操论》第 308 页）；而且（b）我们可以不用同那个他人进行真实的交流，也不用参照人类中的大多数（即劳动者）来确定我们的位置。回想一下，"它们（我们的感觉）从来都不能使我们超越我们的身体，而正是凭借想象，我们才能形成关于他的感觉的所有概念"（《道德情操论》第 9 页）。

当然，关键词仍然是想象："在想象中将自我投射到一个外人身上，我们通过同情来重构他的标准和反应。"（《修辞与纯文学演讲录》第 10 页）在斯密的人道主义公式中，对同情感觉的表达只是无穷的旁观链条上的第一步。同情的主体不仅对用他自己的经验来衡量他所凝视的这个对象，以自己的经验呼应对方，而且将这一回应内化，结果是最初的主体/客体关系被再造为第二种规范，即自发的自我克制。"一个人当然比一座宫殿对社会更有用"（《道德情操论》第 30 页），斯密此言是对边沁（Bentham）的全景式监狱（pan-opticon）的预言。不过，由福柯阐明的规训程序在斯密早期的例子中更加有效，较之作为现代早期惩罚形式的砖头和水泥，表面上更加柔软，但在实际效果上毫不逊色。①

　　对斯密而言，在他的环形道德凝视中显而易见的规矩必然在认识论层面发挥作用，我们将会看到，的确也在语言本身这个层面上发挥作用。斯密比他的老师弗兰西斯·哈钦森或者斯密本人的朋友大卫·休谟这两位旁观者高明，他们在其伦理理论中突出的是同情体验，斯密的道德性则强调交流的规范（因为是理性的）但显然也是不确定的（因为感情）性质，这关键的一步在《道德情操论》中将想象中对所谓真实的不平等的调和（等级内部自我克制的基础）与高雅的品位（有教养或有学问的团体内部正常交谈的基础）联系起来。一个公正的旁观者的同情感在没有预先得到警示的情况下取决于是否掌握足够的信息（《道德情操论》第49页）。

　　交往伦理，如斯密所规定的那种，与市场同时出现，而且处于其核心位置，它的作用不同于尤尔根·哈贝马斯关于启蒙公共领域以别种方式做出的著名的类似论述。② 同哈贝马斯一样，斯密的旁观者或许可以追溯至存在于想象中的平等人群之间彬彬有礼的谈话，这是18世纪早期咖啡馆的特征。的确，斯密的道德旁观者可以追溯到约瑟夫·埃迪森（Joseph Addison）以旁观者为刊名的杂志。③ 以他那个知识分子圈子为主的咖啡馆文化，像精英社团及其扑克俱乐部都各有80多名会员，在斯密时代的格

---

① 见 Michel Foucault, *Discipline and Punish*: *The Birth of the Prison* (New York: Vintage, 1979)。

② 见 Jürgen Habermas, *The Structural Transformation of the Public Sphere*: *An Inquiry into a Category of Bourgeois Society* (Cambridge MA: MIT Press, 1991)。

③ 1707 年与苏格兰的《联合法案》颁布之后，爱丁堡出现了大批引人注目的俱乐部和学会。见 J. G. A. Pocock, "Cambridge Paradigms and Scotch Philosophers", *Wealth and Virtue*: *The Shaping of Political Economy in the Scottish Enlightenment*, eds. István Hont and Michael Ignatieff (London: Cambridge University Press, 1983), p. 242。斯密 1752 年在格拉斯哥获得道德哲学主讲教授职位，在此之前，1748 年在爱丁堡，他是修辞学与纯文学讲师。在《道德情操论》中也发现几处直接参考了 Addison。

拉斯哥和爱丁堡异常流行。①

但是，与哈贝马斯冷静且理性的批评论辩不同，斯密用种种崇敬之类的理想为更富情感，而且在休谟意义上充满矛盾、被搁置一旁的感情维度提供了空间，这**多亏有休谟**。"崇敬"一词使得在遵循这个或那个规训标准时明显出现一种被进一步加强的反应。诚然，我们必须想象我们自身外在于所有局域的和特别的差异语境，我们可能发现自己天然处于这类差异语境中：

> 我们可能从未考察过我们的情感和动机……除非我们自己从我们本身的自然状况中挪移出来，而且尽量将它们放置于离我们有一定距离的位置来观察。但是，我们要做到这一点，只有努力通过他人的眼光来看它们，或者像他人可能做到的那样来看它们。（《道德情操论》第 110 页）

斯密的内化旁观正是这样施行的：首先，在想象中设定旁观者及其对象之间会产生对应；其次，这个对应发生在观看主体的客观化过程中，反过来说，它在一个公正的（尽管从来不曾存在过）第三证人眼中是合宜的。这表示对于任何局部现实而言，都有某种自愿接受的妥协。"因为发现了行为基调不断触怒心灵的例子……我们形成了一般的道德规则。"（《道德情操论》第 320 页）"一般性"是一个样板，依照它，广泛性和差异性统统被归入某个无知领域，这个领域也被认为是真实的。一般规则标识着个体在 50
假想的人类总体中的成员身份——可笑的是，这是一个有利的位置，民众的苦难由此找到了同任何一种集体反应之间绝对公正的距离，所有的集体反应都可能推翻某种以市场为基础的社会理想。

---

① 见 Roger L. Emerson, "The Social Composition of Enlightened Scotland: The Select Society of Edinburgh, 1754 – 1764", *Studies on Voltaire and the Eighteenth Century* 114 (1973), pp. 291 – 329。

　　因此，在斯密那里，想象是一种不确定的实践，正是这一不确定性使得我们不仅能够在主体和对象之间保持足够的距离，而且可以幻想我们在承受——至少到我们被偶然叫醒——一个和平然而却不公平的社会场域。"在想象当中，我们将自己放在他的（受难者）处境中；我们相信自己正在忍受所有的折磨……而且在某种程度上变成和他一样的人。"（《道德情操论》第9页）概念，作为想象中的抽象化，如我们前面提到的，仅仅是在某种意义上存在。它必然只能是一种近似的关系，一种我们必须学着使之成为一种习惯（休谟所用的词语）的关系，也是一种防止（劳作着的）大多数与（富裕的）少数靠得太近的关系。的确，受难者在斯密那里被反复劝告，这是他的伦理学的另一个特征，我们将在第二章讨论，以此来抵抗过分的悲伤。通过抽象化的公正，受难者必定学会在内心保留一位看门人，而且学着"压制自己的各种情绪，使它们与旁观者的种种情绪完全和谐一致"（《道德情操论》第45页）。受难者必须化解过分的抱怨；使之趋于和谐，斯密警告道。我们的同情因此从未真正实现协调一致。

　　但是，一致绝非重点，重点是通过划分获得某种个人化的反应。我们必须做我们自己的主人，而且"将我们的激情压抑到（一个）（有社会责任的）宁静点上"（《道德情操论》第23页）。一个被恰当地个体化的主体，由于公正的自我克制，面对（别人的或我们自己的）悲惨遭遇时已经完全处于晕眩状态，会努力创造出一个想象出来的社会整体。这类一般性与其说是以正在受难的民众统一体为基础，倒不如说是以社会的和谐一致为基础，这个社会被划分成各个部分，但却以这种方式实现了和谐（《道德情操论》第22页）。在斯密看来，在一个大家公认的不公平的社会场域中，真正的统一体是不可能存在的，这一点掩盖了"人类"和"人类事务"这些关键词最终的空虚本质。如果个人性被规定为公正的自我克制，那么，这种空洞的——因为空洞，所以是安全的——关于存在的一般性便规定了下等人要从事"令人痛苦的行业"（《道德情操论》第 201 页）。在某个重要的意义上，人类的基础除了想象，永远不可能有任何真实的事物。总体性的基础是它所不能允许的东西，即个体必须化解、还原、压抑、隐藏或简单地扼杀（全部是斯密的原话）的东西，其目的就是无限的拖延。人类的基础是与苦难保持一个理想的距离，因为个体性所保证的是人的内部划分，充其量还有同情反应的恰当表达。

在此，在某种程度上，人类同苦难的现实隔绝开来；或者说得更确切一点，人类建立了一个空洞的普遍范畴，其目的即是在充分个人化的基础上维系不平等的存在。公正的旁观者这个理想——斯密的伦理责任，一方面倾向于膨胀与提高，另一方面又趋向个人化与划分——使我们得以更深入地探讨**天才**在斯密的认识论中所发挥的作用。在《道德情操论》中，人类，斯密在这本书中代之以人类社会，必然出现于哲学之光当中。的确，哲学倾向于将对象划分为**类型**，这一倾向是人的认识论对应物，正如同人类在根本上被由诸多自我检视的、个体化的主体所构成的温和的混合体所划分：

> 如果我们在某种抽象的和哲学的背景下来观察人类社会，那么它看上去很像一台非常巨大的机器，它的有序且和谐的运动产生出上千种令人愉悦的效果。正如艺术这个美丽而高贵的机器一样，无论做什么，如果是为了使它运转得更加顺畅，更加自如，结果就会产生美，相反地，无论做什么，如果阻止了它的运转，就会令人不快……（，）社会的车轮光亮如新则必然令人愉悦；而恶习，就像讨厌的锈迹，彼此摩擦，发出刺耳的声音，则必然令人厌恶。（《道德情操论》第 316 页）

　　从这段话中可以读出很多含义。首先，应该注意到的是人类社会本身即是哲学抽象的结果而非起因。因此，思想作为一门"高贵的"艺术其目的是生产有序却日益分散的知识—效果，所有的一切都是为了在可能出现相反趋向的地方达成一致。如果我们记得这种增长方式因为对美和快乐（回忆一下：崇敬）的关注而被常态化，我们就会看到各种集体竞争模式（另一种说法是"骚乱"）会同时出现。不应该说斯密只是简单地限制大多数人过分展示他们的苦难。他的体系比那要有效得多。达成一致相对于快乐和想象首先是一种思想模态，有其自己的上升逻辑。在那种意义上，和谐出现了——是人为的，如同一台人造的"机器"——它有自己的成长渠道。我们可以说斯密的哲学之光出自某种执拗的宽容，要涵括甚至最边缘的受难者（关于这种执拗，下文会有更多讨论）。

52　　关键要指出的是，用斯密自己的话说，如果人制造了机器，那么人的生产制造本身就是一个更加神秘的过程。这是因为生产这个秩序是为了将所有不合常规的趋势或劳动的各种正在形成的特殊性都归于无知。这里提到"美德"这一关键词，它恰恰是将普遍设计荒谬的特殊本质归于无知的一个结果。① 美德所以能保证社会性，基础正是它具有使人性的车轮顺利运转的功能。但是，恶习总是威胁要撼动或破坏和谐，它是一桩受诅咒的（即"卑鄙的"）事情，即使它同时也如钢铁上的锈迹一样无法免除。因此，我们不应该低估斯密的观点：我们需要不断地防止思维活动所固有的那种不和谐与刺耳的声音。激活哲学就是擦拭和被擦拭，我们将会看到，它为这位哲学家赢得的是高雅品位的荣耀而不是劳动的艰辛。

---

　　① 在斯密那里，美德的作用是一种人性化的品质，也是社会和谐的基础，在很多当代批评家眼中，它将《国富论》和《道德情操论》联系起来，使之成为相互支撑的文本。尤见 Fitagibbons, *Adam Smith's System*。

因此，我们或许可以说，哲学，如斯密在《道德情操论》中所阐发的那样，是一门关于**不太了解**的艺术，也是因为**不太了解**而成就的艺术，我们的意思是了解什么是**尚未被了解**的，什么是知识仍然无法触及的。因为这个**不了解**的开始和结束都令人感到愉快，所以它保证了社会不同等级之间的某种社会规律，保证了阻挠与**去障**之间的某种适宜节奏，从而将社会—认识中的反常性简化至一个可以对其进行准确衡量的新的**科属**或类型中。的确，"哲学的理性……从来无法瓦解自然（的）必然联系"（《道德情操论》第283页）。我们所拥有的最好的东西就是知识机器，保证生产制造顺利进行的技术，尽管也有锈蚀——总会动用技术，而且技术真正的结果到头来都要看运气而定："无论什么样的运气降临到我们头上……）富有或贫穷，快乐或痛苦，健康或疾病，都没有什么差别。"（《道德情操论》第276页）哲学本来便倾向于在没有相似性的地方建立相似性，擦去划分中的不等式。"我们是溺亡，"斯密写道，"还是抵达港口，都是朱庇特的事，不是我们所能决定的。我全权交由他来决定……（我）照单全收。"（《道德情操论》第277页）

在另一个哲学抽象的例子中，这个例子标识出智慧与非真实之间的另一种联系，他继续写道：

> 睿智之人……进入……到圣人……的情感当中，认为自己是一个无限巨大的系统中的一枚原子，一枚粒子，为了整体的便利，必须而且应该被处理掉。（《道德情操论》第276页）

我们在此想要强调的是被这种整体利益从哲学理解中遗漏的东西。斯密将这些难题重新交还给时间和无限性、对立、多样化、变异、无垠、无序的聚合、无关的对象，无形、锈蚀、怪异，还有我们应该毫不犹豫地补充进来的贫穷那令人痛苦的景象——这些难题被哲学性抽象整理成适当的范畴概念。于是，我们可以跟着斯密说，整体性这个概念在其自身内部不仅涵括了对特殊性的超验，也涵括了对特殊性的化解。

斯密非常确定地写过一种

> 恭敬的归顺……归顺于那个仁慈的智慧（可以理解为"朱庇特"、"无形"、"上帝"、"神意"），它引导人类生活的一切事务，它……永远不会容忍……不幸的发生，只要它们不是整体的利益所必需。（《道德情操论》第 292 页）

他常常认为人类的理解是有限的，在这个先入之见中，斯密非常乐意地承认，"要依照环境所有可能的变化说清楚每一种感情已经经受过或正在经受的所有变化……是不可能的。它们是无限的，而语言缺少标示它们的名称"（《道德情操论》第 328 页）。

在下一章，我们将详细阐述"感情"与斯宾诺莎有关无限的各种主题之间的联系。现在要注意的是，为了提升对象适应的重要性，斯密在一篇关于古代物理学的文章中写道："诸对象……因为它们所属类型的多样性……可能使心灵感到窘迫和困惑。"① 我们在前面已经看到，至少在最大限度的社会同化意义上，斯密促进了语言的表现力。这段话也提供了另外一个例证，说明需要产生一种自我表达的技术，在被应用于社会和谐（social harmony）时，它是自然发生的——既是习惯性的，同时又服从于被谨慎限定的种种变化形式——而不是规定性的。

斯密对窘迫做了分析，对此分析，社会哲学很奇怪地始终找

---

① Adam Smith, "History of the Ancient Physics", in *Essays on Philosophical Subjects*, p. 106. "窘迫"一词在这篇文章中用了两次，同样也是无穷差异的结果。

不到一个名称，他确立了将变异划分为比较合宜及不太合宜的规则：

> 任何情绪，无论经受怎样的变异，它依然保有能将其界定为这种情绪的一般特征，这些一般特征总是比它在特殊情况下可能发生的变异更突出，也更有标志意义。（《道德情操论》第 324 页）

并非情绪本身因其特殊性而令人感觉愉快，如果是愤怒，它是斯密用的例子，或苦难景象，或"下等人"的"令人痛苦的行业"，而是对情绪的准确衡量，以及将它置于可概括的、有联系的变异中，即它的去**特殊化**令人感觉愉快。

哲学在斯密那里如同一根占卜杖，用来在一个给定客体内部或周围无限的意义沙粒中拣选出某些特征，这本身就是直接给定的唯一绝对命令（categorical imperative），客体由此开始。这些客观的特征在某种程度上被预先编程以适应一个想象意义上的整体，这个整体首先适宜于一个历史神话，即市场经济尽管催生出未被言明的（如果不是无法言明的）暴力与绝望，但至少被默认了。"在每一种造物身上，"斯密写道，"最美丽的那一个拥有最能表现该物种一般构造的特性，也最类似于它被归为其类的那些个体的大多数。怪物……总是最独一无二，也最奇特。"（《道德情操论》第 198 页）在此，我们看到了斯密的解释系统的熟悉特征：他的依靠美来激发崇敬是道德同情之哲学重任的基本要素。现在我们可以强调划分所占据的荒诞不经的中心地位，在类型之间以及在类型内部，它是想象一般性的方式，尽管不平等，但类型仍然以某种方式相互连接在一起，这一方式表明社会是妥善的，同时使苦难的现实或多或少保持在一个安全距离之外。斯密必然认为，联系性与其说是哲学理解的一个对象，不如说更多的是一种不可知的安排，我们通过抽象的范畴性处理已经使这种安排非常顺畅，我们现在需要对这种必然性做更合理的推测。

我们在前文说过，在斯密的知识系统中，**科属**就像一根占卜杖，这绝不是随便说说而已（见第四章中关于斯密得益于《国富论》中远见卓识的力量）。在前文引用到的 1759 年的那封信中，斯密写道，"人类最热烈的喝彩听上去也不过是愚昧无知的噪音……（但是）居住在心里的那个人（公正的旁观者），这个抽象的人，是人类的代表和神的分身"（《书信集》第 56 页）。在这里，我们看到了一个先前留下来的熟悉的模式：因为对特殊性的无知，我们画出分割的线条，它们随后借助抽象化而相互连接，以便归属于毫无意义的人类一般性。根据不可见性原则，我们应该说，这里所谓的人类不是一种用来沉思默想的物质，而是像神一样，通过类似于信仰的更加强大的情感联系来解决矛盾冲突。对斯密而言，朱庇特那只著名的"看不见的手"最终"导演着……人类生活的图景"（《道德情操论》第 59 页）。如果有某种再现行为参与其中，毫无疑问，这是一种应该对无法再现之事物无动于衷的行为，即使这一无知策略可能在某种程度上透露出斯密后来所谓"空白"（gaps）的痕迹。

斯密在《国富论》中对交换价值做出的定义是后来在更早时候关于社会必然是非智性的这个例证的基础上发展而成：个体"既不想提高公共利益，也不了解他提升了多少公共利益……在很多情况下都是如此，（他只是）在一只"看不见的手"的引导下去提升某个并不属于他的意图的目标"（《国富论》第 456页）。我们**不**可能了解朱庇特的计划；我们也不可能将意图所产生的种种后果附加到我们的安全和个人利益上。而正是因为**不知**道，智者才得以战胜逆境，独自一人——或更确切地说，独自一人同其他许多人一道：

他（智者）进……入到圣者的道德情感当中，将自己看作是某个广阔无垠的系统中的一个原子，一个粒子……依照总体的利益被处理……无论什么样的命运降临到他的身上，他都快乐地接受，心满意足……仿佛他已经知晓宇宙不同部分之间的相互联系与相互依赖。（《道德情操论》第59页）

斯密在临终时将这段话添加到《道德情操论》的最后一版（第六版），在这段话中，绝对律令让位于——而且是愉快地——本质上的无能为力，其实就是无须了解我们的世俗"联系"，尤其是如果已经证明那些联系将对这架机器产生负面的阻碍。

关于斯密对高贵的斯多葛主义的赞赏（《道德情操论》第60页），我们在下一章将做更详尽的讨论。对我们在这里的目的而言，而且也简单提一下后面要做的这个讨论，关于追溯无知所产生的诧异，真正引人注目的是斯密如何屈从于所谓的公正性，以社会利益为参照，这个公正性现在已经作为无限性被挡至——一个几乎是自杀性质的，或至少是中立的虚构域——"好像"。智者所知甚少，所以苦难深重，而任何可能将智慧引至另一个人的苦难所具有的吸引力都可能面临一种风险，即产生"人为的同情……（它）不仅荒唐可笑，而且总的来说似乎也不可能实现……而且阴郁、讨厌到无礼的地步……（而且）完全没有用"（《道德情操论》第140页）。正如斯密已经指出的，我们在第二章也会再作强调，"单纯的贫穷……无法激起同情……我们鄙视乞丐……他几乎不可能成为任何真正怜悯的对象"（《道德情操论》第144页）。

这个中心论点有两重含义。首先，亚当·斯密的伦理系统运行的基础是我们如何看待乞丐——即根据哲学所认定的个人事务，对于思想而言，乞丐必然是**不真实的**，而且是不可见的。第二，我们与朱庇特那只"看不见的手"和平共处的方式（《道德

56　情操论》第 185 页）是人为的和技术性的（原因是那架锈迹斑驳的、人造的、人——**正在制造的**机器），需要借助于一种为了整体的和平而将我们同他人分隔开来的、公正的自我约束。

我们现在可以更有说服力地将斯密对哲学的定义看作是一门关于联系的科学，不仅如此，他用了**科属**一词来表现联系，这些联系或者并不真正存在，或者必须要被制造出来以完成制造工作。回顾一下，在他的伦理系统层面，我们已经将人类的荒谬设定为一种虚空，因为四分五裂的历史安排是商业历史发展所独有的。由此，在某种认识论层面上，我们已经开始理解如何在规定了不真——在运用想象——的前提下来预言哲学，以清除各种特殊性障碍，这些障碍减缓了一般意义上我们的个体化自我的生产。已经说了这么多，我们需要对各种特殊性在斯密那里如何被划分为**科属**这个问题再做些补充；我们需要以此导入哲学如何因为分工而模块化，不过是以另一种方式——从体力劳动的负担中隔离出来。因为同劳动分隔开来，知识被赋予一种非技术的地位，获得了在想象中能够靠近不可知的真实，它的职责不是去**了解**朱庇特那只"看不见的手"，相反地，是要在很短的时间里能些许**感触**到它，就算要靠运气。上文中，我们引用了许多《道德情操论》中关于想象在保障公正性方面的作用的例子。我们也提出，这是理想主义抽象化的一个例证，类似于朱庇特的鬼魂般的不可辨识性。

我们现在直接转向《哲学主题文集》。我们要收紧框架，细化方法，**科属**正是这样预设了根本无法同化的众多客体之中以及之间被想象出来的相似性，而且要细化斯密的绝对律令如何保留下认知缺失的痕迹，哲学家的任务正是要将这些痕迹连接起来。我们已经就缺失的生产性质有所论述，这一性质持续萦绕在斯密对类别问题的关注中，我们也曾进一步将生产性缺失与哲学家的特殊责任——如斯密所坚持的——产生"无"的责任，连在一起，我们将以知识如何划分来结束第一部分。我们在结束这一部分之后会转入本章的最后一个问题，即知识是如何划分的。我们可以转向那种方式，哲学作为一种知识实践服务于武断的划分，按照这种方式，不仅哲学本身同劳动区分开来——因为它是非物质的——而且也要同后来一般被称作英国文学的专门知识区分开来。⁵⁷

在他1746年的一篇文章《哲学探索的指导原则；以天文学历史为例》（Principles Which Lead and Direct Philosophical Inquiries; Illustrated by the History of Astronomy）（后面简称为《天文史》）中，该文在作者焚毁他的其他文章时被刻意保留下来，斯密总结了知识的进步，他所使用的言辞出自柏拉图的哲学与诧异的关联：

> 诧异，惊奇，以及崇敬，这些词语尽管常常被混为一谈，但是在我们的语言当中都表示确实常常被联系在一起的情感……新鲜的、独有的事物，激发那种在严格的意义上被称作诧异的情感；出乎意料的事物则引发惊奇；伟大或美好的事物引发崇敬。①

我们在这里可以回到现在应该非常熟悉的一个主题：单个的客体"在（旁观者的）想象当中，似乎与它所在的科属当中的其他物种完全隔绝"（《天文史》第40页）。为了"消除那种诧异，"斯密继续写道，需要将哲学的"联系原则"作为一种"艺术，艺术会用想象来表达自身"（《天文史》第46页）。

斯密对哲学的定义基本上是一种叙事学意义上的侵入，侵入

---

① 关于柏拉图和斯密对诧异的看法，见 Roy Porter, *Flesh in the Age of Reason* (New York: Norton, 2004), p. 350. 引自 Adam Smith, "History of Atstronomy", in *Essays on Philosophical Subjects*, p. 33。"History of Atstronomy" 发表于斯密去世后的 1795 年。

到现象在其合适的种和属内部的排序，这个定义尚不足以同与纯文学（belles lettres）联系在一起的模仿性艺术区分开来（《天文史》第40页）。在从惊奇向崇敬转化的过程中，知识的目的即是在事物的划分中寻找同样的对象划分连续性，这一连续性对道德同情和公正的旁观者至关重要（《天文史》第39页）。一个不熟悉的、奇怪的、不相关的对象出现时所经历的短暂的理性迷失，由这个迷失，或者因为那个新事物，在一个连续的自然秩序内部产生了骚动。这里显然再次回响起洛克和休谟对连贯的强调。通过将突出的和不平凡的客体置入恰当的类别和搭配当中，哲学对想象进行矫正，即它"可能会弥补隔阂，（而且）如同桥梁，可能会……将那些看似远隔的对象统合在一起，从而使思想在其间顺畅地流动"（《天文史》第42页）。

约翰·巴雷尔（John Barrell）在谈论18世纪的风貌时提出的一个观点同样可以用在这里。"政治权威，"他写道，"被那些能够用普通词语思考的人合理地运用……被那些能够从原始经验数据中产生抽象思想的人——为思想去复杂化——合理地运用。"① 对斯密而言，去复杂化等同于有条不紊的组织安排。心灵感受到的愉悦"在于观察到思想的不同对象之间有明显的相似之处"（《天文史》第36页）。巴雷尔非常准确地归于"品位"（详见后文）的东西，斯密都独留给愉悦。不过，我们应该记得，乔治·杜鲁蒙德（Geroge Drummond）在1740年的《谈话准则》（"The Rules of Conversations"）一文中将品位定义为"使（自身）容易与人相处的艺术。"② 以愉悦为参照，它产生

---

① John Barrell, "The Public Prospect and the Private View: The Politics of Taste in Eighteenth-Century Britain", in *Reading Landscape: Country-City-Capital*, ed. Simon Pugh (Manchester: Manchester University Press, 1990), pp. 19–40.

② George Drummond, "The Rules of Conversation [1740]", 转引自 Thomas P. Miller, *The Formation of College English: Rhetoric and Belles Lettres in the British Cultural Provinces* (Pittsburgh: University of Pittsburgh Press, 1997), p. 167。

于从诧异向崇敬的迁移过程中，斯密的伦理理论与他的认识论融为一体。二者的基础均是主体与客体之间存在一个合适的距离，这个距离非常矛盾地上升为特殊化的普遍性。在斯密那里，社会性与人类理解都笼罩在那些无法思考的思想中，它们无法思考是因为心灵倾向于以最不可能不"易于接受"的方式通过划分去**感觉**，而不是**思考**。

在这里，关键的难题是用想象将各个空白连接起来以服务于范畴，而且这样做时便假定，诸范畴本身没有保留划分。哲学的任务不仅是连接伦理缺失和认知缺失的各个时刻——我们在上文已经通过斯密的各种表达法进行了引证，例如不可见性、无限性、独特性，以及，并非不重要，体力劳动——并且由此与想象相面对。哲学借由想象完成其使命，它因为凌驾于体力劳动之上而"减少了劳动"。斯密在说道将诸如尚未被分类的对象等思想条理化时，他让人想起的是知识具有某种**科属**（generic）功能，而非**生产**（productive）功能。而这可能模糊掉分类本身所具有的生产能力。然而，因为类别划分可能会有某种批评性休止，范畴便保留了某个差异，这个差异威胁要打破理性与经验之间的平衡：

> 我们需要在（各范畴）之间的间隔处稍作停留以找出某个能填补这个空白的东西，它像一座桥梁，至少可以将那些看似远隔的对象连接在一起，从而使思想在其间顺畅地流动。（《天文史》第42页）

上面提到的"某个东西"，斯密始终未予命名，也没有，如我们看到的那样，用到"机器"上的锈迹那样生动的比喻，朱庇特可能以别的方式顺利地将这台机器组装好，哲学家们应该直接会相信这样的比喻。这个"某个东西"在斯密看来，至少按照哲学能够触及的范围，恰恰就是"无"
（nothing），因为它就是那座想象中的桥梁，通过它，最终会
愉快地跨越认知缺失。但是，这个"无"同样是**所有**（eve-
rything）：一种绝对是非生产性的活动将众多"物体"中相隔
甚远的对象统合在一起并且将某种以商业为导向的想象投射
于斯密所称的"人类"这个包容性（因为完全是假设的）范
畴之上。

　　这个既是无又是所有的某个东西最终成为哲学特有的执
着之念。如斯密在"天文史"一文中所定义的，哲学"通过
再现将所有离散的客体联系在一起的那些看不见的链条，竭
力将秩序引入刺耳的嘈杂和不和谐的表象当中"（《天文史》
第46页）。我们必须注意，而且这一点非常重要，即这种连
接性仍然是无形的，即使哲学一度摆平了特殊性的"不协
调"以及任何一个层面上都可能存在的多样性：作为"研究
自然界联系原则的科学……这些原则表面上是固定的，不连
贯的"（《天文史》第45页），诧异是想象要完成的工作。诚
然，返回头倾听斯密关于想象习惯的论述，抽象的哲学假设意
味着我们也许可以"在每件事发生之前做出预测，它们都是遵
循事物的顺序而产生的结果"（《天文史》第41页）。斯密的
意思不是说所有的事情都是预先规定好的，而是哲学家的头脑
中装满了严格的分类工具，他们应该能够消化任何看上去会妨
害其他稳定的范畴系统的特殊性。①

　　斯密对塞缪尔·约翰逊的《字典》的批评同他本人在
1755—1756年的《爱丁堡评论》上所做的评论基本一样，"目前
的……非常广泛的……工作"对于不能"整理……不同的词

①　斯密沿用了笛卡尔的一个无形的臭气概念，他本人也必须克服关于宇宙中
的空洞空间的思想，他将想象用作哲学的连接机制。见 Smith，"History of Atstrono-
my"，第42页。

义……使其归入各种类别""有害无益。"① 他后来更进一步在语言层面将此提升为一种绝对律令。在早期一篇题为《语言的最初形成》("The First Formation of Language")（1762）（以下简称为《形成》）中，它是斯密身后出版的关于修辞学与纯文学的文集中的一篇，斯密谈到心灵天生对种类有灵敏的感觉，他将其解释为对他所谓的"大量的对象"进行分类的过程。这一过程对于语言本身的历史而言具有核心作用（《修辞学与纯文学演讲录》第 205 页）。在斯密看来，正是因为在各个单词产生的联想中有各种多样性的存在，心灵才得以在经验层面更快地向合对象性（object correspondence）靠近。②

跨越了某种敌对分界的受难者与见证者之间的同感因此在思想中的对象与语言之间属于前政治性的（因为在科属意义上被同化了）水平连续性中首次展开。多样性（惊奇和诧异）是商业社会场域中有意义的话语所固有的，而且始终威胁要打破其中那些以其他方式天然存在的经验性和谐（合理的崇敬）。但是，发生在这个社会系统内部的中断在知识本身生产的过程中，在文字与事物相对应的语文层面上会得到有效的恢复——在它尚未被充分表达之前。诚然，罕见的对象越是具有潜在的暴力，其最终在想象性交换中也便越能做出令人满意的顺应（《天文史》第 35 页）。

因此，对斯密而言，道德即是方法；主体性则是一种谨慎的社会语法。将具有同情的道德旁观定义为"情绪……正当且适宜，而且适合它们的对象"（《道德情操论》第 16 页），这一定 60

---

① Adam Smith, "Review of Johnson's Dictionary", in *Essays on Philosophical Subjects*, p. 232.

② 关于更早的英国对斯密的解释理论的影响，见 Joel C. Weinsheimer, *Eighteenth-Century Hermeneutics: Philosophy of Interpretation in England from Locke to Burke* (New Haven, CT: Yale University Press, 1993)。

义在文字组织中找到了自己的前提。以这种方式，通过某种其本身就是一种联想式强制操作的哲学—阐释学技巧：由想象习惯扫除其他意料之外的、暴烈的或者是痉挛性的对象，根据其道德适宜性对每一次中断做出分类整理，市场的社会安排便得以完成（《天文史》第41页）。在斯密的语言史中，例如，在文明进程中，对彼此的需要被提出来，因为名词—实体（对某个事物的直接指称，如洞穴、树木等）发展成为名词—形容词（描述性划分，它将有细微的范畴相似性的事物串起来）（例如，青翠的树木、阴暗的洞穴等）。斯密将语言的发展定义为：

> 人类（的）天性是……指定一个多数……（并）用某个个体的名号作为一大群对象的名称，他们的相似之处令人想起那个个体的完美……它似乎最早导致了类别和搭配的形成，这在学术上被称为科属（genera）和类型（species）。（《形成》第205页）

语言学的发展"将特殊个体……在共名下……同其他区分开来"，正如同野蛮人渐渐地不再"说来了一个特别的对象，而说来了一种特别的对象"（《形成》第217页）。注意这里用到的短语"来了"，它是根据斯密的**科属**概念在一个暂时的层面上发挥作用，在这个层面上，类别先于指意（signification），而且与保持一连串被分享的认知习惯相一致。

这一次，特殊性难题，指在社会语言学层面，为某个多数的划分与范畴化提供了同样的伦理—哲学意义上的解决办法。"构成某种类型的事物，"斯密写道，"不过是一些客体，它们具有某种相似性……被冠以一个单独的名称。"（《形成》第205页）类型的作用就是在某种程度上为对象定名，这一点掩盖了一个更加复杂的问题，即将某个对象暴露出**科属**原则的特征隐于无形。

斯密毫无疑问预见到这种暴露，对此我们没有选择，只能保持中立，他将其看作一个关于无限性、独特性、大量"材料"的问题。"想象必然存在，"斯密继续道，"尽管我们将给它一个更加准确的名字：所有的动词都有了名数，（而）人类（已经）学会一步步将每一个事件划分为很多形而上的部分。"（《形成》第217页）划分在这里借助"形而上学"而出现，这个术语在斯密看来规定了同样的抽象化原则，他在关于想象的哲学谈话中发现了这一原则。一般说来，在哲学和语言两个方面，我们都遇到数字造成的"混乱"这种熟悉且令人不安的景象："文字的数量几乎是无尽的"，斯密注意到了这一点；因此"记忆发现自己对大量的字母感到不堪重负。"

　　与无法被吸收的多数相对立的社会进步对语言来说是一个核心问题，通过不断地将其对象进行更加精确的划分，它应该"在其指意方面变得更加具有一般性"（《形成》第217页）[1]。根据某个形容词性的作用，这一作用假设可以进行某种比较并根据**科属**的聚集来发挥作用，社会因此趋向于"介词……表达关系的单词，以（和形容词）同样的方式，与相关的对象相呼应"（《形成》第206页）。斯密继续道，"同样地，比较也假设了某种程度的抽象化。即使是发明最简单的名词，形容词也一定需要比我们能够理解的更多的形而上学"（《形成》第207页）。在这篇关于语言的文章中，斯密反复提到语言抽象化的增加，这消解了语言作为一个多数与其适当的划分、等级和范畴化之间的基本对立，从而使语言越来越具有一般性。正如在他的伦理—哲学系统中一样，斯密坚持语言学是一个形而上的抽象化问题，这一坚持将联系性轻轻地推向指意不可能是无穷的这个方向，斯密不断地暗示这就是"真实"。

---

　　① 关于苏格兰基于推测的历史中的野蛮人形象，"继承法"，详见本书第三章。

61

　　我们在上文提到过斯密对知识的种种划分仍然有被保留下来的一个方面，不仅仅是哲学倾向于将多数划分成**科属**，而且在斯密看来，这也是一个思想同体力劳动分割开来的时刻。哲学被赋予充分抽象的，尽管令人欣悦，简化的——或去复杂化的——效果。现在，我们必须说明，这个**去复杂化**过程如何同时描述了思维同劳动行为的分离。我们应该说，哲学的倒数第二项划分开始于思想将其自身从比较低级的、更多涉及体力的工作中分割出来的那一刻。这样一来，斯密的解释系统便一直都不具有生产性。

　　劳动与思想脱钩在斯密的认知系统中是关键的一步，它进一步将他的想象性政治部署与无知所产生的美妙诧异联系在一起。还是引用巴雷尔的话，这次引自《潘多拉的诞生与知识的划分》（*The Birth of Pandora and the Division of Knowledge*）（下文简称为《潘多拉的诞生》），"落到（一般意义上的人）的道路上的经验——特别是如果他接受的不是一种自由职业，而是一种机械技能——便显得过于狭隘，难以成为思想的基础，这些思想应该非常具有一般性，对整个人类都是真理"（《潘多拉的诞生》第 20 页）。按照这一思路，巴雷尔写道："雇用结构……成为统一体的保证。"[1] 这个意思用斯密的话说，哲学的绝对律令自己呈现出来并且沿着特殊化的路线继续前行——首先，它规定了一个不劳动的特殊等级，其次，将其作为知识内部的一次分裂，它最终用崇敬的社会性（sociability of admiration）取代了哲学干扰带来的惊奇。为了对本章后面部分有一些提示，崇敬最终被表达为抽象的审美欣赏（即品位）。

　　那么，问题——而且这个问题与斯密的知识划分内部的那个悖论直接相关——"就是对这个地点进行定义，由这个地点可以获得（关于一般性的）（某种）社会凝聚力，因为关于劳动分

　　[1]　John Barrell, *The Birth of Pandora and the Division of Knowledge* (Pittsburgh: University of Pennsylvania Press, 1992), p. 90.

工的话语似乎否定了它极力要发明的社会知识的可能性"(《潘多拉的诞生》第 90 页)。巴雷尔这段话的关键点的确就是"否定",因为缺席所产生的效果正是朱庇特对手的忽视所达到的效果。朱庇特的那只"看不见的手"甚至超越了抽象化和去复杂化的过程在发挥作用,我们已经从斯密的哲学伦理学中推断出这一点。朱庇特确保哲学仍然以那些无法思考的事物为中心。"哲学渐渐地不再是复数的,"巴雷尔继续道,"而且与手工行业也越来越无法做直接的比较……一名参与到市场经济的专家……被认为是公正的,具有完整的主体性"(《潘多拉的诞生》第 91 页)。由此,"无知……成为某个特殊阶级的特性,这个阶级恰是知识的对象,因此也是话语的对象"(《潘多拉的诞生》第 92 页)。有人在这里可能会想起洛克对动物种群的关注,为它们规定了"那些名字……由它(人类的理解)在它们之间所观察到的相似性(所决定),(就是为了)将抽象变为一般的思想"。洛克说,这"就是**科属**和**类型**的最大作用"(黑体为原文所有)。①

玛丽·普维(Mary Poovey)那本关于 16 世纪 50 年代爱尔兰的制图学的著作用到"经济思维"(economic thinking)这个术语,或用一种去学科化的方式直接用"经济"一词来归纳创造了一种新型国家形式的普遍商业,通过在地图上标出边界将部分总和成总体。② 在研究斯密的作者当中,普维独树一帜,她标

---

① John Locke, *An Essay Concerning Human Understanding* (New York: Dover, 1959), pp. 23, 31.

② "经济"一词的这种用法与这个词的法语用法一致,Robert Darnton 在他的百科全书派的智慧树历史中引用了该词。引自 Ephraim Chambers 的《百科全书》(*Cyclopedia*),它是狄德罗和达朗贝尔(d'Alembert)的研究工作的源头,对该词的应用特别恰当:"困难,"Chambers 说,"在于形式和它的经济,由此将如此众多的材料组织(成为)一个一致性整体。"见 Darnton, *The Great Cat Massacre and Other Episodes in French Cultural History* (New York: Basic Books, 1999), p. 196。关于"经济"用于印刷文化中的马克思主义含义,见 Alexandra Halasz, *The Market place of Print: Pamphlets and the Public Sphere in Early Modern England* (Cambridge, UK: Cambridge University Press, 1995). 亦见 Mary Poovy, *A History of the Modern Fact: Problems of Knowledge in the Sciences of Wealth and Society* (Chicago: University of Chicago Press, 1998), pp. 147 – 149。

明了不**了解**的因素——关于我们所称的无知所产生的美妙诧
异——认为它们是斯密理解财富的基础。她从《国富论》中的
劳动分工开始，通过她所谓的愚蠢劳动的兴起："贯穿《国富
论》始终的……对象化和聚集"形式，直接指向无知者。普维
写道："即使当（斯密）在描述某个单个的穷人时，（他也表明）
将种种抽象普遍化，这样做使得他的分析对象具体化，即愚化了
的劳动。"① 在她心中，斯密的观点与他对"无知和愚蠢"的多
数人所表现出的含糊关注是一致的，他们因为处在"最可怕的
无序状态"而威胁着社会（《国富论》第 738、740 页）。将愚蠢
定位在劳动阶层这个特殊类别中反过来通过对知识的一种特殊
占有也被对象化了，因为知识原本就是通过划分创造认知论
价值。

　　我们已经多次提到"哲学如何……再现那些无形的链条，
它们连接起……互不相关的客体，（而且）努力要引入秩序"
（《天文史》第 46 页）。如果我们还需要再写点儿什么来完成本
章第一部分的最后一节，那就是斯密如何将思维从劳动中分割出
来。由此，我们可以建立这样一个论点，即被当作一般知识生产
的哲学如何在人文知识内部有了更进一步的划分之后反而消失
了。这个消失行为恰恰是那些思想着的少数人为了劳作着的多数
人而设计的。

　　当斯密承认"从本质上讲，一名哲学家，在才能和性情上，
同一个搬运工没有半点区别"（《国富论》片段的"早期手稿"
第 573 页）（以下简称为"早期手稿"），他表明这两种按照人类
的普遍认识划定的两种职业之间是平等的。有一种类型关系，同

① Mary Poovy, "The Social Constitution of 'Class': Toward a History of Classificato-
ry Thinking", in *Rethingking Class: Literary Studies and Social Formations*, eds. Wai Chee
Dimock and Michael T. Gilmore（New York: Columbia University Press, 1994）, pp. 15 -
69, 在第 43 页。

为人，搬运工和哲学家之间的差别还不如"獒和灰狗之间的区别，或者灰狗同鬣狗之间的区别，或者同牧羊犬之间的区别"（"早期手稿"第573页）。但是，哲学家的任务是以一种类型形式与搬运工联系起来，他们所承担的工作将他们区分成两个单独的个体，却又因为同为人而统一起来。因此，我们关于斯密以及思维与劳动之间的区格的论点便与桑德拉·帕特（Sandra Peart）和大卫·李维（David Levy）在《街道搬运工与哲学家》（*The Street Porter and the Philosopher*）中的观点正相违背；他们提出，斯密关于哲学家与搬运工的著名论述表明他坚持分析上的平等主义（analytical rgalitarianism）。① 在他们看来，这个术语代表"一种从人们固有的差异中抽象出来的理论系统"（《街道搬运工与哲学家》第1页）。

不过，这只说了一半，如果考虑到它将斯密所谓阶层间的、确实也存在于不同类型工作之间的"真实的"（即大量的、激烈的、独特的、令人震惊的，等等）差异归为无知，这种理论抽象形式并非充满了温情仁慈。这个不一致并不在于斯密拒绝了"固有的差异"；相反地，我们只想指出他感兴趣的那些差异，其中有些差异，例如职业、财富以及贫穷，非常难于简化在所谓一般意义上的人这个名目下。我们认为，"自然的平等"这个短语对于斯密而言，非常荒谬地允许有一个被分割的，而且假定可以概括的概念，即社会，即使它是以想象的方式这样做（《街道搬运工与哲学家》第2页）。不过，正如帕特和李维所提到的，"竞争赋予所有人获得任何一个职位的潜在可能性"（《街道搬运工与哲学家》第3页），这一点对斯密而言是真的。但是，每个人在同一时间都可能获得极少数最有分量的位置是不合逻辑的。 64

---

① Sandra J. Peart and David Levy eds. , *The Street Porter and the Philosopher*: *Coversations on Analytical Egalitarianism* (Ann Arbor: University of Michigan Press, 2008) .

这种现实最好留给运气去处理，也就是说，最好留在诧异与无知的王国内——朱庇特支配生活的方式。或者，说得更恰当些，就是死亡。抽象的平等因此是我们在面对斯密所称的"真实的"差异时所得到的一种安慰，尽管是后话，平等必将以一种**迟滞的**（postmortem）方式出现。

为了在区分不同种类的工作层面上说明被划分的统一体，我们再次回想起在斯密那里哲学家赢得了一种特殊的能力，"什么事"都不做却因此凌驾于体力劳动之上：

> 他最初想到借用一缕风来达到同样的目的（工作），他可能不是任何行当里的工人，而是一名哲学家，或者就是一个沉思冥想的人；他属于做这一行的人，他们不做什么事，而是观察一切事物，他们以此为依据，能够将最对立、最不相关的对象的力量结合在一起。（"早期手稿"第570页和《国富论》第21页）

工人在此完全被定义为一种特殊性，这种特殊性必须被涵括在一个工作本身无法解释清楚的系统内。哲学家不是任何一种工人；但是他从事一种工作，这种工作比大多数工作都有优势，它创造并协调各种科属划分。作为一个只是整日沉思默想的人，哲学家隐去了他的劳作行为并且声称具有可以不做任何事的相对特权：哲学，斯密说，不做"任何功"。它的价值在于准确地将各种客体划分成某个种类而且在无知所产生的愉悦之后使科属划分过程本身不表现出任何不同寻常，即使最终并不能使其成为隐形事件。

在《哲学主题文集》中一篇关于模仿艺术的文章中，斯密格外赞扬音乐激情，因为通过"和谐"——对斯密而言，这个词既具有社会含义，也具有认识论含义——音乐中的旋律"事实上既不指称，也不生产任何东西"（"Of the Nature of That Imitation Which Takes Place in What Are Called the Imitative Art"，第206 页）（以下简称"模仿艺术"）。诚然，斯密在《国富论》中再次引人注目地谈到诸多活动，公务员，君主，"戏子和小丑"，"不生产任何事物的卑微职业，他们的工作不产出任何东西"（《国富论》第 331 页）。"通常被称为识文断字者的清贫人群"也包括在这群各色人等混杂的非生产者中。完全不代表任何事物，也不生产任何事物，却装作与难以数计的现实秩序有着种种联系，这就是哲学知识在斯密心里的作用。因为什么都不做，斯密继续写道，"哲学只属于那样一群人，较之只看到自然展现在其面前的事物的单纯的艺术家（例如工匠或手艺人），他们具有更宽广的思想，对事物有着更全面的看法"（"早期手稿"第570 页）。

65

还是在这篇关于音乐的文章中，斯密认为，"和谐"是以秩序和方法为基础的，是一个"伟大的（演替系统，如）在任何科学中一样"（"模仿艺术"第 205 页）。但是，音乐不同于其他模仿艺术，因为它为听者听到时"自身已经完成了，而且不需要任何解释者对其作出解释"（"模仿艺术"第 205 页）。这里对划分问题的讨论是在表现层面上进行的，对于诗歌和哲学之流而言，表现依靠想象活动来完成。斯密将这类解释性艺术同音乐区分开来，他使用了一些很熟悉的术语：诗歌背负着要产生效果的重负，它采取的方式是"将形形色色的序列联系起来……但音乐通常是通过重复同样的旋律来产生效果"（"模仿艺术"第192 页）。

休谟也担心审美会过度倾斜到哲学一边并打断序列，在导致休谟坚持缓和的怀疑论这件事上，确实是如此："人的想象，"他写道，"会因为任何遥远和非凡的事物而欣悦不已，于是不加控制地驰骋在最遥远的时空部分，以避免那些因为传统而令想象过于熟悉的各种对象。"面对这样的刻意避免，休谟的建议是"比较崇高的主题（应该留给）诗人和演说家来加以润色"（《人类理解研究》第 118 页）。① 在他死后出版的《有关自然宗教的对话》（下文简称为《对话》）一书中，休谟的费罗（Philo）向科林斯（Cleanthes）解说了对象平衡（object adequation）的脆弱性："除非情况绝对相似，他们多少会将他们过去的观察用于任何特殊现象"（《对话》第 57 页）。当他坚决拒绝"人类学家时"（《对话》第 71 页），斯密对人类普遍性的过分倚重就变得复杂了，费罗提到，"体积、形势、组织、空气，或者周围的人等因素发生的变化；这些细节都可能附带出最意想不到的后果"（《对话》第 57 页）。对于这些变量，休谟借费罗之口提醒其他人注意，例如："时间……天气……食物……书籍方面的差异；或者这些细节中更细微的地方"（《对话》第 72 页）。

很显然，休谟坚持认为"人的性格"也是"物质世界……奇妙的变量"之一（《对话》第 72 页），它可能有无穷的变化。但在休谟看来，品位在实现被划分出来的完整性之前不仅要超越肉体的状态，而且身体实际上也具有多样性：

> 单单是肌肉（就有）超过 6000 种以上的视图和意图……骨头……284。但是，如果我们考虑一下皮肤、韧带、血管、小腺、液质、肢体以及身体的各个部位……在一定的距离之外静静地观看我们触摸不到的更远的场面；在这些部分的精细的内部结构中，在大脑的管理系统中，在储精囊的组织中……（《对话》第 126 页）

---

① 关于诗歌与哲学的区分与重叠，亦见休谟的 *Treatise of Human Nature*（Oxford: Oxford University Press,［1739 – 1740］2000），156。

不仅如此,这个观点与斯密的是一致的,难以想象的数目这个难题是体力劳动的实际情况,哲学极力想要超越的也正是这一种状态。对在这里被看成概念性不可数的劳动难题——我们一直所称的"无知"——最有可能做到的就是将人类的悲惨境遇完完整整地留给"诗人,他们由感而发,没有一个系统"(《对话》第 104 页)。

蒂米(Demea)引用弥尔顿对死亡"可怜的枚举"作为人的最后希望,以此迫使费罗解释"劳动与贫穷……(因为)它们是更多人的命运"(第 106 页)。费罗承认,在人类天生就有的四种恶中,他不愿意在摩尼教系统中简单地从对立面角度来处理这些恶(《对话》第 121 页),"被迫必须劳动"就在其中。其他三个是:奢华,同样是一种与肉体有关的病态;无视上帝的神圣计划;以及与此相关的——与斯密相反——机会的绝对优势,"它们在行使自己的正当功能时没有什么规律"(《对话》第 116—120 页)。

所有这些恶都与无知作为一个与太多数量有关的难题在发挥与劳动有关的作用时所采取的方式有联系。"更多的数量,"历史的集聚过程中的劳动者,是一个界限,跨越了这个界限,受到良好制约的想象的运行或许不会——或许会冒非常大的风险。

> 一个农民(在休谟的文本中有时被称作"村夫"或者"农工"),如果给他读《阿涅德》(Aeneid),在他从未见过任何其他作品的情况下,他能够将那首诗完全正确地读出来,甚或在人类的作品中给它一个合适的定位吗?(《对话》第 77 页)

根据费罗(以及通过洛克,休谟)在想象现实时对经验的依赖,一个农民肯定不可能对《阿涅德》表现出良好的品位。

但这只是我们在"愚蠢的技工系统"中看到的第一层无知。如果我们看一下工人的手艺,例如,如果我们只是非常浮浅地考察一下一艘船舶的建造过程,我们可能会觉得他技艺非凡。但是,如果用一种更加具有哲学意味的方式来检验的话——置身于一系列短暂的过程中——我们便只会将其看作是在"拷贝一种技艺,它经过各个漫长的时代……一直在不断地改进"。我们在这个历史中看不到的东西,如费罗所说(心里想着弥尔顿吧?),是"很多已经遗失不见的劳动"(《对话》第 77 页)。

不可能靠假设就能够恢复或者应该说竭力恢复这种缺失,这个缺失可以被忽略绝对不是因为它的存在表现为过剩,即"太多"。如费罗继续所说的,"在这些主体中,谁能够决定……可能性……存在于何处;在一大堆假设中间,哪些可能提出来,在更多的假设中间,哪些可能是想象的"(《对话》第 77 页)?这里提到的**想象**部分是哲学的工作。但是,在某个时刻,如果有些现象,例如,物质劳动(coporeal labor),超越了我们的能力,我们无法将其对象化,因为它们要么走得太远(凝视宇宙),要么靠得太近(对费罗来说,是村夫如同显微镜一般的形象思维),哲学就必须将它们作为无系统性的材料交付给诗歌。

这个新兴的学科逻辑在斯密和休谟那里是一致的。但是,休谟的不吉利数字四,上文将其解释为没有加入到某个整体当中的部分,掩盖了一种较斯密之对于"革命"(他们的说法)及其难以预料的变化尤甚的焦虑。将凭借情感而非理智讲话的特权和风险都交付给诗人之后,而且在蒂米将体力劳动的辛苦同更大多数人联系在一起之前,费罗描绘出一个霍布斯式的(Hobbesian)世界。在其中,"弱肉强食,强者使弱者处于永久的恐惧和焦虑状态"。至少在某种程度上为休谟关于顽固的片面性——这是一种危险的反常情况,对于斯密提出的人的普遍性而言,它天生便存在——的看法背书的是"弱者反过来也欺凌强者,让他们片刻不得放松地感到苦恼和危害"（《对话》第 105 页）。弱者与强者之间的这种逆转尚未到这样严重的程度，就像休谟的"已经遗失不见的劳动"一样，在时间中遗失了。相反地，将事件当作历史序列的体验目的即在于抵消这类插曲。

休谟反复提到的演替意指需要想象形式的桥梁（即设想）来消弭隔阂，尽管想象本身带给哲学家危险，但能够在文学艺术许可的范围内得到更加有效的处理。更多数的人们，"村夫……因为最微小的相似而匆匆论定"，在对付他们时，必须在两方面都要慎重。我们在斯密那里看到出现了一种相似的学科划分逻辑。令"精微写作"（fine writing）烦恼，却无碍于"数学和哲学"的问题是"公众意见"的负担：知识越靠近被描述为"公众的喝彩"的崇敬，而非承认专家的品位，它就越有助于缓解分裂性整体这样一个悖论。[①] 为公众而写而非写公众之事的原因难以成立——这也应该是目前为止非常熟悉的一个基础——是因为公众本身就有可能被错误地划分为"派系和集团"（"模仿艺术"第 124 页）。"诗人，"斯密继续道，"或者……那些认为自己的价值高于所谓精微写作的人……极可能将他们自己划分为……文学派……用尽阴谋和游说等一切卑劣手段以控制公众的思想，使其青睐自己成员的作品。"（"模仿艺术"第 125 页）

学术专家和其他有解释权的专家不应该有此行为。也许可以说，哲学阐释较之没有自己的专家以为继的艺术拥有更多的机

68

---

① 对于诗歌的种种特殊危险性这一点，John R. R. Christie 在 *Figural and Literal* 一书的引言中写道，"科学文本或哲学文本使用的语言应该增加那些对于原初真理的直接表达"（第 3 页）。这并不完全正确，因为公正的旁观者和写出来的这个文字一样在内心也进行了调整。但是，他关于斯密对于文学文本的特殊思考所做的评论是正确的："文学文本（在斯密那里应该是）诱惑想象，使其成为享乐……如果是在一个参照物不确定的领域中"（第 3 页）。这里缺少的是对这种不确定性的进一步分析，对斯密及其支持者而言，它常常被理解为大众抗争。见 Benjamin 等，*Figural and Literal*, p. 3。

会，因此，哲学阐释的任务是搬掉它与生俱来的阐释困难。如果说阐释是必需的，它就必须秉持某种超验的中立态度使种种无法避开的空白得以实现，斯密将这些空白与思辨性思维联系在一起。在这里，通过划分实现普遍性这个悖论也是不矛盾的；但是，这一动力原则能够发挥其作用的前提是根据某种专业学科要求将其他艺术同音乐分离开来，这一学科要求已经开始将哲学家隔离出来，因为他们能够操纵阐释差异的尺度和范围，同时又能够保持中立（"早期手稿"第570页）。如我们将要看到的，思想和劳动之间这种新出现的划分会在专业化的想象思维中发现更加细微的差异，这种想象思维后来被挑选出来变成了批评。这与斯密拒绝他所称的"物质的"（corporeal）视角完全一致，我们在前面已经强调过这个视角。

如我们在整个第一部分所看到的，哲学是关于划分的艺术，它以非常协调的方式将大量对象划分成某种形而上学。我们在此补充了两个缺失转向。在那里，哲学通过划分其自身使其各种不同的消失行为不断增长，首先，从生产性的体力劳动中消失；其次，从其他非生产性的亚学科（例如音乐学）中消失；这些亚学科包含在新兴的人文知识诸领域。如我们已经看到的，思想被奇怪地赋予了"什么都不做"的任务。但是，促成消失的最后一步仍然难以探寻到其踪迹，在这最后一步出现的地方，哲学的想象行为从一开始便被遮蔽起来。无法解释的是解释如何成为一个日益**宽泛的**（关于公共阅读的）难题，与之相伴而来的是日益**狭隘的**（与经过良好训练的品位有关的）解决办法。

斯密最终的一组消失行为提出了一系列关于想象在哲学之后向何处去的问题。我们说，在哲学之后，因为关于这一秩序的想象思维日益被缩小至另一个关于写作话语——批评——的领域，因为写作话语日益成为一种新的媒体技术，印刷品**本身**成了一个关于多的难题：一个内在于启蒙阐释和语言交换的难题。但是，书写现在凭其自身成为非常重要的"事物"，如何在中世纪之后继续拒不承认它的物质地位？我们现在转向最后一个问题，它出现在知识自我消解之后，知识同时也在不断聚集：斯密的解释系统如何在不断进步的同时又隐于无形？下面，我们将根据我们业已追溯到的属于斯密的某种认识论：激增，抽象，划分，通过考察书写如何在苏格兰的版权法语境中数量不断增加来回答这些问题。这些名词代表了一个过程，在这个过程中，新的美学欣赏形式取代、或有效地抵消了被称为哲学的那种知识。同时，书写被判断为——在字面意义上，根据苏格兰法庭的规定——某种非"不动"产的东西。

知识被划分

> 很多白痴，甚至不曾接受过普通教育，已经被教得能够阅读、写作和计算，而且做得不错。很多人，从来没有被算作傻瓜，尽管受到最细致的教育……却从来不曾习得……这三项能力中的任何一项……有些傻瓜，也许是大多数，似乎特别（愚蠢）……因为在理解力上非常迟钝麻木。但是，也有另外一群，在他们身上，这些能力表现得并不比没有被看成傻瓜的人更迟钝，更麻木。
>
> 亚当·斯密《道德情操论》第 260—261 页

我们如何用斯密的方式来谈论这类白痴？或者，说得更确切一点，何以痴傻在我们目前为止所提供的关于斯密的知识划分这个语境中如此重要？为什么我们必须把傻瓜拉出来作为一个过渡，从哲学对不可见性与无知的专注中向哲学最终的消失行为过渡，哲学被一个更进一步的知识划分所取代，从一般科学中被隔绝出来，那一科学后来一般被称作英语文学？

　　如果一个作者固执于从苦思冥想的抽象中产生出的诧异，在这个意义上，上面这段话也并非完全是贬义。相反地，对于无知存在某种民主化，它掩盖了我们一直称为"分裂性整体"的悖论，我们也用过其他说法。如果必须克服不平等，无论是社会的，还是认知的，必须将多样性划分为适合其自身的思想范畴，同时将思想从表现为劳动的肉体特殊性中分离出来，以想象的方式加以克服，那么，白痴成为一个关键就不足为奇了。仔细阅读这些警句，痴傻是平等成为常态的一个基础；但是，痴傻同时令人回想起那些哲学家由之产生的词语，非常合理地与无知所产生的美妙诧异联系在一起。

　　这个双重联想回避了一个十分具有斯密特点的问题：白痴是否可能既平凡又独特？无知是否能代表哲学独有的各种个性化能力可以继续在想象社会整体性与认知整体性的同时区分奇妙的特殊性？而且在此意义上，是否痴傻仅仅是在同样的时间内既片面又公正地谈说最精简的生活方式？这段引文里有几个关键词在这一点上并不需要过多的解读："麻木"和"迟钝"这两个词与斯密那个充满感情的指责是一致的：道德情操也是一种分析模式；"计算"和"被算作"两个词是斯密对于暂时的最终结果信赖的延伸，斯密相信多样性被简化为离散对象这个最终结果是暂时的——即使是想象出来的——在各自恰当的特殊范畴内都是可知的。

　　克里斯托弗·波利（Christopher Berry）提供了一个有效的方法来思考这一认识论意义上的痴傻，即将重点放在一个政治难题上，这个政治难题是想象人类的一般性必须与个人主义相符合，必须相符，也即一般知识的结果是保留自由资本主义的超验性。① 在《民主社会的理念》（*The Idea of Democratic Community*）

① Christopher Berry, *The Idea of a Democratic Community* (New York: St. Martin's, 1989), p. x.

(下文简称为《理念》)一书中,波利对痴傻的强调揭示出"自由资本主义的运作如何妨碍了其自身目标和价值的实现……(;)它所催生的不平等如何抑制了它所赞颂的自由的功效"(《理念》第 xi 页)。

要在这些条件下舒适地生活,要活着,如我们将要在第四章的僵尸—经济学(necro-economics)这个标题下所讨论的,也要允许死亡,因此便回避了波利称为白痴政治学的问题(《理念》第 xi、1 页)。他特别重视"痴傻"这个词,追溯了它在古代的起源,它在希腊文中的词根是"idiom"(意为:习语,成语;方言,土语;(语言)风格;惯用语法——译者),与在"idiosyn-crasy"中的意思一样(《理念》第 1 页)。希腊词根 idios 表示个人的或特别的,外行——或者,用斯密的说法,特殊的。波利热衷于检验这样一个假设,即,白痴个人主义强调市场经济(《理念》第 xi、1 页)。他提出,"过一种白痴的生活就是过一种私人化的生活,或一种隐私的生活,在其中,人被剥夺了公共性或社区性存在"(《理念》第 19 页)。但这一点对斯密而言可能不是十分确切,因为在他更细微的论述中,痴傻——或者,至少是无知——是一个共有的社会条件。它可以是共有的,不过,数量不同,而且效果也不同,全靠你同体力劳动的距离而定。

我们现在想要转向通识学习和印刷在 18 世纪中的苏格兰如何经历了绝对是革命性的改变,这个转变并不表示痴傻消失不见了。真正消失的是学科自由,斯密根据我们已经确定的条件将其附加在"哲学"一词上,因为它要依靠想象。取而代之的是另一个划分行为,也是一种取代行为,如果不是消除的话:哲学被更狭隘的文学批评学科所取代。 71

我们确定了最后的若干步骤,如此一来便将这一替代行为与新媒体的技术进步联合在一起,所以我们需要在上文引自《道德情操论》中关于白痴近乎英雄般的动力问题上再做停留。斯密在此并非想说比较有学问的人一定能获得现代教育的三种技能（阅读，写作，计算），而是要说明，白痴可能更好地达到这一标准。因此，相对于那些从未被算作傻瓜的人更有社会责任。白痴在很多重要方面都值得一提：首先，他绝对能够**承担**计算工作。白痴能够熟练地完成划分和积累，不是按照严格的数字计算，更多的是在书本上新增的巨大规模所导致的各种波折之间进行有效的调节，因为他在计算方面是合格的（在解释层面，计算是阅读的一种辅助），白痴在道德经济范畴内进行计算，道德经济是一个更大、更平和、以新方式进行计算的社会场域的一部分。实际上，他的计算也许实际上超越了传统上受过教育的精英所代表的意义，斯密委婉地指出，他们也可以（或许应该）被算作白痴。

当然，这种我们所称的无知—平等其本身就被谨慎地划分，它是斯密本人的抽象化立场的一个重要结论，这个立场十分抓人眼球。但是，很奇怪，该立场没有被注意到。因为他做出了解释，白痴—英雄便有了理由。如此一来，根据我们前面已经提到的公正的知识标准，他便被再次加以划分。甚至用——或许我们应该说，因为——充分的文本方面的才能，加上各种划分技术，白痴—英雄最终一定是，正如斯密后面继续说的，"乐于被公正的旁观者所接受……（白痴）尊重自己，却不过分……他并不希冀他得到的超过他该得的份额，他心满意足地拥有这一份所得"（《道德情操论》第261页）。

于是，我们必须指出，有第三种计算形式，它使得白痴对斯密而言意义非凡。这种计算展现出一种反常的民主姿态，所以可以用更平等的方式去理解因无知而产生的诧异，即使同时也受制于更加专业化的培育与控制过程，这些过程仍然不在很多人（普通人、地位比较低的人、劳动者，等等）的掌控之中。因此，"计算"一词在《道德情操论》那段话中发挥作用的第三种方式遵循的是一种向内的标准化，它解决了斯密对多层次的焦 ⁷² 虑：计算鼓励人类中也许仍然处于痴傻状态的大多数承担社会责任，而且通过不可见性这个概念，不再被赋予斯密提出的存在权，这个权力**实际上**根本不算数。

痴傻一词的使用，我们前面称为反常的民主，并没有忽略白痴，也绝对没有压制他。很多人，如在斯密那里常见的，仍然是非智性的乌合之众——就像朱庇特的看不见的无限性，群众既不知道，也不可能被知道——那段警句全力以赴要做的就是劝诱更多的白痴从麻痹状态中苏醒过来。的确，斯密的做法是在各等级之间创造一种流动性。这种流动性将普通人与可能受过教育的人放在一个平面上，前提是抽象的平等安排没有不妥之处。计算并负起责任，仅此而已。

在这一点上，我们想说明，斯密固执地用民主方式对无知所造成的种种诧异进行分类，就像最终一定要做的那样，已经按照标准做出了修改。那么，他的分类如何围绕中世纪转向对愚钝的更精致的运用，或者说转向我们此前所谓的想象性知识。这不是西斯金（Siskin）意义上（《写作的功能》［*The Work of Writing*]）的知识的政治经济，而是，更确切地说，无知的政治经济（《写作的功能》第 28 页）。我们对这个短语的改动更直接指向诧异在人类一般性中间的新扩充，如果没有 18 世纪新发展出的各种写作技术，这原本难以发生。

顺着斯密关于白痴那段话中的线索，对无知的政治管理没有（或者不仅是）遵循哲学以传达想象性认知联系和社会联系为目标来划分对象的习惯，而是通过划分的某个第三次序实现的。例如，哲学本身被某种更专业——更广为流传的——崇敬模态所取代。这个更专业、更广为流传的崇敬模态在 18 世纪后半叶作为批评固定下来。于是，我们在此必须勾勒出在斯密的事业的后半段时间中仅发生于苏格兰的变化的总貌——尤其是围绕着印刷文化，沉溺于想象的阅读千方百计强加于大众的沉重的解释压力，以及大学教育的最新划分。这些历史插曲使得哲学活动得到**更广泛的**运用，哲学活动的基础是同时发生的学科**狭隘化**。这一狭隘化本身既非常狭隘（也非常流行），所以它导致了哲学最终的消失行为——它作为从事想象性工作的优势话语在历史上隐而不见了。

在我们追溯这个过程之前，而且也是为了强调我们用某种无知管理术（an oeconomy of igonorance）所代表的利益，还是要进一步思考一下斯密对白痴的抽象化。如我们所说，斯密给我们提供了一个白痴—英雄，他即使不是完全意义上的平常人（他不属于人类中的大多数），他也绝不是非比寻常。他当然是公正的完美思想者，是根本不存在的中间人士，他生活在一块基本没有人的土地上，将不平等的等级结合在一起。他在自己的学问和欲望中没有什么非分之想，他的阅读、书写和计算能力都无可挑剔。无知管理术——绝对是因为它搁置不论存在于劳动者和不劳动的人之间的真实（还是斯密假想出的词语）差异——投射出一个存在于想象中的平等人群的联合，他们走到一起是出于对公正知识的崇拜，而非因为某个特殊地位造成的矛盾。

将这个反常的包容性与对 18 世纪知识的新情况不那么乐观的评论者加以对照：牛津的诺克斯牧师（Reverend Knox），下文对他有更详细的讨论。斯密对他不屑一顾，在《散文集：道德与文学》（*Essays, Moral and Literary*）（1792）（以下简称为《道德与文学》）中写道："阻止书籍传播的人……（承担了一项）同杀死九头蛇怪一样艰巨的任务"（《道德与文学》第 376 页）。诺克斯狠狠地抱怨"推广新的（知识）系统是在毁灭人类本性中的尊严和快乐……（，而且）大量虚荣的、邪恶的和充满激烈欲望的（书籍）令人讨厌"（《道德与文学》第 376 页）。在《英国警报；或民族毁灭的证据》（*The British Tocsin; or, Proofs of National Ruin*）（1795）这本无名氏写的小册子中，对我们的警告是"过去的三十年放纵无忌，一种新的思想模式已经得到承认，思维方式已经发生了革命性的变化"。"英国人民"，这本小书继续道，"现在制造出种种问题……并且四处窥探……毫无节制，像审判官一样执着于细枝末节"，这包含了可能带有煽动性的问题，如："谁在收获他劳动的果实？"① 富有的英国出版商詹姆斯·莱肯顿（James Lackington）在 1774 年——这是个关键的时间，我们后面会看到——评论道，"所有等级的人现在都在阅读"，这也许有些夸大其词，尽管阅读量的增加肯定给他送去了大笔的财富。② 汉娜·莫尔（Hannah Moore）语带讥讽地说："庸俗低级、粗制滥造的书将投机的无限可能（装进）穷人的口袋，掺入到他们的能力中，（并且）在我们的历史上形成（了）一个新时代。"③ 正如索姆·吉恩斯（Soame Jenyns）1757 年所发出的告诫："鼓励穷人阅读和思考，并因此更了解他的苦难等于在神意面前飞翔。"④ 我们也许可以继续这样做。

为什么要列举英国对 18 世纪印刷革命的特殊反应？⑤ 更清楚地说，为什么在这里要在独一无二的**苏格兰**解决方式的语境中回忆**英国**对种种难题的阐述方式？这些难题包括知识的"各种新系统"，大量的书籍，体力劳动问题，投机欺诈，"我们的历史"（详见第三章）这一概念。斯密继续获得海量的称赞，因为他在《国富论》中做出这样的评论："穷苦的劳动者，也即人群

74

---

① *The British Tocsin*；*or Proofs of National Ruin*（London：Daniel Isaac Eaton，1975），p. 8.

② James Lackington，转引自 William St. Clair，*The Reading Nation in the Romantic Period*（Cambridge, UK：Cambridge University Press），118。我们或许也应该注意到，到 1760 年，斯密和休谟的出版商 Strahan 的年纯利润几乎达到了一千英镑。

③ Hannah Moore，引自 St. Clair，*Reading Nation*，352。

④ Soame Jenyns，引自 St. Clair，*Reading Nation*，109。

⑤ 对这场革命的认识至少可以追溯到 Q. D. Leavis，*Fiction and the Reading Public*（New York：Russell and Russell，1965）。

中的大多数，必然……变得……愚蠢和无知……除非政府花力气防止这种情况发生"（《国富论》第782页）。在自传中，斯图亚特第一个指出，对斯密而言，"光明的传播以及因为出版业的影响而产生的优雅品位，似乎是一剂良药……可以对抗那些可能由劳动的细分所产生的致命影响"（"生平及著作"第313页）。在这里，斯密心里想的，与阅读、书写、计算相关联的事物只能是公共教育，一种"国家强加的……学习的必要性"（《国富论》第796页）。"尽管只有少数人才具有杰出的能力"，斯密事实上确实是在呼吁对"大多数人"（《国富论》第784页）的教育。①

十几年前，在他的《法理学讲义》中，斯密表达过同样的意思，在"商业社会造成的……种种不便中……教育受到了严重的忽视"②。但是，斯密心中有一种特殊的教育模式：通过一种他称为"比较与计算"（《通识教育全观察》[*Observations Upon Liberal Education*, *in All Its Branches*] 第383、402页）的模式培育情感和品位。不过，我们不是说斯密借助"计算"一词又回到某种过时的政治算数概念，我们说的是通过范畴的操作，通过比较，最后，通过对普通人而言完全是含糊其辞的高调，战胜特殊性这个必然趋势在这里就是在为对教育的关注背书。斯密的目的是寻求相对公正的有差异的调和，而且这样做是为了保留公共和平。如果要将"低等人群，（他们目前）极端愚蠢"（《法理学讲义》B，第539页）归入一个完全中性的、维持财富不平等且所有权不变的系统中，公共教育便十分重要。"因为缺乏教育，"斯密继续道，"他们（劳作的年轻人）没有其他的娱

---

① 极少数人所做的想象工作需要的空闲时间靠的是很多人的工作，这个观点前面已经提到过，尤其是关于休谟的部分。见，例如，Stephen Copely, "Polite Culture in Commercial Society", in *Figural and Literal*, pp. 177 - 201, 特别是第185—186、190页。

② Smith, *Lectures on Jurisprudence*, 手写本 B, p. 539。

乐……只有滋事生非, 纵情声色。"(《法理学讲义》B, 第 540 页) 这不仅是一个站在得体的行为举止和清洁正派的生活立场上提出的一个论点。"滋事生非" 在这里有一种更加卑劣的含义, 而教育则应当承担起保证英国国家安全的责任。

在涉及詹姆斯二世党人起义活动时, 斯密格外谨慎,《联合法案》一经颁布, 他们便开始起义, 一直持续到 1745 年坎伯兰公爵的军队在克劳顿 (Culloden) 对高地人进行灭绝性的屠杀 (《法理学讲义》B, 第 541 页)。心中记着洒在克劳顿的鲜血, 我们也必须注意到, 苏格兰普及基督教知识学会 (the Society in Scotland for the Promotion of Christian Knowledge)(SSPCK) 所提供的更加温和的高地规训形式。[①] 这个机构的公开目的就是找到能够教授宗教和美德的学校 (如我们在前言部分提到的, 1711 年, 有 5 所苏格兰普及基督教知识学会开办的学校, 到 1808 年, 就达到 189 所, 学生人数为 13000 人)。苏格兰普及基督教知识学会的目的当然不是不考虑利害, 尤其是在局势紧张的高地。到 18 世纪 40 年代, 它派出的在全国巡回的英国国教会教师从一开始便承担了一项讲授任务, 即让苏格兰最北部的人民形成一种心态, 使其能够对抗罗马天主教的影响和詹姆斯二世党人的某些倾向, 使得高地人民接受新经济中的工资劳动和商业化的畜牧业形式。[②] 很显然, 所谓的公共教育在斯密所在的地方、所处的时代前景一片光明, 但同时也是问题成山。

[①] 更多关于 SSPCK 的讨论, 见 Colin Kidd, 他对这个机构的总课程的描述是为了推广 "宗教原则" 而设计, 我们没有看到斯密 (与克米斯不同) 这样做; 我们看到的是 "读英语, 写作, (还有算数)"。Kidd 也注意到, 在 SSPCK 的学校中同时推广教会音乐, 斯密坚持认为音乐不需要解释, 因此是大众消费中最安全的艺术, 从这个角度看, SSPCK 学校的做法引发了一些有趣的问题。见 Colin Kidd, *British Identities Before Nationalism: Ethnicity and Nationhood in the Atlantic World, 1600 - 1800* (Cambridge, UK: Cambridge University Press, 1999), p. 138。

[②] 见 Geoffrey Plank, *Rebellion and Savagery: The Jacobite Rising of 1745 and the British Empire* (Philadelphia: University of Pennsylvania Press, 2005)。

75

《法理学讲义》中关于工人教育的完整表述流露出的意味是低级人群的愚蠢必须依照分裂性整体的秩序来加以解决。这是一个生成**科属**的过程，它按照我们一直在追踪的分裂性整体的神秘莫测的原则发挥其功能。斯密做了一个非常重要的补充说明，"在任何文明社会，普通人不可能被当作具有某种地位和财富的人来教导。"斯图亚特也强调这一点，除非我们能够"使得（教育性改良）产生效果……各种明智的机构……应调整个人教育以适应他们所处的位置"（"生平及著作"第 313 页）。所谓的普通人，即低等阶层的个人对他们的位置全不在意，掩盖了斯密为工人教育定调的方式，斯密以印刷—调节的主观可计量性这种很谨慎的方式为工人教育定调。这就是上文提到的《国富论》中提供给白痴的教育，这些白痴学习阅读、写作还有**计算**（黑体为我们所加，《国富论》第 784 页）。

"科学，"斯密继续道，

> 是狂热这种毒药的解毒剂……公众娱乐……（同样地）用图画、诗歌、音乐、舞蹈带给人们消遣和愉悦；所有戏剧性再现（它们可能）驱散……忧郁和沮丧的气质，这类气质几乎总是伴随着大众的狂热情绪。（《国富论》第 796 页）

在斯密提倡正当的途径和交流这个意义上，他也赞同将毫无目的的消遣当作一种必需的放松，并且认为"教育和宗教的引导……（是）对社会整体有益的"（《国富论》第 815 页）。斯密的写作与英国人对教育的某些焦虑（或者更可能是忽视）形成反差。斯密认为，国家不仅应该支持，而且应该"强制全体百姓学习（阅读）"（《国富论》第 784 页），那是一种他以高地地区的苏格兰教会学校（没有提苏格兰普及基督教知识学会的重拳手段）为样板提出的一种"强制方式"。"在苏格兰，"他写道，"这样的教会学校教育几乎教育全体人民学习阅读，教育他们中的一大部分人学习书写和计算。"（《国富论》第785页）与他的很多同时代人不同，斯密希望多数人民，贫苦的劳动者"接受几何和机械的基础知识教育"，使得"这一阶层人民的文化教育能够尽量圆满"（《国富论》第785页）。

从这几句引文应该可以清楚地看到，斯密是在依据某种解决办法来问答教育问题，这种解决办法与他的知识划分是一致的。按照约瑟夫·克罗波西（Joseph Cropsey）（根据他对马克思的解读）的说法，斯密关于机械劳动正在导致麻醉状态的警告其作用仅仅是"用一个普遍到近乎……免费的教育系统来缓解（制造出工业暴徒的）这种疾病"①。这个论点充满了挑衅意味。很显然，在斯密和马克思看来，随着劳动的社会分工日益复杂，个体工人的作用被简化了。但是，斯密无端使劳动者的基本职责和私人生活同集体智慧的统治处在一个人性化且具有包容性的——同时又是次一级的——关系中。由此，我们也可以看到，斯密对贫苦劳动者的态度与其解释系统的想象基础是一致的。斯密的模式是苏格兰的教会学校系统，此类学校的维持部分靠公共开支，部分靠低廉的学费。18世纪建立起来的这类机构较之英国的慈善学校更加贴近普通民众，它们有助于提供种种条件，使读书识字成为一种新的大众现象。

但是，在大众机构配置与知识生产之间存在一个棘手的关

---

① 见 Joseph Cropsey, *Polite and Economy: With Further Thoughts on the Principles of Adam Smith* (Southbend, IN: St. Augustine's [1957] 2001), p. 149。就马克思而言，是令穷人变得愚昧，更多这方面的信息，见 Nathan Rosenberg, "Adam Smith on the Division of Labor: Two Views or One", *Economica* 32, No. 126 (May 1965), pp. 127 – 139。对斯密关于政府资助教育的折中方案更宽容的解读，见 E. G. West, "The Political Economy of Alienation: Karl Marx and Adam Smith", *Oxford Economic Papers* 21 (1969), pp. 1 – 23. Jerry Z. Muller 赞扬斯密提高了对公共教育的公正和客观态度，这使得穷人中间反对政府的可能性大大降低。见 Muller, *Adam Smith in His Time and Ours* (Princeton, NJ: Princeton University Press, 1993), p. 151。

系，我们正试图通过对斯密充满诗意的公正思想模式的近距离观察拆解这一关系。一方面，大量的劳动者代表了一种确定无疑的不为人知的片面性，因为他们不代表社会的理想。另一方面，在《道德情操论》和《国富论》中，他们都被描写为大多数。将知识应用于公众，或者，更确切地说，鼓励知识性活动，从而想象存在一个公众，在他们内部没有数不胜数的敌意和对抗，在这种情况下，正是不具生产性的极少数规定了对集体心灵平静不可或缺的抽象思维模式。① 技工的工作仍然是——在斯密那里总是自相矛盾——一个大众特殊性，它必定在知识外部，它具有无限性、不可见性、不明性，同样地，也具有派生或反抗性。对社会的想象是通过**科属**的无处不在完成的。还是以这一方式，不同现象之间的划分延伸至那些劳动者与那些其职责就是生产"无"的人之间的和谐相处。这个哲学真空地带对政治的——同时还有认识的与情感的——基础十分重要，正是在这里，关于超验平等的各个想象性概念能够越过等级界限得到恰到好处的应用。②

　　这一秩序有悖常理的慷慨大概是通过国家对教育的扶持被强制推行的。但是，我们对"强制"一词的使用必须有所调整以包含比较平静的效果（和风险），这种效果将白痴—英雄理想化了。斯密写道，"首要的补救方法（避免普通百姓破产堕落）是学习科学和哲学，国家应该在中间阶层人群或地位和财富在中等以上的人群中普及科学和哲学"（《国富论》第796页）。中间阶

---

　　① 在劳动阶层的穷人中见提高受教育程度不是发生在19世纪工业革命之前，而是如 R. S. Schofield 所指出的，与18世纪的受教育比例相比，在某种意义上正是工业革命的结果，注意到这一点很有趣。对阅读的教授是在写作之前，这又一次与我们关于品位标准化的论点相一致。甚至在19世纪早期，"让自己的孩子向上运动的前景并没有促使工人阶级的父母在教育上投资很多"（451）。见 Schofield, "Dimensions of Literacy, 1750 – 1850", *Explorations in Economic History* 10 (1973), pp. 437 – 454.

　　② 在这个意义上，我们同意 Joseph Cropsey 的观点，他质疑那些学者，他们认为"政治秩序在斯密那里毫无疑问（是）第二位的"。见 Cropsey, *Polity and Economy*, p. 59。

层这个概念在此显然值得注意，因为它在劳动阶层和不劳动阶层之间发挥着一种类似桥梁的作用，后者即那些相对而言的极少数者从事哲学工作（《国富论》第 796 页）。我们已经看到——与愚蠢的劳动截然不同——哲学如何在斯密那里同体力劳动分隔开来。这不是说，哲学没有能够处理无知所带来的美妙诧异（的确，反过来也是对的）。哲学家能够解释计算，他是非生产性的思想家，他能够从物质工作的所谓真实当中对他的方法做出最恰当的判断和推测。"一名科学教师，"斯密写道，"肯定自然只能是一个文人。"（《国富论》第 812 页）

因此，斯密分离出划分所具有的罕见的哲学优势。但是，这却指出了知识的一个不同用途——而且在斯密那里，是**不知道**的一个不同用途——并非存在于焦虑和拒绝这类态度中。在 18 世纪，这种态度在他处，尤其是在新统一的大不列颠王国，很常见。"尽管国家，"斯密说，

> 从对低等百姓的教导中没有获得任何好处，这件事仍然值得引起国家的重视，他们不应该不接受任何教育。他们受到的教育越多……他们就越愿意审视……那些关于派系和煽动性言论带有成见的抱怨……他们因此会更愿意尊敬比他们阶层高的人。（《国富论》第 788 页）

这里的重点不仅是要强调等级较低（荒唐的是人数较多）的人获得有限的计算能力，同时也强调要避免那些低等阶层在个人化的——仍然是普遍的人类范畴之外团结起来。 78

等级划分在斯密的商业社会场域中，甚至在他致力于普通教育的语境中一直存在，对此不应该大惊小怪。回想一下，公正的旁观者正是用那个想象出来的、荒诞的既四分五裂又和谐融洽的社会来对抗多层次的不可知性。朱庇特对社会凝聚力的操纵是统

一的，这对斯密是一个给定的条件。的确，不了解利己主义的真正后果是一种道德必然，当时是这样，现在也是这样。这正是我们到目前为止一直要从斯密的无知管理术中得出的一个观点：某种反常的个人化平等认为大多数人能够超越可能存在的愚蠢而达到哗众取宠的中立性，而且能够修正关于大众的（以及由大众生产的）知识可能导致的任何潜在的煽动性言行。关于这一点，总的来说，我们一直认为无知在斯密的解释系统中不仅仅是标志他的商品化心灵状态的界限。

更重要的是，无知所带来的美妙诧异被调整以适应将社会想象本身等同于一个平和的，由极少数人做出的安排——很多人看不到这一点，至少只有极少数人有所记录。斯密坚持认为任何个人如果不受教育是不可能**团结起来的**，他因此在现代文明社会中代表了一种独特的挑战。他称为"自由的，或者如果你喜欢，松散的系统"（《国富论》第 794 页），它使全体个人与在想象中由平等人组成的团体，即他所称的国家和睦相处。国家问题在这个历史时刻，当然也在其最核心处包含了特殊性与整体性问题，分裂的普遍性问题以及所谓的英国文学问题，其形式是苏格兰在 1707 年之后，直到近期，仍然附着于一个更大的不列颠。① 用地缘政治术语来说，在斯密的社交和学术圈子里（例如，在扑克俱乐部以及其他哲学学会）展开的争论中，詹姆斯二世党人 1715 年和 1745 年的暴力反叛是争论的核心，因此，苏格兰便代表了美学—认知所产生的惊奇。但是，就像惊奇一样，苏格兰也被适宜地还原为——正如沃尔特·司各特爵士所做的那样——崇敬，并且由此被还原为可预期的想象性社会的延续。对这个过程而言显而易见的是，我们在后面

---

① 更多关于苏格兰独特的地理政治环境及其对启蒙运动的贡献，见 David Daiche, and Jean Jones, eds. *A Hotbed of Genius*: *The Scottish Enlightenment* (Edinburgh: Edingurgh University Press, 1986）; and Siskin, *Work of Writing*, pp. 70 – 99。

会进一步看到, 对独一无二的苏格兰启蒙之家而言显而易见的一种文学试验, 它保证了由利己主义的个人所组成的社群可以自然运行。斯密赞同以自由的方式学习知识, 这种方式适合于他那个阶层的每一个人。在这个秩序中慷慨同时又高度限制地宣传非智性是知识首次广泛接触公众的方式。它同社会和睦完全一致, 社会和睦的实现与无法同化的多数的片面性相对抗。因此, 我们稍后将要详细说明英国文学在地域界限意义上恰恰起源于英格兰北部。 79

众多学者记录下现代早期印刷业的迅速兴起, 我们在此不再重复这一段历史。① 技术上的革新, 如活字、价格低廉的国产油墨、以蒸汽为动力的印刷机、邮政、流动图书馆、期刊等, 在英国议会废除 (表面上是吹毛求疵的) 《许可法案》 (Licensing Act) 后的几十年间创造出前所未有的交流设施。②

我们应该指出, 印刷业在 18 世纪——与斯密渴望的相反——根据相继出现的书籍、作者以及读者的增长模式, 并未沿着平滑的数字曲线大量增加。在一份他称为 "阅读的民族" (reading nation) 优质文献记录中, 威廉·圣·克莱尔爵士 (Sir William St. Clair) 注意到, 在 18 世纪后期之前, 对文本材料的需求主要集中在较高收入的人群中间 ("阅读的民族" 第 62 页)。在 17 世纪早期, 各种档案显示, "印刷商/出版商是主要

---

① 除了上面引述过的第二手资料, 见另一些常被引证的材料: Elizabeth L. Eisenstein 的 *The Printing Press as an Agent of Change: Communications and Cultural Transformation in Early Modern Europe* (2 vols) (Cambridge, UK: Cambridge University Press, 1979); 在这个文本之前, 见 Lucien Febvre and Henri-Jean Martin, *The Coming of the Book: The Impact of Printing*, 1450 – 1800, trans David Gerard, eds. Geoffrey Nowell-Smith and David Wootton (London: New Left Books, [1958] 1976)。亦见 St. Clair, *Reading Nation* and Siskin, *Work of Writing*。

② 见 Greg Laugero, "Infrastructures of Enlightenment: Road-Making, The Public Sphere, and the Emergence of Literature", *Eighteenth Century Studies* 29, No. 1 (Fall 1995), pp. 45 – 67。

的几个新名头之一，他们将自己的钱投资来出版几乎所有可供出售的各种书刊"（"阅读的民族"第20页）。圣·克莱尔证实，只有在经过早期印刷业领域的角逐（惊奇），担心（诧异）和热情（崇敬）之后，才出现了"以文本为基础的英格兰人文化……同时，印刷业在一个书籍很规范的体制中也逐渐中心化，受到控制，更趋一致，这也是在金融和文化两方面做出的自我强化"（"阅读的民族"第65页）。在斯密最活跃的写作期之后的几年里，圣·克莱尔注意到

　　大不列颠开始发生一场书籍的生产、销售和阅读领域的革命……

　　…………

　　1774年之后，在公共领域……一场巨大的、从前曾被压制的阅读要求遭遇了一轮猛烈的（新）书……（和）旧书……的供应浪潮。（"阅读的民族"第115页）

　　至于这次浪潮的精确日期的意义，我们还需稍待片刻。现在，只需注意圣·克莱尔的文献证据

　　本世纪最后15年间，作品的数量增加了4倍……阅读量的增加……大约是50倍。（"阅读的民族"第118页）

　　圣·克莱尔很小心地指出，在苏格兰，中世纪之后，"（阅读协会和流动图书馆）的成员较英格兰在社会身份上更加混杂，并且延伸至低收入人群"（"阅读的民族"第251页）。[1] 的确，

---

　　① St. Clair 注意到，到1801年，大约有一千个流动图书馆。见 *Reading Nation*，237。

到 19 世纪早期，大批"技工学校……（其中）苏格兰开设的技工学校数量超过了正常比例"，都有图书馆，均收藏了"多本斯密的《国富论》……（为）众多技工……提供了接触现代思想的条件，比在社会和经济地位高于他们的阶层所享受的条件还要好"（"阅读的民族"第 260 页）。以这种方式，圣·克莱尔解释了与劳动有关的职业内部后来出现的划分，一个新生的教育贵族团体

> 是劳动者的、新兴的城市工人阶级当然的领导者，通过给予他们曾经被排除在外的一份全民阅读权利，他们可能会提高整个国家的道德层次和经济效益。（"阅读的民族"第 260页）

斯密完全清楚书写革命以及它在苏格兰各大学城的特殊地位。他论述合理接受新媒质技术所用的语言与他认可赞许和崇敬时的语言是一致的。无须再次重复新事物所带来的惊奇的顺序，通过无知所产生的美妙诧异以及最后达至的崇敬。相反地，我们可以直接看《修辞学与纯文学演讲录》（以下简称为《演讲录》）中的"第 11 篇讲稿"。在这篇讲稿中，斯密的重点是批评的规则，他对沙夫茨伯里（Shaftesbury）的写作风格进行了细读，他把后者的架构比喻为"纤细的"和"羸弱的"，也是"乏味的"（《演讲录》第 56 页）。斯密因此提醒道，因为"写作……使人合群……合群的人就会约束自己的天性……（他会）抑制自己蓬勃的精力并且将（他的性情）调整到适合他周围那些人的程度"（《演讲录》第 55—56 页）。

斯密一向不反对带有情感反应的理性，目的是实现"规范的"社会"约定"："有趣和重要的事实是那些以最寻常的方式讲述出来并且最适合人的一般品位的事实"（《演讲录》第 90

页）。我们稍后会用更确切的事物来讨论"品位"这个关键词。现在，为了进一步将《道德情操论》中的道德—哲学寓意同 18 世纪写作的兴盛联系起来，我们需要回忆一下在这一章的早些时候，我们分析过斯密的一篇文章，它讲的是语言的最初形成是公正的旁观者建立社会约定这一愿望的一个更加缩微的版本。我们已经看到，斯密的抽象的分裂性整体概念可以追溯至《道德情操论》中所描述的伦理—哲学系统。我们在前面也说过斯密如何将他的交流史建筑在绝对律令的基础之上："人类（的）自然倾向是将他物的名称给予一个对象，这个他物与该对象相类似，因此也为某一个群体命名。"（"语言的最初形成"第 205 页）

我们现在必须要考虑的是"为某一个群体命名"如何在更大规模的写作话语层面凭其自身成为一个大众事件。简单地说，写作也是一个需要"命名"的"群体"。写作开启了一个有着特殊力量的社会—情感秩序系统——而且合而为一——因为，以写作新固定下来的形式，它是要大量公开发售的，关于如何限定人的一般性，解释的焦虑更加加剧，在人的一般性这个范围内可能出现特殊性的种种矛盾，情感方面的和其他方面的。于是，斯密写道：

> 如同在写作艺术中一样，在说话艺术中似乎也发生着同样的进步……尽管某些特殊的文字因此用更多的字母来表现，但语言整体是用更少（数量）的字母来表达的，人们发现，大约 24 个字母就能提供一个容纳众多特性的地方，它们在从前是必不可少的……
> ……………
> 在这种情况下，因为文字的数量已经**真正**达到无限，在**真正**无限的各种事件之后，人们发现自己部分是迫于必然，部分是本性使然，要将每一个事件都**划分**成所谓的形而上元素，而且要制定文字，但是在很大程度上并不指代那些事件，那

些文字有时是它们所组成事物的元素……表达……以这种方式变得更加精细，更加复杂，但是整个语言系统则变得更加条理清晰，更加具有联系性，更容易记住和理解。（黑体为我们所加，"语言的最初形成"第218页）

我们看到在斯密那里，在提到真实时常常将其看作是不可知的，是无限的。真实再一次被操纵，以至于在某个给定事件中显而易见是不被理解的零散因素因为有人将它们划分成各种一般性的结论而成为可知。这一过程——在斯密看来就是**科属**无处不在的反映——产生了联系性，联系性顾名思义是在某个"真实"事物的另一端。

正是在真实和概括性之间这个死结上，我们或许可以考虑斯密将其哲学计划同品位联系起来的效果，也正因为此，18 世纪写作的繁盛将品位抬至一种社会补偿的高度。"批评和道德行为的规则，"斯密写道，"如果追根溯源的话，就是每个人都会同意的某些常识性原则……（二者）都同样适用于对话和写作行为……（因为二者）都使人变得合群。"（《演讲录》第55 页）这里用到的"常"字一般情况下意义模糊，就如同在"**某些**常识性原则"中一样，只要那些原则传递出一种或多或少是稳定的——即使是虚构的——集体同意的约定。这是道德哲学和通过写作表达的批评之间的关联为实现分裂性整体寻得的某种公共表达方式。我们稍后将会看到，斯密将哲学和批评重叠为同一个认识论基础的一部分，这一做法成为其他思想家在其中进行进一步划分的一个中心，因为斯密的解释系统是通过比较狭隘的标准在运行，这些标准以一种特殊的文学形式在监控美学欣赏。

西斯金在18 世纪学科变化问题上提出了一个重要的观点，它与我们一直在说的哲学最终的消失行为有关。我们在谈到苏格兰和英格兰议会联合时介绍过这个推动变化的力量。"苏格兰，"西斯金提醒我们，"是哲学探索的启蒙之家。"（《写作的功能》第 80 页）就我们的目的而言，更重要的一点是当 18 世纪写作大量增加时，哲学的学科价值却在消失而且被进一步划分成更专业化的学科分支。与斯密相关的是，因为对某个群体的管理和进一步划分——再一次——出现了一个下分专业化过程。从哲学散文中分离出来，这个关于分类的例子对于独具特色的想象性写作来说绝对具有说服力。在一个新生的批评专业领域内部，特殊与一般之间令人担忧的张力因此与早期现代英国与其（现在是内部的）苏格兰边界之间的某种地缘政治张力是异曲同工。我们将在第三章对这一地缘政治难题做更加细致的分析。现在，要注意的是根据斯密的无知管理术中已经透露出的特殊与一般之间的微妙平衡，这一学科从广泛包容的哲学转向更加个人化、但在某种程度上也更具一般性的文学研究学科。如我们已经多次看到的那样，不仅在划分性上，而且在不可见性上都预言了这个管理术。

　　因此，苏格兰不仅注定要成为高地非智性的浪漫地带的一个诧异对象（在苏格兰人之前，能说明问题的例子或许是华兹华斯的"孤独的刈麦女"中的"高地女孩"，她用已经被禁止的盖尔语唱着旧时的谣曲，那歌曲优美动听，但对华兹华斯来说，却是难以被人接受的）；苏格兰也不会仅仅被定为一个边缘性存在，以此为参照才可能构想英国的文化中心。① 相反地，我们应该说苏格兰变成了一个在历史上独一无二的地缘政治的——同时也是认识论的——**乘数**（multiplier）：它制约着汇聚，划分，以及身体、民族和书籍的最终统一。

---

① William Wordsworth, "The Solitary Reaper" (1805), http: //allpoetry. com/poem/8452821-The_ Solitary_ Reaper-by-William_ Wordsworth（2014 年 3 月 16 日查询）。

（苏格兰）哲学历史性地被（英语的）文学批评所取代，这中间最重要的部分是它的发生是因为延伸了那个其本身即将被消除的哲学计划。"英语学科，"克米斯勋爵在《批评的要素》中写道，"很容易获得巨大的改进……（并且可能为新统一的帝国提供）一个全面的教育系统。"（《批评的要素》第3页）克米斯勋爵的改进和完善策略在这里一文不值，至于他的更年轻的同僚和学生，他们不是基本无条件反对，而是以更少被人察觉的方式，通过一个新的知识系统来处理多样性，结果是在那些令人吃惊的巨大空白的刺激下可能出现了新的划分和新的统一体。在18世纪中叶的苏格兰，所谓的文学批评出现了，它在未来成为一项专门知识。一方面，是因为希望有通识教育分支，其设计就是要通过激增来控制印刷出版的想象性文本的激增。但是，另一方面，如果哲学探索是以这种方式向前推进，它也在发挥反作用，结果非常可笑，在通识教育的过程中发现了某些趋向划分的哲学趋势，从而使得哲学想象本身早些时候所享有的特权消失殆尽。因为学科消失这个最后的行为，被称为哲学的一般性知识实践所占据的统治地位在历史上的存在可能最终逐渐隐匿于文学艺术日益庞大的阴影中。哲学探索最终同批评和美学欣赏完全隔绝开来，成为一个绝对不同的学科。随着它的退居其次，文学成为想象性思想的唯一霸主，在斯密的事业的尾声部分，哲学最伟大的历史成就就是消散分解。

如果我们借由一些批评家——苏格兰批评家——做一番回顾，这些苏格兰批评家较之斯密本人的著作可能诱导他的哲学划分原则走得更远，斯密站在社会合约的立场将品位和道德联系起来似乎只令人觉得困惑。哪些批评家？为什么是苏格兰的批评家？我们现在或许可以做出更合理的推测。大卫·休谟和克米斯勋爵是对斯密的有益补充，这不仅仅是因为他们同他的友谊或者他们同他在专业上比较接近。还因为他们在那一时期阐发了某种专门的文学批评，他们是那一时期的重要人物。同样地，他们也从斯密的特殊性与整体性、超越数字的真实有限性的想象性超验以及极少数人对大多数进行分类等方面追求品位的提升。我们在这里必须再次强调多层性这个难题，它不仅是一个主体和客体结合的问题，而且对写作本身的多样化而言，它也是一种近乎压倒性的认识。

对于苏格兰知识界而言，写作革命作为在对群众进行划分的过程中必然存在的一个难题其情景十分狂烈。早在 1712 年，斯威夫特即发出著名的号召，不仅要求"改正（并且改善）……英语语言"，而且要求弄清其本质，后一个要求不太引人关注。[①]到中世纪时，苏格兰人读书识字的人数已经达到 75%，到斯密去世时，已经接近 90%，在西方世界居首位。可是，在 16 世纪，仅有两本英语语法书出版，在其后的百年中，也只有 17 本出版，到中世纪苏格兰发生写作革命时，人们可以读到 35 种不同的语法书，到 18 世纪末，这个数字翻了一倍。此外，苏格兰的人口增长在 1750 年至 1800 年间是英格兰的 5 倍，使得读者和学生人数得到前所未有的增加。[②] 正如托马斯·拉克尔（Thomas Laqueur）所指出的，到 18 世纪晚期，工人阶级的阅读已经不再是一种休闲活动。[③] 但在那之前情况如何呢？我们现在想要解释的是以印刷品为基础的理性形式如何通过关注到所谓的群众而得以建立，因为这些理性方式旨在减缓等级之间的矛盾，同时将写作激增本身看作是需要划分的一个大众难题。因此，我们现在转向一个苏格兰法律问题，它在 18 世纪写作的大众商品化方面发

---

① 引自 Miller, *Formation of College English*, p. 1。

② 这些统计来自 Miller, *Formation of College English*, p. 30。

③ Thomas Laqueur 写道，低等阶层"非常强烈地依附于资产阶级的理性形式和理性状态；他们基本上接受了资产阶级所定义的改进，也接受了整治行动的界限。"引自 Miller, *Formation of College English*, p. 59。。

挥了极大的作用，并且按照斯密的因无知而产生的美妙诧异的路
线提出了品位的标准。

通过上述若干方式，我们注意到，在印刷人人可及这种兼容
性与大众道德的出现之间存在一定的关联，我们在此也应该重新
接通那一关联。既然已经为阅读大众的出现打下了基础，我们现
在就能够更准确地说，对于书籍，尤其是英语文学书籍在数量上
的剧增，1774 年那一天的**苏格兰**是一个关键的日子和地点。这
里的关键是为苏格兰法律定性的一个案件，它推翻了 1710 年
《安妮法案》所规定的永久版权法这条英格兰律法。①

由于中世纪之后不断增长的图书业又增加了新的压力，英国
最高法院被迫对这一法律进行复审，对于在 1773 年是否延续那
一法规做出了莫衷一是的判定。因为该案牵扯到伦敦（原告）
和爱丁堡（被告）两地的书商，也因为大量存疑书籍在苏格兰
销售（有上万册），依据苏格兰的法律提出意见本来无可厚非，
它已经推翻了早先的英格兰法规。对于现代早期正在发生变化的
媒质文化而言也是合适的，那一法规的制定不是出自以习惯法为
基础的系统，而是以罗马法为基础的系统，根据推翻那一法规的
苏格兰高院的判决，大不列颠的出版业可能被宣布为在过去的
64 年里一直是一种强盗工业。在黑顿对唐纳德森（Hinton v.
Donaldson）的案子中，苏格兰法庭对习惯法中财产权内容的质
疑被运用到书籍问题上。这是为了将公众对新书出版的兴趣
（和出版商的利润）都提到最高程度。

对我们的目的有意义的是，大量的再版书和古时印刷的文本

①　有关《安妮法案》的其他讨论，这是英格兰的第一部版权法，它的目的是
抬高作者的权利，使其高于文具店主的权利。见 Laman Ray Patterson, *Copyright in His-
torical perspective* (Nashville: Vanderbilt University Press, 1968); and Mark Rose, *Authors
and Owners: The Invention of Copyright* (Cambridge, UK: Cambridge University Press,
1993)。

现在都可以进入公众的视线。的确，在 1774 年的判决中，存疑图书，即《圣经》评注本最早于 1567 年出版。法庭近乎一致的判决（詹姆斯·博奈特［James Burnett］，孟波度勋爵［Lord Monboddo］是唯一两位拒不让步者）对于英国文学以文集这种不十分显眼的形式真正确立其地位具有决定意义。因此，若干册英国文学首次在这里得以广泛流通：贝尔（Bell）的《英国诗人评注》（*The Annotated Edition of the British Poets*）（每卷 1 先令）；贝顿（Peyton）的《英国语言史，1771》（*History of the English Language 1771*）；第一本英国文学专著，即托马斯·沃顿（Thomas Warton）的《英诗史》（*History of English Poetry*）。[①]

的确，早期现代媒质的持续发酵标志着有史以来最大的一桩案子提交到苏格兰法庭，总计 200000 英镑。在英格兰和苏格兰的印刷品生产与流通业，黑顿确是获得了迅猛的增长：1774 年的判决不仅使更多的书籍得以流通，而且通过降低书籍价格，它还使更多读者能够接触到大量的绝版书，这些绝版书也需要根据品位的各项标准来进行分类。[②] 进行这种分类的迫切性显而易见：一方面，克米斯勋爵（在《人类简史》［*Sketches on the History of Man*]）中激烈地抱怨道，"印刷领域的伟大革命降低了写作的地位，（它）为（书籍的）册数的大量增加提供了机会。"[③] 另一方面，他同他的苏格兰追随者对他们制造的局面也能够应对自如，他们原本就是为了在爱丁堡、格拉斯哥等地引入一种有品

---

① 见 White, *Formation of College English*, pp. 35, 37。编辑选集当然是和写作的激增及品位的逐渐狭隘相一致。更多关于各种选集的研究，见 Jonathan Brody Kramnick, *Making the English Canon: Print-Capitalism and the Cultural Past, 1700 – 1770* (Cambridge, UK: Cambridge University Press, 1998)。

② William St. Clair 提出举行爱丁堡听证会，1773 年 7 月开始，它是"自从 300 年前印刷技术引进以来英格兰阅读史上最具决定意义的事件," *Reading Nation*, 109。

③ Henry Home, Lord Kames, *Sketches on the History of Man* (Vol. 3), ed. James A. Harris (Indianapolis: Liberty Fund, 2007), I, p. 159.

位的欣赏想象性作品的方式，其形式就是英国文学研究。 86

亚当·斯密是黑顿案的法庭顾问，这提升了苏格兰法庭在对英格兰的阅读状态所做判决的意义。在《国富论》对贸易垄断的驳斥中，斯密将新兴的图书贸易中印刷商一方对于永久版权法的质疑作为其主要例证。将优先垄断权赋予某个"由商人组成的公司，（其时，他们）着手……与某个遥远的、野蛮的国家建立一项新贸易……（遵从的是）同样的原则，基于这样的原则，（对于）一本新书而言，也赋予了……其作者同样的垄断权"（《国富论》第 754 页）。（斯密本人就非常精明地同他在爱丁堡的书商讨价还价，成功地购回书商买下的斯密曾经读过的书。）《批评的要素》——在黑顿案被引述作为辩护论据——作者克米斯勋爵以苏格兰高院成员的身份提供了一份正式判定，其中便用到有关斯密的无知管理术的词汇。

的确，斯密的分裂性整体被想象出来的和谐其关键要素正是对《安妮法案》的挑战。例如，克米斯就确信"终生版权……（可能限制）总体上对学习的兴趣"①。他继而求助于分类、使作品流通最大化、使品位标准降到最低等原则，将它们当作"对公众特别有益的"事物（《黑顿案》第 20 页）。法庭文件因此对"思想的**非物质**本质……（是一个）非实体"（黑体为我们所加，《黑顿案》第 7 页）进行了评价。重要的是这个**去**—物质化（de-corporealization）的过程，它是对按另一种方式可能会被认为是"真实的"事物**去**—物质化的过程，正如克米斯在他处所言，它对于"公民社会的成熟"是必不可少的。

至此，通过《黑顿案》已经清楚地表明，"人几乎完全是身体性的"（《人类史概要》[*Sketches of the History of Man*] 第一卷，

---

① *Hinton v. Donaldson*，等，*The Decision of the Court Session*，*Upon the Question of Liberary Property*（London，1774），19。

第 333 页）；"无聊且愚蠢"（《人类史概要》第一卷，第 106 页）；很容易"退化成牡蛎类生物"（《人类史概要》第一卷，第 107 页）。这一论点的展开所遵循的正是斯密勾勒出的抽象化方法，是在逐渐取消物质的无限性，是一个**去—物质化**的过程，在这一点上，它给予思想，或更确切地说，给予写作一个独特的幽灵地位：印刷业超越了体力劳动领域及其群体而受到鼓励，得以在被法律规定的**非物质性**基础上兴旺发达（而且可以加以分类）。正如库斯顿勋爵（Lord Coalston）在《黑顿案》的副本中所做的裁决："财产……理应与某种物质的并且是可触及的事物相关联；而抽象的思想是非物质的，是纯精神和心理性质的。"（《黑顿案》第 27 页）版权法的这一决定性变化的确不同寻常。注意，所谓的作家行业在 1774 年后，如克米斯所言（《黑顿案》第 20 页），被极少数天才思想家——极少数学问渊博的作家——独占而且成了他们的标签。

但是，要注意到，比这更最重要的是文学写作同时标志着一种新的非物质性集体所有权。写出来的精神财产在其自身对立面的基础上成为精神和心理的欣赏对象。这个**去—物质化**过程的发生所遵循的仍然是我们到现在为止十分熟悉的那个动力原理，即将多样性（如劳动、身体、群众）划分成社会意义上比较温和的范畴，这些范畴由极少数人确立。"重印行为，"歌德斯顿勋爵（Lord Gardenston）认为，"只是一种机械行为……愚蠢的技工……与天才作者没（有）任何相似之处"（《黑顿案》第 24 页）。我们之前便看到过称呼劳动为"愚蠢的"（因为仅仅是体力的）类似做法。社会组织最好的——因为是最少骚动的——形式是由（学识渊博的）极少数提出的，而且在想象中被应用于（劳动着的）多数。荒谬的是，多数再次被合理划分，因此，人类主体的存在依靠的是现实不可知的那一面，而同时，当优雅的品位对那些普通读者当下一定可以获得的优美小说产生影响时（《黑顿案》第 19 页），它则甘拜下风。正

如克米斯勋爵在《黑顿案》中所辩称的:

> (一名)作者感兴趣……于他自己大脑的产品,他可以自由
> 地决定是将它们出版抑或隐匿;也可以选择让它们在什么样
> 的条件下流通,或者私下传阅,或者公开发行。如果他将它
> 们表现为写作的形式……这个财产,只要它存在,就仅仅是
> 公民社会的一个造物。(《黑顿案》第 32 页)

写作,如我们已经以公民社会中那个公正的旁观者的眼光所详细讨论过的那样,是一个幽灵。更确切地说,思想,一旦被出版,便存在于这样一个范围中,它属于以各种方式构思而成的想象,在斯密的伦理—哲学系统中与在《黑顿案》中都是如此。苏格兰的法律并没有彻底取消版权,尽管它限制图书交易的方式调整了写作的物质性,以至于它可以获得前所未有的蓬勃发展。写作在这里既是一种特殊的事物,同时也是一种不做事的特权方式:文人借以获得大家崇敬的无为状态。不动产法律对写作不再具有管束力。写作不能再被称为产品,因为它不属于真实的、体力的(根据斯密对这些词语的定义)劳动。相反地,它就像朱庇特的"看不见的手",是一个不可见的点,我们的知识无法触及。

克米斯在法律意义上所维护的——的确,在它尚无须维护之时——是"文学的利益"(他的原话),因为在试图解决斯密的分裂性整体这个悖论的过程中,它扮演的是一个新兴的既宽泛**又**专业的角色。"在法律的一般条文中不存在(为)作者保护(永久)**版权**的基础,"克米斯继续道,"它(写出来的财产)的唯一基础就是,出自对知识的热爱以及对学者和天才之作的崇敬,人类愿意给予作者……他们凭其作品而应得的回报。"(《黑顿案》第 15 页)对于天才作家而言受到爱戴胜过获得报酬。与对

文学财产的去—物质化一样，斯密的无知管理术因此进入到下一个阶段。在这里引述克米斯在 1774 年黑顿案裁决中的最后一段话：

> 财产，如果用于思想、或者文学与知识性写作，就是全新的，令人惊奇的。在关于这些财产种类的法律文本中，对其主体进行划分可能会十分令人不解；迄今为止，涵盖最全的名称也许是用废话构成的财产（a property in nonsense）。它一定也会扩展至下流作品、亵渎神明的言辞以及背信弃义性质的行为。（《黑顿案》第 25 页）

为文学的辩护在文学被构思的那一刻起便开始了，而且对它的辩护其基础绝对是克米斯在财产与废话之间设定的并列关系，这一并列具有讽刺意味，然而却十分恰当。

这一并列意味着在书面知识作为一种现在已经得到法律保护的物质力量的流通中必然存在着非智性因子。因此，废话——对此我们可以补充以斯密的因无知而产生的诧异——在每个人都可以得到它（回想一下斯密的白痴—英雄），但却无人可以拥有它这个意义上也不例外；没有人认为金钱问题是它的源头，成年人中的绝大部分不会这样做，或者因此认为"真正的"工作是它的起源。"涵盖最全的名称，"因为**不可知**现在变成了**不可有**。这最终成为"废话"与"财产"之间的对照：前者无法具有特性，除非通过将书籍**去—**物质化为某种意义上的共同所有权，它不存在于某个地方，而是一种抽象的想象中的理想。正是共同所有权的这一虚构意义超越了社会，（用斯密的话说）社会实实在在是基于不平等的所有权这一动力学原理之上，没有人可以代表这一动力学原理，除了渎神者、起义者或叛乱者。

我们现在要进一步详细描述的是与对书籍在法律上的去—物

质化一道产生的更加具体的批评术语。这是关于品位和崇敬的术语系统，在新兴的英国文学这个标题下得到更精确的划分。我们已经提到，斯密根据道德哲学的一般解释系统以一种不甚具体的方式提出了这些术语。但是，很快，哲学便被进一步划分：它与想象性作品连在一起，它因此找到了一个具有几百年历史的栖身之所，它至多是在文学之后成为想象的第二个买家。在黑顿案中，歌德斯顿勋爵专门将"大量的书籍"（《黑顿案》第 23 页）搁置起来。歌德斯顿告诫道： 89

> 从平常作者那里偷窃的（人）偷到的是垃圾；但是从**斯宾塞**、**莎士比亚**、或者**弥尔顿**那样的作者那里偷窃的人偷到的是天堂之火，是自然界最珍贵的馈赠——所以我们必须有新的法律来判决那些文学犯罪。（《黑顿案》第 26 页）

可以根据苏格兰法律对英国文学经典做出裁决的法规不意味着：低劣的品位和愚蠢永远不会被判为不合法。所以如此，仅仅是因为根据斯密的松散的通识教育系统提出了一个更有效的——因为是自我管理的——情感调节机制："看不见的手"的一种障眼法，它既缩小了对天赋奇才者的作品的选择范围，同时又根据文本的等级扩大了获取特定文本的范围。

斯密因此遇到了一个具有两面性的难题：一方面，苏格兰各省的印刷业**扩充**；另一面则是英语写作**受限**。通过新的划分形式变得更具普遍性——消除民族和认识论两个方面的差异——正是那个启蒙时期温和派学者告诫我们不要过于认真追究的悖论。"苏格兰"，斯密在他的朋友亚历山大·韦德伯恩（Alexander Wedderburn）办的那本短命杂志《爱丁堡评论》（Edinburgh Review）（1755—1756）中写道：

才刚刚开始尝试着在这个学问世界扮演一个角色。（它）几乎没有什么著名的作品（以至于）批评这些作品的文章也不太可能引起公众的兴趣……想象、才华和发明似乎都是英格兰人的本事。（《哲学主题文集》［*Essays on Philosophical Subjects*］第 242—243 页）

既然人被"塑造为一个社会人"，1774 年的法庭文件中写道，"同时，他也被塑造为一个模仿性的人，为的是模仿他所看到的他人的行为"（《黑顿案》第 19 页）。我们前面关于哲学为文学所取代的观点因此应该被看作是苏格兰人对所谓英格兰天才的成见，它最终抹杀了苏格兰对文学研究的决定性贡献（《哲学主题文集》第 242 页）。

我们现在可以转向英国文学中的几位苏格兰先驱——斯密和休谟，更重要的人物是克米斯——他帮助将文学名作从大量其他书籍中分捡出来。现在，我们可以看到斯密的无知管理术如何既存在于社会和认知层面，同时以一种更加高级的方式也成为现代学科形成中的一个难题。

先来看休谟，我们或许简化了一个过程，即以一种类似于斯密早期使用"无动于衷"（indifference）一词表示对群众的忽视这个方法来培养对大多数人的无动于衷。① 再重复一遍，我们重提斯密的"无动于衷"一词，我们并不是在说只是缺乏关怀。它是（忽视、空白、想象的）缺失所具有的一种生成力量以及如何衡量对于（身体、工人、书籍）的关注，我们聚焦于启蒙的冷漠就是在寻找这种力量和这种衡量办法。众所周知，斯密在《国富论》和其他地方都意识到后来所谓的阶级矛盾和贫苦人民

---

① David Hume, "Of the Delicacy of Taste and Passion", in *Essays Moral*, *Political*, *Literary*, ed. Eugene F. Miller (Indianapolis: Liberty Fund, 1985), p. 7.

的苦难, 我们在第四章将做详细的论述。我们在心里已经将重点放在知识的划分上, 我们在此要将无动于衷当作一种状态, 它的出现是由于某个无法划分的事物, 因为这个事物越过了范畴的界限。所谓的现实就是这样一种状态——如同体力劳动之于愚蠢的大多数——它不敢在封闭严密的圈子里说出自己的名字, 在那些圈子里, 想象思维是专业人员的事。

在无动于衷这个意义上, 有跨越了真实划分等级的抽象的普遍性这个熟悉的概念——不仅仅是因为等级可以解释对象的形式存在, 而且以那些对象所创造的各种社区的名义存在。"对美的研究," 休谟在《道德、政治、文学文集》(*Essays Moral, Political, Literary*) 中提出, "给予 (真正的批评家) 一种特殊的优雅情感, 人类中的大多数并不具备这种优雅的情感。"(《道德、政治、文学文集》第 7 页) 而且 "精致的品位……限制了我们只能选择极少数的那部分人, ……使我们对周围的大部分人以及他们的谈话表现得无动于衷"(《道德、政治、文学文集》第 7 页)。根据 "什么标志来了解他们 (批评家)," 休谟问道, "如何将他们同那些伪装者区分开来?"——关于此, 因为书面文本不断增加, 肯定比以往有更多的批评家 (《道德、政治、文学文集》第 241 页)。(我们也要注意到, 在 "伪装者" 这个词背后潜藏着一种危险, 它以某种微妙的方式唤起人们对詹姆斯二世党人的回忆, 我们在第三章将更加全面地讨论这个问题。) 休谟希望有一种 "内敛的激情……能培养出更高尚, 更精雅的品位…… (来) 判断别人的性格, 天才的作品以及更加高雅的……文学艺术作品"(《道德、政治、文学文集》第 6 页)。"关于**书本和人**的知识 (都可能受到青睐), 不过是在不多的几个同道者中间……其他所有人都被排除在外。"(黑体为我们所加,《道德、政治、文学文集》第 7 页)

这在很大程度上并不是施列瑟 (Schliesser) 所认为的哲学家的虚荣, 后者对我们的目标很有意义。施列瑟也许是对的, 他认为休谟是"一个激情澎湃的精英主义者",而斯密——由于思想家和所谓的人类一般性之间的关系——则始终"让人捉摸不定",或者我们可以说是矛盾的。① 施列瑟在其他地方也承认休谟亲切地称为"专家群体"的概念到了斯密那里便成了"'大多数人类'和'哲学家'之间的一个区格,(它)通过奇特性方面的差异来展现其自身"。但是,他又补充道,而且我们也同意他所做的补充,这种"差异是劳动分工的结果"。② 施列瑟也承认,斯密的哲学在其实现了仁慈与私心的调和这一点上或许可以将"社会从获利阶级的狭隘利益中解救出来"。③ 但是,他也为可能更棘手的麻烦留出了空间,因为他说,斯密非常清楚启蒙运动的局限性。

罗仁·布鲁贝克(Lauren Brubaker)强调,在斯密的哲学的、同时也是社会的体系中缺乏各种保障,他是为数不多的几位撰文讨论"大众的启蒙运动"的作者之一,他的文章介绍了那些局限性最终产生了怎样的结果。④ 布鲁贝克比斯密更加小心谨慎,他从未放松对政治派别的警惕。哪些党派与贫苦的劳动者关系紧密,他们如何保持这种紧密关系均未言明。斯密的启蒙因此由正统的斯密研究者眼中的自由乐观主义而被修正为"一次有限的、谨小慎微的启蒙"。⑤ 究竟如何有限,对谁、对什么保持戒心,这些正是我们在此通过详细讨论哲学在斯密时代如何发挥

---

① 关于虚荣在社会意义上的慈善功能,见 Eric Schliesser, "The Obituary of a Vain Philosopher: Adam Smith's Reflections on Hume's Life", *Hume Studies* 29, No. 2 (2003), pp. 327 - 362. Christopher Berry 在他的书中称休谟的社会和政治思想从本质上讲是保守的,见 *Hume, Hegel, and Human Nature* (The Hague: Martinus Nijihoff Publishers, 1982), p. 80。

② Schliesser, "Copernican Revolutions", p. 237.

③ Eric Schliesser, "Adam Smith's Benevolent and Self-Interested Conception of Philosophy", in *New Voices on Adam Smith*, eds. Leonidas Monters and Eric Schliesser (New York: Routledge, 2006), p. 342.

④ Lauren Brubaker, "Does the 'Wisdom of Nature' Need Help?" in *New Voices on Adam Smith*, pp. 168 - 192.

⑤ Ibid., p. 187.

作用想要回答的问题。想象性工作当然没有完全转向服务贫苦的劳动者。很显然，多数人的工作为少数人能够思考提供了保证，在这一点上，斯密和休谟是有共识的，[1] 而这样一种保证方式值得更深入的分析，尤其是在想象问题上。

在休谟那里，批评家的工作，与在他之后的斯密那里一样，专指运用想象进行归类工作。批评家"对（某个对象的）每一个品质的表现加以区分，并给予其合适的赞美或谴责。"这样一来，那个对象本身与其说是一个对象，倒不如说是各种元素的一次复杂的合并，批评所做的分类就是为了在统一的社会想象这个层面上完成同样的分类：批评家，休谟继续道，"区分对不愉快的认可达到何种程度，是什么**类型**，（一个对象的）每一个部分很自然地会产生这种不愉快"（黑体为我们所加，《道德、政治、文学文集》第 237页）。"一个人"（应理解为一个没有一点空闲的人）"他根本没有机会去比较不同类型的美，他当然没有资格对他面前的任何对象发表意见"（《道德、政治、文学文集》第 238 页）。

斯密的无知管理术的关键元素在休谟的文学散文中发挥了作用，这些因素很容易辨别：划分、种类、等级、无动于衷，最后是欣赏，它被当成品位的提升。在休谟那里，书籍和人都更确信无疑地展现出一种普通的动力学原理，即由极少数有资格的人做出多层分类，他们声称这与私利无关。"（人类中的）民众不可能全体死气沉沉，这些精致的精神正是从他们当中萃取而成，"关于斯密执意以民主的名义为通识教育背书，休谟使用了一个更加直观的例子（《道德、政治、文学文集》第 114 页）。杂糅生成的特殊性成了对整体的认识，即整体得到了更恰当的划分，悠闲的极少数参照劳作着的大多数规定了这一整体，"民众"（mass）一词表现出休谟对此种现象的关注。"那些在任何情况

---

[1] Schliesser, "The Obituary of a Vain Philosopher", p. 332.

下培植出各门科学的人在数量上永远是少数：……品位和判断……在所有的民族和所有的年龄段都总是（存在于）少数人手中"（《道德、政治、文学文集》第 114 页）。既然如此，"批评家……如果认为自己是一个普通人，（就必须）忘记，如果可能的话，（他的）个体存在以及……特殊的环境"（《道德、政治、文学文集》第 239 页）。因此，对批评家而言，创造文学遗产的一个关键环节是有相同分量的遗忘。在这里，"遗忘"出于批评家本人的自愿，也是其他所有人做出的特殊判断。那种遗忘在制造被普遍接受之类的神话的过程中会发挥更有效的作用，受过教育的初学者较之其他民众更欣赏这种神话。休谟坚持认为，只有"习惯了观看……并且权衡了若干表现，这些表现在不同的年龄层都受到尊重……你才（能够）为（他们）划分出恰当的等级"。要达到这种适应状态，"人类中的优雅分子，他们不会沉陷于（劳动）这样的动物生活中，而是让自己从事心灵的工作，……要求获得……劳动之外的……悠闲和独享的清净"（《道德、政治、文学文集》第 533 页）。

休谟进一步写道，那些被归入较低等级的人"根本没有机会表现除了耐心、顺从、勤俭和诚实之外的美德"（《道德、政治、文学文集》第 546 页）。关于哲学抹去了物质劳动，关于对印刷在书本上的思想**去**—物质化，关于依照不断升级的划分所形成的相同习惯而导致哲学的最终消除，我们可以补充一个更大的种类问题："动物"。这也许能够同弗兰西斯·哈钦森（Francis Hutcheson）的早期评价形成对照，休谟没有注意到，即："人类中的地位低下者唯一的收入就是他们的体力劳动……他们常常具有更加准确的想象……相比其他人更能获得哲学的关注。"① 为

---

① 见 Francis Hutcheson, *An Essay on the Nature and Conduct of the Passions and Affections*, *with Illustrations on the Moral Sense*, ed. Aaron Garrett（Indianapolis：Liberty Fund，［1728］2002），p. 120。

了社会的凝聚力，为了缩小哲学的鸿沟而产生品位，在这个过程中，休谟将品位和批评置于动物和体力劳动之上，创造出一种更精致的才能将悠闲者同勤俭阶层区分开来。休谟要求后者顺从（或者如休谟所坚持的，他们要有"耐心"），正是在这一点上，他同斯密对于通识教育更加乐观的关注分道扬镳。但是，他们同样都在考虑如何找到一种或多或少更平和的方式来解决大多数人类所面临的问题。对斯密，而非对休谟而言，这意味着**他们自己**获得"阅读、写作和计算"的能力。休谟写道： 93

> 若说任何事情都源自偶然，因而中断了对它做进一步的探究，使作家和其他人一样停留在同样的无知状态。然而……他或许可以因此展现他的才华，因为他要对这些原因进行归类……他因此有机会……通过观察从平民百姓和懵懂无知者眼前溜走的事物……使自己著作等身。（《道德、政治、文学文集》第 111 页）

如我们将要看到的，寻常百姓所构成的大多数所占据的无知地带同样是诧异的中心，是**文学**作家——最终，同哲学家截然分离——在文学研究这个新的学科领域关注的中心。一批被刻意培养的大众读者加入到批评的行列，为日益增加的图书量和越来越狭隘的品位贡献自己的力量。现在，我们就会看到，这一切的发生都离不开一种更加精细的写作形式的划分，它为苏格兰所独有，而且反过来催生出一种新的英国文学景观。不过，也是在这里——正如哲学最终被一种更加专业化的思维方式所取代——这两个民族之间的划分也将消失。

在 18 世纪苏格兰的学习浪潮中，克米斯勋爵很明显处在一个连接点上，即苏格兰同英格兰的统一，正如所预言的那样，它们在无知状态、公正性和不可见性方面联系起来，它们成为文学研究的特别起源，因为它将哲学变为"文科"的一个更加狭隘的分支，没有什么偏见，而且是**去**—物质化的，批评（以及法律）不断地使其向这个方向发展。的确，克米斯发展了斯密的无知管理术，他为我们提供了额外的术语：瞬间麻木（momentary stupefaction）、虚空（void）、空缺（vacancy）、不真实的在场（unreal presence）、心灵的空虚（vacuity in the mind），以及虚构（fiction）。克米斯写作《批评的要素》是为了献给国王乔治三世，他是卡洛登的屠夫，即坎伯兰公爵（Duke of Cumberland）的叔叔。我们在谈到发生于卡洛的针对詹姆斯二世党人的屠杀时提到过此人（坎伯兰公爵威廉·奥古斯特领导的英国王室军队在1746年的卡洛战役中致使詹姆斯二世党人伤亡2000人左右，得此绰号——译者）。他信誓旦旦地向君主声称，美术"因为可以将不同阶层统一于同样优雅的愉悦中……所以提升了人们的善心……（，）对秩序的热爱……（，以及）对政府的服从。"为了能从他的陛下那里得到襄助，克米斯的《批评的要素》"试图形成一套品位标准……以此来制约每个人的品位"（《批评的要素》第3页）。

我们不必依靠过分解读这段摘引来发现斯密将品位作为公正的旁观原则与克米斯更加明确地将优雅的愉悦看作国家凝聚力的保证之间的相同之处。无所不通的哲学家与文学批评家均提供了一种方式，通过等级划分，对每一个个体进行剖析，最终将他们纳入抽象的民族整体当中。在整部《批评的要素》中，克米斯使用的"学科"（discipline）有两个含义，既表示知识的划分，也表示"理想的在场"，由此在场"产生出广泛的影响……强化了社会的（种种）联系"（《批评的要素》第74页）。在克米斯看来，品位的统一等同于民族形式的统一，或者说在理想状况下，应该如此。而批评的任务更重要的是对"心灵的偏见"进行去—特殊化，这类偏见使我们"偏离真理和正义"（《批评的要素》第 74 页)。如我们已经看到的,它也要对文本进行去—物质化,这一点同样重要。对"正义"的预言,按照克米斯对这个词的用法,以鼓励精彩的不同凡响为条件,而这种不同凡响却将不公平简化为将多种形式纳入被个体化的且被划分出适当等级的、关于普遍抽象化的形而上学。"知识的习得,"克米斯写道,"主要源自在不同的对象之间发现相似性……源自对我们习得的知识加以抽象化……(也)源自于在巨大的不一致及差异之间保持一种中间价"(《批评的要素》第 226 页)。与斯密在道德哲学、公正性、对群众无动于衷——以及在无知——等方面的相似在这里表现得十分显著。

但是,我们应该强调的是克米斯用"批评"而非"哲学"来命名那种思想模式以及各种社会政治鸿沟,这一思想模式想象性地"连接起了"(斯密的说法)那些无法预见的认知断层,而具有高雅品位的顺民则教导我们中的其他人忽略和忘记那些鸿沟。文学批评专业内部的进一步划分掩盖了一种对于现代学科范畴体制化的特殊焦虑,这一点值得在此详加讨论。用"体制"这个词,我们想要转入本章的最后主题,关于在苏格兰独有的普通大学教育中英语如何成为一门专业。在克米斯那里,无法计数这个多样性难题终于出现了。与斯密一样,多样性存在于理性思维的范畴之外;但是与斯密不同,或者更准确地说,克米斯在指出斯密的知识划分比他更深入之后,提出用一种经过更细微调整的想象性写作来克服多样性。文学研究——一项更加有限同时也更加为大众所接触到的学科实践——出现在高于一般哲学思想的普遍原则之处。

的确,如我们所强调的,"哲学"一词,与"科学"一词一样,在斯密看来仅仅意味着严格的智力训练。回想一下,休谟并不是一位学者,尽管他努力过。根据批评所给出的三步骤,即文学发展,哲学遭取代和体制化,克米斯提出了"虚构"这个术 95

语。他写道，"虚构所具有的高于心灵的力量可以提供无穷无尽的精致娱乐，随便可以帮你打发掉一小时的空闲时间。"关于"无穷无尽"以及它们在大众心中催生的希望和恐惧，尤其是以阅读小说的方式，我们将在第三章详加分析。相比之下，克米斯继续道，

> 局限于**真实**事件的例子……再没有其他哪个学科（作为故事的改进形式）在使美德成为习惯方面有更大的助益……（虚构的力量）是孑然独处时的优质能源……对社会幸福贡献良多。（黑体为我们所加，《批评的要素》第 77 页）

这里需要注意的是，克米斯所发现的在现实之上可以被接受的虚构的"无尽（状态）"不是多样性或无限性，他认为后者具有致命的危险。"在某些情况下，"他写道，"一个意想不到的对象完全控制了心灵，产生了某种瞬间麻木：此刻，那个对象便是危险的……毫无准备，（它）可能使精神处于完全错乱的状态。"（《批评的要素》第 188 页）

这次提到愚蠢是为了做好特殊准备。它（愚蠢）是存在的，如在斯密的无知管理术中那样，仿佛处在充满危险的惊奇一刻；但是，那一刻因为某种无形的哲学反思活动几乎在瞬间便发生了短路，这一哲学反思是发生在新的学科边界之内的认知划分的必要条件。在克米斯那里，该活动已经按照预先设定好的文学文本欣赏模式在进行：首先，文学批评取代了更具一般性的哲学的知识实践，其次，文学本身获准以一种体制化的方式安全流通。麻木的价值——它的愉悦以及它激发政治钝态（休谟的"耐心"）的能力——因为崇敬而得到实现（《批评的要素》第 185 页）。以此方式，"我们"——这个集合名词非常关键——"便与某个对象达成一致"（《批评的要素》第 186 页）。

这一协调与改进过程在斯密那里十分引人注目，但是在克米斯手中，却表现为一种更急迫、更集中的方式。对二者而言，改进填补了一个虚空，即对"真实"时间的拒斥。他们两人都认为，"每一个种类的共性为将事物归入科属和种类铺平了道路；我们极度倾向于此"。克米斯继续道，"人的共性……是恒定的，（而且）也是普遍的"（《批评的要素》第 721 页）。我们可以让批评的悸动向四周蔓延，这一悸动出现在想象与现实之间，哲学桥梁与鸿沟之间，也出现在一系列文字中的思想与物质生产之间。我们也可以将斯密的无知管理术追溯至克米斯的"真实"的虚构性再现。注意，普遍性的获得还是通过据说得到正确划分的、精致的大众化而得以实现。克米斯小心谨慎地予以承认的是通过批评而发现的美术的某种特殊的精致（《批评的要素》第 221 页）。除了文学形式，广泛传布肯定无法实现，因为共性通过将那些被适当划分的**科属**联系起来而获得了没有实际意义的成功。就像对斯密那样，我们也可以把克米斯对空洞的社会性的推崇同对广泛传布的"细微的"——而非"真实的"——重视联系在一起。这样一来，斯密对"真实"作为群众令人费解的力量的关注便等同于克米斯将"真实事件"（他的原话）括起来表示稍纵即逝的麻木时刻。"愚蠢的"和"真实的"是"品位"相携而生的两个对立面，因为二者都不符合它的学科标准。

我们强调克米斯的现实的**虚空**（the *vacancy* of reality）——虚空在这里的用法与人们对该词的直觉不相符合，在此表示包含了**太多的**客体，身体，书籍——将我们带回到愚蠢的劳动这个话题。我们已经注意到，群众，这个关于过多的难题，被少数优雅的思想家想象为能够作为国家某种具有粘合力的**非一理性同道德**达成和解，这一点在克米斯看来是不言自明的。我们已经说过，在斯密那里，批判性的非智性是一般的哲学诧异，也是他所谓"无物"（nothing）的无利害产物。在休谟那里，我们已经提过

少数几个批评的真正实践者所具有的特权，他们宣称普遍性胜过
劳动大众。我们也谈论过斯密和克米斯二人均用我们所称的**去—**
物质化这样比较简单的词语对多层面进行分类，但是，那是另一
个层面的划分，它标示出思想抽象与体力劳动之间的分离，在这
个层面上，在等级各种无形的不公平这个前提下，前者获得了对
后者的特殊控制权。在克米斯那里，同文学书籍在数字上的增长
相比，美术的大众化，加上品位标准的稀缺，使得思想与劳动的
对立得到更大幅度的弱化。这个更大幅度的弱化却产生了一系列
关于文学崇敬的特殊焦虑，我们在前文有所涉及：不仅是虚构的
抽象标志着批评这项想象出来的任务达到了一个更加专业化的程
度，因此取代了更加一般性的哲学实践，而且知识的这一划分也
在写作与体力劳动之间做出了更加严格的区分。

　　比斯密有过之而无不及，克米斯似乎对"按照出身、职位
或职业将人划分为不同的阶级"充满信心（《批评的要素》第
724 页）。关于所有的"阶级"都享有共同的快乐，克米斯写道，
"对于任何一种脱离了既定的共同标准的品位，我们都要予以同
样的批判"（《批评的要素》第 724 页）。因此，克米斯认为"那
些依靠体力劳动获取食物的人完全没有品位"，（《批评的要素》
第 726 页）便不足为奇了。在《人类历史概要》（*Sketches on the
History of Man*）一书中，他更是明确支持写作与体力劳动之间的
划分："继续待在那里（慈善学校）的年轻人，只要能够流利地
阅读和写作，会变得不堪于艰苦劳动，不屑于普通工作。"（《人
类历史概要》第二卷，第 535 页）不仅如此，"知识对于劳作着
的穷人而言：……一个牧羊人，一个耕夫，或任何苦力，是一种
危险的习得"（《人类历史概要》第二卷，第 534 页）。

　　斯密在其关于纯文学的讲座中也将劳动和品位放在类似的对
立位置，对那个极其重要的"无物"做出一个颇具代表性的含
糊的首肯，同时还附加了一个"无人"（no one）："有许多人，

他们并非迫于生计而劳动，同时又无事可做，于是，自愿从事符合他们的品位的工作。"在进一步承认写作繁荣的前提下，斯密继续道，"在这个国家，散文开始得到培育……散文是这样一种文体，一切生活琐事（以及）各类商业协议都可以用这种文体书写"（《修辞与纯文学演讲录》第 137 页）。"没有人"，斯密有句名言，"用诗句讨价还价"《修辞与纯文学演讲录》第 137 页）。因此，实现了共同性——再一次与某种关于划分的认识论达成一致——二者均允许在更大范围内接触美术，再回到克米斯，"对诸多阶级的排斥是将那些有能力做出判断的人缩小至一个狭隘的界限之内"（《批评的要素》第 727 页）。

以这种共同性为背景，空洞的劳动空间便作为一种多数而存在——一个关于"无物"和"无人"的共同性——它对于思想的影响被清除，除了所谓公众赞同的各种规定。在《通识教育观察录》（*Observations Upon Liberal Education*）（以下简称为《观察录》）（1742）一书中，乔治·特恩布尔（George Turnbull）说，"很明显，大多数人应该……更适应体力劳动而非发明创造，这一点有利于共同利益"（《观察录》第 119 页）。再次申明，我们不是要否定特恩布尔与阿伯丁小组（雷德［Reid］和弗格森［Ferguson］均包括其中）以及斯密的爱丁堡和格拉斯哥信徒之间存在许多重要的差异。[1] 但是，引用特恩布尔的话确实可以使我们看到，以某种斯密式方式强调的各种划分可能采取多种不同的方向。特恩布尔继续道，"共同利益的要求是，人们应该像从前一样按照特性划分为劳动方或执行方和顾问方或指导方……尽管我们不能确定地说这是否是能力的原始划分的结果"（《观察录》第 119 页）。

---

[1] David M. Levy and Sandra J. Peart, *The "Vanity of the Philosopher"*: *From Equality to Hierarchy in Post-Classical Economics* (Ann Arbor: University of Michigan Press, 2005).

批评被克米斯列为散文的倒数第二个成就，它同时实现了排
98 除和培育两种功能——区分和共同利益；更多的（即劳动着的）
人被日渐推到发明这项特权之外。"在美术领域，"克米斯继续
道，"品位必须通过教育、反思和体验得到提升……（所以，我
们）欢迎所有理性的快乐，不允许任何过度的放纵"（《批评的
要素》第727页）。通过想象性写作的繁荣适当地排除"过度"
是克米斯在这些语篇中想要倡导的特殊动力学。我们可以说，如
果1774年对反对永久版权的黑顿案是站在不断扩大的文学作品
传播量这个立场上做出判决，那么，以某种有品位的方式对那些
作品做出裁决的能力恰恰赋予了来自相反方向的、赞同缩小想象
性快乐的批评一种权威性。

在我们将要以对苏格兰各大学的某些评论来结束本章之时，
写作日益拓展的传播范围与越来越狭隘的学科之间出现的这种摇
摆还是值得探讨一番。我们已经讲到，克米斯提高了知识的划
分，因此更加专业化的文学批评学科取代了斯密提出的更具一般
性的哲学计划。以此方式，品位的各种标准继续提供某种机制，
据此将想象的任务同体力劳动区分开来。特恩布尔、休谟和斯密
尽管对物质条件的希望或忧惧在程度上有所不同，但他们都将它
看作是某个"群体"。再一次与人们的直觉相违背，批评之外的
物质劳动的空洞空间等同于人们中的大多数，他们自身必定通过
引人注目的抽象被动地朝着公共和平的方向移动。

还是要参考一下牛津的诺克斯牧师（Reverend Knox）的观
点，尽管他的观点更加极端，他所谓的书籍的"多中心"繁荣
其本身就是个数字难题；不过，书籍是一个被设计来解决其他数
字难题的数字难题。"尤其是在当今时代，"诺克斯写道，"书籍
的传播……因为散播物质主义者所青睐的观念而从根本上动摇了
虔敬和伦理德性。"（《随笔，道德与文学》第376—377页）通
过将品位缩小为一种稀有的、继而是学术的感悟——与诺克斯相

反——克米斯将道德哲学的想象能力缩小至"美术"这个离散的范围之内。当然，这不表示道德和文学不能共同发挥作用。相反地，在苏格兰教育体系中的这个历史时刻，如我们将要看到的，想象性写作因为批评所昭示的那种哗众取宠的超然而变得体制化，与此同时，文学应运而生。

因此，除了克米斯对普遍快乐的呼吁，我们还必须注意到，他坚持"将（有关对错的）道德感同美术中关于对错的认识区分开来"。他继续道："前者，作为一种行为规则，同时也是我们应该服从的规则，必须明确无误，威严可信。后者并不享有这样的威权，因为它的目标是我们的快乐和消遣。"（《批评的要素》第 725 页）缺少了批评的美术在此意义上是无法想象的——**绝对**无法想象——无论是作为令人愉悦的无知，还是作为一个在多层面上进行分类的难题。克米斯继续道：

> 美术中的品位标准尚未（如其他知识分支中那样）达到完美……美术中的对错观模糊不定，因为它的对象一般不能明确地彼此区分。（《批评的要素》第 725—726 页）

因此，在克米斯看来，"与其说在尊重道德方面，不如说在尊重美术方面更需要谨慎小心，（因此）谨慎的选择是必然的结果"（《批评的要素》第 726 页）。我们已经回顾了斯密在将诗歌（更不用说爱情小说）看作一个具有太多不同解释的难题时所表现出的谨慎。回想一下，音乐不必与这种东西较劲，它也不是数学和自然哲学关注的事物。在由克米斯设计安排的关于增长的插曲中，"更加需要谨慎小心"中的"更加"标志出无—批评—文学（literature-without-criticism）抗拒其后来被对象化的倾向，也就是说，抗拒在极为不同的学术写作中间成为文学。

克米斯注意到，在这个新近变得喜闻乐见的美术中，感知力变得模糊不定，所以他随意地将一种困扰摆到了桌面上——因为它可能牵扯众多——即想象的反形式主义概念，它突然出现的方式与惊奇在斯密的一般解释系统中一模一样。作为通识学科一个尚未确立的分支，在后来以其他方式足可纳入经典的一系列美学文本的衬托下，文学最初的未成形对由于无知而产生的美妙诧异发挥了一种含混的作用。以此方式，在半自觉的情况下引入了一个关于共同的不同概念。通过延伸，对从前狭隘的知识系统的重新划分在一种对未完成充满担忧的状态中即可被投射出来。在有关判断、财富以及品位的各种法则之外，一系列摇摆不定的——也许同样是空虚的、不完美的，而且可能是非权威的——社会及认识论方面的其他法则似乎都在我们面前闪耀。

在这个敏感时刻，英国文学在这所苏格兰大学里的设立找到了其保守的理由。当斯密在《国富论》中夸赞通识教育经济实惠时，他将此与印刷领域发生的决定性变化直接联系在一起，他指的是现代高等教育内部围绕着学科变化发生的一系列最有意义的事件。斯密曾经在牛津待过一段时间，他在给威廉·库伦（William Cullen）的一封信中说，大学的组织结构令他十分感兴趣（《书信集》第 173 页）。"我对这个问题思考良久，"他在《国富论》中写道，"而且对欧洲几所著名大学的组织机构和历史做过仔细的研究。"（《国富论》第 758 页）在这段话下面的大量篇幅中，斯密关注更多的是资金和进入的途径，以及最佳状态下的罗马教育等问题。他专门指出，捐赠对于待遇优厚却工作清闲的牛津教授应承担的责任而言尤其具有败坏作用，在牛津，出身和财富较之功德更为大家所敬重（《国富论》第 761 页）。"在牛津大学，"他写道，"公共教授（public professor）中的绝大部分，这么多年以来，已经集体放弃了哪怕是装模作样的教学。"（《国富论》第 710 页）斯密本

人就曾因为阅读休谟的《人性论》（*Treatise of Human Nature*）
而受到申斥，该书同洛克的著作一样都属于禁书。[1]

　　根据这所苏格兰大学已经被赋予的鲜明特征，斯密在给库伦
博士的信中继续道："就苏格兰各大学目前的状态而言，尽管它
们有各式各样的问题，但我仍要以最诚恳的态度说，它们无一例
外都是最好的学校，在欧洲任何一个地方都不再有如此优秀的教
育场所。"（《书信集》第 173 页）这绝非带有地方偏见的夸大其
词，也非地方学术之争的延伸。牛津与剑桥的学生随心所欲地来
往于冗长乏味的讲座，却不考虑学习一门连贯的课程。1772 年，
吉尔伯特·威克菲尔德（Gilbert Wakefield）在描述伦敦大学生
活的精神意义时，称其"令人厌倦到无以复加的地步。"[2] 牛津
或剑桥的一位历史学家这样描述 1680 年至 1780 年这段时期，总
体而言，"漠然无趣，懒散迟钝"，两校在这段时间的入学率下
降了 50%。[3] 托马斯·P. 米勒（Thomas P. Miller）在《大学英
语之构成》（*The Formation of College English*）中指出，英国大学
培养的著名科学人才日渐减少，从 17 世纪的 67% 降低到接下来
的一百年中的 16%。与此形成对照的是，在苏格兰和国外接受
大学教育的人在同期由 10% 增长至 23%。[4]

　　但是，究竟什么是文学教育，斯密用"文学的价值"（liter-
ary merit）这个表述建立起了一个怎样的价值？斯密和他的同时
代人在已经过时的经院哲学或亚里士多德式的词汇基础上关心的

---

　　[1]　因为斯密的老师哈钦森对斯密有很大影响，就像休谟对哈钦森的影响，尤其
是在道德同情问题上。关于这一影响的讨论，见 Fitzgibbons, *Adam Smith's System*,
13ff。

　　[2]　Wakefield, Lawrence Stone "Social Control and Intellectual Excellence: Oxbridge
and Edinburgh, 1560 - 1983", in *Universities, Society, and the Future*, Nicholas Phillipson
(Edinburgh: Edinburgh University Press, 1983), p. 17.

　　[3]　Ibid. , p. 18.

　　[4]　Miller, *Formation of College English*, p. 84.

是某门课程陈旧的程度，而且我们已经注意到，他们更欣赏某种将品位因素考虑在内的系统，品位可以将集体体验这个难以计数的现实分类并纳入其恰当形式的分裂性总体。这是市民社会的决定性基础，市民社会是苏格兰文化人引入英语的一个概念。① 正如给库伦的信中继续讲到的，我们看到文学教育在同它成功清空物质忧虑的比例关系中赢得了自己的价值；这样的教育理应将尊严置于任何物质收获及物质交换之上，我们必须将它们归在诡异的愉悦名下。"在诗歌与哲学中，公众的憧憬……几乎是……它们收到的全部回报。"（《国富论》第 123 页）"教书，"斯密继续道，"对书商而言比写作更光荣……（或者）写作是为了谋生。"（《国富论》第 148—149 页）

　　因此，斯密谴责某个行业是因为它虚抬利润到了不科学的地步（《书信集》第 173 页），同时也批评英国的大学在组织机构上荒诞不经（《书信集》第 27 页）。与克米斯一样，斯密也呼吁"（罗马式的）精雅得到进一步的发展，当时哲学和修辞学已成时尚"（《国富论》第 759 页）。他也呼吁在苏格兰的大学中引入似乎处于对立面的动力机制，即自由竞争（学生缴费与捐款垄断）以及共同快乐的实现，后者将在英国文学研究这个新专业领域内做专门培育。②《伦敦时报》在斯密 1790 年去世数周后这样描述他，他"将道德哲学教授一职变成了贸易与金融教授，"我们已经提到，在中世纪之前，学科间的划分尚未有如此刻板或

---

　　① 关于经院哲学与 18 世纪通识教育之间的对立，见 Rothblatt, *Tradition and Change*。

　　② 作为苏格兰大学改革的一部分，终身导师（regenting）制也宣告结束，即某位导师不再一直伴随学生的学术生涯。1708 年，爱丁堡摄政废除了终身导师制，格拉斯哥在 1727 年也废除了这一制度。1690 年到 1720 年间这个变化与人文学教授的设立共同构成了斯密探究学科专业化的背景。见 Roger Emerson, "The Contexts of the Scottish Enlightenment", in *The Cambridge Companion to the Scottish Enlightenment*, ed. Alexander Broadie (Cambridge, UK: Cambridge University Press, 2003), p. 19。

纯一的定义。[1]

针对《国富论》中对英国大学体系的指责，修·布莱尔在给斯密的一封信中写道，"你树立了强大的敌手，他们将尽其所能向你发难"（《书信集》第 188 页）。布莱尔于 1762 年在爱丁堡被聘为修辞与纯文学钦定教授，他因而成为克米斯文学教育的鲜活化身。事实上，他的确是英语世界（它也无意中将皇家赞助包括在内）的第一位大学现代文学教授。[2] 当布莱尔要求将纯文学一词包含在他的教授头衔内以赋予它更多的现代气息时，他也在爱丁堡体系提供的可怜的补助之外试图另谋财路，他卖掉自己讲座稿的版权，获得了 1500 磅。按照 1793 年的标准，这是一笔不菲的数额。尽管文学的地位显而易见是非利害的，是去一物质化的，布莱尔靠文学研究获取的利润仍然为现代学科如何通过缩小或拓宽共同快乐的途径而产生价值提供了又一个例证。

作为苏格兰神职人员中的温和派，布莱尔坚决反对民众在新教神职人员的选拔上施加影响。正如米勒所指出的："为英语教学设置的第一个大学教授职位是对温和派领袖（布莱尔）的回报，因为他们确立了恭顺服从的标准……（而且）压制新教中民众的反抗。"[3] 在训斥某些学生社团可能涉及不适宜的辩论主题时，布莱尔警告那些"乌七八糟的社团，在这些社团当中，那些身份职业均十分低下的乌合之众纠集在一起，他们不是被同

---

[1] *London Times* (1790)，转引自 E. J. Hundert, *The Enlightenment's Fable: Bernard Mandevilleand the Discovery of Society* (Cambridge, UK: Cambridge University Press, 1994), p. 234。

[2] 布莱尔是第一位仅限于英国文学的教授，第一位讲授英国文学的大学教授是 John Stevenson, 他 1730—1777 年是爱丁堡大学的逻辑与形而上学教授（见 Miller, *Formation of College English*, p. 166.）。因此，文学研究出口到更加遥远的殖民地，例如印度，只能发生在它从鄙俗的不列颠内部发明出来之后。见 Robert Crawford, *The Scottish Invention of English Literature* (Cambridge, UK: Cambridge University Press, 1998)。

[3] Miller, *Formation of College English*, p. 168.

盟的共同纽带联系在一起，而仅仅是因为某种参与公共讲演的荒唐渴望。"① 尽管 20 世纪和 21 世纪的学者对启蒙时期的各个文学俱乐部大加赞赏，同样应该注意的是，到 1782 年，苏格兰的哲学团体的规则中都小心翼翼地避开了"宗教或政治争论……（以及所有）有害于或不适于哲学探讨的争论"。② 要强调的是，我们在本章对这一点已经以各种方式进行了阐发，对"各种群体"的管理问题——不言自明，他们指的是大多数（劳作着的）男人和女人；低层阶级——在认识论转变时刻出现了，这个转变源自对某种知识的培育和划分，这种知识在将品位高雅的阅读和写作结合起来方面发挥了新的作用。

斯密的苏格兰同胞亚当·弗格森在一封信中夸赞斯密的《国富论》中有关教育的篇章，他说："你激怒了……教会……（还有）大学。"更有趣的是，弗格森坚持认为："你（斯密）毫无疑问将在这些主题（商业的和教育的）上独领风骚。"他很快又补充道："你不用期待像某本小说，甚至某段真实的历史那样风靡一时；但是，你或许可以大胆地向你的书商保证，你的书会一直不断地卖下去。"（《书信集》第 193 页）再回到小说问题，我们在第三章有更多讨论。在本章的结束部分，对我们而言更重要的是，在苏格兰和英格兰的知识体系之间，书籍销售，学术声誉以及民族—**内部**的种种对立问题在弗格森的这些话语中仍然含混不清。它们既赞扬斯密，同时又让他相信他自己的文章不可能**过于**—流行。

在大众中的声誉喜忧参半，风险之高也非常容易理解。或

---

① Hugh Blaire, *Lectures on Rhetoric and Belles Lettres*, Linda Ferreira-Buckley and S. Michael Halloran (Carbondale: Southern Illinois University Press, 2005), p. 240.

② 转引自 Miller, *Formation of College English*, p. 154. 凯姆斯将伦敦咖啡馆的历史追溯到 1633 年。很能说明问题的是他将这个"伟大的发明"同 1577 年怀表的引进联系在一起。见 Kames, *Sketches on History of Man I*, p. 98。

许，这可以解释何以斯密甘愿违背休谟临死时的遗言，拒绝在休谟死后出版其关于宗教的文字，"因为我已经预见到它们将会引发的扰攘"，[①] 品位的细微能力值得拥有，正是因为这些能力能使你对大量各不相同的文本加以分类，因为多数人的阅读是由少数人来培养的。被阅读是有意义的，但是，斯密继续嘲讽为流行艺术（他是在重复休谟的观点，鬼魂般的实践者们在反对者和卫理公会教徒中挑起争端）的事物同时也意味着民众、想象、写作以及体力劳动可能同时汇聚在某种关系中，它"被调整以适应……人类框架中那些杂乱无序的情感"（《国富论》第 191页）。通过以某种特定的方式框定大量的写作，建立其划分机制，同时对不同文类的散文进行划分，大众的争论热情和可信度本身已经得到有规律、有秩序的划分。框定人类情感的不同方式，以及对思维和劳动之间的划分进行改造的其他方式，我们都留待下一章进行讨论。

103

104

---

① 转引自 Schliesser, "Obituary of a Vain Philosopher", p. 177。

第二章

"争论不断的合并":
从亚当·斯密到斯宾诺莎跨越
个人成见的争执

  对于亚当·斯密的同情概念,似乎已经不可能再有什么新见。不仅是关于斯密的卷帙浩繁的书籍和论文表明能说的都已经道尽,而且"亚当·斯密难题"① 的持久权威性也迫使读者相信,如果对斯密还可能有其他的解读,他会被看作是一个研究同情(如《道德情操论》中所表达的)或者是个人利益(《国富论》)的思想家,这并不排除二者之间存在微妙的偏移,证明二者其实是相互依存的关系,或者说是同一种人性的表现。以任何形式对立的系统都是如此,即,对其能产生的话语不可能有一个由演绎得出的限制:这样一来,评论便可能成为一个骗局,在其中,评论者揭示出某个给定文本的出人意料的含义,常常令读者感到困惑或惊愕。似乎与所能得到的证据不相符,《道德情操论》确实包含了个人利益理论,而在《国富论》中也隐藏着关于同情的理论,在此之前该理论是同更早

---

① 关于这个"难题"的绝佳综述,见 Leonidas Monts, *Adam Smith in Context: A Critical Reassessment of Some Central Components of His Thought*(London: Palgrave Macmillan, 2004)。

些的文本联系在一起。① 除了关于这些问题的理论分析方法，读者也发现有可能，而且也有必要追溯同情和个人利益在斯密之前的哲学史谱系并确定他在多大程度上接受或拒绝了这些理论遗产。因此，围绕斯密的著作产生的解释矛盾只在某一个范围内产生影响，它似乎难以超越这个范围，尽管这一不可能性的性质还有待探究。

105

要在斯密的同情概念中发现新东西，更不要说讲清楚这些新东西，所需要的将不仅是单纯的才华或更清晰的思维。这套可能获得的阅读材料，其中存在明显的分歧和对立。经过漫长的历史沉淀，已经十分清楚的是它强加给我们各种界限，而且不允许我们脱离这些界限。出路只有一条，前进的路只有一条：通过文本本身。至少在一开始，避免将其翻译成我们自己的哲学表达，阅读原文，既然这样说了，就尽可能这样做，每一行，每一个字都要如此对待。不仅如此，既然我们不能忽略在《道德情操论》研究中被反复引用的少数文字，这样的阅读实践便会迫使我们面对常常被忽略的一些文字（其中某些文字极令人惊讶，有时甚至令人迷惑），并且思考它们为什么被忽略，这类忽略如何定义了现有材料对该文本的解读。

中世纪那些伟大的希伯来经文注释家厌倦了发现隐含意义的寓言式解读，决定逐字，甚至一个字母一个字母地阅读原文，抛开所有规则，只是为了理解经文到底讲的是什么，他们就像无名地带的探险者。他们的研究产生了非同寻常的结果，这些结果直到今天仍然令读者感到不安。假若逐字阅读文本（或至少是某些段落）揭示出矛盾和不连贯，就是矛盾和不连贯：或许跟随文本的脚步，无论它把我们带到何处，我们的所

---

① Maria Pia Paganelli, "The Adam Smith Problem in Reverse: Self-Interest in *The Wealth of Nations* and *The Theory of Moral Sentiments*", *History of Political Economy* 40, No. 2 (2008), pp. 365 – 382.

得都会远胜过在由文字推论出来的抽象论点中的收获，用这些文字表述的论点其目的是证明它们的连贯性。不过，即使是这样的逐字阅读也不足以阐明"同情"一词在《道德情操论》中的意义。

　　为了掌握这一概念在其文本存在中的意义，我们需要将斯密同表现"同情"所包括的不同现象最有力的表达者加以对照：斯宾诺莎。要引入一个在斯密的讨论中很少见到的名称，[①] 我们一定会遇到一个基本难题：在斯密的整个资料库中，根本没有提及斯宾诺莎。这个事实的确令人感到奇怪，因为我们发现斯密在其著作中论及当时所有著名的哲学家：培根、笛卡尔、伽森狄（Gassendi）、帕斯卡、马勒布朗士（Malebranche）、洛克，以及莱布尼兹。尽管这样的缺失在《法理学》或《国富论》中不足为奇，但是在《道德情操论》中却颇有些意思，特别是因为后者一开始便论及同情概念的每一种含义。这个词在休谟[②]和斯密所熟悉的其他人笔下都被用来表达个体之间思想和情感的交流。

106　斯宾诺莎不同于当时（甚或任何时候的）其他所有哲学家，他探索了所谓个人内心（马西森［Matheron］）或超个人（巴里巴［Balibar］）领域[③]，同情概念必然根植于此。使用"超个人"一词，我们指的是个体性无法简化的种种形式，它们避开了司法与社区、社会或国家意义上个人之间的简单对立：例如夫妻、社群、大众，以及其他种种形式，在这些形式中，个人之间的界限是交合的，因此热情或情感能够在彼此之间传递，以至于无法说

---

① 例外：Lee Rice, Douglas Den Uyl 和 Steven Barbone。

② David Hume, *A Treatise of Human Nature*（Oxford：Oxford University Press, 2000），第二册，第 1 部分，第 11 节。

③ Alexandre Matheron, *Individu et communauté chez Spinoza*（Paris：Minuit, 1969），pp. 150 – 210. Étienne Balibar, "Individualité et transindividualité chez Spinoza", in *Architectures de la raison：Mélanges offerts à Alexandre Matheron*, ed. Pierre-François Moreau（Fontenay/Saint-Cloud：ENS 版, 1996）.

清某种情感属于谁或起于谁。①

　　当然，也有人可能会说，斯宾诺莎出现在斯密的著作中（如果不在其中），不过被删除了，但其影响是存在的，通过特定的中间方式，他的思想依然展现出来。例如，斯密在描述同情之功用时，即它由此出现的确切机制（不同于它在人类社会中的作用），批判性地参考了马勒布朗士、曼德维尔（Mandeville）和休谟，这一点不会有误。尽管这些大师中的第一位和最后一位都极力否认对斯宾诺莎有所继承，尤其在他们借用最多或干脆对他表示同意时更是如此。② 曼德维尔从来不会因为隐藏起某些不合时宜的观点而受到指责，他用斯宾诺莎的格言"我认为现实和完美是一回事"作为他为市场和个人激情辩护的基础，这两样事物给了"全体民众一个乐园"（《伦理学》第二卷，第6页）（斯宾诺莎的《伦理学》的前五部分在下文标注的顺序为书名、所在部分，最后是具体命题）③。

　　但是，间接引用斯宾诺莎这种说法并未抓住《道德情操论》开篇便与哲学，即一系列概念，而非哲学家交锋的方式。这一交锋并非像在《道德情操论》的结论部分一样表现为直接的拒绝，在结论部分，斯密比较仔细地考察了各种不同的"道德哲学体系"。早在半个世纪之前，沙夫茨伯里便按照自己的理解认为善

---

　　① Warren Montag, "Who's Afraid of the Multitude: Between the Individual and the State", *South Atlantic Quarterly* 104, No. 4 (Fall 2005), pp. 655 – 673.

　　② 见 Jonathan I. Israel, *Radical Enlightenment: Philosophy and the Making of Modernity 1650 – 1750* (Oxford: Oxford University Press, 2001)。Israel 确立了斯宾诺莎作为启蒙运动核心人物的地位，他的思想常常被复制或攻击，却并不注明出处。Israel 在对文本和自然的解释中将重点放在斯宾诺莎对超自然主义的批判上，后面的部分或许可以看作是他关于情感/激情问题以及个体界限的论点的延伸。

　　③ 所有的翻译都由我们完成，全部基于拉丁文版的斯宾诺莎的著作 *Opera*, ed. Carl Gebhardt (Heidelberg: Carl Winter, 1924). Bernard Mandeville, "The Grumbling Hive: Or, Knaves Turned Honest", in *The Fable of the Bees* (Vol. 2), ed. F. B. Kaye (Indianapolis: Liberty Fund, 1988), I, p. 24.

与人交往的批评家具有某种比拒绝更巧妙的策略：

> 根据某种已知的对个人利益的思考方式，我们享有的社会权
> 利根据法律应该废除……按照这种方式，我们可能不会再有
> 与某种直接的个人目的相违背的任何利益；不存在任何与不
> 懈地、慎重地追求最狭隘的个人利益相反的事物。①

斯密经常在最严格的意义上被解读为是善与人交往的思想
家，对他而言，同情是社会自身的起源和基础。反过来，是否有
可能将他（以同样的方式将斯密同斯宾诺莎联系起来）解读为
在继续沙夫茨伯里所描述的工作，即废除或破坏，它将清除
"一切仍然保有"真正意义上的社会性的事物？不仅如此，是否
有可能将斯密解读为是在提出一个荒谬的、没有真正的社会性的
社会理论？因为，在他看来，社会是人类存在的必要条件。

在开始谈论这些问题之前，我们或许应该回想一下路易斯·
阿尔都塞的定义，他将哲学中的根源假定为一种双重姿态，它排
除了那种"为了思考某人想要思考的东西则一定不能思考的事
物"。② 如果同情既是他讨论道德的起点，同时又被斯密假定为
源头之一，那么，阿尔都塞的定义便有助于我们将《道德情操
论》开篇第一章的第一部分理解为一种双重姿态，它对"同情"
这一思想或者单纯这个词语的保留仅限于使其不包含任何超越个
人边界的内容或意义。换言之，斯密可能被当作是沙夫茨伯里所
描述的那种策略的更狡猾的实践者，他不仅废除了超个人
（transindividual）或个人之间（interindividual）这一范畴，而且

---

① Anthony Ashley Cooper, *Third Earl of Shaftesbury, Characteristics of Men, Manners, Opinions, Times* (New York: Bobbs-Merrill, 1964), p. 282.

② Louis Althusser and Étienne Balilar, *Reading Capital* (London: Verso, 1969), p. 63.

是通过超个人性本身这个语言和词汇做到了这一点。

这正是《道德情操论》的目的并非执意排斥或否定某种超个人范畴的思想所表达的含义，在这一超个人范畴中，人不仅能够（事实上是必须）了解而且能够感受另一个人的感受，竟至于能够使这件事变得匪夷所思甚至难以想象。休谟的《人性论》中的第二部分对于同情做了简要且具包容性的评述，马勒布朗士在《真理研究》（*De la recherche de la vérité*）第二书中也做了非常丰富但最终却毫无根据的论述，但二者都未能产生足够的危险警示，促使斯密断然将同情排除在外。他们可能仅仅代表了一种简单的、模棱两可的态度。斯宾诺莎的思想本身：内在于这些命题中的思想和注释构成了《伦理学》的第三、第四部分，它们如阿尔都塞所言，可能催生一种"残忍的"企图，想要将某种哲学"永久封闭，深埋地下"①，该哲学对斯密关于社会是制度化形式的迷信和狂热这一原则可能具有破坏性，斯宾诺莎似乎对迷信和狂热具有威胁性。

要了解斯密实际的哲学操作，必须重视《道德情操论》的第一句话。这句话在很多方面都显得不同寻常，首先，或许是因为它在整本书中对同情做出了最有力的（即最少含混性或模糊性的）说明。接下来对于同情的每一个描述都代表了该说明成立的一个条件：

> 无论人可能多么自私，在其本性中仍然具有一些显而易见的原则，使得他对其他人的富有感兴趣，使得他们的幸福对他而言是必不可少的，尽管除了看到这种幸福时的欢悦，他从中一无所得。（《道德情操论》第9页）

---

① Louis Althusser and Étienne Balilar, *Reading Capital* (London: Verso, 1969), p. 31.

　　在此，斯密将自己同对霍布斯的政治人类学的一系列批判联系在一起，根据霍布斯的政治人类学，只要人类仅仅受到个人利益的驱动，从其本性而言，他们对于社会来说便是不适宜的，他们就会倾向于不仅对他人的幸福无动于衷，而且会产生某种敌意。在该书的第一句话中，斯密本人似乎十分认同那些关于人的社会性的强有力话语，这些话语出现在对霍布斯所做出的反应中，出自沙夫茨伯里、巴特勒、哈钦森、休谟以及卢梭。根据他在此句话中的定义，同情是无法简化的：无论多么"自私"（在这个语境中，该词仅仅是一个描述性而非与标准有关的词语，表明其对自身的关注是绝对排他的），仍然有某种"显而易见的"（意为明白无误的，确定无疑的，无可否认的）事物使人对"他人的富有""感兴趣"。

　　这里的"感兴趣"一词值得注意：它不仅是对他人感到好奇，这种好奇可能同时伴随着提升自己财富的欲望。它是带着一种欣赏的心情将自己和他人加以比较，在霍布斯看来，[①] 这可以为自己的物质优势增加荣耀感，因此让快乐更富意蕴。相反地，它也意味着你个人的兴趣中包含了"财富"，因此也包含了对他人的兴趣。他人（复数名词）的幸福"对他而言必不可少"，即对他的幸福是必不可少的，这不仅是因为他可以依此（通过他们的慷慨馈赠或美好心愿）计算他的收获，而且因为他仅仅"看见"他们的幸福便得到"快乐"。

　　人性中"使他对他人的富有感兴趣"这一原则也使他对他

---

　　① 霍布斯最初将荣耀定义为"喜悦，源于人对于自己的力量和能力的想象"，Thomas Hobbes *Leviathan* (London: Pelican, 1968), pp. 124 – 125. 不过在第十三章，他将荣耀定义为每个人都有的欲望，"即他的同伴必须重视他，与他对自己的估价相一致"（第 185 页），这种欲望可能会让个体在失望时甚至通过暴力手段"强行"（第 185 页）要求他人重视自己。

们的不幸感兴趣。如果他们的幸福的确对他自己的幸福不可或缺，那么，缺失了他们的幸福便一定会影响到他的幸福。因此，"我们常常因为他人的悲伤而悲伤"，这是属于"人性的原初热情"中的一种"情感"。同样地，这种情感，怜悯或同情，不独为有"美德和人性"之人可以感受得到，甚至"最顽劣的违反社会法律者"也能感受得到。在此，正如许多评论者已经注意到的，斯密在"论慈善与慈善学校"（Essay on Charity and Charity School）一文中隐晦地提到曼德维尔对怜悯的贬低，后者认为，较之更迫切的感觉，如饥饿或性欲，怜悯同样是天然的，因此也是动物性的，所以，并不比这些感觉更具有社会性。① 我们不会因为某人瞬间的本能而赞扬他；然而，在那些本能中却有怜悯的美德，它仅仅是我们本性的无意识反应吗？

斯密在《道德情操论》第一段的结尾部分影射到曼德维尔，以使自己同沙夫茨伯里的（他本人便是曼德维尔在"探寻社会的性质"［A Search into the Nature of Society］中的批判对象）的观点保持距离，也与巴特勒和哈钦森（这二人都试图批驳曼德维尔的立场）保持距离。尽管如此，他却让我们看到了所有派别在这场争论中的一个共同的理论基础。每一派都同意的是，人远非同样"自私"，无论是因为善还是因为恶，他都不会对他人的幸福或忧伤无动于衷。在这个意义上，曼德维尔和其他人一样也对社会性持有偏见，即使他对其基础的构想十分不同，这个事实对斯密本人理论的形成已经证明具有关键作用。

如果说《道德情操论》的第一段不仅保留了同情这个概念，而且将其放在一个突出的位置，第二段则清除了它在先前的理论

---

① 见 Bert Kerkhof, "A Fatal Attraction? Smith's *Theory of Moral Sentiments* and Mandeville's *Fable*", *History of Political Thought* 16, No. 2 (Summar, 1995): pp. 219 - 233, and Pierre Force, *Self-Interest before Adam Smith* (Cambridge, UK: Cambridge University Press, 2003)。

家的著作中所具有的全部意义，而且代之以另外一个相反的意义。以这种方式，斯密的哲学策略——不仅是他的思想的内容及其基本命题，而且还有他形成这些命题的方式和他为了将它们凸显为真理而作的努力——都非常奇怪地与斯宾诺莎的理论十分相似。它其实和安德烈·托塞（André Tosel）所谓的"性的作用"（operation of sive）① 没什么区别，是一种取代和翻译的做法，在斯宾诺莎那里，这一做法保留了神学语言，同时又将它的每一个术语翻译成与其相反对立的词语，系统性地将超验改造为固有，如在著名的"上帝，即自然"（Deus，sive Natura）（《伦理学》第四卷，前言）中那样。除了连词"sive"（意为"或者"或"即"），斯宾诺莎还经常使用"veluti"和"quasi"这些词（这两个词常常被翻译为"好像"或"如前所是"），目的是帮助读者以全新的方式理解熟悉的词语。② 在《道德情操论》中，斯密要求我们将同情理解为一个纯粹表示个人内心的词语，它就是一种对想象的练习，最后既不依赖他人，甚至也不需要他们的存在，而同情之前被理解为情感由某个人到另一个人的"交流"或"传递"，因此是一种超个人的现象。

　　《道德情操论》第二段的第一句话对情感交流未做任何驳斥或说明，相反地，只是使它们变得毫无意义："因为我们对他人的感觉没有任何即时的体验，我们便无法理解他们受到影响的方式，而只能设想我们自己在相同的情况下应该有怎样的感觉"（《道德情操论》第9页）。没有即时的体验：我们便囿于我们的身体，而他们，我们假设（而且我们只能假设，因为我们对他们的情感没有直接体验）自己设身处地。我们直接或当时便体

110

---

① André Tosel, *Spinoza ou la crepuscule de la servitude* (Paris：Aubier, 1984), p. 55.

② 见Étienne Balilar, "Potentia multitudinis quae una veluti mente duciter", *Ethik, Recht und Politik bei Spinoza*, eds. M. Senn and M. Walther (Zurich：Schulthesiss, 2001)。

验到我们自己的感情，这里的意思是不需要任何思想的努力或意志的运用。

在《论外部感觉》（Of the External Senses）（收录于《哲学主题文集》［*Essays on Philosophical Subjects*］）这篇他早期的文章中，斯密试图确立体验的界限。如果一个人

> 将手放在任何一个其他人的身上，或任何一个动物的身上，尽管他知道，或至少可能知道，他们感觉到他手的压力，就像他感觉到他们身体的压力：但是，因为这种感觉完全外在于他，他常常不会注意到它。（《哲学主题论文集》第136页）

同样地，视觉展示给我们的是一个"仅仅是平面的或表面的"（《哲学主题论文集》第151页）世界，包括其他人的身体表面。如果我们"知道"其他人也有感觉（并且注意到斯密保留了我们也许不知道的可能性），那我们便是通过自己的"设想"，而非对他们的感觉的体验而得以"知道"。不仅如此，我们所形成的"思想"不是关于他们的身体的处境，而是关于他们在一个无法触及的内部所产生的感觉，这个思想严格地说不是来自他们，而是来自我们自身。我们必须设想"我们自己在相同的情况下应该有怎样的感觉"（《道德情操论》第9页）。除了同我们自己联系起来，不可能确定我们关于他人感觉的概念是恰当的。

为了说明这一点，斯密举了一个极端的例子，它表面上看极具挑衅性："尽管我们的兄弟被绑在行刑架上，只要我们自己安全无虞，我们的感觉便永远不会告诉我们他受着怎样的煎熬"（《道德情操论》第9页）。这是关于折磨、肉体惩罚以及消灭的一系列参考资料的第一个资料，退一步讲，在哲学史上是这样

的，的确，这一章的结论正是献给死刑的一首颂歌。

"兄弟"一词本身便包括一种令人好奇的含混性。它是一个表示科属的词语吗，就像圣经中的"邻居"，或者要从字面上将其理解为一对父母的男孩，并且因此是某个人家庭中的一员，一个"有血缘关系的"亲属，在具有同样情感的世界长大？似乎斯密意欲将个体同他们甚至最亲密的人拆散，他在暗示另一个人的感觉，即使我们同他具有最亲密的关系，而且他"被绑在行刑架上"，因而正在承受极大的痛苦，那些将自身无所保留地展现给我们的视觉和听觉的迹象仍然是我们所无法触及的（尽管他用了一个修饰性短语"只要我们自己自在无忧"，似乎某种双方共同拥有的物质处境提供了共同感觉的可能性，一种他在此没有深究的可能性）。

我们的感觉，斯密强调道，"从未，且从不可能让我们超越我们自身"（《道德情操论》第9页）。在这里，他得出的不仅是一个归纳性的结论，他的结论源自这样一个事实，即我们的感觉不仅从未使我们触及另一个人，更重要的是从未超越我们自身，而且这是一个推理出来的结论：理性告诉我们，我们自己的身体就是绝对的界限。因此，当我们说为我们的兄弟感到同情，因为他在我们眼前遭受折磨，我们的意思仅仅是"运用想象，我们将自己置于他的境地，我们设想自己正在遭受所有的折磨，我们似乎进入他的身体，而且在某种程度上与他合而为一"（《道德情操论》第9页）。"似乎"一词在这里至关重要；斯密让熟悉同情一词的读者将超个人转换成个人之间，以理解进入或分享他人感受的意思，他刚刚排除在外的可能发生的体验现在可以理解为这种想象行为，通过想象，我们思考自己的感觉，或者表示更加不确定的说法是，我们可能产生的感觉，前提是我们从未有过身临其境的体验，因此绝不可能与另一个人的内心世界产生任何关联。

这个想象行为——在其中我们既是主体，也是对象，只是在次一级意义上才用我们因此感觉到的东西表示我们作为另一个人时所了解或可能了解的东西——当然绝不是即时的或同时的。的确，同情现在被理解为一种意志行为，我们以此来设想我们在一个给定的情景中可能有怎样的感觉，因此同情意味着即使是我们的兄弟被绑在行刑架上的景象也只是"终于开始影响我们"，这时，他所受的痛苦在我们看来"让我们感同身受"（《道德情操论》第9页）。这种激情"存在于某种情景当中，似乎在瞬间从一个人传递到另一个人，在此之前，没有人知道是什么使得与此事有关的人情绪激动"（《道德情操论》第11页），它事实上从未穿越或超越某人身体的界限。个体之间感情的渗透、传递以及交流只是表面上存在。它们事实上只不过是康德所谓的归责 112 （Zurechnung）。

斯密的同情概念以某种方式将霍布斯在《利维坦》中对怜悯所做的颇具争议的定义作为其起点，霍布斯在《利维坦》中将怜悯定义为"为另外某个人的灾难感到忧伤"，这一定义不是出自对任何他人在灾难时分所遭受不幸的直接或间接体验，而是"出自认为这类灾难同样可能发生在自己身上的想象。"① 如果这个灾难是他人恶行所造成的结果，相较于受害者无辜受难这种情况（这意味着此类灾难可能降临到任何人身上，包括我们自己），我们的怜悯要少一些。因此，回想一下《道德情操论》开篇的那句话，即使霍布斯认为人的自私是无限的，他也承认在某种绝非不同寻常的情况下，我们可能会因另外一个人的痛苦而感到苦恼，我们的满足因为他们的不幸而变成不安。但是，这对于斯密而言同样至关重要，这种忧伤只是源于我们的想象而且最终指向我们自身。

---

① Hobbes, *Leviathan*, p. 126.

　　事实上，斯密解读的霍布斯正是约瑟夫·巴特勒（Joseph Butler）所解读的霍布斯，巴特勒在其题为"论恻隐之心"（Upon Compassion）的布道中对霍布斯在《论人》（*De Homine*）一书中关于怜悯的讨论（与《利维坦》中出现的几乎完全相同）有一个很长的解释。首先，巴特勒指责霍布斯试图保留"怜悯"和"恻隐之心"这两个词语，同时又以一种与"平常语言"不一致的方式对它们进行了重新界定。① 根据巴特勒对霍布斯的解读，对另外一个人的怜悯与这个人毫无关系，而是与自我有关，自我通过他人不幸的例子令自身感到恐惧。于是，按照巴特勒充满轻蔑的解释，怜悯只不过是一种"懦弱"②，它既不高尚，也没有社会意义。当然，斯密对懦弱表现出更甚于巴特勒的轻蔑，他认同这样的思想，即在怜悯当中，我们的想象只是使我们真切地感觉到我们害怕的事情会发生在我们身上。同巴特勒一样，他也坚持认为，同情是一种由我们在他人身上见到的，或我们认为我们见到的各种景象所激发的想象行为，它不仅仅是一种悲伤的情感。按照斯密的理解，对他人的喜悦和不幸均做到感同身受是完全可能的。

　　不过，对我们的目的更有意义的是巴特勒坚持认为对于霍布斯关于怜悯的论述至关重要的部分有一个矛盾：

　　　　如果的确存在这样的情况，即看到别人的苦难便虚构或想象出与我们自身有关的危险，霍布斯如此说，他错误地认为这就是同情的全部；如果人类确实普遍存在这类与理性反思截然不同的行为，这可能也只是一个个例，它与人的思想南辕北辙，也就是说，它是整个人类的个体之间存在的一种共有

---

① Joseph Butler, *The Works*, ed. W. E. Gladstone（Oxford：Clarendon, 1987），p. 80.

② Ibid.

的相互同情。它也许不能作为用我们自身代替他人的例证。同时，因为它不能作为仁慈的例证，所以它也不能作为利己主义的例证。[1]

在这里，引人注目的是巴特勒承认了霍布斯的恻隐之心观点的基础，承认了仅仅存在斯密后来称为旁观者的想象中的"同感"（fellow-feeling）；同情是情感在个体间的交流或传递这一观点在未置一词的情况下消失了，被相互分离的人们这样一个概念彻底取代，每一个人都限于他或她这个个体范围内，通过想象用他们自己取代了其他人。斯密正是以此作为他自己的基础，而且他将由此得出一系列令人预想不到的结论。事实上，他将同情转化为一种个人间的体验已经使他超拔于霍布斯或巴特勒之上。

因为斯密声称一个人的感觉不可能使他超乎其身体之上，而且因为他永远不可能形成任何关于他人的感觉的概念，他必须解决分离且不平等的角色之间的同情关系：旁观者和牵扯其中的人之间的同情关系，以此来逐渐确定某人的想象与他人的感觉之间必然存在的矛盾。当然，作为一个旁观者，肯定与参与其中者有很大的区别；我不可能参与到他人的悲伤或喜悦当中；我只能感觉到我自己的情感。对于他人所体验到的情感（或者我认为他人正在体验的情感），我只能在想象中靠近（从不曾拥有判断靠近程度的方式）。

我们的感觉"从不可能让我们超越我们自身"这个事实意味着我们绝对有可能在同情中成为完全是我们发明出来的景象的"旁观者"。我们或许同斯密所引用的一个病儿的母亲一样，臆想出当事人身上并不存在的某种苦难和苦难程度。在极端情况

---

① Joseph Butler, *The Works*, ed. W. E. Gladstone（Oxford：Clarendon, 1987），p. 82.

下，同情甚至根本不需要另一个人的存在。因此，"我们甚至会同情已死之人"，而这种同情与我们对他们生活的理解没有任何关系，因为"可怕的未来在等着他们"（《道德情操论》第 12 页）。在他们也构成思维存在与感觉存在这个意义上，我们同情的不是他们本人，我们同情的是一具渐渐腐烂的尸体，因此，我们同情的是一个物。根据斯密的观点，我们想象自己处于那个无生命身体的位置，它"躺在冰冷的坟墓里，等着腐烂，等着成为爬行动物的腹中餐，"他们很快会被"他们最亲爱的亲友"遗忘（《道德情操论》第 12 页）。斯密毫不犹豫地将这种形式的同情称为"想象的幻觉"（《道德情操论》第 13 页），它产生了

> 人性中的一个重要原则，对死亡的恐惧，它是对幸福的极大危害，但是对人类不公平现象的巨大限制却形成了对社会的保护，因为它令个体受苦并压制个体。（《道德情操论》第 13 页）

非常荒诞地，如果我们对死者的同情的确以斯密认为其所具有的剧烈程度产生了"妨碍或危害"，它应该是我们所能体验到的最强烈的同情方式。就活着的人而言，无论那种"假象"多么逼真，该假象包括"我们将自己置于"另一人可能身处其中的情景，它在大多数人那里都模糊得令人惊讶。在"那些无关紧要的情况下"，例如，某人竭力想要"逗大家开心"，他在他们的"欢乐"中所感受到的愉悦或者"他看到除了自己没有人因为他的诙谐发笑"（《道德情操论》第 14 页）时所感到的沮丧都只是瞬间的感觉（斯密引用这一事实来反驳一个论点，即所有这类感觉都源自对个人利益的计算）。

一般而言，当事者的激情越是强烈或"猛烈"，旁观者越不容易或立刻对其激情产生同感。例如，如果有人告诉我们，某个

陌生人"在街上与我们擦肩而过,他身上的一切都显出最深切的痛苦",他刚刚得知他的父亲已经去世,我们"认定他的忧伤"是适宜的,我们"几乎不会根据他的讲述来设想首先会关注什么"(《道德情操论》第17页)。作为目睹了悲伤的旁观者,我们情不自禁地认定,如果不是经过深思熟虑,我们不会产生丝毫的同情:我们必须"花时间"从我们正在做的其他事当中抽身出来,然后努力"在我们的想象中描绘出"他的不幸,并且"全面地考虑他的处境"。斯密称此为"有条件的同情"(《道德情操论》第18页)。

旁观者从未真正体验过同情是有条件的,甚或可以说同情的可能性并非简单地立足于一个原始判断,并由此判断来确定他人的情绪是否适宜。或许在大多数条件下,激情无法被认定为"始终适宜",无论是其本身——骄傲、夙愿、愤怒、憎恨、恐惧以及所有"源自身体的"(《道德情操论》第28页)激情,痛苦、饥饿、性欲——还是从它们的无度而言(忧伤或喜悦)。甚至在某些情况中,当事者的合理激情得体地表现为"平淡无奇"[115](《道德情操论》第27页),这时,旁观者便必须努力产生这样一种效果,他只能想象(但他从来不会了解),即他和当事者之间"某种情感上的对应"。他必须

> 竭尽全力将自己放在他者的位置上,而且让自己切实感觉到受难者正在遭受的痛苦的每一个细微环节。他必须接纳发生在同伴身上的一切,包括所有细小的插曲;并且让那个发生在想象中的情景变化绝对有可能发生,同情正是以此为基础的。(《道德情操论》第21页)

即使旁观者能够完成这个我们称为同情的艰巨任务,她的情感也极有可能"缺少受难者所感受到的那种猛烈性"(《道德情

操论》第21页）。对于上文中所描写的劳动成果，即使它被努力地付诸实践，它也只能是"瞬间的。对于他们自身安全的考虑，他们自己并不是真正的受难者的想法不断地让他们意识到这一点"（《道德情操论》第21页），这些或多或少很快便驱散了同情的假象。

即使是最认真修饰过的同情所具有的条件性和短暂性都会迫使斯密将他的讨论主要集中于当事者。似乎同情的重担压在当事者一方，而非旁观者一方。这是一个双重的负担：受难者不仅自己要"缓解"自己的悲伤，无论那是多大的灾难造成的，从而使旁观者不至于感到"恶心"或"恼怒"（《道德情操论》第11页）并因此失去产生同情反应的希望，要做到这一点，他自己必须参与到想象工作当中来并且对旁观者的"处境进行猜测，"然后"想象如果他是处在他自己处境中的一名旁观者，什么样的方式可能让他受到感染"（《道德情操论》第22页）。同样地，恰恰是承受最沉重的悲伤的个人可能回忆起斯密的准则，即

> 我们对那种闹哄哄的悲伤感到厌恶，它丝毫不顾及人情世故，只是要求我们对叹息、眼泪，还有没完没了的哀怨表示同情。相反地，我们尊重那种有节制的，那种安静的、庄重的忧伤，它只是透过红肿的眼睛、颤抖的双唇和面颊，以及所有行为中那种淡泊却富于感染力的冷漠才能看得出来。（《道德情操论》第24页）

但是，对斯密而言，人对忧伤的节制不能简单地归结为个人利益，当受难者能够，即使非常短暂地，使另一个人产生包含同情的赞赏时，这种个人利益才能得到满足。通过唤起对斯多葛传统的记忆，斯密发现了最珍贵的美德，"在自制方面，它因为其凌驾于人性中最难驾驭的情绪之上的奇妙优势而令人震惊"

（《道德情操论》第 25 页）。

悲伤毫无疑问只是那些"难以驾驭的"情绪中的一种，它也远非最难掌控的情绪：在我们的胸中存在着那些"对群体不利的情绪"，包括愤恨、憎恶以及怒气，它们是"人性中不可缺少的部分"（《道德情操论》第 34 页）。这些情绪不仅是对来自他人的伤害做出的自然反应，无论那些伤害是真实的还是想象的，它们甚至具有某种功效。对不当行为的憎恨"是对正义的捍卫，是对无辜者的保护。它激励我们对试图加害于我们的恶行加以遏制，对已经发生的恶行予以反击"（《道德情操论》第 79 页）。反击的欲望是"自然赋予我们的伟大法则"，它会产生社会影响，使那些"不顾及自己同胞的苦难"的违反正义准则的人将"因为害怕自己遭受苦难而产生畏惧心"（《道德情操论》第 82 页）。

因此，人被"自然地赋予获取幸福、维持社会的欲望"，同时也会"立刻且本能地赞赏"（《道德情操论》第 87 页）惩罚不公正行为。如果一个人"期待对残忍的谋杀或弑亲行为给予公正的惩罚"，他便"满怀热情，甚至欣喜若狂地赞赏正义的打击，那种令人厌憎的罪恶似乎理应得到打击，而且如果它们侥幸逃脱了这种打击，他会感到非常愤怒和失望"（《道德情操论》第 90—91 页）。事实上，打击和惩罚的欲望，以及这种欲望得到满足后所产生的"欣喜若狂"，比任何一种社会情绪，例如同情，都更为强烈，同情是"人类群体伟大的守护者"（《道德情操论》第 86 页）。

我们现在能够明白为什么同情从来都不可能产生道德或正义的基础。对于他人不幸的同情，包括，可能尤其包括我们自己施诸他人或计划施诸他人的不幸，要求旁观者一方做出极大的努力，他必须掌控好保持中立的情感，甚至不屑于对另外一个人的事情"感同身受"。另一方面，当事者则必须在绝对是最严峻的情境中用其全部的意志力压抑悲伤或痛苦，不使其流露于形色中，目的是不招致旁观者的轻蔑。

对卢梭而言，怜悯先于法律或习俗，是避免伤害他人的一种自然欲望，因此促成对同类的共同保护，并且成为人类共同存在的社会基础。下面这段文字或许可以解读为对卢梭的《论人类不平等的起源和基础》（*Discours sur l'origine et les fondements de l'inégalité parmi les hommes*）做出的直接回应：

> 人类尽管天生具有同情心，相对于他们为自己所做的打算，却很少为与他们没有特殊关系的外人着想；如果某人仅仅是他们的同类，那么他的苦难对他们而言便无关紧要，甚至比不上他们自己一个小小的不方便；他们极有可能用它来对他造成伤害，而且可能有很多诱因使他们这样做，也就是说这个原则在他们心里不是因为他的无辜而保护他，他们就像野兽一样，随时可能对他发出攻击；一个人加入到一群人当中，就好像进入了群狮的洞穴。（《道德情操论》第 86 页）[①]

憎恶、愤怒、复仇这类情感在纠正和预防恶行方面，无论多么有效力，即使它们是不可或缺的，这些情感本身同忧伤等情感一样可能引发的是反感而非同情。即使在显然不应该承受的不幸和彻底的毁灭面前，我们对当事者的同情也仅仅是在他不表现出哪怕一点点愤怒、恐惧或悲痛的前提下才会产生，即使他一定是

---

① 见斯密在他致《爱丁堡评论》（1756）的一封信中对休谟的评论，见 *Essays on Philosophical Subjects*, pp. 242 - 254。亦见：Force, *Self-Interest*, pp. 14 - 24. Spencer, J. Pack, "The Rousseau Smith Connection: Towards Understanding Professor West's Splenetic Smith", *History of Economic Ideas* 8, No. 2 (2000), pp. 35 - 62. Eric Schliesser, "Adam Smith's Benevolent and Self-Interested Conception of Philosophy", in *New Voices on Adam Smith*, eds. Leonidas Montes and Eric Schliesser (New York: Routledge, 2006), pp. 328 - 354.

愤怒的、恐惧的或悲痛的：

> 即使他沦为赤贫并遭受灭顶之灾，即使他面对最可怕的危险，即使他甚至被当众处决，如果他在断头台上流下一滴眼泪，在人类中那些慷慨大度者和勇敢无畏者看来，他就永远蒙羞。（《道德情操论》第 49 页）

对于那些距离灾难较远或根本没有遇到灾难，而只是因为"运气不太好，略微有些贫寒"的人而言，他们的事例

> 基本上不会激起同感。那些事例中的抱怨更容易成为轻蔑而非同情的对象。我们鄙视乞丐；尽管他的纠缠不休可能会从我们这里讨到一星半点的施舍，但他几乎难以成为任何深刻同情的对象。（《道德情操论》第 144 页）

的确，贫穷本身不值得我们同情。在英格兰，"最低贱的劳动者的薪水"也足够供给他"所有的生活资料"（《道德情操论》第 50 页）。这些薪水不仅满足他和他的家人所需的食品、衣物以及住房，

> 如果我们认真地考察一下他的管理方式，我们便会发现，他将大部分薪水花在便利品上，这些东西可以看作是多余的，而且在某些特殊场合，他甚至可以在排场和与众不同方面有些讲究。（《道德情操论》第 50 页）

118

斯密笔下的英格兰没有食物匮乏或营养不良，当然也没有饥荒，因此也没有同情穷人的理由。在后面的章节中，我们有机会更细致地讨论这一点。

不仅如此，斯密反复推荐那个"最具英雄主义之宽宏气度"的哲学视角，[①] 即斯多葛主义。根据斯密所理解的斯多葛主义原则，智者从不抱怨或"哀叹"（必须承认，这个词很少在哲学著作中出现）自己的命运，无论他的命运是贫穷还是流放（《道德情操论》第 139 页）：[②]

> 根据利己主义的含义，他并不将自己看做一个整体，与自然的所有其它部分都是分离的、不联系的，他不期望自己受到自然的关照，也不期望因为自然而受到关照……他相信智慧可以引导人类生活中的一切事物，无论什么样的命运降临在他身上，他都欣然接受，如果他已经了解宇宙不同部分之间的联系和相互依存关系，他会对自己所期待的命运感到满足。（《道德情操论》第 59 页）

同时，斯密对斯多葛主义的阐述也绝非是在提倡消极的宿命论。首先，

> 每一种动物在本质上都应该关注自身，而且它们都接受利己原则，于是，它可能会尽量维护其自身，不仅是维护自己的

---

① Leonidas Montes 和 Gloria Vivenza 都证明斯密的斯多葛主义视角是一种建构，他选择了最适合他的成分，而省略了其他成分。见 Leonidas Montes, "Adam Smith as an Eclectic Stoic", *The Adam Smith Review* 4 (2008), pp. 30 – 56。Gloria Vivenza, *Adam Smith and the Classics: The Classical Heritage in Adam Smith's Thought* (Oxford: Oxford University Press, 2002)。

② 斯密在《道德情操论》第一版之后从这段话里省去了"哀叹"一词，尽管他在后来一段非常类似的文字中提到它，在那段文字中，他谴责道德哲学中"某些现代体系的悲叹声调"（第 283 页）。编辑者在一条注释中将后面这段文字与斯密在他最后的日子里对休谟的描写联系起来，他将休谟描述为"正在快速逝去，却充满欢欣，心情不错，真正回归到事物必然的轨道上，比任何假装顺从上帝的意志而死去的悲叹的基督徒都要出色。"Letter 163（1776 年 8 月 14 日）致 Alexander Wedderburn。

生存，而且维护其本性中的所有其它部分，以保证它们处于所能达到的最佳和最完美状态。（《道德情操论》第 272 页）

这样的努力需要个体行使意志力，"选择或拒绝""支持这种存在状态"（《道德情操论》第 273 页）。美德恰好在于"总是从展现在我们面前的若干选择对象中挑选出最常被挑选的"（《道德情操论》第 273 页）。

根据斯密的观点，斯多葛主义者将人类生活看作

是一场要求具有杰出技能的游戏；不过，在这场游戏中，存在某种处于含混状态的机会，或者是被模糊地理解为机会的东西。在这样的游戏中，利害关系一般都是不值一提的小事，游戏的全部快乐都来自游戏玩得好，玩得公平，而且技术含量高。但是，即使技术高超，优秀的玩家因为受到机会的影响，应该偶尔也会输，输了也是一件开心的事，而非沉重的忧伤。（《道德情操论》第 278—279 页）

119

如果处在自然状态的人类生活可以看作是一场要求具有高超技能的游戏，那么处在社会中的个人生活也可以做如是观。在这里，努力保住自己可以说类似于一场"争取财富、荣誉和优势的赛跑"（《道德情操论》第 83 页）。

其他个体都是"竞争者"，"他要拼命快跑，绷紧每一根神经和肌肉，目的就是胜过"他们（《道德情操论》第 83 页）。那些在生活游戏中或争夺财富的赛跑中输掉的人必须明白，他们必须要承受的压力就像是医生给出的一个痛苦疗程，"是绝对必要的"，不是为了他们的个人幸福，而是"为了整个宇宙的健康、兴旺和幸福，为了朱庇特的伟大计划能够进一步向前推进"（《道德情操论》第 289 页），他那只"看不见的手"所做的工作

或许见于星球的运行，见于和谐的商业系统的管理术。① 因此，贫穷就是加在那些人（任何繁荣社会中的大多数）身上的特殊压力，他们在争夺财富的赛跑中输了。在任何意义上，贫穷都不是罪恶，它与产生同情所做的努力不相配。它不会拒绝给我们生活必需的东西（斯密，同洛克②和曼德维尔③一样，一直在提醒读者穷人过得比富人好，欧洲曾经是，或者现在依然是这样。目前，非洲或美洲也是如此），它也不是某个既定社会的失败或错误。相反地，它是其和谐秩序必不可少的一部分。这些论点在《国富论》中帮了斯密的大忙。

那么，如果我们沦落到这样的生活中，我们为什么"认为它比死亡更加糟糕"（《道德情操论》第 50 页）？答案在于这样一个事实，即尽管富人不同情穷人，穷人反而同情富人——带着富人的轻蔑态度，将自己置于富裕的旁观者想象自己贫穷时的处境，穷人可能会感觉到那种针对自身的轻蔑。穷人

> 对自己的贫困感到耻辱。他感到它要么使他处于人类的视线之外，要么，即使他们注意到他，他们也很少对他遭受的苦难和不幸产生同情。（《道德情操论》第 51 页）

---

① Alec Macfie 在 "The Invisible Hand of Jupiter"，*Journal of the History of Ideas* 32，No. 4（1971）中指出：斯密著作中的那只"看不见的手"的含义发生了巨大的改变。在 "History of Astronomy" 中，朱庇特的这只"看不见的手"是一个原则，被用来解释自然界中无规律的事物，早先的迷信年代因为无知不允许自然被理解。但是在《道德情操论》和《国富论》这两部著作中，这只"看不见的手"表示的都是市场的规律性和公正性，按照 Macfie 的观点，还有斯密的基督教。不考虑是否斯密认为自己是一名基督徒，或者他可以被看作是一名基督徒，"看不见的手"的始终存在对于斯密的市场概念的起源提出了若干有趣的问题。

② John Locke，*Two Treaties of Government*（New York：New American Library，1960）. 关于"美洲人的若干民族"，洛克说道，"那里一片广大且物产丰富的领地上的国王在衣食住方面比不上英格兰的临时工"（第 25—26 页）。

③ Mandeville，*Fable of the Bees*："穷人/比先前的富人过得好"（line 26）。

富人

从他的身上调转自己的目光，或者即使他的极端不幸迫使他们看他一眼，也仅仅是对他们中间某个令人难堪的对象表示轻蔑。对人类苦难所表现出的无礼偶尔报以一种傲慢的惊奇，即它居然胆敢将自己展现于他们面前，而且是表现出其苦难的可恶一面，简直就是对他们安静祥和的幸福的干扰。　120

对穷人而言，穷人当中最穷的那部分，命运已经将他们贬低为乞丐，甚或奴隶，讲述他们的苦难只能让幸运儿对他更加蔑视；事实上，只要在没有外因的情况下宣示他的苦难即是"悲叹"，他所做的等于是向幸福的人强索一种解脱的办法——即使不是物质方面的，也是一种同情的表示，不管这种同情多么微弱。

但是，在这一点上，斯密似乎走进了一条死胡同。他原想对穷人和被压迫者发出这样的警告，即他们从幸运儿那里只能得到轻蔑，想要他们的处境受到关注，结果只能是让富人加剧对他们的反感，他似乎瞬间忘记了按照他自己的论点，同情轻蔑和仇恨这类剧烈的感情是一件多么痛苦的事，尤其当这类剧烈的、与社会标准不相符合的激情针对旁观者本人的时候，则更是难乎其难。如果这要求动用意志力聚精会神地想象另一个人会做何感想，即使是在我们认同这种情绪的时候，即使一个人控制自己意愿的能力十分强大，她如何能对另一个人对自己的轻蔑产生同感，尤其是在她除了贫穷别无其他愧疚的情况下？

斯密或许也明白对另一个人针对自己的仇恨和轻蔑产生同感是不合适的，让自己认同针对自己的仇恨和轻蔑，将其转化为自我憎恶和自我轻视是令人难以置信的，这使得他在《道德情操论》第二版中必然要扩展公正的旁观者这个概念。① 我们同他人之间隔着万丈深渊而且我们只能想象他们如何感觉，这一事实意味着旁观者永远不可能对我们施加足够的影响，从而劝服我们改变我们的行为，更不用说改变我们的感情。既然旁观者不过是对当事人进行想象的产物，如果后者必须屈从于道德判断，则他必须成为他自己的旁观者。

> 我努力要检视我的行为，我努力要用句子来表示对它的赞许或谴责。这时，显而易见，在所有这类情况下，我将我自己分割……成两个人；而且，我作为检视者和法官，展现出同那另一个我不同的特征，那一个我的行为受到检视和评判。（《道德情操论》第 113 页）

我们以这种方式补充了我们对他人针对我们的看法的认同感。想象他们爱我们、敬重我们所产生的愉悦混合着一种认识，即我们自身认为我们想象自己值得他们去爱和敬重是正确的，由此，我们获得了更多的快乐。同样地，"多么巨大的不幸应该被仇恨"，即想象他人憎恨我们，"而且明白我们应该被憎恨"（《道德情操论》第 113 页）。

在自身之内创造一个公正的旁观者，这项工作似乎比同情本身更加困难。但是对斯密而言，自我判断，尤其是自我谴责，是不由自主的激情。最冷酷的罪犯，是的，就是谋杀犯，较之"被憎恨和被鄙视这种想法"（《道德情操论》第 117 页），更害怕自己是一个心怀仇恨和卑鄙无耻的人。一个受到周围人尊敬的人却犯下一桩可怕的罪行，这桩罪行永远不会被发现，那么，他

---

① 关于公正的旁观者的历史，见 D. D. Raphael, "The Impartial Spectator", in *Essays on Adam Smith*, eds. Andrew S. Skinner and Thomas Wilson (Oxford: Clarendon, 1975), pp. 83 – 99。

将身不由己地陷入想象之中，想象"如果可怕的真相一旦被知晓，人们会怎样看待他，他们的脸上和眼中会有怎样的表情"（《道德情操论》第 118 页）。这种人被驱使着揭开"人类的聪明永远不可能探查到的真相，他们这样做完全是出于自愿"（《道德情操论》第 118 页），而且他们愿意接受惩罚，为的是由此将自己想象为"与其说是荣耀，不如说是同情的"（《道德情操论》第 119 页）对象。我们永远不可能"超越自身"这个事实在此意义上将我们囚禁于牢笼之中：我们无法逃脱自我的桎梏和我们受其辖制的想象游戏。我们是我们能够想象却永远无法知晓的那个世界中永远的流亡者。我们施诸他人的同情、尊敬以及轻蔑始终不过是我们对自身做出的判断，他人面部和眼中的表情同时展现在我们的脑海中。

　　但是，那些本不应该受到鄙视的人又当如何？他们知道自己是无辜的，尽管如此，却或真切或含混地想象他人满怀痛恨或厌弃地看待他们。斯密用到加尔文教徒让·卡拉斯（Jean Calas）的例子，他"遭受车裂之刑并在索勒斯（Tholouse）被火焚，罪名是谋杀了自己的儿子，对此罪行，他完全是清白无辜的"（《道德情操论》第 120 页），他拒不承认这项他不曾犯下的罪行。然而，像这样轰动一时的案子只是一个极端的事例，穷人，的确是那些劳作着的穷人，每天都要面对来自那些"优越者"的这种无端轻蔑，斯密对此有非常详细的解释。在这种情况下，在无法回避的内心世界，那个内在的流亡者便代表了我们个人的处境，成为我们的避难所和承载我们最后的自由的所在。

　　正是在这里，斯密常常是一个维护个人利益的偏颇者和追求自我利益行为的捍卫者，他不仅偏离了我们这个时代的理性选择理论，而且偏离了霍布斯、拉·罗切福考德（La Rochefoucauld）和曼德维尔所代表的利己主义和个人利益哲学。以埃皮克提图 122（Epictetus）为例，斯密辩称，人自身既囚禁于身体当中，又脱离其外，身体本身就是一个避难所。如果我们用公正的旁观者的眼光来对我们自己进行评判，我们可能会平静地承受，不仅承受耻辱，还有最残酷的折磨，因为对于指控我们的罪名，我们是清白无辜的。在这方面，斯密对在野蛮国家可能看到的自我控制表现出极大的敬佩，他声称他们的"宽宏大量和自我克制……简直超出了欧洲人对这个概念的理解"（《道德情操论》第 206 页）。斯密笔下的野蛮人所生活的世界经年饱受饥馑和贫困的侵扰，他们常常死于"纯粹的匮乏"（《道德情操论》第 205 页）。[①] 因此，

> 所有野蛮人的全部注意力都集中在他们自己缺少的东西和生活资料上，根本不可能对他人给予太多的关注。因此，一个野蛮人，无论他承受着什么性质的不幸，都不期望从周围人那里得到同情，所以也不屑于因为从他身上流露出丝毫的脆弱而让自己暴露于众目睽睽之下。（《道德情操论》第 205 页）

斯密以其特有的方式对关于野蛮人可能期望承受折磨的幻想做了极为细致的解析，结果是它不是因为单纯的匮乏，而是因为

---

① 斯密显然忽略了哈钦森对哲学家利用有关美洲野蛮人的论述做出的批评：

后来的一位天才作者非常准确地观察到已经对游记读者和作者产生了影响的怪异品位的荒谬性……他们在关于印第安人的自然情感、家庭、社团、友谊、部落方面的叙述中很少出现；他们也只是偶尔提到他们对他们之间的背叛行为的憎恨，他们倾向于求助于自然，他们一般会维护若干种状态；他们在保卫自己的家园时不惧怕死亡，或者说不在乎名誉方面的问题。"这些都没什么稀奇的。——如果就是为了看我们在欧洲每天都能看到的事物，就不必跑到印第安人这里了。"因此，这些非常新颖的研究主要是为了激起恐惧，让人目瞪口呆。一般都会大量描写印第安人如何养活自己的妻子儿女，或亲戚，根本没有奇闻逸事。但是，如果对巴黎的屠杀、爱尔兰的反叛、审讯日志并不陌生，那么，用人作牺牲，或者用敌人的尸体做成的盛宴则可能激起对印第安人异乎寻常的野蛮残暴的恐惧和欣赏。他们看这些时满怀着宗教的敬意；但是，印第安人的牺牲好像因为迷信而扭曲了人性，引起了最大的憎恶和好奇。（205—206）

Francis Hutcheson, "An Inquiry into the Original of Our Ideas of Beauty and Virtue", in *Two Treatise* (London: J. and J. Knapton, [1726] 1729), http://files.libertyfund.org/files/2462/Hutcheson_ 1458_ EBk_ v7. o. pdf.

那些东西掌握在敌人手上：

> 在他被折磨得遍体鳞伤之后，在他身体最纤弱、最敏感的部位接受了几个小时的摧残之后，为了延长他的痛苦，常常允许他有短暂的休息，于是他会被从刑具上放下来：他利用这个间歇来谈论一切冷漠无情的主题，打问这个地区的各种新闻，似乎除了自己的处境对什么都十分感兴趣。（《道德情操论》第 206 页）

对斯密而言，那些在他人看来文明由其进化的野蛮场面传递给我们的是关于英雄主义维度的假想：的确，它为斯密对现代奴隶制的谴责提供了基础。使得非洲人较其主人更优秀的并不是他对自由的热爱或抗拒臣服于奴役状态：

> 在这个方面，来自非洲海岸的黑奴并不具备丝毫他那卑鄙的主人常常也很难想象的宽宏气度。命运女神曾经使英雄的民族沦为欧洲监狱的垃圾，沦为可怜人，他们既不拥有故国的美德，也不拥有将往之国的美德，他们的轻浮、野蛮和卑贱使他们受到被征服者的轻蔑，命运女神从未将她的统治以更残酷的方式强加于人类。（《道德情操论》第 206—207 页）123

不发出任何抱怨的轻叹，或者不流露出任何痛苦或悲伤的表情，这种能力将野蛮民族同斯多葛派哲学家联系在一起，在前者中间，现代奴隶和古代奴隶均超越了单纯的对激情的自我控制，激情导致

> 虚伪和掩饰的习惯。无论是在亚洲、非洲，还是美洲，所有了解野蛮民族的人都注意到，他们都冥顽固执，如果他们刻

意隐瞒真相，任何询问都无法从他们那里得到一星半点的信息。（《道德情操论》第 208 页）

野蛮人不同于斯多葛哲学家，因为他们没有成功地控制自己的激情，而只能控制自己的外部表达。事实上，他们的激情"隐匿在受难者的胸中，尽管已经达至愤怒的顶点"（《道德情操论》第 208 页）。

在埃皮克提图的例子中，不可能是同情使他在施于自己的不公正待遇面前控制了自己的愤怒，或者在内心拒绝了他人温和的责备，尽管他想象同情应该是加害于他的人可能做出的反应。相反的，他的自我控制已经达到这样的程度，即他已经能够自如地掌控自己最猛烈的激情：对死亡的恐惧和坚持自我存在的欲望。这种程度的自我掌控只有那些能够运用这一能力平静安详地面对命运施加给他的任何灾难的个体才能够获得。

我被告知，埃皮克提图说，不得在尼科波利斯居住。我便不在那里居住。我被告知不得在雅典居住，我便不在雅典居住。我被告知不得在罗马居住。我被要求在加垒（Gyarae）这座岩石丛立的小岛上居住。我便去那里居住。但是，加垒的房屋浓烟滚滚。如果那烟不十分浓烈，我会忍耐并留在那里。但是，如果超过了容忍的界限，我就会搬到一座任何独裁者都无法将我赶走的房子里。我心中始终铭记的信条是，门要敞开，在我高兴的时候，可以走出去，再回到那座永远向全世界敞开的房屋里；因为任何活着的人都没有控制我最贴身的衣服和身体的权力。（《道德情操论》第 280 页）

因此，在我们人的内心存在一种自发行为，我们正是依靠这种自发行为才保持着生机与活力，那里有"使每个人摆脱虚假的抱怨的避难所"（《道德情操论》第 280 页），这个最基本的自由让人自己决定自己的死亡，它同时也是一个行动，表达了我们对那些用不公正手段压迫我们的人的轻蔑，也表达了我们对统领一切事物的秩序的默许。①

124

但是，这种退回到自己最后的避难所的自由，仅仅是这种想法本身或许就能使一个人忍受极大的痛苦和不公。然而，这个自由本身却不足以支撑劳苦的穷人面对相对贫苦的生活和来自比他们优越的人不加掩饰的轻蔑。幸运的是他们对于富人的同情并非仅仅是将他们送到后者的非难声中。

斯密已经证明很难对他人的悲伤感同身受，因此，很容易，也很自然地会对他们的快乐（对斯密而言，无论对错，这指的是我们想象中的快乐）产生同感："人类更倾向于对我们的快乐而非悲伤感同身受"（《道德情操论》第 53 页）。这一情感事实上是因为我们"天然乐于尊敬"（《道德情操论》第 53 页），我们尊敬那些我们认定比我们强的人。斯密认为，这种尊敬与功用无关：我们甚至可能特别尊敬那些人，他们同我们之间的距离保证我们不可能

> 期待从他们的美好愿望中获益。他们的恩惠只能泽被极少数人；但是，他们的运气可能令每个人都兴趣盎然。我们都跃跃欲试，想要帮助他们实现一个近乎完美的幸福体系；我们希望能为他们出一份力，不求任何其他的回报，只是为了让他们感到虚荣或荣耀。（《道德情操论》第 52 页）

---

① 这段关于斯多葛派对于自愿死亡的态度的论述流畅且颇具说服力。在这个文本比较靠后的篇幅中对于同一主题做出了更加温和的思考，并不完全符合基督教的信条，但是，这段论述对于基督教的信条至少不显得无礼。在这段论述中，斯密指出，自杀相较于使患者成为同情而非责难对象的疾病而言是一桩更轻微的罪行。这个事实仍然表明，早些时候对斯多葛派的"勇气"的描述需要更大的力量和更坚定的信念。

　　除了我们想象中的富人和强者的幸福，实现这种幸福的手段同样会赢得我们的认同和崇敬。根据斯密的观点，只有当我们难逃痛苦悲伤的厄运之时，我们才会宣称富人的宫殿和财富不过是过眼云烟，毫无价值，但我们的想象依然"幽禁在我们的身体当中"（《道德情操论》第183页），在此，他同古代的斯多葛主义完全分道扬镳。当我们"轻松自在且富裕兴旺"的时候，我们的想象

　　会自行扩展至周围的一切事物之上。我们于是陶醉于宫殿生活和大人物的管理术的美轮美奂；欣赏所有有助于提升这种自在舒适的事物，避免让他们陷于匮乏，满足他们的一切愿望，迎合他们最微不足道的欲望。（《道德情操论》第183页）

　　然而，如果理性取代了想象，而且如果我们考虑到这类事物的实用性，"这些事物所能提供的真正的满足感，仅仅是满足感本身，离开提升这种满足感的优美布置，它便显得极为卑劣，而且极端无聊"（《道德情操论》第183页）。不过，理性很少取代想象，而且所有"财富与出人头地所产生的愉悦"不仅仅是表面上风光亮丽，而且它们本身的美好以及这种美好在我们心中激发的快乐都使我们相信这些换一种方式看便无足轻重的事物所带来的成就"非常值得我们心甘情愿地为它受苦和焦虑"（《道德情操论》第183页）。

　　如果劳动者仅仅满足于保障他的基本需求，或者家人的基本需求，那么便不可能取得进步。斯密想象"上天在一怒之下赋予一个穷人的儿子雄心壮志"（《道德情操论》第181页）。要爬上他所渴望的位置，要获得他梦想中自在舒适的生活，这种想法

会带给他真正的满足，"他从第一年，不，第一个月起便甘愿承受更多身心的疲惫和痛苦，他本应该终其一生都要因为得不到舒适生活而倍受煎熬"（《道德情操论》第181页）。不过，斯密讲的不是一个关于成功的故事：这个穷人的儿子耗尽自己全部的生命来追求"那个某种人为的、优雅的宁静，他可能永远都够不到"，"最后才发现财富和出人头地不过是没有多少实际意义的虚饰"（《道德情操论》第181页）。

但是，在这里，斯密提醒我们不要采取某种"乖戾的哲学"视角，它"轻视人的欲望所追求的那些伟大目标"（《道德情操论》第183页）。"除了身体的舒适和心灵的平静，所有其他阶层的生活都几乎在一个层面上"（《道德情操论》第185页），这种欺骗引导我们相信事情的反面，我们被迫去想象富人的幸福比我们自己的幸福在质量上高到无法丈量，而这种高质量的幸福源自他们所占有的财富，但是这种欺骗对社会而言却必不可少：

> 正是这种欺骗催生出人类的工业并使其一直正常运行。正是这种欺骗最先激励他们耕作田地，修筑屋宇，建设城市和社区，发明并完善所有的科学与艺术，它们美化并装点了人类生活；它们也完全改变了地球的整个样貌，让荒蛮的自然森林变成了怡人的富饶草原，让人迹罕见的空荡荡的海洋提供出新的谋生之道，让四通八达的交通道路延伸至地球上的所有国家。（《道德情操论》第183—184页）

正是在这一点上，斯密关于同情的讨论所具有的政治价值开始显现。同情是我们在同外人没有任何接触或外人没有向我们传递任何信息的情况下，设想我们处于同样的情景中，从而想象那个外人的感受，条件是我们的感觉不可能让我们脱离自己的身体进入那个外人的身体，就如同我们假定他们的感觉也不能让他们

126　脱离他们的身体一样。因为这个原因，他人受难的景象总是非常
模糊，摇曳不定，我们要完成想象工作的意愿也十分微弱，而想
象是让我们对他们的情况"感同身受"的必要条件。我们的想
象在所有方面都受到困扰，我们自己的舒适感觉也成为想象的负
担，因为这种舒适感为社会行为奠定了一个可靠的基础。因为同
样的原因，我们非常容易地、毫不费力地便能对他人的幸福产生
同感：单是想象我们自己享受富人的奢华便能带来一定的愉悦，
如果我们在他们财产的美好和富丽上面添加些许我们客观的欣
赏，这种愉悦还会有所提高。

　　不仅如此，由于斯密将我们的能力限制在同情他人的苦难
上，所以他也对在法律意义上配得上不幸一词的各种情况做了限
制。最引人注目的是他从这个名单上抹掉了贫穷和匮乏——因为
它们都不是绝对的，而只是相对的困难，也因为我们对它们的同
情于社会整体不能发挥作用，就如同我们有能力，也愿意想象我
们自己身处宏伟的宫殿同样是没有意义的。

　　因此，劳作着的穷人付出更多的艰辛，牺牲掉他们的幸福，
只为了财富的虚假诺言，却增加了富人的舒适，而富人却不可能
给予任何回报。那么，他们为什么就应该这样？对于那些为了财
富和荣耀而拼搏却一败涂地的人们，他们应该得到什么？他们的
处境值不值得同情？正是在这里，斯密改变了自然社会性这个概
念，改变之大相当于他对同情概念的改变。而沙夫兹博里、巴特
勒和哈钦森则坚持认为社会直觉是存在的——通常表现为仁慈的
形式，没有它，社会便无以存在，更不用说繁荣了——斯密遵从
了曼德维尔的理论，却比他更加激进。斯密预言，人的社会性不
在于怜悯的存在，而在于它的缺席。"傲慢无情的地主，"他
"不会想到他的同胞的贫困"（《道德情操论》第184页），他可
能希望用他的全部身心去追逐他无尽的欲望，但是"他的肠胃
能力无法同他无尽的欲望相匹敌"（《道德情操论》第184页），

所以，他消耗的与依靠他生活的赤贫者所消耗的几乎是一样的。其余的——他的土地上生产出的大部分作物——一定是要么被浪费，要么在市场上出售以满足其他人的需要，同时保证这个地主有足够的钱来过一种富丽的生活。

他们"天生的自私本性"（《道德情操论》第 185 页）和虚荣心不仅没有阻止他们对"他们的生活资料做同等分配，可能会有这样的分配，如果地球按照它的居民平等划分的话"（《道德情操论》第 185 页），而且还是这种分配出现的根源。那只手引导他们做这样的分配，因此也引导他们形成一种慈善方式，这只手必然是看不见的：他们生产和分配这些必需品的条件只有一个，即他们既非有意，也不知道他们在保证"那些在公路边晒太阳的乞丐拥有国王们正在努力争取的那种安全"这件事上帮了大忙。

这个关于流浪汉的"安全"的一点小小的夸张很具启发性：斯密反复强调劳动阶层的贫穷是与我们有关的，而且在绝对意义上，他们十分富有；他所说的流浪汉甚至绝对不可能饥饿而死或受到暴力的侵害。不仅如此，不仅是他们的物质条件足以给予他们幸福，而且他们的艰苦生活——工作缺乏稳定性，因此生活也缺乏稳定性——使他们有机会展示他们能够培养的全部勇气：

> 在我们没有任何过错的苦难中，我们的行为却体面到无可挑剔的程度，那么还会有耻辱吗？因此，不可能有罪恶，相反地，有的只是最伟大的善和优越。勇敢的人在危险面前欣喜若狂，那些危险并非因为他的鲁莽，是他的命运将他卷入其中。它们提供了让他展示自己的英雄气概的机会，他的努力给予他一种崇高的喜悦，这种喜悦从对优越的体面和理所应当的崇敬意识中流过。（《道德情操论》第 278 页）

　　富人对穷人的轻蔑因此可以被完全忽略：穷人从同情富人的
财产和喜悦中或许获得了比富人更大的快乐，这个事实中和了他
们相对贫困的影响。不仅如此，如果他们的内心判断所做出的期
待得到满足，理解并接受他们在命运的安排中所处的地位，他们
也许不仅过着心满意足的生活，还可能被那种美所改变，那种美
指的是他们心甘情愿在其中接受低等地位的系统所具有的秩序与
和谐。

　　的确，在爱国者为了全社会的利益而牺牲自己个人利益的事
例中，"他的行为并非总是因为对那些从这种牺牲中获益的那些
人的幸福有同感"（《道德情操论》第 185 页）。相反地，

> 完美的政治、扩展的贸易与生产都是高尚而宏伟的目标。这
> 些目标的实现令我们喜悦，我们对所有能推动其向前的事物
> 都充满好奇……看到如此美妙壮观的系统得以实现，我们都
> 感到快乐，如果我们不能清除它在前进过程中遇到的任何障
> 碍，哪怕对它的正常运行只是有丁点儿的干扰或妨碍，我们
> 都会坐卧不安。（《道德情操论》第 185 页）

　　劳动者被看作是市场中的爱国者，欣喜于供求关系的尽善尽
美及其正常运行，哪怕它将生活物资的价格提高三倍，而工资只
增加 10%，使他和他的家人忍饥挨饿。

　　我们现在大概明白了斯密的理论革命波及的所有范围。这场
革命在可以理解的范围和难以想象的范围之间重新画了一条线：
他不仅在一个社会性世界中将个体从情感上完全分割开来，而且
与此同时，他还保留并重新定义了关于同情的语言，在此之前，
同情是情感交流和个体间性的代名词。但是，我们必须清楚的
是，斯密对概念的操纵：可能表面上看，如同发生在福柯那里的
情况，他将个人和他们的利益完全拆解开来，目的就是创造人的

管理术 （homo oeconomicus），有人在《国富论》的某些段落中的确看到过这个表述，个体在任何时候都对他的利益了如指掌，他的"用途"是几乎不假思索地计算出让这个利益最大化的最有效方式，不允许任何反方向的激情，无论它多么强烈，阻碍这个利益的实现。[①]

不过，正如阿尔伯特·O. 赫斯曼 （Albert O. Hirschman） 所认为的，[②] 毫无疑问，斯密确实帮助将自私这种激情转化为理性的自我利益而且使后者成为某种物质社会性的似非而是的基础，没有任何施动者想要实现或期望这种社会性，但是所有人都从中获利，所以，如果终止我们的分析，就看不到《道德情操论》真正的道德维度和它如何生发出一种新的主体形式。永远无法超越自己的身体而思想或感觉的个体的孤独是某种自由的基础，那些具有充分意志力的人才能实现这种自由，而且，相对于我们在直觉的驱使下做出的社会行为 （根据沙夫兹博里、巴特勒和哈钦森的观点），这种自由赋予那些在其基础上做出预言的行为更高的道德价值。不过，这种自由并非仅仅由我们的孤独所决定，可能更多地由对绝对自我掌控的可能性所感到的忧惧所决定，它最彻底的表现 （尽管非常少见） 是我们真的有欲望并且它造成我们的让位 （demise），即"自愿死亡"（《道德情操论》第 283 页），我们的孤独在某种程度上允许这种忧惧的存在。在特定环境中，我们采取这一步来避免受到谴责，这个谴责不是来自他人，我们只能想象他们的反应，而是来自内心的判断，它不允许我们在命运或市场分配给我们的归

---

① 见福柯关于斯密和人的管理术所做的更加有趣的描述，福柯将其放在生物权力的语境中，在这个语境中，国家退出市场被看作是一种统治形式：Michael Foucault, *Naissance de la biopolitique*: *Cours au Collège de France*, *1978 – 1979* （Paris: Gallimard, 2004）。

② Albert O. Hirschman, *The Passions and the Interests*: *Political Arguments for Capitalism before Its Triumph* （Princeton, NJ: Princeton University Press, 1977）.

宿面前哀怨或抗议。

很显然，斯密对斯多葛主义原则的再加工以及他对那个体系超乎寻常的偏爱使他与许多基督教辩护士产生争执，对于后者而言，"斯多葛主义者的骄傲"，引用亚历山大·蒲伯（Alexander Pope）的说法，① 与基督徒所要求的谦卑是不能并存的。不过，对斯多葛学派的所有批评都不如马勒布朗士的批评与斯密的解读更有关联。他否定塞内加文采斐然的文章具有说服力，认为它们是非理性的，是不幸的，塞内加文章中的每个字都在"逢迎骄傲的欲望"，② 因此混淆了傲慢与勇气的界限并且在苦难面前将耐心同耐心必需的谦卑因素分割开来。他是这样一位作者，他"让我们在不了解我们相信何物的情况下选择相信"，他思想的核心正是马勒布朗士毫不犹豫地斥为疯癫的一种类型：

> 有很多种空想家（空想家一词在这里指那些因为对自己目前的境况存有妄见而痛苦的人，而非按照这个词在英语中的常见用法指对那些未来有"愿景"的人）：他们中的一部分想象自己变成了公鸡和母鸡；还有一部分相信自己已经成为国王或皇帝；另外一部分说服自己相信他们如同天神一样，是完全独立的。③

马勒布朗士用"独立"一词指代斯多葛学派的主张，斯密曾经引用这一主张，即你不仅可以将自己同他人的、甚至朋友和

----

① Alxander Pope, *An Essay on Man*, Epistle Ⅱ, 第6行。
② Nicolas Malebranche, "De la recherché de la vérité", in *Oeuvres* (2 tomes) (Paris: Gallimard, 1979), Ⅰ, p. 269.
③ Nicolas Malebranche, "De la recherché de la vérité", in *Oeuvres* (2 tomes) (Paris: Gallimard, 1979), Ⅰ, p. 269.

家人的情绪和激情分离，甚至还可以同自己的身体分离，对于其痛苦，你可以像斯密时代的野蛮人一样，学会平静地忍受。想象自己是一个神就是在想象自己只听命于自己的意志而没有其他的本源，不依靠任何物质、任何人。

斯密之后的一代人中，黑格尔没有完全否定斯多葛学派，而是历史地将其解释为一种思想模式，它适用于"一个人类普遍感到恐惧，处在奴役状态的时代"，① 它是一次尝试，想要在其自身之内恢复它在外部世界中失掉的自由。这是一个怎样的世界？在这个世界中，"一条冰冷的法则传遍整个文明世界"，在这里，"充满民族精神的鲜活个体……（被）窒息，被灭杀"，在这里，"某种外来的力量，作为一种抽象的普遍性，……艰难地传递至个体身上"。② 当然，黑格尔心里记得古代的奴隶和罗马帝国的残暴崛起。斯密的叙述手法的好处在于提醒我们注意，他自己的时代就是一个帝国时代，当时，半个大陆都处在奴役之中，其他的人口遭到屠杀，同时，冷酷的市场法则剥夺了数百万人生活的权力，甚至生命，一种抽象的普遍性开始毁灭它莅临解救的每一种文化。或许，这个关于内在性，关于自给自足和自我控制的哲学，的确是人类普遍感到恐惧，处在奴役状态的时代最适用的原则，但我们却要将它甩在身后，根据这一哲学，你乐于　130
对他人的苦难熟视无睹，就如同对你自己的苦难那样，这会使外部的一切都失去价值，甚至身体本身。

对斯多葛学派（或者，更确切地说，是现代早期对斯多葛学派命题的重申）最彻底、最具毁灭性的批判不是来自对它加以批判的诸多基督教批判者，而是来自斯宾诺莎。他比

---

① G. W. F. Hegel, *The Phenomenology of Spirit*, trans. A. V. Miller (Oxford: Oxford University Press, 1977), p. 121.

② G. W. F. Hegel, *Lectures on the History of Philosophy* (3 vols.) (New Jersey: Humanities Press, 1974), Ⅱ, p. 235.

斯密早将近一个世纪，他在其大作《伦理学》中小心地拆解了它的基础。① 斯宾诺莎很少提及斯多葛学派，他在《伦理学》第五部的前言中提到它时，用一个短语为他对其原则的描述加了一个保险，这个短语是"si recte memini"，或"如果我没记错的话"（《伦理学》第五部，前言），似乎不值得费力去再次查询那些著作，至少，当时，他们关于人类自由和心灵的潜力的论点在笛卡尔的《灵魂的激情》（*Passions of the Soul*）中已经做了更加有力的论述。

同《伦理学》中许多类似的姿态一样，对这个姿态也不宜完全相信。有理由认为斯宾诺莎批判的主要目标绝对是斯多葛传统，因为它在他那个时代被重新解读且进行了重新建构。第三部是《伦理学》的核心，该部前言一开始便对马勒布朗士所谓的个人独立谬见予以谴责。斯多葛学派梦想精神能够完全控制激情，这种控制成功之时便是它灭绝之时（即这种自由只有在它的自我毁灭当中才能展现其自身），它建筑在一种幻觉之上，即人是自然帝国内部的一个帝国，因为他的性质，这个帝国不受自然帝国法则的统辖。人存在于"自然之外"（《伦理学》第三部，前言）这个观念使得第二个幻觉在第一个的基础之上树立起来：即"他对他的行动具有绝对的权力而且……不受自己之外的任何人的支配"（《伦理学》第三部，前言）。这反过来将通过知识思考人的行动变成了道德判断，我们赞扬或谴责激情是完全由个人意志决定的自由选择，而不是将它们理解为取决于"同样的必然性和自然力的其他所有独特事物"（《伦理学》第三部，前言）。

然而，这只是斯宾诺莎批判独立幻觉的出发点。斯多葛原则

---

① 关于斯宾诺莎和斯多葛主义最有价值的讨论之一，见 Alexandre Matheron, "Le moment stoïcien de L'Éthique de Spinoza", in *Le stoicism aux XVIe et XVIIe siècles*, Pierre-François Moreau（Paris：Albin Michel, 1999）。

的核心, 尤其是斯密所理解的核心, 是精神和身体的分离, 后者只不过是精神或灵魂栖身的屋宇。如果是这样的话, 精神在经过训练后可以忽视或超越身体的不良状态或痛苦。事实上, 按照黑格尔对斯多葛意识的说法, 身体在锁链中受到制约为获得自由提供了绝好的机会。任何独裁者或主人都无法剥夺这一自由, 这是 131 一种内心的自由, 除了获得者本人, 任何他人都永远无法触及这一自由。身体越是屏弱, 就越难以干预心灵的活动以及对美德的追求。

斯宾诺莎不同意这些观点, 他给出了一个完整的论据链。首先, 精神和身体是无法分开的: "思想的顺序与联系同事物的顺序与联系是一样的"(《伦理学》第二部, 第7页)。在对同一个观点的注释中, 斯宾诺莎甚至不认同精神与身体同时发挥作用, 即用笛卡尔的话说, "思想物和被延伸物是同一种物质"(《伦理学》第二部, 第7页, 注释)。这紧接着引出两个进一步的论据。"精神无法决定身体的运动或休息, 或处于其他状态", 而且与斯多葛主义截然相反, "任何提高或降低、有助于或妨碍我们身体的行动力的事物, 关于那同一个事物的思想提高或降低、有助于或妨碍我们的精神进行思想的力量"(《伦理学》第三部, 第11页)。对于斯宾诺莎而言, 身体的受限或屏弱只能在同样的程度上限制或弱化精神。努力相信自己保持了内心的自由, 这是他被奴役所产生的结果, 是对他自己的受压迫状态的一种适应和肯定。

宣称精神和身体是同一个事物, 其中蕴含的意味对于斯宾诺莎的"情感"(affects)(他用这个词代替"激情"以摆脱后者的神学及哲学史影响)① 理论而言极为重要, 即使在这里不可能

---

① 见 Pierre Macherey 关于情感与激情的讨论, *Introductions à "L' Éthique" de Spinoza*: *La troisième partie*: *La vie affective* (Paris: P. U. F. , 1995)。

对那个理论进行重构。完全可以说，斯宾诺莎对精神的分离状态和精神的内在性的否定使得斯密的立场问题重重。

我们要使用一个短语，前面曾引用过，斯密用它来描述同情作用的可能性及其局限：

> 在旁观者和当事人之间或许存在某种情感呼应，旁观者必定首先竭尽全力将自己置于他人的处境，然后使自己对受痛者可能感到的每一个痛苦的细节感同身受……不过，在所有这一切之后，旁观者的情绪依然没有受痛者所感到的那样猛烈。人类尽管天生具有同情心，却从未因为发生在他人身上的事而具有那种激情，这一激情自然赋予当事者充沛的能量。（《道德情操论》第 21 页）①

将这一段文字同"论情感"（Of the Affects）中的第 27 个命题加以比较非常具有指导意义。或许该命题是五部书中第三部的核心，斯密关于同情的论述就是对它的一个再加工，就是将其翻132 译为一个关于分离的个体性的习语："受到某种情感的影响，我们可以想象出一个类似于我们的物，我们对它没有任何情感，它会受某种情感的影响，我们因此也会受到某种相似情感的影响"（《伦理学》第三部，第 27 页）。

感觉这两段文字似乎存在某种类似。对斯宾诺莎而言，对斯密也是如此，两个个体之间的情感呼应都源自想象行为。那么，斯密所理解的同情与斯宾诺莎在他对这一命题的注释中所称的"情感模仿"（affectuum imitatio）是否真的类似，即使它们不是以同样的方式发挥作用？要开始回答这个问题，我们首

---

① 如果我们永远不可能真正了解另一个人的感受，从这样一个立场或角度，能否判断在个体的情感之间是否存在某种对应？在这里似乎和在其他地方一样，斯密预设了一个超验的主体，如果没有这个超验主体，他的许多论断都不可能成立。

先必须确定"想象"一词对于他们而言指的是同一件事。

我们已经看到，斯密在《道德情操论》一开始便分派给想象概念一个非常重要且十分特殊的角色，在《道德情操论》的开始部分，它占据了感觉的起点这个位置，即"我们自己的身体"界限。想象允许我们基于我们自己过去的经验"设想"他人的感受，但仅仅是我们可能有的感受，如果我们遭受了同样的不幸。于是，想象不太像是对他人的"描绘"，如同对我们自身所做的那样，而是与他人的一种关联，方式只有一种，即通过假设我们在某个给定的环境中会有怎样的感受，然后将结果推及他人。当然，这里也存在一种对同情的限制，如果我们从未遭受过这样的痛苦（我们的意思是十分痛苦），便很难产生和这种处境中的人完全一样的感受。不仅如此，斯密的想象有赖于意志的作用：我们必须想要同情并且付出巨大的精神努力才能达到和保持同情的状态。

对于斯宾诺莎而言，相反地，想象既非意志行为，严格地说，它也并非发生于我们身体之中。在对第27个命题的论证中，斯宾诺莎简要地重述了他在《伦理学》第二部中关于想象的论述：动词"想象"指我们的身体和他人身体在无数不间断的接触中产生的各种映象，这类接触绝对与意志无关。因为这些映象的产生是这类接触的结果，他们本身不存在对错，它们成为错误的根源仅仅是因为我们相信我们看得到产生它们的身体。有趣的是，这一信念永远不可能被意志或理性的力量所纠正，根据斯宾诺莎的观点，它也不应该被纠正。"想象力是精神的一种价值"，如果我们"同时明白这些事物其实并不存在"（《伦理学》第二部，第17页，注释）。

想象本身因此便是绝对"客观的"：它包括两种物的接触所产生的映象，而且只有在这些映象不附加某种认为它们并不存在的想法时才成为错误的根源。我们看到或想象一根棍子在水中 133

发生弯曲，但我们也知道我们看到或想象的弯曲的棍子仍然是直的。想象另一个人在受苦实际上就是生成一个映象，"认同"这个受苦的映象，这个映象是与他人接触的结果。于是，我们便有了他人的某种体验，对他人情感的体验，它们绝对不可能对我们隐匿或同我们隔绝开。我们不得不在我们的心里"描绘出"我们代替我们的兄弟遭受痛苦时的感受，远不止于此，看到这样的景象必然因为承受痛苦的图景或映象而感到痛苦，这些映象通过其在我们心中所产生的种种强烈的情感威胁要战胜我们的理性（可能确实如此，斯宾诺莎在第 27 个命题中这样强调，即使我们不认识这个人）不受我们意志的影响，与我们的愿望相反。

不过，斯宾诺莎在这里并非指我们对另一个受到某种影响的人的想象，而仅仅是对"某个跟我们相似的物"（rem nobis simi-lem）的想象。在他关于情感的讨论中，在这一点上，斯宾诺莎始终指的是那些使我们喜悦或悲伤的物，因此，我们相应地感到爱或恨。只有在第 21 个命题中，他第一次说到我们热爱的物其本身便受到喜悦或悲伤的影响。斯宾诺莎在他关于情感的讨论中坚持使用"物"一词，这在某种程度上迫使我们反思人与物的区别，迫使我们思考在理解人的特殊性时是否可能不把人同自然的其他部分分离开，不把身体和灵魂分裂为不同的物质，据此，灵魂可能至少在某种程度上同身体是分离的，因此不具有物理性。

通过将"我们"（像我们的物）定义为受到情感影响的物，通过使用带有互动（与影响我们的其他物）含义的"情感"一词，他排除了关于内在世界的任何概念，这个内在世界将我们同自然分隔开，将我们彼此分隔开，即同所有其他物分隔开。我们不再因为他人身处他们自己的内在王国而被幽禁于一个他人无法靠近的内在王国；根本不存在由确定的意识或自己的身体构成的避难所。正是在这一点上，斯宾诺莎的思想——无论是什么提高或减弱了身体的行动力，它都必然同时、而且是在同等程度上，提高或减弱精神的思想力——展现出它全部的意义。喜悦伴随着提升我们的力量的情感，而悲伤则伴随着某种弱化的情感。

斯宾诺莎不仅拒绝将人提升至他们身体之上的地位，而且拒绝将他们提升至超越他们仅仅作为物存在之上的地位，这表明其极不同于斯密在《道德情操论》中所依据的哲学和神学传统：根本不存在哪怕方寸之间的内心避难所让我们通过恰当运用意志在其中暂避一时——身体内部没有一个安全的港湾能够超越环绕我们四周的政治与社会风暴，心灵根本不可能逃开施加在身体上的最细微的屈辱。甚至更重要的是，也没有一道墙或一个深渊可以保护我们不受他人的欲望与仇恨的侵扰，这些欲望和仇恨在不知不觉间转换成为我们的欲望和仇恨。

事实上，根据斯宾诺莎的观点，人的特殊性使我们更多地而不是更少地沦为我们沉浸其中的权力游戏的猎物。与其他物不同，我们是受到情感影响的物，这些情感包括那些影响类似于我们的物的情感。因此，类似于我们的物不可能使它们的情感为我们所不能触及或我们的为它们不能触及。然而，更重要的是，没有什么东西可以保护我们不受它们情感的影响，这些情感像病毒一样轻松地在个体之间传播，一股不间断的形象流（flow of images）承载着它们，这本身就是我们作为与其他物互动的物而存在的结果，我们既不能从它们身边逃离，也不能期望控制它们。

这种受到他者情感影响的存在承载于控制我们的各种形象，斯宾诺莎称为"模仿"。马勒布朗士也使用过该词，它可能出自笛卡尔的一个论点，即表现出模仿人类的能力，即使他们只是机器：笛卡尔的机器模仿另外的机器。① 为什么是情感的"模仿"而不是"传递"或"交流"，因为明显存在一个对他者情感的复制。在某种程度上，斯宾诺莎对"模仿"一词的使用表示我们假想的他者的情感具有物理的和外在的性质：我们不是简单地"感觉到"它，而是在身体和精神上都被它改变并且接纳它作为我们的情感。

　　为了强调对情感的模仿不是一种意志行为，斯宾诺莎坚持认为即使我们过去从这个物身上没有获得任何感觉，或者对它没有任何感觉，我们也会自动地（eo ipso）被某种类似的情感所影响。模仿在这里指的是一种即时的、自觉的模拟，马勒布朗士甚至称为情感的传染，无论是施加影响者还是被影响者都绝对没有意识到，也不可能控制这种传染。我们模仿他者的情感，却不知道为什么或我们模仿的是什么，或者在很多情况下，甚至不知道我们在模仿它们的情感。他者悲伤的形象令我们悲伤，而他者喜悦的形象也让我们觉得欣欣然。情感来自物之间的接触，对情感的模仿是某种力量的交流，它在一定程度上改变了被影响者。在135 这样的情形下不可能谈论旁观者和当事人之间的划分。情感王国中没有旁观者，因为情感传播到起点之外很远的地方，每个人都有成为"主要当事"者的风险，每个人都可能在这个流中迷失。

---

　　① 对马勒布朗士而言，"某个激情澎湃的人脸上的神态穿透了那些看到这种神态的人的内心并且自然而然地在他们心中留下那种令他们心情激荡的相同激情"（"Recherche de la vérité"，Ⅱ：1.1）。同样地，各种强有力的想象颇具"传染力的交流"构成了错误和异端的一个很大的源头："想象的无序极有传染性，它们轻而易举地潜入（se glissent）大多数人的心灵，并且在那里散布开来。"激情澎湃的作者以他们各自的方式将他们的激情传给我们，"在不知不觉中说服我们，我们甚至不知道我们被说服接受了什么"（"Recherche de la vérité"，Ⅱ：3.2）。同时，模仿"对于文明社会而言是必要的，"因为正是通过这种途径，家长对孩子的权威，君主对臣民的权威，主人对奴隶的权威才能够实现。笛卡尔讨论了动物身上的模仿（动物在他看来是没有意志的机器），见致纽卡斯尔的 Marquess 的信函（1646 年 11 月 23 日），in *Philosophical Letters*（Minneapolis：University of Minnesota Press，1970），pp. 205 – 208。

因此，情感不是一种个人间的现象，它们也不可能以类似的方式属于那个超个人：国家或社会。它们本质上是超个人的（transindividual），构成了某些个体的气质。

在这一点上，不难看到斯宾诺莎关于情感的论述中具有政治成分。另一个人的不幸立刻在我们心中重现，这个事实不可避免地而且依然是自动地导致某些行动。他者受难这个形象所附带的痛苦激励我们"试图解救他们"（liberare conabimur）脱离苦境，此时没有任何反思或意志的干预，"我们会竭尽所能"（quantum possumus）。

这就是智慧的开端：怜悯"就其本身而言很糟糕，而且毫无用处"（《伦理学》第四部，第 50 页），因为它使我们消沉，因此损害了我们的思考力和行动力。如果沉浸于他人苦难所带来的痛苦，我们可能会有不理性的行为，仇恨甚至试图毁灭那些带给我们这种痛苦的人（我们或许想到了斯密书中的乞丐，他的悲惨境况会让旁观者感觉到"敲诈"）。但是，那些用理性引导其生活的人会遵循这样的格言，与斯密同时代的威廉·布莱克总结得非常精彩："怜悯没有什么好/如果我们确使某人穷愁潦倒/慈悲什么好也没有/如果所有人都像我们一样快乐无忧。"[1] 那些对他者的苦境一言不发的人，无论是因为理性，还是因为怜悯，"都直接被称作非人。因为他们不再像人"（《伦理学》第四部，第 50 页，注释）。

不仅如此，斯宾诺莎更早时候便注意到，我们可能受到他者情感的影响这种情况将某种二元关系导向三角的、最终成为社会的关系。我们喜欢"对他人行善事"（《伦理学》第三部，第 22 页，注释）的人，斯宾诺莎称为 Favor，因此对他有好感，这种好感延伸开来，我们也便充满喜悦。我们也会憎恨"对他人作

---

[1]　William Blake，"The Human Abstract"，见 Songs of Experience，II，第 1—4 行。

恶的人"，斯宾诺莎称这种情感为 Indignatio。同样地，如果我们想象自己让他人快乐，我们便感到喜悦，如果我们想象自己造成他人的痛苦，我们也感到痛苦。第一种是荣耀（Gloria），第二种是羞耻（Pudor）。憎恨及其衍生物愤慨和羞耻都会因为我们憎恨的那个人（甚至自己身上）的行为在某种程度上变得正当，憎恨会伴随某种程度的悲伤，无论因为你击垮了那个被憎恨的人这幅图象上萌生出怎样的喜悦（《伦理学》第三部，第 47 页）。

136　打垮最凶恶的作恶者，远非令人"欣喜若狂"，而是导致一种精神的"波动"，喜悦和悲伤，恨他人和恨自己交替出现。我们或许可以说，斯宾诺莎颠倒了拉罗什富科（La Rochefoucauld）的著名定理："在我们的挚友的苦境中，我们总是能找到让我们不快的东西。"① 在斯宾诺莎看来，甚至在我们最憎恨的敌人的苦难中也一定存在某种东西不会也不可能令我们感到开心。那么，如果一个社会的秩序靠恐惧和仇恨以及随时可能降临的死亡来维持，它会受到来自自身的谴责，出现波动和混乱，被削弱，然后四分五裂。

重要的是，斯宾诺莎的模仿情感概念将人数众多的穷人对富人情感的模仿排除在外，但穷人或许以这种方式间接地享受到他们永远无法亲身分享的愉悦，这可能为社会秩序所必需的敬畏权威提供了基础。因为我们不仅模仿他人的情感，我们也模仿他们的欲望：我们渴望他人渴望得到的东西，不仅是为了他人，也是为了我们自己。事实上，"如果我们想象某人很喜欢某件只有一个人可以拥有的东西，我们会竭力使他永远不再占有它"（《伦理学》第三部，第 32 页）。一个以财富和资产的不平等为基础的社会因此永远在矛盾爆发的边缘。

斯宾诺莎将对欲望的模仿从其他所有的情感模仿形式中挑选

---

① François, Du de La Rochefoucauld, *Maximes*, p. 583.

出来：因为它使社会永远矛盾重重或者能够将其成员统一起来。因为财富占有不公平而产生的嫉妒心理有可能形成一个仇恨和破坏的圈子，任何一个国家都不可能允许这类圈子长期存在。但是，对欲望的模仿同样会产生斯宾诺莎所谓的仿效（Emulatio）：正是"对某个特定物的欲望导致在我们中间产生这样一个事实，即我们想象类似于我们的他者（alios nobis similes）具有同样的欲望。"（《伦理学》第三部，第27页，注释）。这第27个命题，正如我们在分析中已经注意到的，斯宾诺莎意指我们模仿的是**某个类似于我们的物的情感**，他用的是单数。唯独在这里，在谈到仿效时，他使用了复数：我们模仿他者（因此，他们全部具有同样的欲望）的欲望（单数）。

这个命题中对单数和复数的特殊使用引发了一系列问题。我们能否模仿同时被很多类似于我们的物感受到的情感？这反过来是否意味着他们都受到同一种欲望的影响，而且如果不是通过模仿，如何影响？这些都是非常有趣同时又很麻烦的问题，尤其当我们以斯宾诺莎在《伦理学》第三部正文开始前关于欲望的论述为参照来思考这些问题时，更是如此。如他在对第11个命题的注释中所揭示的，欲望（Cupiditas），快乐（Letitia），以及悲伤（Tristia）构成了三种"基本情感"（affectum primarium），其他所有情感都是它们的不同表现形式。快乐是我们的力量增强时影响我们的情感，而悲伤则在我们的力量减弱时对我们产生影响。如果我模仿另一个人的快乐（或它的其他表现形式），我的思考和行动力会增强，而我们对他者悲伤情感的模仿则会使我们变得软弱。

那么，在这场力量的游戏中，欲望究竟处于什么样的地位呢？在某种意义上，欲望可以说是另外两个基本情感得以发生的条件，因为斯宾诺莎将其定义为对某个努力执着于自身存在的个体的"感知"（consciousness）；相对于精神，这种奋争被称为意志（Voluntas），相对于精神与身体，则被称为热望（Appetitus）。欲望是对这种热望的感知，也即对我们努力执着于我们的存在的感知。"努力"是对 conatus 的转译，它当然是单个物的"真正的精髓"（《伦理学》第三部，第7页），因为存在，它努力（斯宾诺莎在使用这个词时没有任何意图、目的等含义，因为他提到任何单个的物都有 conatus）要做它自己。

一个单独的物：首先，正是在这里，斯宾诺莎与斯密很接近，而他们之间的严重分歧也变得清晰起来。我们先将斯宾诺莎在理论上所表现出的激进的反人类主义搁置一边，他坚决拒绝将人这种物，人类个体同其他所有的物区别看待。虽然斯宾诺莎的确使用了"个体"（Individuum）一词，但他更喜欢用"单个的物"（res singularis），这个词语不仅限于人类个体。但是，即使在那些他使用了"个体"一词的情况中，他也指的是人只是其中一部分的各种单个的物。不过，他对"单个的物"一词的偏爱其实以另一种方式在反对某种理论上的人类主义或人类学。它迫使我们不要将人类想象成对某种本质属性的各种表达形式，如利己的或仁慈的（或两者兼备的），而是想象为独特的。人类中的个体既不是起点，也不是终点，而是一种综合，同其他个体的综合。正如皮埃尔·马舍雷（Pierre Macherey）所指出的：

> 个体或主体无法自行存在于某个独特且永恒的存在无法简化的简单性当中，而是通过与各种独特存在的相遇被构成的，那些独特的存在因为某种条件而在它身上统一起来，即，它们在它身上共同存在，这个统一体并不预设某种特殊的关系，在它们的本质层面上，它是某种内部秩序的统一体，它们可能会一直保有它们的个性。①

---

① Pierre Macherey, *Hegel ou Soinoza* (Paris: Maspero, 1979), p. 216.

斯宾诺莎的人类个体是一种复合的独特性这个观点因此使得个体的个性无法稳定下来，而是容易发生改变，甚至巨大的改变，要视其如何受到其他个体的影响而定。与在法律中不一样，或者与利益主体不一样，没有什么能严格限定个体的界限，使其不超越斯密所指的身体。正是在斯宾诺莎这个思想点上，超个体性维度出现了：在个体和国家或社会（以某种有机的或"整体的"形式被设想为一种超个体，赋予它某种实现其指定目标的意志，或者以某种个人主义的方式，被设想为无法简化的分离个体的意志的总括，它正是由这些意志所构成）的司法范畴之间可能想象各种形式的个体性或人的独特性。

我们永远不可能脱离他者而进入到一个物质世界，甚或在情感上自我满足；"与诸多外在于我们的物之间的交易"（《伦理学》第四部，第 18 页，注释）对于保持我们的存在是必不可少的。但是，这种交易既有风险，也带来机遇。我们或许会被对我们的特质心存敌意的外部原因所征服，例如那些自愿"选择"死亡的人便是如此。① 但是，我们也可能不仅遇到有益于保存我们的物，而且可能遇到与我们的本性相吻合（convenient）的物。对斯宾诺莎而言，这样的两个个体将"构成一个其力量是二者分开时各自力量的两倍的个体"（《伦理学》第四部，第 18 页，注释）。因此，情感的波涛越过个体，可能会中断个体之间的和谐关系，我们正是由这些个体所构成，让我们变得软弱，使我们反对我们自身，也反对他者。但是，它也可能使我们同他者团结起来，形成某种增强我们的思考力和行动力的关系。仿效，即对他者欲望的模仿，便是这样一种整体同时带来的情感；它是某个独一的物的意识，它能够形成是

---

① 在《伦理学》中，斯宾诺莎引用了塞内加的一个例子（这本书中极少见的恰当名称之一）说明有人"受到另一个人的胁迫"，即，"一个强迫他血脉贲张的暴君"（Ⅳ，20，Schol）。

因为诸多个体在猜测中达成一致，这些个体坚持维护自己的存在。这样一来，作为斯宾诺莎意义上的特殊物的个体便同它由其构成的部分一样真实，一样无法简化。

利益——对霍布斯、曼德维尔和斯密而言——是个人化的一个原则；利益是个体自我保护这种趋向的表现，这一趋向至少开始将每个人同另外的每个人区分开来，即使这个原则可能使这些最基本的、分离的个体满怀热情地或勉为其难地，有意识或无意识地进入到社会当中。不过，在斯宾诺莎的笔下，自我保护或conatus 的原则可能使人类社会超个人化，使得诸多个体结合成新的、更强大的个体：夫妇，小组，甚至众多达成一致的身体形成的民众运动，统一行动，统一发声，被某种新的 conatus 和某种新的欲望所驱动。这些运动，斯宾诺莎的最后一本著作《政治论》（*Tractatus Politicus*）对其作出了理论性论述。大众形象，常常开始于对主人——看得见的或看不见的，某位君主，或某家世界银行的残酷爆发集体愤怒[①]的时刻——却只是发现在此刻形成了一个更加强大的个体，一股更加巨大的思考力和行动力，这股力量不仅要摧毁一个奴役和剥削的世界，而且要在那里创造另一个世界。

这一思想张力必须深深地埋进土里，关于它的记忆要清除掉。正如我们经常谈论斯宾诺莎时那样，这类学说不会受到批驳，因为对它们的批驳会帮助它们流传。只有当它们变得不可思议，难以想象时，包含它们的书籍才能再次安全地阅读，好像那些惹麻烦的地方已经被检察官删掉了一样。[②]《道德情操论》就

---

① 见 Alexandre Matheron, "Indignation et le conatus de l'état spinoziste", in *Spinoza: Puissance et ontology*, eds. Myriam Revault D'Allones et Hadi Rizk（Paris: Kimé, 1994）, pp. 153 - 165。

② Israel 的 *Radical Enlightenment* 中大量的材料本身就能够证明斯宾诺莎尽管非常重要，在某种程度上仍然隐于无形——这种隐匿在严肃的知识分子历史学家那里不能看作是一个简单的过失。

是一本这样的书，它用满满的一锹一锹的土掩盖住斯宾诺莎的思想，甚至拒绝讲出在其公开态度中被掩埋的东西的名称。但是，它的文本，如果不是作者其人的话，仍然到处隐约可见那个被掩埋物的形象，即使不是其思想。就如同一个被悔恨折磨着的罪犯，对他所受的痛苦，斯密做了非常仔细的描写，但那个罪犯不会忘记它的快乐所依凭的东西正在遗忘。是什么令这个文本或回忆痛苦难受？是什么使得我们将它们同斯宾诺莎加以理论化的对超个人性的压制联系在一起？在什么意义上我们可以说，如斯密对罪犯的态度一样，"对它的思想永远萦绕在他的心中，令他充满恐惧和疑惑"（《道德情操论》第 84 页）？

　　我们将回想起，《道德情操论》中对同情的最强烈的描写正出现在第一段的第一句话中，而对同情是情感的交流这个关于同情的一般理解所做的最细致的反驳，即使非常简练，则紧随其后，出现在该书的第二段。我们需要在《道德情操论》第三段以后的地方找到一个更具吸引力的形象，尽管它的目的是为一个事实提供例证，那个事实是我们只能"通过在想象中同受苦者交换位置"（《道德情操论》第 10 页）才能对他人产生同情，这向斯密已经为同情设定的限制提出了严肃的问题，但他既没有说明这些问题，甚至没有承认这些问题：

　　　　如果我们看到有一拳打向而且马上就要落在另一个人的大腿或胳膊上，我们会自然地收紧并缩回我们自己的大腿或胳膊；当它真的落下来，我们在某种程度上也感觉到了那一拳，而且像遭到那一拳的人一样也感到疼痛。盲目的观众（the mob）在盯着坠绳上表演的舞者时会自然扭动、旋转他们自己的身体，让身体保持平衡，他们看他这样做时，会觉得自己如果处在他的情景中也必须这样做。（《道德情操论》第 10 页）

这些句子用到的排比句是斯密写作中的一个标志。这两个句子都不仅说明了斯密在前面句子中已经提到的在想象中交换位置，而且说明，或许是为了减轻读者的怀疑，设想或想象可能对我们施加了一种力量。在第一种情况中，尽管"我们"（我们要注意他用的代词）知道那一拳的目标，而且知道马上就要打到的不是我们的胳膊或大腿，尽管我们对这一点非常确定，我们还是不由自主地快速而且使劲地想象我们自己会有怎样的感觉，而且对我们眼前的景象会在瞬间做出反应，我们会缩回来，就好像我们是目标一样。我们"自然地"这么做，斯密在两个句子中反复说到这个词，意味着这样一个反应非常平常，而且我们的身体反应近乎一种自发行为（似乎它是一个本能问题，而非一个意愿问题）。近乎自发的行为和我们的同情力量在这种情况下似乎与斯密后来关于那些困难的论述不相一致，旁观者甚至在同情那些他十分赞许的感情时也要面临这些困难。事实上，这里的第一个句子语意含糊：那一拳是有目标的，但句子的被动语态让我们对谁打这一拳不得而知；它落在另一个人的身上，但是我们不知道他是因为自己没做好而被打还是因为犯罪行为而受到惩罚（这个形象在某种程度上代表肉体惩罚，例如杖击或鞭刑）。①

无论我们对这个人以及将要发生的对他不利的行为做怎样的判断，我们的同情都是即刻的，而且是强烈的；它牵扯到我们的身体，还有我们的精神，并且迫使我们既有所感觉，而且还有所行动。事实上，该书的第三段提出了一个难题，斯密对这个难题只是稍加注意，而且在某种意义上，他提供的论据是在有意缩小这个难题：过度的、不理性的同情可能战胜一个人的理性，混淆他的判断，从他的精神溢出来，流进他的身体；这个难题，斯密在这里暗示，或许

---

① 杖击和鞭打（或"鞭刑"）都出现在《道德情操论》比较靠后的部分（第60页）。

限于"性格敏感，体质纤弱的人"（《道德情操论》第 10 页）。不过，第二人称复数（原文如此。译者）的使用，第一句中的"我们"，连同那个被反复用到的"自然的"，意味着这样的反应很平常——甚至，不管是在一个怎样被贬低的程度上，是普遍的。

下面的句子似乎是在重复包含在第一句中的这个论断，即我们的某种鲜活的想象行为所促成的模仿在某种条件下，可能是绝对"自然的"。但是，它继续使这个已经很复杂的思想更加复杂化。这个句子的主语和这个动作的施动者是"盲目的观众"，斯密瞬间将其贬低为组成它的诸多个体，因为他用代词"他们"取而代之。这绝对与前一个句子是一致的：许多个体观看"在坠绳上表演的舞者"（不是绞死的委婉语，尽管这肯定已经在很多读者的心中闪过，而是一个平衡动作）。在这里，值得注意的是众多个体同时产生了同样的感受，并且用同样的身体动作对他们面前的景象做出了身体上的反应。

斯密这样描述我们只能称为情感模仿的事物，它是一种情感传染，它同时在同样的程度上对精神和身体产生影响。对他们面前的景象的模仿，或许是互相模仿，已经将他们结成一体；他们不再是互不相干的个体，每一个都不再将自己封闭在自身之内。他们感觉到而且做出同样的事情，正是这一点使他们不仅成为**一个群体**（a mob），而且成为**这个**群体。"mob"一词在 18 世纪不仅是人群的同义语。Mob 是 mobile vulgus 或 "变化不定的民众"的缩写形式，它经常出现在罗马的历史写作中，表示那些常常能决定政治斗争结果的力量，vulgus 经常与 multitude（多数，民众）交替使用（斯宾诺莎本人在《政治神学论》［*Tractatus Theologico-Politicus*］和《伦理学》中都使用了这个词语，意为"民众"）。①

① 见 Warren Montag, *Bodies, Masses, Power: Spinzoa and His Contemporaries*（London: Verso, 1999），chap. 3。

特别在这段文字中，对于斯密而言，群体不单单是作为例子说明平民百姓的纯良和无知；它还表明，即使在（或许也因为）他们的纯良和无知（中），数量众多的个体在同一时间里不仅在感情上达到统一，而且在身体行动上达到统一，从而变成了一个独一的物，即群体。我们在此或许可以回忆一下斯宾诺莎的话："如果几个个体同时在做同一个动作，于是他们共同促成了某种效果，我对他们的看法是他们是同一个独一的物"（《伦理学》第二部，第7页）。这样一个观点会让我们远离在《道德情操论》中成为主体的单个个体。事实上，它会将我们带进《国富论》，在那本书中，民众为工资或仅仅是为了食物而斗争，但它却从未解释过他们团结起来的可能性。

在《国富论》的第二章，斯密提出人性中有一种"癖好"：对以物易物，用一个东西换取另一个东西的癖好。尽管也不能确定这一癖好是"人性中那些基本原则之一"，抑或是（他其实倾向于这一解释）它是"理性及说话能力的必然结果"，但是，他发现它"在所有人那里都很常见"，不过在所有"其他动物那里"（《国富论》第25页）却从未出现。动物群中看不见这一癖好对斯密而言意味着他们

> 不知道这种或其他任何种类的契约。两只灰狗在追同一只兔子，有时似乎像是在采取一致的行动。一只将她朝他的同伴那边撵，或者在同伴将她朝自己这边撵时截住她。但是，这不是任何契约的结果，只不过是一种巧合，他们碰巧在那个特殊的时间里对同一个对象发生了强烈的兴趣。（《国富论》第25—26页）

在《法理学讲稿》（*Jurisprudence*）中，斯密进一步阐述了这个论点。即使动物的激情和行动"碰巧同时发生"，也一定

142

会因为他们身体上的接近而被激烈的竞争所取代："猴子在果园里打劫时会相互传递果子，一直到他们把果子在储藏地放好，但是，在分配胜利果实时却总是发生剧烈的抢夺，常常有猴子被杀死"（《法理学讲稿》，第494页）。在这里，引人注目的是在人类和动物世界中，私人利益都会将个体分离开并使他们相互对抗。只有在人类世界里，在某些情况下，私人利益或许能够在分离的个体之间培育友好交流的基础：以期待获利为基础的契约。如我们已经看到的，这种充满感情的独处和荒诞的以他人为代价来追求自我利益产生了物质社会，没有它，人类不可能长久地生存下去。

在某种意义上，将人同其他动物区分开来的这个改变只是个幌子，它将我们的注意力从这段文字关于人类世界的论述中移开。因为，如果只有人类具有合作能力，这一合作便具有一个唯一的起源：每一个个体的私人利益，他"以物易物"不仅仅是为了实用，而且努力要获得优于他或她给出之物的东西。为了利益，而且只是为了利益，个体才开始合作，而这样的合作只能以契约形式进行，契约各方都在计算从这样的交换中会获取什么。除了希望增加自己的所有，任何形式的合作，任何形式的社会都不可能立刻、马上或以其他的方式出现。

斯密甚至比霍布斯（他认为蜜蜂和蚂蚁具有社会性，而人类却没有）① 走得更远，他否认在契约之外存在任何联合：他不是通过展现契约对人类个体之间任何联盟的必要性来让自己感到满足，尽管在法律之外存在潜在的竞争，相反地，他要从动物世界中排除所有形式的合作，原因很明显，动物不可能订立契约；它们表面上的合作事实上终将被对欲望之物的殊死搏斗所取代。

---

① Hobbes, *Leviathan*, chap. 17.

关于人性的这种夸张的观点对市场概念而言当然是绝对必需的，至于它的功能和理念，斯密将在《国富论》接下来的章节里进一步论述。为了能够"顾及他的利益"（与他人的利益相对立）并且找到自己的优势，个体必须是分离的、独处的，不受他人情感和欲望的影响，对情感传染具有免疫力，其他作者同样惧怕这种传染的后果。

更令人咋舌的是在《国富论》中，斯密在这本书里对超个体性的化简是最彻底的，他证明了只能被称作团结一致的事物的存在：某个团体的形成其成员并非仅仅因为契约的干预而团结在一起。斯密终将证明斯宾诺莎所谓的欲望模仿以及利益的超个体化最终将导致个体团结起来成为一个独一的物，他们共同促成某种结果的产生。在文明社会，劳动者的产品不再是他的，而是属于他的主人或地主，大量的工人在相对少数的主人的管理下团结起来，工资的价值不再表现为个体劳动者和他的主人，甚或一群劳动者与某个主人之间的契约形式。相反地，"契约"（斯密使用了这个词，即使它似乎越来越难以描述不断变化的工资的性质）的生成是在两"派"之间：主人一派和工人们。表面上看，后者随时可以而且很容易团结起来（因此在战胜内心利己主义的低语时遇到的困难少得令人惊讶，利己主义促使每一位工人与他或她的同伴竞争，或者至少促使他计算花在这类无利可图的活动上的时间与精力能获得什么回报）以从他们的主人那里获得加薪。劳动者经常而且是自发地采取一种行动，斯密提醒我们，政府在近一个世纪的时间里反复施压要制定法律以对抗劳动者"联合起来"要求增加工资、甚或只是保持他们的工资不下降的要求。

但是，一直没有制订出这样的法律来阻止雇员的联合。于是，斯密提醒读者："如果根据这样的理由认为主人们几乎不会联合起来，无论他是谁，他对这个世界都是无知的，就像他对主体是无知的一样"（《国富论》第 84 页）。斯密关于主人联合

（他在这个问题上远比在工人联合问题上有更多的话要说）的论述极为有趣："主人在所有时间里，在所有地方，都以某种心照不宣然而却是持续一致的方式联合起来，不让劳动工资增加到高于其实际价值的程度"（《国富论》第84页）。"心照不宣"这个词语在这里尤为扎眼。这种联合显然不是寻常意义上的某个契约的结果。在期待以交换获得收益方面一直没有任何承诺：不需要以这样一个承诺来实现与其他主人的联合，因为从来就没有一个需要通过契约干预才能度过的不团结时期。"随时随地"（或总是一已经）存在这种联合，因此，这种联合并非源于各不相干的行动者的意志，它一直是他们作为主人的基本条件。根本不存在原本各不相干的行动者一步一步决定团结起来这个基本行动，他们一直是一个"持续存在的"集体，具有相同的欲望和利益。

但是，劳动者的情况又如何呢？他们的联合，如果真有这样的联合的话，相对于主人的联合，更加薄弱且没有持续性。有时，主人们集体"降低劳动工资"，即使工人们"确切地感觉到"工资的降低，他们有时也会没有任何反抗地顺从。即使他们和他们的家人感觉到将要面临赤贫的境地，他们也不会联合起来。贫困以及贫困盘绕在心头的阴影，加上对惩罚的恐惧使得他们不可能团结起来。然而，有时经常会这样——甚至面对贫困的威胁和国家暴力，工人们也会"通过某种对立的防卫性联合"予以反抗（《国富论》第84页）。在这样的情况下（不仅仅是依照斯密的论述），这些联合便不是以利益计算为前提，在其中显然存在某些非理性的因素。根据斯密的观点，不仅他们的目标不可能实现，而且它们的形成也是因为我们称之为仇恨的情感和想象：强加在个体身上的苛刻待遇所产生的仇恨和因为这种苛刻待遇被强加在他的家庭和同伴身上而产生的愤慨。

市场以及国家造成的个人化和分离这类结果因此受到反作

用的抵触：工人的联合源自他们本身的共同情感，因为"被集中在同一个工场里"（《国富论》第 14 页），受制于同样的条件和管束，他们的身体和精神结合在一起，这决定了他们具有共同的情感。与工业产品一道，在这样的工场里也生产出一种新的独一物，团结在一起，而且强大有力，能够产生"最震撼的暴力和愤怒"（《国富论》第 84 页）。

"群体在无所畏惧的时候是非常可怕的"（《伦理学》第四部，第 54 页，注释）。斯密的计划并非谴责群体来证明其不可能性：联合并非荒谬得仅仅是一种假象，它至多是"各种激情……碰巧同时发生"，你在各种动物群落中都能看到这些激情。斯密的这本书总体上让人看到一种非同寻常的努力，不仅要从情感、欲望和利益方面将个体分开，而且要将关于社会性145的语言转译为关于个体性的习语。我们认为是个体之间的关系的事物，实际上是个体的内部关系，是我们与我们想象自己能够站在他人立场上感觉到的事物之间的关系。这个精致的、为市场所必需的个体完全按照个人利益进行商议和采取行动，它的构成只能以拒绝并且遗忘斯宾诺莎的情感模仿理论为基础，以甚至利益本身的超个体化为基础。事实上，难道我们不能说斯密的系统所必需的假象正是我们不可能体验他人的感受，我们不会将他们的利益同我们的利益混为一谈，以及所有关于真实的情感渗透的暗示和超出个人想象的身份复杂化对于社会的理性基础都是一个威胁。

将社会场（social field）个人化的努力不仅仅是针对古代和中世纪的人是 zoon politikon（政治动物）这一观念；它同时而且日益明显地要在理论和哲学当中对抗城市民众和各种新崛起的劳动集体，他们是"自由的"，也是不自由的，他们是在经济进步的源头便存在的劳动分工无法避开的副产品。如果斯密的文本始终笼罩在它们已经忘却的事物的阴影中，那么，使它们分化瓦解、自相矛盾的便不仅是斯宾诺莎的思想的力量。正是在与斯宾诺莎的思想难解难分的地方出现了"争论不断的合并"，其破坏力最终对于斯密和他的继承者而言不如其创造一个世界的力量那样令人惧怕。

146

第三章

"数量,噪音,权力":
作为历史方法难题的暴动

对所有真正的天才而言,这真是件十分令人沮丧的事,天才
常常满足于将他们的才华深藏不露,而不是通过在公众面前
展现他们的才华,放心的由某个评审委员会来决定它们的价
值,在那里,数字,噪音,还有权力常常成为对抗理智和理
性的问题。

亨利·菲尔丁,《真正的爱国者》①

菲尔丁的这则警句中的指示性冠词"这"在他五花八门的
职业生涯语境中可以指代许多难题,无论他的职业生涯多么丰富
多彩,它都像我们本章的中心论题一样与"数量"形成的"噪
音"有关。当然,在传统的小说历史上,菲尔丁是形式现实主
义最重要的创始人之一。与菲尔丁在上面那则警句中的担心相一
致,18 世纪小说是作为一种写作模式确立了其地位,它一方面
因为数量众多而问题重重——尤其在底层人群中十分流行,颇具
危险意味——而另一方面又特别适于沿着个人的而且多少是合理

---

① Henry Fielding, *The True Patriot: and the History of Our Own Times*, No. 18 (1746 年 3 月 4 日), in *The Criticism of Henry Fielding*, ed. Ioan Williams (New York: Routledge, 1970), p. 31。

的脉络组织大量经验材料。现代小说的人物就是根据对"数量和噪音"明显变幻无常的判断整理出或多或少是合理的结果，在一个聚讼纷纭，繁荣富裕，浮躁喧嚣，混乱放荡，甚至暴动频发的时代，这是一个重要的修正方式。

小说的过度产出可以说是与过量类似的一个难题，菲尔丁抱怨一般读者太多，对此，这一点是非常重要的补充。的确，亚当·弗格森（Adam Ferguson）因为《国富论》的畅销而指责斯密，似乎这本书迅速地广为流传会贬低它的意义，他对他的同事说，"你不要指望小说被抢购"。[①] 至于暴动，我们应该记得汤姆·琼斯，他是那本被几代人奉为英国小说奠基之作的主人公，他自我奋斗，从一个贫困交加的弃儿到长大成人，建立家庭，获得财富，这一切都发生在 1745 年詹姆斯二世党人入侵这个背景下。[②]《汤姆·琼斯》出版距该事件仅仅四年时间。

这个时间点诱使我们找出英国小说史——一个"新的写作种类"，菲尔丁的这个论断非常著名，而且是具有创造性的流行文学形式——与詹姆斯主义的历史以及**历史**本身的历史之间的关系：小说和历史写作在 18 世纪均普遍受到大众读者群这个难题的困扰，而且二者本身都致力于根据对时代的一种进步的、或然性的理解来发现民众抗争的本质。这种理解应该也具有民族连续性，将时间体验同财产安全，同种种形式的爱国主义归属感联系在一起，这些归属感强调英国/苏格兰于 1707 年实现的合并具有持久性。通过提高这种时间体验而促成的爱国主义其目的就是培养美德——如我们将要看到的，有时会出现矛盾——以延续国内

147

---

① Adam Smith, *An Inquiry into the Nature and Causes of the Wealth of Nations*, eds. R. H. Campbell, A. S. Skinner and W. B. Todd（Indianapolis：Liberty Fund, 1981），p. 42.

② 更多关于阅读在《汤姆·琼斯》中的作用的讨论，见 Homer Obed Brown, *Institutions of the English Novel：From Defoe to Scott*（Philadelphia：University of Pennsylvania Press, 1998），chap. 15。

和平，但从未完全平息民众抗争。

为了描述这一过程，我们想以对通俗的詹姆斯主义的论述来开始本章。我们当然清楚，支持斯图亚特的事业的有组织的军事反叛不应该直接与普通的民众抗争画等号。但是，它们交叉的方式非常重要，对于 18 世纪的思想家而言，它们被归在"群众"这个不断变化的名头下。关于围绕斯图亚特的事业而出现的动荡，我们有所论述，我们想要表明，将詹姆斯二世党人和其他"民众"说成是与逐渐展开的历史进步相对立，这种说法与休谟拒绝先验的因果观念何其相似。由此，我们从大众詹姆斯主义和类似的活动转向严格意义上有关 18 世纪历史编纂的论述：社会和政治如何看待暴动——对休谟，罗伯逊（Robertson）和其他人而言，就是退回到 1603 年詹姆斯六世和一世治下王室成员充满不确定的联合——根据关于所谓基于推测的思想的认识论辩论进行论述。

我们下一步将以更集中的方式深入探讨多样性，小说，还有历史之间的关系。这一节中有争议的是前所未有的小说云集现象本身以文学过度生产的形式展现"数字"难题，这种方式类似于揭示出 18 世纪历史写作中恐惧起义这一难题。

最后，我们要阐发一种含混的价值观，苏格兰历史学家认为他们所谓的"尚武精神"正是这样一种价值观，尚武精神是站在国家暴力垄断立场对暴动的一种疏导，国家暴力垄断应该也是要遏制资本主义奢侈的有害影响。在这里，民众抗争提出了一个永久的难题——有时是可控的，有时则导致混乱、起义以及战争的发生。如此，休谟所谓的"群众的怒火"便预示着民众抗拒历史进步的危险，而且使得在渐进意义上书写有效历史叙事的能力变得繁冗复杂。①

---

① David Hume, *The History of England* (6 vols.) (Indianapolis: Liberty Fund, 1983), Ⅳ, p. 47.

但是现在，面对亨利·菲尔丁最畅销的作品《汤姆·琼斯》，我们对作家本人做一番思考：一位可怜的（而且相对贫穷的）剧作家，他的戏剧《金臀》（*The Golden Rump*）辛辣地批评了沃波尔（罗伯特·沃波尔［1676—1745］，英国辉格党政治家，后人普遍认为他是英国历史上第一位首相——译者），导致1737年出台了苛刻的《戏剧检查法》。（他的戏剧作品《悲剧中的悲剧》［*The Tragedy of Tragedies*］是18世纪最流行的作品之一。）对于"数量"与"理性"之间的矛盾还要再加上另一个关键词："权力"。菲尔丁不仅是一位启蒙的批评家和文学创新者，主要关注社会秩序与优雅品位之间的关系，而且是一位政治反对派化身而成的领取救济金的三流作家、律师、狂热的反詹姆斯分子，而且还是威斯敏斯特和米德尔萨克斯区的法官，这一点并非无关紧要。

菲尔丁的政治报道写作（在他为佩勒姆［亨利·佩勒姆，1694—1754，第三位英国首相——译者］的"爱国"政府辩护之后）正式开始于《真正的爱国者》，同接下来的那部一样（非常具有讽刺意味地冠以《詹姆斯二世党人报》［*The Jacobite's Journal*］）同样写于1715年尤其是1745年的历次著名起义这种语境中。无论查尔斯王子的军队在乔治·莫里（George Murray）公爵的率领下是否真的有机会攻占伦敦——以助他的父亲成为苏格兰国王詹姆斯八世，英格兰国王詹姆斯三世——对菲尔丁和其他很多人而言，詹姆斯二世党人的起义是最大的威胁。① 查尔斯的军队向南到达德比，在那里，曼彻斯特的失业者加入到他的队伍当中，这是令詹姆斯二世党人大吃一惊的一份厚礼。在《法理学讲稿》（以下用A或B表示不同手稿）中，斯密说，

---

① 更多关于二世党人的叛乱和曼彻斯特失业者之间关系的资料，见 Bruce Lenman, *The Jacobite Risings in Britain*, *1689 - 1746* (London：Methuen, 1980), p. 11.

在 1745 年，四千或五千名赤手空拳，没有任何武器装备的高地人占领了这个国家的发达地区，没有遇到任何来自非战居民的反抗。他们深入到英格兰内部，震惊了整个国家，如果不是受到一支常备军的抵抗，他们可能不费吹灰之力便能夺取王位。①

斯密的重点既是要突出所谓野蛮阶段的高地十分落后，同时也是要将他们在战争中的能力与那些处于历史曲线前列者的孱弱加以对照。后世的历史学家已经证明大部分在"四五年"获得的领土都伴随着苏格兰军队从格伦芬南到爱丁堡入侵的脚步。这一切之所以成为可能，在某种程度上要感谢在韦德将军（乔治·韦德，1673—1748，英国陆军元帅——译者）的领导下英格兰对最北部的道路系统的改善。具有讽刺意味的是，这一改善是 1725 年法案的一部分，旨在解除高地人的武装。②（的确，考虑到苏格兰北部，解除武装的笑话可能是站得住脚的：1682 年，詹姆斯七世和二世——斯图亚特王朝的国王——任命了一个委员会去保证高地地区的和平。）

我们的起点是查尔斯从莫伊达特出发向法国航行（他从同一条路线进入）和威廉 1688 年抵达英国并永远取代了斯图亚特王朝，在这两个事件之间的这些年，詹姆斯二世党人的起义既是危机，也是机遇。在所谓不流血革命之后的几年里，英格兰一直被前所未有的骚乱和煽动蛊惑事件所困扰——在威廉加冕礼的当

① Adam Smith, *Lectures on Jurisprudence*, eds. R. L. Meek, D. D. Raphael and P. G. Stein (Indianapolis: Liberty Fund, 1982), 手稿 B, p. 541。

② 更多关于韦德将军的讨论，见 J. D. Mackie, *A History of Scotland*, eds. Bruce Lenman and Geoffrey Parker (New York: Penguin, 1984). 亦见 Leith Davis, *Acts of Union: Scotland and the Literary Negotiation of the British Nation: 1707 – 1830* (Stanford: Stanford University Press, 1998), p. 46。

天,大约三十个城镇和乡村报告出现了骚乱。[①] 在菲尔丁看来,大部分温和的启蒙思想家也持同样的看法,拥护斯图亚特的事业与作为普遍社会难题的暴动是联系在一起的。

自威廉 1688 年登上王位,经过随后的 1715 年和 1745 年的历次起义,詹姆斯主义为形形色色的民众抗争提供了一个名头,从最即兴、最无害的争论到最有组织、最暴力的起义都可以归到这个名头下。研究表明,90% 的苏格兰人反对同 1707 年新创立的大不列颠合并;在那一事件之前和之后的几年里,中部各郡对公众扰乱行为的起诉有三分之二都带有詹姆斯二世党人的情感。这与另外一个数字形成对比,即有三分之一的民众骚乱都是同一时期伦敦形形色色的詹姆斯二世党人所为。[②] 尽管詹姆斯二世党人以进发的军队直接向已经建立的英国君权发出挑战,它还是不应该看作是他们的对等物。尼古拉斯·罗杰斯(Nicholas Rogers)(见《早期汉诺威时代英格兰的骚乱与大众詹姆斯主义》[Riot and Popular Jacobitism in Early Hanoverian England],以下简称为"骚乱与大众詹姆斯主义")注意到"骚乱和武装起义之间缺乏共性",而且"即使在西南部,在(威廉)政权早期更是骚乱频仍,在那次有计划的起义之前,暴力行为已有所减少"(《骚乱与大众詹姆斯主义》第 72 页)

的确,因为有各种各样民众抗争的例子,他们都站在 1680 年和 1720 年被流放的斯图亚特王室成员一边,所以,1715 年,为詹姆斯二世党人暴动而举行的地方征兵活动便十分令人失望。根据罗杰斯的描述,在"一五年"之前,民众的不满已经达到

---

① Nicholas Rogers, "Riot and Popular Jacobitism in Early Hanoverian England", in *Ideology and Conspiracy: Aspects of Jacobitism, 1689 – 1759*, ed. Eveline Cruickshanks (Edinburgh: John Donald, 1982), pp. 70 – 88.

② 关于二世党人受欢迎程度的数据统计,见 Murray Pittock, *Jacobitism* (London: St. Martin's, 1998), p. 33. 关于中部地区骚乱的数据,见 Nicholas Rogers, *Crowds, Culture, and Politics in Georgian Britain* (Oxford: Clarendon, 1998), p. 53。

顶峰，尽管仍然大约有 700 名英国人（大部分是绅士）在当时参加了苏格兰军队。罗杰斯引述道（见《乔治时期英国的民众，文化与政治》［*Crowds, Culture, and Politics in Georgian Britain*］，以下简称为《民众，文化与政治》），1745 年的入侵在这方面也没有好多少，在曼彻斯特，三万人口中仅有 200 名在政治上不满的人正式参加詹姆斯二世党人的暴动军队（《民众，文化与政治》第 37、54 页）。"在政治上不满的加入者"容易受到詹姆斯主义的影响，延伸一下罗杰斯的隐喻，"太过千姿百态"（《民众，文化与政治》第 37 页），不可能在军事暴力这个狭窄的河道畅流无阻。

因此，罗杰斯不是将大众詹姆斯主义看作是有组织的军事反叛一种没有丝毫改变的延伸或者是即时产生的镜像，他的观点与我们的观点一致，他认为**民众**本身就是一种争论形式，它超越了被简化的对立动力学和被划定在单纯对立范畴范围内的传统二元形式——在这种情况下，是**民族的**——差异。我们也许可以从罗杰斯对那个词语的使用中提炼出一个"多元性"模式，它拒绝简化为普遍流行的社会与政治的二分体。罗杰斯因此拒绝用经典的社会对立决定 18 世纪群众研究的重要著作的性质，这些研究从乔治·路德（George Rudé）和其他人开始，却在中间插入了一种将民众抗争看作一个"力量场"（《民众，文化与政治》第 11、13 页）的观点。①

同样的，他也不认同芝加哥学派的古斯塔夫·拉·邦（Gustave Le Bon）和罗伯特·帕克（Robert Park）将群众转化为"原始人的本能发生返祖现象后的残留"（《民众，文化与政治》

---

①　Rogers 在这里使用了一个不同于他在 George Rudé 的著作中发现的完全对立的权力模式，例如 *The Crowd in History: A Study of Popular Disturbances in France and England, 1730 - 1848*（New York: Wiley, 1964）。见 *Crowds, Culture, and Politics*, pp. 6 - 7。

第 34 页)。在此,我们要强调的是群众已经成为社会方法作为一种历史分析时的难题——相比较于在时间的线性轨道上作为一个成熟的客体供历时性解剖分析之用,其本身更多的是一个认识论意义上独一无二的时间—空间谜题。尽管大众詹姆斯主义是 18 世纪跨越了已有学科思想的对象,这类群众事件已经发展到以不同方式抗拒各种主导性的辉格党物化形式,对于将历史写成关于启蒙性社会进步的无障碍叙事,民众抗争也是一个阻碍。

1737 年,一位英国议员称詹姆斯二世党人为群众(或者是这里所称的"暴民"),"与野兽在同一平面"(《民众,文化与政治》第 16 页)。说到群众使主导结构复杂化的能力,或者更确切地,说到在主导性的对立标准范围内他们无法再简化的"众多","易变","流动性","含混性","不可预测性",而且"**有时**是颠覆性"的地位,他们确实"在同一个平面"。所谓的暴民是"一种野兽",这表明民众抗争确实损害了占统治地位的文明人的进步观念(黑体为我们所加;《民众,文化与政治》第 21、22、55、57 页)。例如,一个纽卡斯尔的造船工人可能在一次罢工或食品骚乱中肆意破坏国王詹姆斯一世和查尔斯一世的画像,但是,十年以后却在后来的罢工中宣称查尔斯二世的统治正当合法。用罗杰斯引用的一位布里斯托人的话说,佩戴着橡树枝纪念被流放的詹姆斯国王的平头百姓憎恶那样的评价,这些评价"被他们的思想所接受,用身体的姿势和手指的运动来含沙射影"(《骚乱与大众詹姆斯主义》第 80 页)。

151

在这个亵渎神明的世界上,"赌咒发誓,奇闻怪事,难题谜团,狂欢作乐"这类事情构成了某种独一无二的档案材料——因为绝对是地方性的,因此掩盖了同一般社会规范的联系。因此,在大众詹姆斯主义这个名目下,我们也许可以发现各种各样的煽动行为:"一帮摩尔人醉酒狂欢";"派依角车站(Pye-Corner，纽波特西部的一个火车站——译者）的牧师们为了亲爱的吉米，可爱的吉米……大喊大叫"；口哨声在大街上空回响；背诵各种谜语；说"自由语言"；发出不敬的欢呼；偷窃；寄出煽动性信件；大量其他形式的动乱，它们靠罗杰斯所谓的"一个蔑视的习语"（《民众，文化与政治》第 41 页；《骚乱与大众詹姆斯主义》第 71 页）操纵普通人的不满。政府和有组织的党派人士只能妥协，同时竭力包容并且/或者调动某种形式的集体力量，这种集体力量对于公众领域的出现既是一种阻碍，同时也是其内部固有的力量。

罗杰斯提供的大众詹姆斯主义这个**非**—排他性的语言表达因此扩展了我们对斯图亚特集团（即使不是明确的忠诚）的理解，超越了交战的军队和对立的政治异教徒这一二元含义。直到世纪中期，围绕"詹姆斯主义"一词以及该词本身所表现出的民众的不满，其中有趣的一点是它处理其内部不和谐的能力，它还有一种倾向，对那些回头看似乎是范畴错误的东西予以肯定，或者引用凯恩斯·克雷格（Cairns Craig）的说法（见《未来的苏格兰：启蒙时期以来的苏格兰文化研究》［*Intending Scotland：Explorations in Scottish Culture since the Enlightenment*］，以下简称为《未来的苏格兰》），它独有的"**跨**—民族"特质（黑体为我们所加）。[①] 克雷格批判的不仅是将联合历史看作是一个失败民族的例子这一反历史的观点，坚定的联合主义者 H. R. 特莱沃—卢波（H. R. Trevor-Roper）及其他人持此观点，他也不认为"民族理论不能解释国家的性质"（《未来的苏格兰》第 52 页）。大多数民族主义理论所缺失的是民族身份之外的特征，这对于大众詹姆斯主义同样重要，即使在某个关键的历史时刻，它将苏格兰置

---

① Cairns Craig 使用了"民族间的"一词，见 *Intending Scotland：Explorations in Scottish Culture Since the Enlightenment*（Edinburgh：Edinburgh University Press，2009），p. 52。

于民族自我认同的门槛上。

但是,甚至在有组织的政治层面上,如科林·基德(Colin Kidd)所指出的,对维护联合的文件的细读掩盖了它作为一个合法的、有约束力的契约所应该具有的一致性。它是

> 一个协议或是国会的一项法案——甚或是各不相干却同样具有权威性的苏格兰议会和英格兰议会的两个法案?如果联合是一个协议,协议双方在1707年之后还继续存在吗?该协议在国际法中是合法的吗?①

152

基德继续道(见《联合与联合主义》[Union and Unionism]),"关于1707年后的不列颠是一个全新的国家或者……代表了它诞生于兹的1707年之前的国家的延续,当前的学术文献尚未达成一致"(《联合与联合主义》第85页)。

在这里,《联合法案》代表一个承诺,非常荒谬地,它用承诺这个行为解散了一个统一的党。以所谓的联合实体这一新形势,古老传统的延续仍然可以找到其源头,这些延续性稀释了原本应该消失的各种划分:过去以这种方式揭示了未来,在一个尚未完全现实化的新大不列颠国的历史上横切了一刀。此外,在那个于1707年保证民族统一体的承诺之后保留下来的是一个不在场的国家和——正如基德那本颇具挑衅性的书的标题《联合与联合主义》想要突出的——一个多元状态,它无法被简化成当时提出的统一愿景。关键的复杂点已经在基德的标题中被总结出来,即"联合",复数性是其绝对的重点。笛福清楚这一微妙的平衡,他在写于1704年的一首诗中写出了这一平衡:"联合是国

---

① Colin Kidd, *Union and Unionisms*: *Political Thought in Scotland*, *1500 – 2000* (Cambridge, UK: Cambridge University Press, 2008), p. 82.

家的生命、和平与灵魂/联合保留了部分，使总体平静。"① 他在
"peace"（和平）与 "piece"（部分）这两个词上玩的文字游戏
表明在众多，民族一致性，以及大众骚乱之间存在着联系。随后
那年颁布的安妮女王的《移民法案》主要是针对这一点，因为
它将把英格兰的苏格兰人变成自己家里的外国人。

　　因此，说 18 世纪实现了苏格兰的独立自主，似乎它可以用
在一个其内部已经失去了凝聚力的实体身上，这样说是将"联
合主义和作为对立面的民族主义"（《联合与联合主义》第 6 页）
放错了位置。在佩尼库克，一位叫米德洛桑的牧师这样说："在
街道的某个角落，你可能看到一位新教牧师，一位天主教神父和
一名英国国教教士，他们的谈话全都反对联合，不过却基于不同
的立场和相反的理由。"② 这个观察与基德的观点是一致的："联
合主义在早些时候那流动着的古老压力（已经……从大众的记
忆中被抹去了"（《联合与联合主义》第 5 页）。**詹姆斯主义**和其
他反对联合的党派——不仅是宗教派别——之间的联系在历史上
已经遗落，我们需要加上"大众"一词才能检索得到。

　　在他的皇皇六卷本巨著《英国史》（*The History of England*）
中，休谟急切地想要考察所谓群众的怒火汇聚成的各种力量是历
史变化的一个决定因素。斯蒂芬登基前后爆发的苏格兰人起义，
威廉国王战败，以及亨利二世的崛起都是开启这段历史的重要事
件；在苏格兰被打败和克伦威尔实行强制联合之后，斯图亚特诸
王断断续续终结了其统治，随后是更加平和的（即使仍然是危
险的）奥兰其的威廉登上王位，这些事件结束了这段历史。受
到决心要"让全人类平等"的"乱民"的追捕，理查德二世被
迫栖身于塔楼（《英国史》第二卷）；爱德华国王努力要掌握

153

---

① 笛福的诗被 David Daiches 引用，*Scotland and the Union*（London：J. Murray，1977），p. 138。

② David Daiches，*Scotland and the Union*（London：J. Murray，1977），p. 138.

"流行艺术"以对抗"苏格兰人的……抗拒"当下带给他的压力（《英国史》第二卷，第65页）；亨利"天生的狂妄自大"造成"（在一群）猖狂自恣的人群中发生骚乱"（《英国史》第三卷，第161页）；贞洁却伪善的玛丽，苏格兰的女王，"抓住了……叛乱的机会"将他的姐姐伊丽莎白小姐囚禁于伦敦塔（《英国史》第三卷，第419页）；而克伦威尔，尽管他的"才华"是被"事件所牵引，而且当时尚未显现"，既"拖延"，又"迅捷地……将极端对立的利益结合在一起以有益于他的秘密目的"，在这方面，他表现出"极有……谋略的做事风格"。相比较于激励一支由"乱哄哄的农民"组成的军队向国会进发，休谟继续道，"没有比这更受欢迎的了"（《英国史》第五卷，第450、470、499、50页）。

看看休谟的《英国史》的目录就知道它的次标题中最常用的词就是"暴动"或"新的暴动"（仅第一卷的标题中就用了五次）；"民众暴动""普通人的暴动"或"国内动荡"（出现在第二卷中五章的标题里）；"暴动""反叛"或者"战争"（出现在第二卷的十个次标题中）；等等，在最后一卷中则用到"镇压平均主义者""被征服的牙买加"和"威斯特伐利亚条约"。

尽管整部《英国史》所涵盖的时期从11世纪的诺曼入侵到17世纪的光荣革命，休谟却选择1603年伊丽莎白之后的第一代斯图亚特君主詹姆斯六世和一世作为该书的开端。随后，他以一种摇摆不定的方式继续写后面斯图亚特的君主统治（第五卷和第六卷），然后又回到都铎王朝（第三卷和第四卷），以"残暴时代"（《英国史》第一卷，第xii页），亨利七世之前的那段时期（第一卷至第三卷）结束。

休谟决定从斯图亚特君主开始，这意味着从18世纪中期詹姆斯主义的源头开始，一个明显的原因是：在那个时期

"……对派系斗争的各种歪曲表现开始出现"（《英国史》第一卷，第 xi 页）。在一封给斯密的绝交信中，休谟强调"王权与人民的**持续**斗争"是以詹姆斯主义为导向的"特权与王权之间的争执"（黑体为我们所加，《英国史》第一卷，第 xii 页）。这场斗争对于休谟而言始终存在于所谓的**英国**历史中（蔑视苏格兰、爱尔兰和威尔士的那些有名号者在这里不应该被漏掉），随着威廉被选举登基，和平时刻到来了，即使在所谓的和平时刻之前，它在后果和强度上都有所变化。"人民"，"持续不断的"摩擦——因为休谟对诸如"猖狂自恣的群众"（licentious multitude）（《英国史》第二卷，第 47 页）和"无知的民众"（《英国史》第四卷，第 170 页）这些词语的更具代表性的用法，从《英国史》开篇到结尾，人民就是一个不合时宜的词语——从斯图亚特家族夺得王位的那一刻起（尽管骚乱和暴动在几十年后英国内战中的清教徒和平均主义者那里达到顶点）聚合成了它自己最具威胁性的形式。

因为休谟在《英国史》的全部六卷中始终强调休谟在别处所称的"民众原则的……许多潜在主张"（《英国史》第六卷，第 530 页），我们也忍不住要给他的著作加上一个"潜在的"，但更具描述性的副标题，例如《英国史，横贯六个世纪的民众抗争和反叛，苏格兰是重点》。的确，如果同"大众原则"联系在一起，"许多"一词便和"潜在的"这个词语同等重要。这是因为在苏格兰学派之前，历史上已经遗失或无处可寻的正是从许多（many）这个视角——从民众骚乱，暴动，暴乱，所谓的多数，寻常百姓，詹姆斯二世党人，清教徒，共和党人，野蛮人和未受教化之人的角度来描述英格兰。

同样重要的是，对休谟、斯密以及其他知识分子而言，苏格兰是这种形式的历史动力最初蛰伏的地方，而且不太令人愉快的是在当时为它们留下一缕余脉。但是，重申古时候对民族

身份的主张，较之论说苏格兰给所有民族问题带来的复杂性，
特别是这些问题同时也是民众抗争方面的问题，则不是非常有
意义。詹姆斯研究最重要的成就之一就是使那些对于现代早期
苏格兰人身份的假设复杂化，常常是以纯粹的英格兰统治这个
对立中心为背景来看待苏格兰人在现代早期的身份。雷斯·戴维
斯（Leith Davis）将这一成就概括为"异质元素间"的识别而非
遭遇。[1] 这绝非不重视英格兰统治问题，不重视持续到"四五
年"及之后的反联合主义政治斗争。但是，它确实迫使我们根
据一个更加复杂的坐标，而不是简单的二元交叉来思考这类冲
突，一方是处在边缘位置的苏格兰—詹姆斯二世党—高地—天主
教，另一方是英格兰—辉格党—低地—新教。

很显然，在马尔伯爵（Earl of Mar）组织起来的 20000 名士
兵中，只有 4100 人是高地人。同样值得注意的是"高地"的定
义也绝非始终一致。在一段时间里，它可能指苏格兰北部的山
区，在另一段时间里则指因弗内斯（英国最北部的城市——译
者）境内的不列颠北部，包括西部诸岛。有些人即使迁移他处
也被称作高地人，尤其是如果他们讲盖尔语。高地身份可能是继
承而来，无须踏上苏格兰北部的土地，在 18 世纪，那里的高地
人是格拉斯哥的原住民。引人注目的是，被认为是强大的坎贝尔
家族（Campbell Clan）成员的劳登伯爵（Earl of Loudoun）于
1745 年率领英格兰军团抗击詹姆斯二世党人。而且许多显赫的
高地家族后裔都没有这样的自我认同。[2]

在最近的一个概述中，我们在这里不再重复，戴维斯对苏格兰
的边缘地区提出了新的质疑，她提出苏格兰的独特地位既不能简化

---

① Davis, *Acts of Union*, p. 1.

② 关于高地的流动性，见 Geoffrey Plank, *Rebellion and Savagery: The Jacobite Rising of 1745 and the British Empire* (Philadelphia: University of Pennsylvania Press, 2005), p. 10。

为对他异性（alterity）的种种限制，那些限制是其他帝国占领事件（如达瑞恩灾难［Darian disaster］展现出来的，有些苏格兰人很喜欢强加于人）的基础，她也并不简单地认为苏格兰是一个被客体化的"他者"，以这个他者为参照，出现了一个内在统一的英国主体。[①] 在她的很多重要引文中，戴维斯对穆雷·皮托克（Murray Pittock）的"精神变异"（altermentalities）做了注释，以此表示完全是内在地——如果同时也具有历史神秘性——苏格兰同英国的民族想象具有亲密关系，而不是同其隔绝开来。皮托克的研究之所以重要是因为他一直十分激烈地拒绝接受纯粹的苏格兰人入侵概念等于统一的英国防御这个表面的二元等式。他注意到当威廉于所谓光荣的 1688 年率领他的 15000 名士兵受邀踏上这块土地时，不仅有合作的天主教徒（75% 的英格兰詹姆斯二世党人是天主教徒），而且如某位目击者所描述的，"还有 200 名黑人，他们戴着绣花的帽子……和穿着熊皮，戴着黑色甲胄的芬兰人"。[②]

罗伯特·弗格森（Robert Ferguson）1715 年的那本小册子《从威廉征服至今大不列颠境内的群体事件、叛乱、和暴动史》（*The History of All Mobs*，*Tumults*，*and Insurrections in Great Britain from William the Conqueror to the Present*）（书中也包含了 1714 年《暴乱法案》的复印本）只有 68 页。就像休谟的《英国史》长得惊人，这本书短得惊人，而且是一个有趣且具有说服力的例子。一位苏格兰的新教牧师因为卷入黑麦房阴谋（Rye House Plot）而被称为"阴谋者"，他改变了所有与国教不相符的忠诚。弗格森一度是一名反詹姆斯二世党的小册子作者，他写了反对詹

---

① Leith Davis, "Scottish Literature and 'Engl. Lit.,'" *Studies in Scottish Literature* 38, No. 1 (2012), pp. 20–27, 24. 关于苏格兰在巴拿马海峡的殖民冒险，见 John Prebble, *The Darien Disaster: A Scots Colony in the New World*, 1698–1700 (New York: Holt, Rinehart and Winston, 1969).

② Pittock, *Jacobitism*, p. 16.

姆斯二世的宣言，而且策划反对查尔斯二世。1688 年，在遭受流放之后，他会同威廉手下五花八门的人员回到英格兰。但是，后来，他却满怀同情地响应法国的詹姆斯二世党人，而且通过各种密谋和言辞激烈的小册子攻击威廉。如果真的如弗格森所写的那样（在休谟之前），"在我们大不列颠的全部历史上……我们最常见的就是叛乱和暴动"，那么，他显然也在利用那些奇怪的"混乱"和"暴民"的无休止的"仇恨"，因为它们可以自由地 156 随时采用任何反政府的暴力形式。①

詹姆斯派精英的特点也绝对比我们所设想的更不确定。许多人希望包容，希望结束对土地的圈占，或者质疑腐败的辉格党财产权，所有这些都在穷人中间赢得支持。② 正如皮托克同样指出的，我们也看到休谟甚感困惑，激进的新教徒尽管在记忆中支持为克伦威尔做准备的平均主义倾向，却可能同时支持詹姆斯二世党人。在詹姆斯主义 1688 年之后代表局外人这一点上，这个词语便"倾向于将心怀不满（哪怕仅仅是暂时的）的群体聚集起来，将那些在意识形态意义上反对汉诺威统治的人入罪，从而驱使他们同罪犯形成跨越阶级的联盟，作为这种联系的一个产物，罪犯本身也被政治化"。③

皮托克进一步挑战高地与低地有严格的划分这种观点，他注意到，大约 25% 的英国乡村绅士在头两个乔治时期（1/10 在苏塞克斯，大约 40% 在兰开夏）都在某种程度上倾向于詹姆斯二世党人，而且在其鼎盛时期，英格兰大约有 140 个詹姆斯俱乐

---

① Robert Ferguson, *The History of All Mobs, Tumults, and Insurrections in Great Britain from William the Conqueror to the Present Time…Riots* (London：J. Moore, 1714 - 1715), pp. 1 - 2.

② Pittock, *Jacobitism*, p. 2. 关于二世党人叛乱与圈地之间的关系，见 Paul Kleber Monod, *Jacobitism and the English People, 1688 - 1788* (Cambridge, UK：Cambridge University Press, 1989), p. 63。

③ Pittock, *Jacobitism*, p. 79.

部，90%都**不在苏格兰**。① 一种极不稳定的"高雅文化赞助与民间文化实践的结合支撑了詹姆斯主义的网络系统……使英国政府从未解决的某些最难解的公众—秩序问题进一步升级。"② 的确，这段引文中的"网络"一词表现了思考所谓暴徒行动的暴动力学的合理方式，这绝不是因为它不允许在暴乱活动与单纯的党派政治之间随意画一个等号。一个以网络为中心的大众詹姆斯主义思想引导我们将对立各方的独特结合所产生的动力看作是特殊的、地区性的、暂时的，它相机而动且具有生产性、试验性，而且最重要的是，它是不确定的。

　　记住了这些方面，大众詹姆斯主义就与"当时社会的和技术的变化联系在一起……是虚拟现实的早期版本。"③ 对詹姆斯二世党人时期物质文化的兴趣提供了一个理论，它聚焦于詹姆斯二世党人这些对象所具有的活力，因为他们超越了传统的话语形式，采取了令人不安的表达方式。他们最深刻的意义是用"间接的指称表示清楚的公众政治同情，（同时又）用私密和沉默的方式使（其自身）神秘莫测"。④ 皮托克辩称，詹姆斯二世党的"物性"（thingness）概念"超越了单纯的客观性"，因此，它不是作为一个公共领域而存在，而是作为一个"反—公共领域而存在，其真实性允许一定程度的开放性，而开放性对交流是必需的，对法律则是一团迷雾"。⑤

157　　　其他人一直在 18 世纪寻找一段丢失的"物理论"（thing the-

---

　　① Pittock, *Jacobitism*, pp. 59 - 60.

　　② Ibid. , p. 64.

　　③ Murray Pittock, "Treacherous Objects: Toward a Theory of Jacobite Material Culture", *Journal for Eighteenth-Century Studies* 34, No. 1 (March 2011): p. 39. 关于 18 世纪苏格兰的各种关系网络，见 Steve Murdoch, *Network North: Scottish Kin, Commercial and Covert Associations in Northern Europe, 1603 - 1746* (Boston: Brill, 2006)。

　　④ Pittock, "Treacherous Objects", p. 46.

　　⑤ Ibid. , p. 45.

ory）历史。在某种程度上，它被苏格兰在"物质"与"非物质"财产之间的合法划分所抹去，我们在第一章谈到版权法时说起过。同样是在做无用功，皮托克的詹姆斯二世党人物质主义（Jacobite materialism）这个概念的基础是客体在非主观性上其力量是可以降低的以及在国家管制和民众政治实践的条件下语言的再现性概念具有局限性。他提出，"物"不仅促成了起始阶段与负载特殊意义的沉默阶段的交汇，而且催生了此前难以言传的多样性形式。在这里，我们或许能够回想起休谟关于**多**（many）的思想，他声称民众抗争在整个历史上都是而且也必然是**潜在的**。在这个问题上设想出来的詹姆斯二世党人物质主义取代了主体/客体的结盟并且用更多联系置换了这种联系，根据多种联系，一个主体——特别是商业交换的主体——没有决定性的控制力。

因此，民众詹姆斯二世党人的活动是**实际存在的**，它们让穷人，没有土地的人和没有文化的大多数人有机会维护平民与生俱来的反对辉格党人利益的权利，而且通常不是在上层的指导下。E. P. 汤普森（E. P. Thompson）有一段著名的记载，讲的是詹姆斯二世党人参与收费公路上的暴乱，拆毁磨坊，抢夺谷物。根据1723 年的《布莱克法案》，他们侵入他人地界偷猎。① 保罗·莫诺德（Paul Monod）提供的拘捕名单表明，在形形色色参与了1715—1752 年暴乱的人中间，各个阶层的绅士从 1689 年开始到暴乱前这个时期大量减少。除了牧师，"一五年"之后受到指控的大多处于较低阶层。② 那是一个无章可循的混合体，由工业化之前的劳动力和贫苦的劳动者组成。或者用笛福 18 世纪的语言

---

① 见 E. P. Thompson, *Whigs and Hunters: The Origins of the Black Act* (New York: Pantheon, 1975)。

② Monod, *Jacobitism and the English People*, p. 248.

说，他们"粗鄙不堪，不服管束，就是乞丐种"。[1] 继续回忆一下罗杰斯，这些原本反对辉格党的暴动分子大多是不受主人保护的人，他们来自以某种产业为主的小村庄：制钉者和锻刀者，管子工，学徒，织匠，造船工，偷猎者，或者那些"比较年轻的人"，他们怀疑汉诺威战争会导致广泛的强行征用（《骚乱与大众詹姆斯主义》第 74、80 页）。

在这个论点上，值得注意的是詹姆斯七世的庆典和詹姆斯二世的生日碰巧与 1695 年反对强征的暴乱发生在同一天（《民众，文化与政治》第 27、35 页）。民众对臭名昭著的"军事部"（Military ministry）——确定**步调**的历史学家们——一直以来都抱有深深的敌意，当时在坊间传布甚广，因此，我们应该注意到威廉的统治开启了一个不流血的时代。除了无数的骚乱和后来的詹姆斯二世党人入侵，它导致了与法兰西的一场旷日持久的战争。[2] 例如，在革命与统一之间的十九年间，只有五年的和平。1756 年的面包暴动由中部地区的矿工领头，他们威胁说"觊觎者很快会来领导"他们（《骚乱与大众詹姆斯主义》第 84 页）。

贝尔海文勋爵（Lord Belhaven）在联合前苏格兰议会的最后一次会议上有一番极具修辞技巧的话，这段话所暗示的商业利益上的纷争也在不同阶层间发生。他那段著名的"展望"独白，议会当时根本没当回事，而且据说他还为此洒下几点颇具戏剧性的眼泪。这段独白遭到批评，被认为是"刻意激怒普通民众。"[3] 用一副古代小册子的腔调，贝尔海文给出一幅末日

---

① 引自 E. P. Thompson, "Patrician Society, Plebeian Culture", *Journal of Social History* 7, No. 4 (Summer 1974), pp. 382 – 405. 具体见第 383 页。

② 1745 年后，因为军队大复员，未被雇用或不能被雇用的士兵回乡，这本身造成了一个难题，即所谓的匪帮。见 Nicholas Rogers, *Mayhem: Post-War Crime and Violence in Britain, 1748 – 1753* (New Haven, CT: Yale University Press, 2012)。

③ P. W. J. Riley, *Union of England and Scotland: A Study in Anglo-Scottish Politics of the Eighteenth Century* (Manchester: Manchester University Press, 1978), p. 284.

来临的未来图景,"我们古老的母亲……卡里多尼亚(苏格兰在古时或诗中的别名——译者)……经受最后的一击。"除了其他形式,这最后一击伪装成"英格兰小税官"的样子,它将遵纪守法的苏格兰人贬低到"与犹太人,天主教徒,索尼奇派教徒,阿美尼乌斯教徒,再洗礼教徒,以及其他宗派的教徒同在一个层面上"。[1] 关于英格兰的征税问题,贝尔海文至少在开始时是对的:可以想见,1713 年的麦芽税(the Malt Tax)激怒了苏格兰人。

将被剥夺了选举权的苏格兰同犹太人的地位联系起来——二者都被描述为"全球的流浪者"——并不稀奇。[2] 识文断字的詹姆斯二世党人常常利用古代以色列人的小册子做伪装。这保留了一种非常贴合**虚幻**现实的灾难意味,为詹姆斯党注入一种不同的**雅各**(Jacob)式寓意(如亚伯拉罕的孙子身上所发生的,上帝重新命名其为以色列,《创世记》32:28—29),在其身上,可以预见到同时对失败和希望既悲叹又庆祝的前景。1736 年的波蒂厄斯暴乱(一个爱丁堡的暴徒释放了所有的走私犯)令苏格兰商业蒙受痛苦,这场暴乱的基础就是非法贸易问题,它将罗宾汉式的感情直接变成了街头行动,现在被看作是政治化罪行。[3]

1781 年的高登动乱期间,伦敦的底层民众占据街道,攻击老贝勒(伦敦中央刑事法院——译者),释放债务人囚犯,并且摧毁了首席大法官曼斯菲尔德的宅邸。值得一提的是,曼斯菲尔德出生于巴斯的一个贵族之家,其双亲均支持老僭越者(詹姆斯·斯图亚特——译者)的事业。但是,曼斯菲尔德对抗民众的立场是全新的。"对我而言,似乎最清楚不过的是,"

---

① Daiches, *Scotland and the Union*, p. 148.

② Riley, *Union of England and Scotland*, p. 221.

③ Pittock, *Jacobitism*, p. 65.

他说:"不仅每个人都可能合法地介入,运用一己之力来镇压一场动乱,甚至防止重罪、叛国和叛乱等行为,而且他必定把它当作是一个责任来履行。"① 或许正是因为这样做是将重点放在个人责任而非政治义愤上,所以在波蒂厄斯暴乱之后,曼斯菲尔德才使对爱丁堡的惩罚得以减轻。

与之形成对照的是坎伯兰于"四五年"取得了残暴的胜利之后,解除高地武装的法令想要达到的目标是英国军队长期驻守高地,合并并重新分配土地,这个目标的基础在某种程度上是纯粹的报复,在某种意义上是以绝对性的武力为样板宣传这类行为。但是,1745 年和 1759 年间驻防特维德河谷北部的英国驻军很显然也在推进一项文明化使命:货币在该地区流通,英语语言得到推广,新教以及重视煤矿开采与农作物的商品化共同对抗全国范围内的暴乱活动。②

我们在第一章已经提到苏格兰推广基督教知识学会(the Society in Scotland for the Promotion of Christian Knowledge)的重要性。③ 与这些努力相关的是,邓肯·福贝斯(Duncan Forbes)建议政府在高地军队的防卫地区附近建立学校,包括"纺织学校以吸收这些村子里无所事事的妇女加入生产行列"。④ 皮托克进

---

① Mansfield 一例被 George C. Caffentzis 引用,"On the Scottish Origin of 'Civilization,'" in *Enduring Western Civilization*: *The Construction of the Concept of Western Civilization and Its "Others"*, Silvia Federici (Westport, CT: Praeger, 1995), pp. 13 – 36. 具体见第 26 页。关于 Mansfield 的补充论述,见 Peter Linebaugh, *The London hanged*: *Crime and Civil Society in the Eighteenth Century* (Cambridge, UK: Cambridge University Press, 1993)。

② 见 Plank, *Rebellion and Savagery*, p. 6。

③ Colin Kidd 也注意到教会音乐在 SSPCK 学校中被大力推广,从斯密坚持认为音乐不需要解释,因此是最安全的大众消费艺术这一点来看,这种推广提出了一些有趣的问题。见 Colin Kidd, *British Identities Before Nationalism*: *Ethnicity and Nationhood in the Atlantic World*, *1600 – 1800* (Cambridge, UK: Cambridge University Press, 1999), p. 138。

④ Plank, *Rebellion and Savagery*, p. 110.

一步丰富了有性别区分的二世党（引人注目的查理王子化妆成一个妇人得以逃脱）的历史记录,有性别区分的二世党与早期的女性主义作家密不可分,这些作家包括玛丽·艾斯黛尔（Mary Astell）,安妮·芬奇（Anne Finch）（温切尔西伯爵夫人［Countess Winchelsea］）,以及迪莱瑞薇儿·曼雷（Delarivier Manley）。①

甚至在克劳顿屠杀之前,强奸和骚扰高地人的妻子便被看作是防止男人背弃詹姆斯二世党人事业的一个小小手段。一个叫詹妮·卡梅伦（Jenny Cameron）的据称与查理王子有一段短暂的艳情,被描述成"热辣火爆",而且据说曾前往爱丁堡。她"一副男人装扮,与城里的女人勾勾搭搭,（她）有时和他们去妓院,极尽寻欢作乐之能事"。② 或许还可以补充一个例子,汤姆·琼斯的情人索菲亚·维斯顿在菲尔丁讲述阴差阳错的故事或两性间的悲惨故事（它们常常是一回事）的小说中被错误地同詹妮·卡梅伦画上了等号。

这个例子和前面关于詹姆斯二世党人反抗的例子能够凸显出来的是一种民众的抗争形式,它既是实实在在的,又如幽灵般无法捉摸,它为民众的政治身份提供了象征性的、各式各样的形式。考虑到二世党在英格兰的这些特异性,正如一位法国大使在1712年所写的:"人人都害怕抒发己见,（这件事是）要掉脑袋、丢家产的。"③ 不过,正如我们已经了解的,拥有财产并非是倾向于二世党的先决条件,它的发生对没有财产的大多数产生了强烈的吸引力:

① Pittock, *Jacobitism*, p. 79. 与英国历史中对二世党人问题的整合脉络相近,Devoney Looser 希望能更多关注女性在"探究新的属性基础和历史编纂基础"方面的写作。见她的著作 *British Women Writers and the Writing of History, 1670 - 1820*（Baltimore: Johns Hopkins University Press, 2000）, p. 10。

② Plank, *Rebellion and Savagery*, p. 69.

③ Cruickshanks, *Ideology and Cospiracy*, p. 3.

在和平时期（即在民众骚乱而非公开战争的日子里），比较
贫穷的詹姆斯二世党人更容易遭到迫害；有时，在受到二世
党战争影响的地方（例如在"一五年"和"四五年"），职
160　员阶层更容易出现在被告席上。①

　　根据伊芙琳·克鲁克山克斯（Eveline Cruickshanks）的观
点，我们不应该有此假设，即只有詹姆斯二世党人起来反抗，因
为关于比较次要的、象征性的詹姆斯二世党人活动的法庭诉讼记
录缺少政治性细节。不仅如此，因为公共骚乱而签发的拘捕令也
是基于更加寻常的理由："当代人喜欢在问题上蒙一层沉默的面
纱。"② 皮托克指出，煽动行为和叛国罪之间的界限在18世纪头
几十年如何变得逐渐模糊，它是有一个过程的："逐渐将……
'具有煽动性的文字诽谤'（同）'叛国文字'联系在一起。"③
的确，1704年，一项禁止"与女王陛下的敌人互通谋逆书信"
的法案将对叛国罪的认定延伸至私人信件。
　　围绕詹姆斯二世党人的信件出现的煽动言行与叛国罪之间的
瓜葛只是一个例子，它给18世纪公民社会更加理想的观念带来
了各种麻烦。与之相关联的是我们或许能够回忆起哈贝马斯的公
共领域理论众所周知正是建立在书信体小说的兴起这个基础之
上。④ 但是，二世党用来表示背叛的物体（不仅是信件，还有
秘密标志，充满煽动意味的祝酒词、服装、饮料和食物的器
具、身体姿势、房间内部的布置，等等，这些都是皮托克列举

---

① Pittock, "Treacherous Objects", p. 49.

② Cruickshanks, *Ideology and Conspiracy*, p. 4.

③ Pittock, "Treacherous Objects", p. 44.

④ 见 Jürgen Habermas, *The Structural Transformation of the Public Sphere: An Inquiry into a Category of Bourgeois Society* (Cambridge, MA: MIT Press, 1991), 第七章。

的二世党"物"网中的内容），较之哈贝马斯一直认同的市民社会活动，以一种更为不同的方式与对过去的承认连在一起。皮托克认为

> 表示背叛的物体……大获成功的标志……（是）它们隐藏了交流的内容，同时采用一种曲折的方式记忆那个特殊的环境，现在对它的记忆方式依然没有改变：它们的隐密性已经成功取代了在其本身的记忆方式中缺失的语言。①

从这些关于记忆行为的引述中，有三点值得进一步论述。其一，大众詹姆斯主义在此被当成煽动行为，它在不知不觉间偏向叛国罪，如同斯密的公正的旁观者或哈贝马斯的沟通理性中的理想化主体间性意识一样，它也同样无法辨识。对于詹姆斯二世党人活动的记忆改变了公众的共识，不接受与过去的联系，这些联系完全是模仿性的，这种记忆也阻止了对主体间性做人类中心论的、太过一厢情愿的演绎。

其次，诸如此类的民众记忆是以人与物之间，具有理解力的主体和有待理解的客体之间一种更具流动性、更紧密的关系为基础的，而不是依靠意义如何产生这类传统观念。关于我们下文中将阐明的原因，我们从皮托克那里捡到一个关键词，即"方式"，与在记忆**如何被调整**和**何种效果**两个表述中的意思类似，而不似休谟颇具争议地将物体之间的因果关系作为先验假设予以拒绝。 161

因此，从大众詹姆斯主义中获得的第三个经验是物体的意义建筑在某种时间经验的基础上，它非常荒谬地既有地区性，又有经验性，这就是说，时间的经验方式既不确定，也不规定个体记

---

① Pittock, "Treacherous Objects", p. 46.

忆的对象，已经确立的历史记录更做不到。物与行动（或者更准确地说，物**即**行动）相对于意识而言，既不遥远，也没有对象化。相反地，如同苏格兰之于英格兰，它们天然无分彼此，共同承载由多个源头所促生的力量，这些源头不可能简化为某个规定好的时间顺序。与其说时间联系起一个在当下完全能够辨认的过去，它清楚地看到陈旧与崭新之间明显的过渡——回想一下休谟那个关键词"潜在的"——不如说它是与档案的一次相逢，因为它们是如此**众多**，所以它们是有条件的，它们仍然有待理解。

　　我们可能会说，从二世党记忆中提取的这三点——用一个由各种物织成的网络取代了个体理性，与此相关的是以对方式的强调掩盖了结果，以及大量特别棘手的偶然性（chance）——是让休谟在其哲学著作中全力应付的事物。在他的《人性论》中，休谟一开始便给出一个前提，即"所有与事实有关的理性思维似乎都建立在因果关系的基础之上。"① 他对推理的背书因此显然建立在经验的暂时基础上。"历史学家的责任似乎就是"，他写道，对过去进行"合理的推理并得出结论"（《英国史》第六卷，第 140 页）。不仅如此，在他的《人性论引言》（*Abstract of a Treatise*）（以下简称《引言》）中，他同样根据时间对感觉**印象**进行了区分，"感觉到一阵强烈的情感"，或者，一方面如他所称的"我们的感觉传递出的"某个形象；另一方面，是"我们在对某种情感或某个不在场的物体进行反思时"（《引言》第 408 页）形成的**思想**。

　　印象和**思想**都和时间绑缚在一起，如同我们从对前者在现在时态下的认识——那**是**什么？——移向对后者过去时态下的承

---

　　① David Hume, *An Abstract of …A Treatise of Human Nature*, in *A Treatise of Human Nature*, eds. David Fate Norton and Mary J. Norton（Oxford：Oxford University Press, 2009），pp. 403 – 420. 具体见第 409 页。

认——不仅是那曾经是什么,而且牵扯到在它当下不在场的情况下,它如何以我们辨识它们的习惯与类似物进行比较?我们在第一章讨论斯密的"无知产生的令人愉悦的诧异"时已经看到过这个顺序,从因为对对象的误认或无知而产生的震惊向将其划入这个或那个类似对象的范畴,这样便至少应该在理想状态下产生更加愉悦和确定的憧憬效果。

162

休谟在《人性论》(《人性论》第75页)中使用了同样的词语。但是,对他而言,烦恼常常多过愉悦,因为较之我们所设想的,我们更有可能遇到对对象的误认或无知,即它潜在的意义,它的多种能力,甚至反向发展的能力。我们注意到还有一些空间,经过非常仔细的计算,可以演练斯密的范畴化意志。令人惊奇的物体很少能够反向重组一些范畴,但是,我们一定会以别的方式使它适应那些范畴。休谟更著名的怀疑论使得他比他那个圈子里的其他人对于对象/范畴关系的空洞有更深刻的认识,也更感到焦虑。他因此也比斯密更加怀疑主体能够理解什么,不能理解什么,或者更确切地说,更关注于——对于休谟而言,有时是非常明显的时间性——不了解所产生的一段段干扰。

例如,休谟即使在他那个时代也声名不佳,因为他相信过去的经验通过"假设"与未来相连,因此"对未来而言是一个无(nothing)的证明"(《引言》第409页)。这个命题令《人性论》饱受訾议,也迫使他以匿名方式在不久后出版的《引言》中用第三人称进行辩解并对"这本怀疑论著作"做出进一步的解释。但是,在这里,休谟是在强调,而非解释《人性论》的主要观点,突出了时间在意义产生中的中心作用:"并不是理性在原因中看到的任何事物,"他写道,"使我们推断出结果……头脑可以根据任何原因设想出任何结果"(黑体为原文所有,《引言》第410页)。而且人的确如此,同鄙陋的迷信、詹姆斯二世党人的记忆和清教预言之类消极的例子所提出的构想一样,休谟

在《英国史》中对此作了十分详细的描述。"难道我不可能设想
那个原因会引发一百种不同的事件"？他在《人类理解研究》
（*Enquiry Concerning Human Understanding*）中继续道："总是存
在很多其他原因。"① 因此，"我们解释不了为什么将我们过去的
经验推延至未来，我们完全被习俗所决定"（《人类理解研究》
第411、412页）。利用知识确定这个或那个原因的倾向是"武
断的"，尽管意义受到——**试探性地**——预测"习惯"的支配，
我们要么在学术报告中将它们制度化，要么以更不确定的方式试
图在一群"人"中间推广它们，但人群本身始终容易受到"愤
怒"的影响。

　　我们在这里的重点因此既是认识论意义上的，也是本体论意
义上的；这两个方面都和"数量"问题联系在一起，我们一直
在这个特殊意义上使用该词。由于知识的局限性，对休谟而言，
这不仅仅是一个简单的关于对立他性（otherness）的概念，或者
平滑的时间连续体，而是多样性本身在获得第一印象时刻所产生
的瞬间力量。在《引言》中，休谟谈到在"数百个"不同事件
中进行选择的困难，在更早些的《人性论》中，他写道，有
"**千百万种**因果"（黑体为我们所加）。② 或许，休谟在他的著作
遭到种种非议之后被迫选择两面下注。无论如何，《人性论》和
《引言》都认为，"印象……是……生动而有力的……；思想是
模糊而虚弱的。"这一区别类似于"在思想和感觉之间"（《引
言》第408页）。思想可能逐渐消失，认识"习惯"可能中断，
各种范畴将发生变化，主体将参照众多客体而改变，主体对客体
的控制非常有限，在这些层面上，哲学必须对不可预料之事保持

① David Hume, *An Enquiry Concerning Human Understanding*, ed. Peter Millican
(Oxford: Oxford University Press, 2008), p. 22.

② David Hume, *A Treatise of Human Nature*, ed. Ernest C. Mossner, New York:
Penguin, 1985, p. 195.

开放的姿态。

偶然性对休谟而言并非可以完全丢开。相反地，他对其进行了更深入的语法分析并将它与"推测"这个 18 世纪历史编纂中的关键词联系在一起："可能性或者源自推测的理性思考或许可以分为两种，即以**偶然性**为基础和起自**原因**"（黑体为原文所有，《人性论》第 175 页）。"偶然性只能破坏这种由思想得来的（因果）决定性，使心灵停留在无动于衷的自然状态"（《人性论》第 176 页）；"偶然性本身并非真实性"（《人性论》第 175 页）。

休谟继而将产生不在场感觉的机会所产生的影响同其合适的社会对等物联系起来："一般而言，哲学家都会同意，平民百姓所称的机会不过是一个秘密和隐匿未见的原因"（《人性论》第 181 页）。这里提到的"无动于衷"可以用很多方式来解释。首先，偶然性意味着"习惯"在发挥作用时突然中断，这些习惯总是牵强地"认为未来与过去很相似"（《人性论》第 184 页）。至少在那一刻，这意味着无力**区分**。其次，在偶然性横插进来之时，哲学会意识到它的局限性。思想能够清晰阐述的所有事物，至少在与偶然性遭遇的最初时刻，都是"无"（nothing）；这是因为哲学，恰如休谟在重述时清楚表明的，永远不可能说清楚介入到任何一个既定事件中的无穷因素，尽管这个事件看上去发生在过去——哲学永远不可能讲述它的**全貌**。第三，因为因果关系而拒绝先验假设同直觉联系在一起，这对休谟而言尚存疑问；换言之，没有被"平民百姓"完全习惯的影响恐怕根本算不上影响，休谟的"无动于衷"一词也暗示了这一点。

简言之，而且与我们关于二世党人记忆的第一点相一致，是即刻的感觉经验，而非延长的理性惯例，为主体标定了方向，主体本身处在一个由彼此不适应的"物"所组成的网络中间；从这个命题出发，主体的定位不可能简化为个体意志。更进一步

说，控制意义的习惯化过程，如休谟所言，是"武断的"，或者
至少要依赖一大堆活跃的和不活跃的因素，这些因素从来不会同
时被哲学家察觉，它们会临时改变。临时改变这个特性对于休谟
的推测而言非常重要，因为这样做将允许我们以一种比休谟时代
的历史学家更加精确的方式就历史方法和偶然性在其中的位置展
开争论。他很清楚，先见之明对于哲学家而言并非一个恰当的选
择，尽管"我们必须意识到没有……先见之明"（《引言》第20
页；《人性论》第223页）。

　　与对这一局限的认识有关，我们在上文只引用了《人性论》
中一个常常被引用的句子的第一部分，在这一部分，休谟将理性
同"因果关系"联系在一起。我们省掉的是那个句子的第二个
从句，在那个从句中，休谟说，"我们永远不可能从一个物体推
导出另一个物体的存在，除非它们是连在一起的，无论是**间接
地**，还是**直接地**"（黑体为我们所加，《引言》第409页）。对间
接一词不寻常的副词用法有什么寓意？首先，我们可以认为它同
休谟所说的**思想**与**印象**之间的区别是一致的。我们已经说过，**直
接**发生在感观性的当下，而且一般属于对平民百姓**去—区别化**
（de-differentiating）的范围。但是，直接遭遇一个令人惊奇的物
体或事件，根据休谟的观点，也是一种更强大、更关键的力量，
而不是关于过去的一系列反思，后者相对而言比较无力，而且会
随着时间逐渐减退。因此，在第一个例子中，**间接**指的是必然有
的第二个阶段，意义稳定下来并得到共享：思考过去、可比性以
及惯常的哲学秩序。

　　不过，对于"间接的"（mediate）一词的副词用法，还可以
有第二种理解方式，即将其变换成名词形式"mediation"（介
入——译者）。我们已经暗示过该词的意义，参考的是皮托克关
于詹姆斯二世党人的实质所做的意味深长的论述：他的"物"
网络。为了理解休谟关于**介入**的论述，我们可以将他反复拒绝哲

学上的先见之明这种做法延伸为一个关于归纳式历史推导的更加完满的论述（《人类理解研究》第7、20、24页）。"需要一个**媒介**，"他写道，"它可能使得大脑得出这样一个推论（在过去与现在的命题之间），如果它的确是经过推理和论证所得出的。"（黑体为我们所加，《人类理解研究》第25页）我们要再次发问："这个将彼此相隔遥远的命题合到一起的……媒介在哪里？"（《人类理解研究》第27页）。在没有它的情况下，我们遇到了多元性难题，仅仅是感观经验，"无数个真实的时间片段……没有人能承认（它们）"（人类理解研究》第115页）。

克利福德·希斯金和威廉·华纳（William Warner）也用到"介入"一词，在他们那里，**介质**具有某种技术上的重要性，尤其是在印刷技术上。这一点很重要，因为在休谟生活的年代，读者数量和阅读材料——**媒介**，更确切地说，是**大众**媒介——的数量以前所未有的速度和前所未有的规模增长。休谟用更加严格的术语称这一媒介事件是"一次**突然的**、**合理的**变化"（黑体为我们所加）。[1] 我们已有证据表明菲尔丁已经意识到了这个变化，被当作文学过度生产所产生的"数量"威胁如何给生产者带来焦虑，他们永远不可能预先准备好应对这种焦虑。的确，逻辑可能会决定这种再印刷方面的准备只会使得由这么多"数量"所造成的难题进一步扩展和加剧。对于印刷文化在18世纪的爆发，并没有一个快速的哲学解决办法，批评、品位和教育习惯方面的新习惯还有待培养。

关于"文坛以及印刷术"（《人类理解研究》第195页）的重要性，休谟的观点十分明确，写作应该仍然是对过去的一种特殊的媒质化记述。至少他希望，这能够缓解思想在感觉的直接力

---

[1]　David Hume, "Whether the British Government Inclines More to Absolute Monarchy, or to a Republic", in *Essays Moral, Political, Literary*, ed. Eugene F. Miller (Indianapolis: Liberty Fund, 1985), p. 51.

量的衬托下所表现出的弱势。休谟对哲学习惯的怀疑到了不近人情的地步，只有他对大众媒介的怀疑论才能与之匹敌。在辉格党占统治地位的数十年里，休谟抱怨道，"最无耻的作品，无论是风格还是主题，被大加赞美，被四处兜售，被广泛阅读；似乎它们已经和最优秀的古代遗产相比肩了"（《英国史》第六卷，第533页）。在第一章，我们已经看到休谟在品位标准方面赤裸裸的精英主义思想。

休谟支持出版自由，但是很显然也担心它的颠覆性潜力。"出版自由"被描写为尤其对"市民社会具有颠覆性"，如同清教徒不断地引起伊丽莎白和詹姆斯的反感，从王权确立的那一刻起，即1603年，就一直是王权统一的威胁（《英国史》第六卷，第130页）。休谟之所以反对当时弥漫整个出版界的清教主义"宗教精神"是因为它毫无疑问是宣传这种精神的各种联合会和"派系"制造出来的一种俗世精神，他们是为了制造他们所谓的"预言"。这股"社会歪风"，休谟反复提醒，特别在"更躁动不安，比较不……驯服的"苏格兰民族中间更具感染性，它的"人民……更少受到教化和文化……（并且表现出）更多的残暴性"（《英国史》第五卷，第250、252页）。这样的清教主义 166 "在其自身内部便包含有某种超自然的和难以解释的东西；……它的作用……与其说是他们众所周知的原因引发的反应，不如说在政府的任何其他环境中都能够看到"（《英国史》第五卷，第12、67页）。在一个公众范围内犯时间错误，如"预言"一词所隐含的意思，较之哲学反思更确定的实验，在造成社会动乱方面具有更大的危险。

或者，在《论情感；宗教的自然史》（*A Dissertation on the Passions; The Natural History of Religion*）（以下简称为《宗教的自然史》）中，休谟描写了"平头百姓仓促草率的示威游行"（《宗教的自然史》第57页）；他提出，关于"可见的渐变，直

到我们接触到事件的那些见证者和旁观者"(《人性论》第 131
页),历史给出了一种叙事。① 休谟也提到,历史的证据"要仰
仗印刷商和抄写员的准确无误"(《人性论》第 196 页),这是
"保存历史证据的条件"(《人性论》第 197 页)的一个重要部
分。他同时用诸如"在书写和历史所达至的程度"(《宗教的自
然史》第 34 页)等词语来修饰自己关于古代的历史论述。他也
对"传统的",意为口头的,和"书面的"历史时期之间的区分
进行了清楚的描述。如果不借助于书写的帮助,古代宗教不仅仅
是"复杂的矛盾的",而且对我们的目的而言更有启发性的是,
"与天主教的传奇一样,关于诸神的故事是**无数的**"(黑体为我
们所加,《宗教的自然史》第 72 页)。

　　休谟对于写作的信任是很说明问题的。具有讽刺意味的是,
正是**无数性**(numberless-ness)恰恰在休谟写作的历史时刻成为
一个印刷媒质事件。这里的问题在于既要在分检"数百万"的
原因这个层面上解决"数量"难题,同时又要对印刷的繁荣有
所助益。因此,在《人类理解研究》中,紧跟着休谟所指称的
"必须的媒介"后面的那个句子至关重要:"那个媒介是什么,
我必须承认,我并不理解"(《人类理解研究》第 25 页)。意料
之中的哲学结果(习惯)和阻止预料的变化过程之间,这一变
化过程似乎已经发生,至少在它们形成范畴意义之前,在偶然性
的顺序方面,这样的介入代表了一种至关重要的连接。我们在这
里的目的,在关于历史方法的、主题更加突出的论述之前,仅仅
是要在因果关系和"数量"之间建立一种联系。如果我们可以
开始将休谟的**介入**同他对关于原因的先验假设的拒绝联系起来,
而且,如果——参照哲学"习惯"——我们可以提出一个替代

---

① 关于"平头百姓的示威游行",见 David Hume, *A Dissertation on the Passions*;
The Natural History of Religion, ed. Tom L. Beauchamp (Oxford: Oxford University Press,
2007), p. 57。

概念，即将"数百个"（如果不是"**数百万个**"）因果关系放回到历史问题中，那么，在我们论据中的这一点上，我们已经无懈可击。

本尼迪克特·安德森（Benedict Anderson）对"同质的、空虚的时间的解释"产生了很大的影响，我们认为，它同休谟对"习惯"的大杂烩式的评价很接近，仅限于此处，在一个社会的，而非排他性的哲学语域中。① 安德森的论点正是哈贝马斯关于"跨时间连续性"那些颇具影响力的文字的另一个版本，只不过动机不同。② 两位理论家都强调将"日历"时间提升为一种介入方式，不仅介入个体差异，而且——这一点至关重要——将大众力量置于一个公共意义上更体面的秩序中。通过媒体的批评活动、书信体小说和报纸将那些差异悬置起来，时间便成为一个包括对立性差异的模板，成为渐进序列的共享时间，成为序列性，成为共识，它们发挥作用，产生了安德森所谓的"对某个社会的稳固性具有催眠作用的确认。"③

安德森重拾厄内斯特·雷南（Ernest Renan）的观点，认为对民族的想象而言，记忆和遗忘同样重要。丢失的时间这个概念强调的是被同质时间取代了的异质经验其发生是与——用斯密的话说——印刷资本主义各种不同记忆寄存器中无法避免的各类"分歧"的一次相遇。④ 例如，在面临二世党人威胁近60 年的时间框架中——从 1689 年基利克兰基（Killiercrankie）

---

① Benedict Anderson, *Imagined Communities*: *Reflections on the Origins and Spread of Nationalism*（London: Verso, 2006）.

② Habermas, *Structural Transformation*, p. 43.

③ Anderson, *Imagined Communities*, p. 27.

④ 更多关于遗忘对于民族想象的重要性，以及关于一般情况下对 Anderson 做出的绝佳回应，见 Jonathan Culler, "Anderson and the Novel", *Diacritics* 29, No. 4（1999）: pp. 20 – 39. 关于在更具全球性的语境中重新修订 Anderson 的主张，见 Rita Barnard, "Fictions of the Global", *Novel*: *A Forum on Fiction* 42, No. 2（2009）, pp. 207 – 215。

邓迪的高地步兵，到格伦柯（Glencoe）对麦克唐纳族人令人发指的灭绝，直到 1746 年卡洛登（Culloden）沼地嗜血的屠杀、强奸，以及蓄意使高地非战人员饥饿而死，数次爆发的宣传册战争表现的是一段混乱的插曲，可以说，它们更多地与群众性社会行为有关。认真思考哈贝马斯关于公民社会"充满喜乐的"（他的原话）论述，也许就可以组织起这样的行为，公民社会出现在他描画的公共领域蓝图中，这部分是他阅读菲尔丁作品的结果。① 亨利·萨谢弗雷尔教士（Dr. Henry Sacheverell）1709 年的小册子称颂 1688 年因威廉的抵临而导致的对天主教的放弃，这本小册子售出 100000 册——显然是一个**大众**媒体事件，即使最终也许不算是一个**公共**媒体事件。正如随后的高教会派骚乱所显示的，印刷文化史上的这段插曲并未有助于公民社会的维系。

纳撒尼尔·梅斯特（Nathanial Mist），相反地，常常因为煽动罪受到沃波尔的辉格党政府的审判，他坚决不放弃詹姆斯二世党的《周刊》。梅斯特发表在《诺维奇报》（*Norwich Gazette*）上的那篇蛊惑性社论也非常受欢迎。的确，詹姆斯二世党的新闻出版在商业写作发展中占据了先锋地位，在其鼎盛时期，据统计，每周都有 200000 读者。② 政府非常担忧和这种阅读形式连在一起的不安定，政府最终派丹尼尔·笛福秘密监视梅斯特（同时也为他写点东西）。1727 年，梅斯特因为诽谤乔治一世受审，再次被判入狱。他不久便逃到法国，加入了一个正在壮大的詹姆斯

---

① 关于卡洛登的平民死亡的更详细论述，重点是坎伯兰和他的军队的残忍，见 W. A. Speck, *The Butcher：The Duke of Cumberland and the Suppression of the '45*（London：Blackwell, 1981）。应该注意的是，Lord Chesterfield 想要设置海上封锁以饿死高地人。见 Lenman, *Jacobite Risings*；and Plank, *Rebellion and Savagery*, p. 70。

② 关于二世党人的阅读材料的进一步统计数据，见 Monod, *Jacobitism and the English People*, p. 30。

二世党移民社群。① 最后一个詹姆斯二世党暴徒，艾奇宝德·卡
梅伦（Archibald Cameron），在高地地区被捕，1753 年被绞死。
到 1759 年，甚至还发起了一次武装起义。② 这些在很大程度上
已经被忘记的事件令人不安地与公共领域的发明发生在同一时
间。而且它们的被遗忘是因为特殊的记忆方式。我们的任务就是
解开外部的——或者至少部分是外部的——大众力量的纽结和转
变，外部是一个同质时间被过度理想化的区域，我们要说明它真
的曾经存在过。

　　在太多的人以不同方式评价艺术品的价值这个意义上，如果
"数量"给菲尔丁带来困扰，应该说，兴衰变迁是"数量"展示
"力量"的方式，尤其是促成或禁止社会和政治变化的兴衰变
迁。时间在菲尔丁那里非常重要，同它对怀有不同动机的詹姆斯
二世党纪念者一样重要，上文提到的皮托克对他们持肯定态度。
"常常"这个短语在我们的警句中代表了一个解释难题——或者
说，**常常**，如同在遗忘行为中一样，是在搪塞——在为变化形式
开脱，在这些变化形式中，历史和**非**—同质"数量"的人与事
相互交错。这与休谟对以直接感觉印象为基础的**间接**（或介入）
思想的评论相一致，这种思想，同时也使他对印刷之保存功能的
论述变得更加复杂。

　　菲尔丁写道："（除了写作）对于任何其他人类产品，**时间**

---

　　① 更多关于运输二世党人罪犯的具体细节，见 Mackie, *History of Scotland*,
p. 279 以及 Plank, *Rebellion and Savagery*, p. 18. 1715 年普利斯顿战役之后，将二世党
人囚徒驱逐出境是为了弥补马里兰、弗吉尼亚、南卡罗莱纳、牙买加、巴巴多斯、
安提瓜以及圣基茨岛等地白人劳动力的短缺（尽管他们中有些人被赦免，成为假想
的契约工人）。大多数被运走的都是高地人。关于运输二世党人的更多论述，见
Plank, *Rebellion and Savagery*, p. 18。

　　② 关于被赦免的二世党人，"15 年"比"45 年"赦免得多。见 Leo Gooch, *The
Desperate Faction? The Jacobites of North-East England, 1688 – 1745* (Hull: University of
Hull Press, 1995)。关于 1753 年绞死的最后一名二世党人，见 Lenman, *Jacobite Ris-
ings*, p. 70。

似乎都不是如此充满愤恨、如此居心不良的**敌人**……艺术迟早一定会屈从于这个伟大的**毁灭者**。"① 与塑像和绘画相反,一旦印刷成为当代作家的主要媒介,某种较早期的——较慢的——体验形式就会加速,较之菲尔丁在"公共的"这个不确定的标题下所指定的接触领域,这种体验形式存在于一个更加有限的接触领域。因此,在为受到冷遇的《阿米莉亚》(Amelia)辩护时,他声称:"对习惯性的和积习难改的**恶行**的保护来自缓慢的渐变,而非剧烈的**纠正**。"② 在"缓慢"与"剧烈"两者之间隐含的难题很能说明问题,因为速度的增长是和小说写作连在一起的,它可能会以一种流行的方式得到体验。同样地,时间威胁要阻止佳作维持"一段较长时间的存在"。③ 这是一种创造形式,它威胁要"破坏"18世纪为数不多的经典作品,同时也在生产多余的作品,大部分都不值一提,如果曾被提过的话。④ 写作因此作为一个**大众的**(mass)——但显然不是公共的——体验开始了一种暂时性的破坏活动,即"**时间的祸心**(所发明的)诡计"。⑤

这并不是说,因为头脑中有大众记忆的存在,便可以在线性和非线性的时间顺序之间做一个简单的划分。迪佩什·查卡拉巴提(Dipesh Chakrabarty)提出的"异质时间性"(heterotemporality)一词有助于思考其他形式的大众记忆。在他看来,这个词语不仅表明了"共存于当下这个共用空间中的各种时间的复数性",而且还表明了——关键是对我们的目的而言——这样一个思想,即当下是不能合计的(non-totalizable)。的确,暂时的联

---

① Fielding, *The Covent Garden Journal* 3 (1752年1月11日), pp. 66–69。见 Williams, *Criticism of Henry Fielding*.

② Ibid. , p. 67.

③ Ibid. , p. 70.

④ 见 Clifford Siskin, *The Work of Writing*: *Literature and Social Change in Britain*, *1700–1830* (Baltimore: John Hopkins University Press, 1999)。

⑤ Fieling, 引自 Williams, *Criticism of Henry Fielding*, p. 98。

系性和矛盾都在发挥作用，而且在所有方面都处于围绕英国国家的中心化而展开的各种斗争之中。1685 年，苏格兰议会接受了詹姆斯，从而确立了一条"由一百一十一位国王组成的连续脉络，（因此）我们的国民暴动（将会）成为被期盼的事件。"①这个思路在后来詹姆斯二世党诉诸未来以弥补过去的行为中起到了主导作用。

除了安德森和哈贝马斯的观点，我们还想补充一个不同的观点，它在更大程度上与查卡拉巴提的思想相一致，与其说它涉及线性与断裂，不如说它与各种连续性和非连续性如何在同一时间内发生有关。这个问题关乎"数量"如何被划分为各具特色的种类（学科，体裁，各种情感反应范畴，民族性格）这个观念所支配。这样一来，它们便被从众多无法回放的"噪音"中过滤出来。歧义的传统预示了一个未知的未来。因此，我们可能会说，被菲尔丁描述为"暴力行为"的那种恶意——时间被体验为一个"每天都强加在我们作者身上的暴君"——同样是在大众的混乱中才发泄出来的具有创造性的怨恨。②

我们已经说过，菲尔丁在 18 世纪 30 年代的剧作家经历不仅让他近距离地观察到品位中的谬误，也让他以剧烈的方式全面体验到社会对抗问题。那么，这个戏剧家—记者—小说家，**同时还是执法官员**，应该以各种相互一致的方式对堕落的品位和人口管理问题加以理论化，这样说是合乎逻辑的。用菲尔丁的术语思考他对总名（nomen collectivum）概念的使用，这一点参见"四五年"之后与《真正的爱国者》发在同一期杂志上的同一篇文章，我们在上文引用过。在这里，菲尔丁将"古时因社会地位、财

---

① Dipesh Chakrabarty, *Provincializing Europe: Postcolonial Thought and Historical Difference* (Princeton, NJ: Princeton University Press, 2000), p. 243.

② 引自 Lenman, *Jacobite Risings*, p. 17。

富而享有的特权"，对它的夸张反应在某种程度上是因为"旧时
贵族流氓那样的批评家"①——牢骚不断，发嘘声，喝倒彩，滋
扰生事，诸如此类，属于室内暴力产生的"噪音"——同当代
作者的天赋特权进行了对照，"让观众躁动不安的权利"，菲尔
丁坚持认为应该确立这个权利，不用担心引发骚乱。②

　　在一部关于**喧嚣的普通**观众的讽刺作品中，菲尔丁直接用
"城镇居民"来命名这个难题，他重述了一位年轻绅士讲给他的
一个故事，这个故事要说明的是戏剧表演绝对已经走入歧途。在 170
此，"他们的（城镇居民的）数量"让观众的反应迅速升温，从
嘘声上升到"居民现在拿起一个苹果朝着他（那个年轻的绅士）
的头上扔去"。③"城镇居民"这个集体名词在语法上不可能参与
到类似于朝舞台扔苹果这样的个体行为当中，这恰恰是菲尔丁的
要点。事实上，讲故事者最后成了城镇居民本身——具有讽刺意
味的是，既是那个让人讨厌的扔苹果者，也是偶然被砸中的
目标。

　　在这个意义上，这种充满恶意的旁观，它的引发骚乱的特
质，同时也意味着这完全是非爱国主义的观看方式，使得观众既
是演出的观看者，也是演出本身。菲尔丁第一次从一个年轻绅士
那里听到这个故事时，他以为那个苹果是"某个粗野的无赖"
所扔，他的名字叫**唐**（Town，与英语单词 town 谐音，意为城镇；
城镇居民。译者）。但是，当他重述这个故事时，他意识到"这
个**唐**是个总名"。④ 在菲尔丁听到这个故事和他重述这个故事之
间，在我们的那个警句中所表现出的他的担忧，即艺术价值应该
在一个适当的（即使不是绝对的）时期内存在，这使得他可以

---

① Fielding, *True Patriot*, p. 31.
② Ibid., p. 32.
③ Ibid.
④ Ibid.

讽刺那个莫名其妙被苹果砸中的人，他也可能扔过苹果。"总名"一词是那个苹果划过的一条非常荒谬的轨迹，它**由**城镇居民扔出，又扔**向城镇居民**。在这个意义上，它代表了本章核心部分的两个动力学的交叉：多样性与时间。

对一位法律执行者而言，总名是一个与其身份十分匹配的令人不安的概念，而 17 世纪自然法的传统进入到斯密那一代人的写作当中，在过去关于启蒙法学的学术研究中已经基本被遮盖不见了。① 在广义术语中，总名作为一个词语意在解释一个单数词如何同时被理解为一个复数："不法行为"一词，即使你有一件以上的不法行为，它还是同样的形式，这是法律词典中的典型例子。"城镇居民"也是这样一个词语；"议会"也是。它也是一个用于主权问题辩论中的词语，尤其是在清教革命、克伦威尔的保护国、查理二世率领流放他的同一支军队复归王权、斯图亚特王朝的复辟一直到新总督的所谓不流血驾临，即 1688 年奥兰治的威廉掌权之后展开的那些辩论中。

1683 年那段动荡时期出版了一本无名氏所著的小册子，其中也用到总名一词，不过不是指斯图亚特的恐惧，而是代表了辉格党的镇压。在同一年，黑麦房阴谋（试图刺杀查理二世和詹姆斯二人），1683 年那本小册子的作者无名氏坚称，"**议会**一词即是总名，意指国王、贵族和平民百姓，因为他们共同制定了法律。"这句话所在的那一章的标题十分巧妙，"是否**议会**之名可以被合理地赠予这个主体的某个或某些部分，而非赠予整体？"② "整体"一

171

---

① 关于斯密及休谟的法理学理论与罗马传统及自然法之间的关系，见 Knud Haakonssen, *The Science of a Legislator: The Natural Jurisprudence of David Hume and Adam Smith* (Cambridge, UK: Cambridge University Press, 1975)。

② 无名氏, *The Arraignment of Co-Ordinate-Power: Wherein All Arbitary Proceedings Are laid open to all Honest Abhorrers and Addressers: With a Touch at the London-Petition And Charter*, 1683, in *The Struggle for Sovereignty: Seventeenth-Century English Political Tracts* (Vol. 2), ed. Joyce Lee Malcolm (Indianapolis: Liberty Fund, 1999)。

词的关键在于在建成社会秩序时部分与总体的关系——"数量"之间的关系。一方面,菲尔丁将其书写为嘈杂的"噪音";另一方面,又被写成是公共领域的发明,这个公共领域较之菲尔丁所嘲笑的那个缺乏优雅的戏剧品位的空间更容易管理。总名的内涵毫无疑问指向使民众易于统治,指向将"数量"处理成为可以理解的单位。它们应该各有特点,同时又是统一的整体:社会,人民,公众。菲尔丁关于大众许可证的故事中的总名不仅表示现代早期的社会混乱一直持续到当时,而且还表明时间经验也一直持续到当时,它被加以理论化以产生一个统一的哲学命题,使得文明同商业生活联系在一起。菲尔丁所说的骚乱这一"古代特权"在最后一次詹姆斯二世党起义之后导致继承法被废止(该法律是受《联合法案》保护的),从辉格党的角度看,是集权时期一个不合时宜的残渣余孽。

塞缪尔·约翰逊对威尔克斯暴乱(Wilkes's Riots)予以谴责,这场暴乱的发生是对约翰·威尔克斯1763年因出版《北方英国人》(*North Briton*)(第四十五期)而被捕作出的反应,约翰逊对威尔克斯暴徒的描写与菲尔丁可谓异曲同工。[1] 因为指责国王乔治三世在一次赞扬巴黎条约的皇家演讲中撒谎,威尔克斯被控以煽动诽谤的罪名。为了逃避审判,他于1764年逃往法国,结果是在缺席的情况下在议会中获得一个席位。(他同时还债台高筑,喜欢在出版物上散布谣言,他对色情文学的喜好也透露出这一点。)在此,同菲尔丁一样,约翰逊也看到了某种偏移了的"爱国主义风尚",在一个社会范围内被过分放大的总名,它不可能在复数内包含特殊性。

塞缪尔·约翰逊在《虚惊一场》(False Alarm)中写道,带几

---

① 见 George Rudé, *Wilkes and Liberty: A Social Study of 1763 to 1774* (London: Clarendon, 1962)。

分怀疑，"到目前为止，他只在乎他自己，现在要在乎公众了。"①
用菲尔丁的话说，这导致对"数量"如何在动乱的情况下不再执
着于等级的划分表现出严重的关切。的确，我们已经看到，仆人
172　的服从，劳工的不正当行为，工人乖戾的情感——这些都使得迈
向公共领域这个理想的进程变得复杂化。约翰逊继续道：

> 裁缝退下顶针，布商搁下尺子，铁匠撂下大锤；他们在一间
> 简朴的黑麦房聚会，关心国家的现状……震惊于这可怕的危
> 机，愿意支持《权利法案》。(《虚惊一场》第 335 页)

　　与作为地方法官的菲尔丁一样，约翰逊因此提议改变乔治三
世加冕礼的程序，这样的话，它便不会"给多数人带来危险"
(《虚惊一场》第 330 页)。这不是说不愿享受颠覆性变化带来的
短暂的酣畅，据说他曾提议为西印度奴隶过去和未来的起义干
杯，因此令牛津的学究们震惊不已。

　　然而，因为国内存在的不平等，在辉格党开始占据统治地位
之后的几年里——由于法国连年战争不断，辉格党的掌权使苏格
兰的船运陷入困境——大约有 200000 人沦为乞丐。② 随后的汉
诺威王朝弃没有财产的民众于不顾，指出这一点非常重要。联合
将使大多数苏格兰人受益的设想变得渺茫，尽管因为《航海条
例》的搁置，它确实成就了烟草大亨这个新的暴富阶层。③ 重要

---

① Samuel Johnson, "The False Alarm", in *Political Writings*, ed. Donald J. Greene
(Indianapolis: Liberty Fund, 2000), pp. 313 – 345. 具体见第 335 页。

② Rosemary Goring ed., *Scotland: The Autobiography: 2000 Years of Scottish History
by Those Who Saw It Happen* (New York: Penguin, 2009), p. 104.

③ 关于苏格兰烟草交易的更多细节，见 T. M. Devine, *The Scottish Nation: A
History 1700 – 2000* (New York: Viking, 1999)。关于苏格兰港口城市的经济差异，见
Iain McLean, *Adam Smith*, *Radical Egalitarian: An Interpretation for the Twenty-First Centu-
ry* (Edinburgh: Edingurgh University Press, 2006), p. 3。

的是,像菲尔丁和约翰逊这样的评论家都相信,民众的不满是
(a)一种动力,如果同平民阶层的骚乱混在一起便是其最危险
的时刻,(b)多数人促成政治变化的合法性充其量被说成是深
植于过去的某种事物,大不列颠没有它一样可以成就伟业。

我们不能忘了威尔克斯正是一名苏格兰人(但是那个态度
摇摆不定的历史小说家托比亚斯·斯摩莱特也是苏格兰人,威尔
克斯撰文抨击他那些亲政府的杂志)。约翰逊用中世纪小册子战
争中常用的夸张法写道:

> 每个人都知道苏格兰人包藏祸心,阴险狡猾,做事精明,而
> 且贪得无厌。苏格兰人的数量已经足够组成一个议会。我建
> 议《权利法案》的支持者考虑一下,是否没有理由怀疑,
> 这些来自北方的饥肠辘辘的入侵者现在正在设法驱逐所有的
> 英格兰人……因为谁能够猜出来一旦苏格兰人将整个下议院
> 都据为己有,他们会做出怎样的举动?(《虚惊一场》第333
> 页)

173

在此,具有讽刺性的是——这是理解当时盎格鲁—苏格兰政
治中错综复杂且游移不定的对立力量的关键点——从反苏格兰的
角度滥用威尔克斯的《北方英国人》就是为了反对乔治三世的
苏格兰顾问(特别是标特伯爵[Lord of Bute])。

因此,在那个词语的任何表面意义上称那些政治是对立的
恐怕有些操之过急。这不是说苏格兰人的起义声势不够壮大,
如约翰逊所说,他们被称为"群氓,无论何时出现,他们总是
会被称为爱国者,总是会被称为《权利法案》的支持者"
(《虚惊一场》第333页)。在威尔克斯的案子中,他对那些
"乌合之众"不屑一顾,而且谴责他们捉拿那些"因为机缘巧
合而成为公职人员的人"的动机。"草民的粗鄙"在这里等同

于"平等的欲望"(《虚惊一场》第341页)。但是,约翰逊同时也说道,"人们的烦躁,在这种时时存在的压制下(如奴性的权威,将会)衍生出争吵、动荡和危害。"[1]"无论何时"一词意味着南方和北方的混合(一种"侵入")——联合之后的几代人——造成社会秩序的不稳定,在某种意义上变成了与实践体验有关的一个难题。"一名真正的爱国者明白,凭他的力量决定不了未来……他了解派别的偏见,知道多数人会前后矛盾。"[2] 与多数人有关的难题不是说他们假装知晓未来,尽管从某个外部的哲学视角来看,"前后矛盾"很可能是多数人最大的特征。关于未来,他们同"真正的爱国者"一样茫然无知,这意味着他们的地位是在社会上寂寂无闻,即使在政治上不是永远死水一潭。约翰逊的群氓没有任由未来本身决定其走向。相反地,他们更有可能创造出国民想象得到或想象不到的危机,然后牢牢地抓住它。

关于如何利用政治固有的条件——既属于英国,又不属于英国——这里有一个明显的特征,即行动具有非常大的灵活性,不过是以集体的方式,任何个人都不可能预先知道行动的未来。还是要引用约翰逊的话:"人民是(原文如此)富人和穷人,智者与傻瓜,好人与坏人都在其中的一个异质且令人困惑的群体。"[3]

> 欢乐与喧闹在他们的力量中结合;密集且热情的群众在煽动言论这个酵母的作用下开始发酵。所有的人都看到千千万万个罪恶,尽管他们无法证明这些罪恶。他们变得焦躁不安,想要加以弥补,尽管他们不知道怎样弥补。(《虚惊一场》第337页)

174

---

① Johnson,引用于 *Greene's Political Writings*,p. 300。

② Ibid.,p. 395.

③ Ibid.,p. 393.

与总名在发挥有效作用时不同,在威尔克斯骚乱中,在其他类似的种种插曲中间,**单数**(singular)不可能与**复数**(plural)完美地结合。在那个意义上,使用一个已经过时但仍然合理的动词,即"聚众闹事"(to be rabbled),在某种意义上就是在体验历史的变化,尤其是在那一变化的后果直到事后才使人相信这个意义上更是如此。

"聚众闹事"的概念起自17世纪60年代,在清教革命之后(回想一下约翰逊在上文中对于"求平等"的恐惧),它是苏格兰历史学家争论的一个主要观点,我们也将会看到,它也与书面材料在低等阶层中间流通这个进步有关。引用1714年一个苏格兰文本上的话,它含括了一位遭驱逐的英格兰教会牧师的一生,苏格兰的新教牧师能够"**聚众反抗英国国教牧师**"(黑体为我们所加)在当时仍然是个难题。不仅如此,"长老会的迫害情绪在令人沮丧的誓约时期(Times of the Covenant)令一切都受到严重的破坏……令我们的邻国大为震惊。"① 英格兰人投在苏格兰人身上的目光,的确,因为那目光中缺乏得体的民族平等,所以导致惊奇。

当然,这并不是说詹姆斯二世党人的思想与立约者求平等的趋势相一致("不是国王,是基督,"这个革命性的口号将传播开来)。尽管国王詹姆斯七世和二世于1686年遭流放之前已经废除了针对天主教徒的刑法,但是,这一宽容并未延伸到非国教教徒那里。诚然,一位牧师在1688年被处死。所谓的不流血革命发生在同一年,那场革命结束了斯图亚特王朝的统治。查尔斯二世在镇压复辟前发生的国教运动中表现出的残暴

---

① 更多关于"聚众闹事"的情况,见 Neil Davidson, "Pop Insurgency During the Glorious Revolution in Scotland", *Scottish Labour History* 39 (2004), pp. 14 – 31。

臭名昭著。我们注意到上文提到的苏格兰长老和制造"破坏"之间的省略，后来被描述为与詹姆斯二世党的思想有关，我们只想表明那一时期对立政治的复杂性，因为它们采取了临时结盟的形式，出现了意想不到的联盟。虽然在"四五年"之后，禁止拥有武器、禁止穿传统服装的法令更加严格，高地人组成的苏格兰高地警卫团还是很快成为英国军队的骨干，1756年在屠夫坎伯兰勋爵的指挥下投入北美战争。在美国独立战争中，战争双方都有詹姆斯二世党人的儿女在战斗。"惊奇"或许可以说，是——对于最应该受到谴责的"真正的爱国者"而言——**聚众闹事**最重要的特征，因为这个词曾被用来表示在本质上倾向于清教或詹姆斯二世党人。

175　　　对于菲尔丁和约翰逊而言，**不**足为奇的是聚众闹事的条件牵扯到一个偶然事件，它打断了同质时间的标准表达。约翰逊将这一打断描写为群众的"焦躁不安"，这个问题表现为有效的行动，而且是集体行动，却不明白行动的结果。E. P. 汤普森——他的著作《世界名人录》（*Locus Classicus*）是为了对18世纪的群众加以理论化——在"贵族社会，平民文化"中提到，平民的力量（回想一下上文中在汤普森之前约翰逊也用到"平民"一词，尽管斯密将其看作一个陈旧过时的词语）在使行动依附于结果这个意义上并没有贬低个人意识："平民或许并不是劳动阶级。平民可能在意识中缺乏一个具有连续性的自我定义；清晰的目标；阶级组织的结构。"① 汤普森坚持认为，尽管如此，暴民、群众、骚乱等的不连续性都表现出一种独特的政治性在场，这一点毫无疑问是正确的。它"对固定性的临时表达……十分独特"（《贵族社会，平民文化》第398页）。

　　机会是**聚众闹事**的关键。这当然并非意味着聚众闹事等同于

---

① Thompson, "Patrician Society", pp. 395 – 396.

个人主义自发的秩序,这种秩序据说不需要那只"看不见的手"的强制(不用去想压迫性的国家行为,例如发生在高地的种族灭绝)便会产生,斯密后来正是靠了这只"看不见的手"而扬名立万(关于此,下一章将有更多内容)。斯密那个著名的自利且对社会有利的屠夫,因为自发地为经济繁荣作出贡献而广受赞誉,斯密的屠夫与菲尔丁的实在是同出一辙。"我们并不期待我们的饭菜是因了屠夫、酿酒者或烤面包师的仁慈,相反地,他们考虑的是自己的利益"是斯密常被引用的一句话。[①] 菲尔丁在《关于近期抢劫增多之原因的调查》(以下简称为《调查》)中写道,并非"每一个**闹事的**个体屠夫或烤面包师,口袋里装着两三百英镑,却嘲笑(地方法官的)权力",而"一个讼棍却让他浑身发抖"(黑体为我们所加)。[②] 在"闹事"这个意义上,"数量"与时间之间的关系并非有利于商业利益,而是为约翰逊创造了一个条件来提醒我们,社会化的正当责任是"引导人民回归自己诚实的劳动;告诉他们顺从是无知者的责任,满足是穷人的美德。"[③]

菲尔丁在将**另一个**屠夫的笑声同讼棍(低等律师,为了钱到处寻觅小案子)联系在一起时,他想说明的是在市场和利润这个充满变数的世界里,其自身固有的骚乱本质不可能消除。我们也不应该低估,我们开始时是这样的,被推给詹姆斯二世党人的骚乱行为,至少到世纪中期,法官们都在探讨这一关联并对此深感恐惧。正如罗伯逊所指出的,1714 年的《取缔暴动法》(the Riot Act)是由辉格党政府推行的一个法律,是对一般法律

176

---

① Adam Smith, " 'Early Draft' of Part of The Wealth of Nations", in *Lectures of Jurisprudence*, eds. R. L. Meek, D. D. Raphael P. G. Stein (Indianapolis: Liberty Fund, 1982),手稿 B: pp. 562 – 586. 具体见第 572 页。

② Henry Fielding, "An Enquiry into the Causes of the Late Increase of Robbers", in *The Works of Henry Fielding, Esq*⋯ (London: 1806), pp. 333 – 467. 具体见第 345 页。

③ Johnson,引用于 *Greene's Political Writings*, pp. 338 – 339。

中骚乱的定义加以补充，"目的是对习以为常的行为予以重创，加大对民众集会的压制力度，忽略骚乱的原因，强化法律的权威"（《骚乱与大众詹姆斯主义》第 80 页）。不错，在该法律施行的第一天，闹事者便依据此法律被绞死，当时恰好是"一五年"起义的前一年。

《取缔暴动法》和颇具争议的《七年法案》（Septennial Act）也有联系，后者延长了议会的最长期限（即选举之间的时间），从三年延长为七年。它所产生的影响是使辉格党掌权的时间更长，这是将两个法案放在一起思考的一个原因，因为在这一时期，它们和《汉诺威公告》（Hanoverian Proclamations）一样家喻户晓（《骚乱与大众詹姆斯主义》第 80 页）。《取缔暴动法》的全称是《防止滋生事端和骚乱集会并对暴乱者给予更加迅速和有效的惩罚的法案》（An Act for Preventing Tumults and Riotous Assemblies, and for the More Speedy and Effectual Punishing the Rioters）。[1] 作为联合刚刚完成之后的苏格兰的一名间谍，笛福让我们得以了解詹姆斯二世党人的街头活动是多么混乱不堪。"我听到一声巨响，"他写道，"向外看到一群乱哄哄的人走在大街上，带着一面鼓……高声叫嚷咒骂，大喊所有的苏格兰人团结起来，不要联合，不要联合，英国狗，诸如此类的话。"[2]

在《取缔暴动法》那个更冗长的名称中值得注意的是菲尔丁作为伦敦的地方法官所关注的问题：通过规范和永久的法律来防止显然是自发性的暴乱活动。菲尔丁选择了《取缔暴动法》作为**唯一**一个足以加强"商业公正"的法令（《调查》第 345 页），他用能够反映《取缔暴动法》的语言悲叹道，"在绝对的君主制统治下……（有）更加迅速和有效的弥补措施来应对……政治动乱，

---

[1]　1714 年的 *The Riot Act*（被认可的简称）（1 Geo. 1 St. 2 c. 5）。

[2]　Defoe 引于 Goring, *Scotland: An Autobiography*, p. 110。

优于一个自由国家对其所做的处理,自由国家的修正方式极为缓慢而且不保险"(《调查》第 348 页)。在应对闹事行为的斗争中最终还是用菲尔丁所谓的"规则的焦躁"(impatience of rule)取代了约翰逊的群众的焦躁(《调查》第 344 页)。不过,在"公民权力"(civil power)的统治下,新的治安技术必须由多数人来掌控,他们被认为是好对付的人。正如福柯所言,他们是技术,他们完全可以用来对付民众的自发行为(他们与机会的联系,类似于约翰逊的固执的游行者,他们拒绝按照预先设定的方式游行),这类行为是公共安全的障碍。① 菲尔丁称此为寻求以"避免的方式"作为"弥补"(《调查》第 427 页)。

菲尔丁对赌博,特别是"低层阶级生活中的赌博"(《调查》第 371 页)感到不安,这是有道理的:"浪费了时间,荒疏了工作",最后变成了靠运气,而不是凭劳动追求"富贵"所带来的最大的危机。这样的话,"富贵便应该局限于大人物的华堂" 177 (《调查》第 350 页)。杰西·莫勒斯沃斯(Jesse Molesworth)注意到,机会法则在工薪人群中间始终在发挥作用,"在他们中间,国家的法律早已失效"。② 1500 年到 1800 年间的英国君主几乎每一位都曾推行法令来禁止或限制赌博。贺加斯(Hogarth)在《浪子的历程》(Rake's Progress)的图片六中描绘了怀特赌场之类赌博俱乐部的盛况。1541 年,亨利七世命令禁止白天工作的人在施洗约翰的宴会上赌博。查尔斯二世、安妮女王以及乔治国王在其执政时期都通过了类似的取缔赌博法令。

在立法系统的核心位置,我们发现,对于低等人群的道德品

---

① 见 Michel Foucault, "*Society Must be Defended*": *Lectures at the Collège de France*, *1975 - 1976* (New York: Picador, 2003)。

② Jesse Molesworth, *Chance and the Eighteenth-Century Novel*: *Realism*, *Probability*, *Magic* (Cambridge, UK: Cambridge University Press, 2010), p. 56. 亦见 F. N. David, *Games*, *Gods and Gambling* (New York: Hafner Publishing, 1962)。

格有着更强烈的担忧，这一人群同某个已经被发现的从农业劳动向商业劳动进化的冰退阶段处在同一时间段。① 的确，无地的劳动者人数从这一阶段开始时占人口的 25% 到这一时期结束时上升到接近 60%。② 劳动性质发生的这一改变伴随着关于未来和时间概念上的巨大转变，在这些观念当中，打**赌**和挣**工资**的想法开始发生冲突。尽管它们明显相互关联，但是对于耶恩·哈金（Ian Hacking）认为直到 17 世纪晚期才出现的与时间有关的同种变化而言，这还不完全是同一回事。在他看来，1660 年左右，当时，被当作权威意见的文艺复兴知识被帕斯卡、莱布尼茨、惠更斯（Huygens）、以及伯努利提出的各种形式的统计推断所取代。③ 菲尔丁对凭运气赌博之风在低等人群中的长盛不衰深感忧虑，这验证了赌博在 18 世纪的流行。同时，这也是一个间接证据，证明法律限制方面的无数努力都无法遏制这个流行活动。但是，作为截然不同于决疑论之数学的一个新发展，决疑论产生于皇家港詹森主义者（Port-Royal Jansenists）的争论（詹森主义是罗马天主教在 17 世纪的神学运动，强调原罪、人类的彻底堕落、恩典的必要和宿命论。法国皇家港是詹森主义的大本营——译者），在所谓的人类普遍性中，道德限制和优良品质这类软性能力受到哲学家那些训练有素的审美情感的监督，在以对社会负责任的方式处理"数量"难题时是需要的。

本章稍后部分会提到一部 18 世纪的小说，在这部小说的一

---

① 关于 18 世纪圈地和工资劳动的增长，见 A. L. Morton, *A People's History of England*（New York：Random House, 1938），p. 327。

② 见 John Brewer and J. H. Plumb, *The Birth of Consumer Society：The Commercialization of Eighteenth-Century England*（London：Europa, 1982），p. 24。

③ Ian Hacking, *The Emergence of Probability：A Philosophical Study of Early Ideas about Probability*, *Induction*, *and Statistical Inference*（Cambridge, UK：Cambridge University Press, 1975）. 亦见 Barbara Shapiro 的 *Probability and Certainty in Seventeenth-Century England*（Princeton, NJ：Princeton University Press, 1982），p. 24。

个补记中,我们会看到,对机会的顺应不但已经完成,而且还因为小说的阅读和写作而变本加厉。在趋向那个十分流行的——而且因此同样是问题重重的——现象的过程中,关键是质化(qualification)代替了量化(quantification)。于是,机会便被简化为一个在道德意义上可以计算的理想,或者说得更确切一点,是一个社会性的标准理想。在低等秩序中,赌博同汇聚(amassing)可以计数的结果一样是一个关于**大量的**(mass)问题,这更有助于理解18世纪的时间社会学,因为我们想将它用于民众抗争,尤其是用于关于过去的叙事。关于概率的算术为"推测 178术"——伯努利用这个词语作为1713年他死后出版的一本书的标题,在其后的数十年里,它就像病毒一样广泛流传——寻找各种程式化的解决办法。伯努利的追随者竭力要使偶然因素尽可能站在被主观限定的、具有商业动机的、与民族性保持一致的各种理想一边发挥作用,即使这些理想最终不是由理性做出安排,它们也最好像"噪音"一样消散。①

---

① 这并非在贬低詹姆斯·钱德勒的比较,例如他在帕斯卡和被煽情小说强化了的准则之间所做的比较。见 Chandler 的 "Moving Accidents: The Emergence of Sentimental Probability", in *The Age of Cultural Revolution: Britain and France, 1750 – 1820*, eds. Colin Jones and Dror Wahrman (Berkeley: University of California Press, 2002), pp. 137 – 170. 关于伯努利(Bernoulli)在18世纪的情况,见 Lorraine Daston, *Classical Probability in the Enlightenment* (Princeton, NJ: Princeton University Press, 1995),第二章。在这段话中,谈到 Miachael Witmore 对培根的归纳法的解读之后有关对偶然因素的利用时,我们使用了"竭力"一词,对偶然因素的利用即"办法与(经验)知识密切相关"这个概念。见 Witmore, *Culture of Accidents: Unexpected Knowledges in Early Modern England* (Standford: Standford University Press, 2001), pp. 9 – 10. Ross Hamilton 对偶然因素在培根和洛克的理论中的重要性同更早时期解决难题的数学模式做了进一步的区分。见 *Accident: A Philosophical and Literary History* (Chicago: University if Chicago Press, 2007), 117ff. Jonathan Cohen 指出,大卫·休谟这个培根的崇拜者在18世纪的哲学家中首先发现了"有一种非常重要的概率,它不适合机会微积分(calculus of chance)提供的框架。"根据 Cohen 的观点,这证明"休谟的怀疑论论点旨在反对通过列举式归纳获得知识的可能性"第225页。见 Cohen 的文章,"Some Historical Remarks on the Baconian Conception of Probability", *Journal of the History of Ideas* 41, No. 2 (April-June, 1980), pp. 219 – 231。

菲尔丁的早期剧作《彩票》（*The Lottery*）描写的是对幸运数字的盲目追逐，一位算命者让女主人公相信她将赢得10000英镑时，也凸显出这是一出关于投机契约的戏剧。但是，彩票对国家而言是最方便的敛钱方式，尤其是在战时，在启蒙时期，这几乎是一种常态。在这里，我们或许也可以注意到，那些查理王子的败军俘虏都听命于运气带给他们的种种不同惩罚。在菲尔丁看来，赌博首先是一个错误支配时间的问题；其次，它是一个与反社会行为相关联的一般原则。菲尔丁因此继续道："人类中的大多数一定是辛勤劳作，生产出……地球上的果实。"如果"（奢华）之罪降临到商人、工匠和劳作者身上，便一定会产生许多政治危害。"错误地利用劳作者的时间，菲尔丁抱怨道，是"偷盗和抢劫之母"（《调查》第350页）。偏离了作为主教和牧师的中心责任，这些"上层人物的远亲"（《贵族社会，平民文化》第391页），他们曾经在意穷人和劳动人民，甚至超过了他们的能力范围。菲尔丁将政治危害等同于时间管理问题，这标志着一位现世临时园丁的降临：法官本人。他因此不再关注未来的回报，下等人习惯寄希望于来世，而是日复一日将焦点放在有偿劳动的美德上。

我们已经对与二世党人的记忆活动有关的时间做过评论，按照皮托克的说法，物可能取代主导意识形式并产生各种替代物，它们既可以在等级之间进行辨识，也可以做出整体认同。我们也描述了在民众的不满中，不同等级人群的混合如何在18世纪仍然同**聚众闹事**有密切的联系。在我们讨论关于小说的冰退历史，最终是战争的冰退历史之前，我们先引入菲尔丁心目中的看戏而非做官来结束这一小节。汤普森注意到，相对而言，英国国家的弱点，即它竭力反对二世党人以使自己处于中心地位，以及辉格党革命之后其他形式的地方主义。在他谈及这一切时，他是在标示一个——当时还没有——开放的机会，获得民众许可的机179会。他反复说，这样的许可"靠的是戏剧"，特别是，"民众激

进主义的戏剧效果"(《贵族社会,平民文化》第 390、400、403
页),他这种说法充满了挑衅。

民众力量的戏剧效果在欢庆五月节时表现得最为明显,这一
庆祝活动包含了汤普森所谓的"穷人的情感日历"("贵族社会,
平民文化"第 392 页)。罗杰斯也认为五月节的庆祝活动可能是
在为僭越者的健康开怀畅饮中来一次情感的爆发,他引用了相对
较迟的 1750 年对沃尔索尔(英国英格兰中部城市——译者)五
月花柱的记载,它被饰以玫瑰花冠以纪念詹姆斯二世的诞辰
(《民众,文化与政治》第 47 页)。河岸边的花柱于 1717 年消失
不见,挤奶姑娘、扫烟囱者这些人继续参与到典型的五月节活动
中。① 罗杰斯在《辉格党与城市:沃波尔与皮特时期的大众政
治》(*Whigs and Cities*:*Popular Politics in the Age of Walpole and
Pitt*)(以下简称为《辉格党与城市》)中进一步表明,政治日历
的确立在 1680 年之后的四十余年间成为愈演愈烈的大众抗争,
政治日历可以追溯至都铎王朝。随着汉诺威王朝的确立,"政治
日历成了暴乱日历"(《辉格党与城市》第 366 页)。而且作为
"时代(造就的)民众",也是在同一时期,政治意义上的民族
随着大量劳动人口的涌入而日益收缩(《辉格党与城市》第 371
页)。透过传统的五月节,或王朝复辟纪念日,以及其他形式的
关于保皇党人的民间传说,民众二世党人因为好逸恶劳而滋事生
非,"将官方日历演变为一场煽动与冲突的狂欢"(《辉格党与城
市》第 368 页)。笛福观察到,1660 年之后,竖起了超过 6300
根五月花柱,在辉格党和清教徒看来,它们简直意味着"恶魔
降临"(《贵族社会,平民文化》第 393—394 页)。他在其他地
方发出警告,如果二世党人和天主教徒中的密谋者准备谋杀安妮

---

① Nicholas Rogers, *Whigs and Cities*:*Popular Politics in the Age of Walpole and Pitt* (Cambridge, UK:Cambridge University Press, 1989), p. 354.

女王，"伙计们，你们（将）永远不再有复活节、诸圣节（Whitsontide）和圣诞节的欢乐"。①

在这些重要战争的背景下，1707 年的《联合法案》颁布的特殊日子也放在五月一日非常合适，这一天传统上令人联想到农耕时代的季节历法，那个历法在苏格兰和英格兰议会合并之后还一直保有仪式性的权威。（我们在这里或许还应该注意到五月节和源自凯尔特传统的五朔节 [festival of Beltane] 也有关联；不用管社会主义者的五一游行，它始于 1919 年，发生地是俄亥俄州的克利夫兰。）五月节庆祝的延续是某种惯例的一部分，是为汉诺威和斯图亚特周年庆典着想，使民众游行成为相互对抗。

关于"底层人民中的暴徒"（引自《贵族社会，平民文化》第 401 页）如何将历史的巧合改造成偶然的机会，有一个例子可以说明。乔治国王的生日恰巧是复辟日，于是，具有讽刺意味的，那一天自然而然也在庆祝斯查尔斯二世所代表的斯图亚特王朝的回归。18 世纪开端，官方的政治日历已经充斥着官方和民众的未获批准的纪念日。的确，伊丽莎白的生日，即十一月七日，直到 18 世纪 30 年代还一直在庆祝。正如罗杰斯所指出的，到 1715 年，有 13 个皇家和国家的周年纪念日，一年当中只有三个月没有这类活动（《民众，文化与政治》第 24 页）。那一年也见证了最近一次二世党人进攻的失败，它以互相矛盾的纪念活动开始，纪念查尔斯·斯图亚特的殉难；接着是庆祝——也是在五月——汉诺威国王乔治的生日；一个月后的六月，继续庆祝僭越者的生日，虽然是非官方的，却更具爆炸性。在这些以及其他的街头节日中，不仅能听到令人厌恶的粗鄙之音，也能看到劳动群众扮成被戴了绿帽子的乔治国王（众所周知，他身陷囹圄的妻

---

① Daniel Defoe, *Captain Tom's Remembrance to his Old Friends the MOBB of London…* (London：1711)，http//quod. lib. umich. edu/e/ecco/004777928. 0001. 000/1：1？rgn = div1；view = fulltext（2014 年 4 月 8 日查阅）。

子与凯尼格斯马克伯爵〔Count Königsmarck〕通奸),而且游行队伍一直走到市长门前,于是,汉诺威的大臣们"可能会亲吻他的屁股"(引自《贵族社会,平民文化》第 401 页)。

莫诺德描绘了最令人惊恐的复辟日,由黑区(the Black country)(英国英格兰中部——译者)做搭扣的工人发起,他们来的那个地方很快便成为英国工业化程度最高的地区之一。汤普森记录了更进一步的例证,变身暴徒的食品工人拒绝解散,"直到僭越者到来,才终止了他们的骚乱"。① 在平民二世党人中似乎是哗众取宠的矫揉造作也可能是一次严肃的尝试,旨在加强一种记载反对商业市场的民众抗争的日历,同时也是在抗拒要包容商业市场所必需的英国—国家中心化。这类活动提供了一种纪念政治,它令人回想起皮托克如何将二世党人的"物"构成的"真实的"现实理论化,其最有效的表现形式就是诺言和历史危机。

对于启蒙时代的最新发展的记忆,我们或许要补充约翰·本德(John Bender)和麦克·马理南(Michael Marrinan)的结论。即,同大众获得表达不满的机会类似,"我们的数字时代描述性的管理方法……意味着我们全都成了机会的创造物"。② 同样地,而且也适用于网络中心时代的暴乱行为,五月节及其活动都发生在我们或许可以称为**真实的**时间里,在那个时间里,(a)群众行动的后果,常常是即兴的活动,只有通过其影响才能为人所知——对杰米而言,一杯烈酒只有在你被法律确认之后才会与叛国有关;(b)这里的**真实的**被界定为一个多样性的区域,各种单独的联系形式都会令人不快地简化为行动之前便已存在的各种分类。

181

---

① Monod, *Jacobitism and the English People*, p. 197.

② John B. Bender and Michael Marrinan eds., *Regimes of Description: In the Seventeenth and Eighteenth Centuries* (Cambridge, UK: Cambridge University Press, 2010), p. 15.

J. C. D. 克拉克批判了对各种反对体系的成见，这是英国学者研究暴乱和民众的一种趋势，其源头可以追溯到汤普森的著作，其基础是一种过于简化的"欲望，要将过去看作是两个'阵营'的辩论……这很明显决定了许多历史学家结论的形成"。① 他正是这样试图给汤普森贴上经济简化论的标签。克拉克提出，"用民众二世党人的主张取代阶级斗争没有击中反对者是异端这个要害"。②

但是，汤普森很清楚，18 世纪早期的民众政治不是（或者尚不是）直接对立的、计划性的，或者处在明确地反对统一的国家或公认的统治阶级对立面，因为那时还没有这样的对立面。民族政治超越了克拉克所谓的"民族意识形态的极性存在"，③类似于皮托克（和莫诺德）对民族政治的复杂化，我们也试着将二世党人的政治表现描述为一个混合型媒体事件，通常也是一个非语言性事件。不仅如此，即使这种行为反过来满足了平民的期待，它仍然表明自己跨越了界限和等级。因此，我们一直强调，18 世纪有一种特殊力量，它的地位是多重的，而且常常是矛盾的，称为"暴乱"过于简单了。

历史记载表明，二世党人的节日传统是一个地方事务，特别在中西部地区比较流行。④ 但是它的地方性却存在于一个十分广大的范围，它并非像民众行动那样只在某个地理区域引起恐慌，它也令市中心的法官们感到恐惧。这样一种我们可以称为大规模地方主义的现象——潘尼·菲尔丁（Penny Fielding）称为"地方的独特性……（或者）渐近立场"——非常契合亨利·菲尔

---

① J. C. D. Clark, *Revolution and Rebellion: State and Society in England in the Seventeenth and Eighteenth Centuries* (Cambridge, UK: Cambridge University Press, 1986), p. 1.

② Ibid., p. 100.

③ Ibid., p. 56.

④ Rogers, "Riot and Popular Jacobitism", p. 83.

丁那个任性的**唐**,因为不服从**总名**的规矩,他总是失败。[①] 我们也强调过暴乱的时间维度。一位辉格党人在日记中写到各种反节日(counter-festivals),嘲讽汉诺威王朝"将白天变成了夜晚,将夜晚变成了白天"(转引自《骚乱与大众詹姆斯主义》第78页)。这句话在字面上是正确的,因为二世党人的群众活动不在乎对强加在低级人群头上的工作时间和休闲时间做出划分,而这对菲尔丁这样的法官而言却至关重要。不仅如此,暴乱日历不符合官方期待,官方希望用一些特殊活动使某些日子变得重要。这种拂逆反过来应该使我们得以寻找一些方式将平民二世党人的主张和其他形式的大众不满同冰退式(阶段性的)社会进步这个母题在18世纪历史编纂的语境中联系起来。

182

国家启蒙运动大事记

> 如果我们相信某些历史学家,有足够的证据可以判他们(怀疑玛丽女王联盟)有罪。如果我们将这份信任给予他人,对他们的判决是不公正的,而且他们用尽所有力气否认所有对他们身受其害的这项罪行的理解。
>
> 威廉·罗伯逊(William Bobertson),《苏格兰史》[②]

这一段话出自著名苏格兰历史学家威廉·罗伯逊。它说明,对于玛丽1567年被囚禁于列文湖城堡这件事,贵族阶层非常谨慎。这里的问题是苏格兰女王不得不依附于詹姆斯·赫本(James Hepburn),他是第四任博思维尔伯爵,一位显赫的天主

---

① Penny Fielding, *Scotland and the Fictions of Geography: North Britain, 1760 – 1830* (Cambridge, UK: Cambridge University Press, 2008), p. 12.

② William Robertson, *The History of Scotland* (2 vols.) (London: Pickering, 1825), p. 351.

教徒，伊丽莎白女王，玛丽的表姐和王位竞争对手，认为他会威胁到英国教会和国家。在监狱中度过 18 年之后，正如那出著名的历史剧的结局一样，一个投机的都铎法庭认定玛丽密谋暗杀伊丽莎白的罪行成立。

玛丽同作为二世党人派性活动倒数第二个来源的 18 世纪历史学家之间的关联在这里至关重要。她是苏格兰国王詹姆斯五世唯一一个活下来的孩子，而且是苏格兰国王詹姆斯六世的母亲，詹姆斯六世在伊丽莎白统治之后将成为英格兰的国王詹姆斯一世。1603 年，詹姆斯头上的王冠合二为一——1567 年，他开始了其在苏格兰的统治——对于 1707 年导致联合以及联合之后的种种争论而言一直是一个有分量的参考。克伦威尔实现了苏格兰人、英国人和爱尔兰人的联合，他的这一功绩在 18 世纪历史学家的笔下成为 1637 年至 1651 年三个王国之间的战争的一部分。关于清教徒起义的记忆在这一认识的形成中发挥了基本作用，即苏格兰的宗教战争尚未结束。天主教徒玛丽于 1568 年逃离列文湖城堡并召集了一支 6000 人的军队，结果却是在朗斯德一战中战败，两个月后再次身陷囹圄。

历史上都铎王朝的政治阴谋已经被演绎到极致，而且直到今天依然是民众记忆的内容。将玛丽与伊丽莎白之间的较量和我们的目的联系起来的是它如何在罗伯逊时代的二世党人活动这个语境中发挥作用。下面我们想要讨论的是，首先，这一较量在不同类型的君权（尤其是针对休谟所谓的"人民的愤怒"）之间进行了区分，它们相当于在历史书写本身的方法上做出了改变。当罗伯逊在那个警句处稍作停留，评论一下评价过去的证据中存在的差异和矛盾，他这样做没有什么不合情理之处。他试图调和关于玛丽有罪的那些互不相同、相互抵牾的评价（在爱丁堡写的那封置玛丽于死地的首饰盒密信是真的吗？我们又如何知晓？），这与这样一个假设不相符合，即历史叙事是在中立立场上以明确的事实为基础，它是将政治和权力排除在外的。

　　关于玛丽，谁有发言权？在休谟看来，我们已经有所提及，詹姆斯六世和一世的统治，其后的国王查理一世时期，导致弑君罪行的清教徒革命构成了"一个永久的历史雷区"。如此动荡不安的年代——被认为既存在于过去，也在很大程度上存在于18世纪的当下——令人担忧。历史上"永恒"的事物即是与民众抗争联系在一起的风险。休谟这样的18世纪历史学家非常清楚不能踩的雷区就是"起义"。因此，他们想要呈现他们的争论，有一些很矛盾的条件，他们所争论的是显然**不公正的**历史，而不是公开的**皇家**历史。他们的历史是一项任务，意在与英国政府对中世纪的记录形成反差——例如，蒙默思郡的杰弗里（Geoffrey of Monmouth）著于1136年的《不列颠诸王纪》（*Historia Regum Britanniae*），在这本书里，衡量历史进步的条件正是神绶王权绝对的、不可动摇的影响。

　　根据早期作者（例如霍布斯和洛克，格劳秀斯［Grotius］和普芬道夫［Pufendorf］）所做的人类学思考和个人主义假设，以及孟德斯鸠的冰退（按顺序的或分阶段的）叙事结构所提供的信息，与罗伯逊相近的作者——凯姆斯、弗格森、斯密，以及休谟，他们仅仅是有影响的苏格兰历史学派名单中的几个例子——都将重点放在对社会进步的一般性思考、普遍的人类趋向和自然法上。这一条历史思考线索，按照科林·基德的说法（见《颠覆苏格兰的过去》［*Subverting Scotland's Past*]），提出"避开片面性……（而且）拒绝与武装抗拒和宗教狂热有关的本土政治文化"。① 如此写成的历史，在伊斯特万·洪特（István Hont）看来，是"要将普芬道夫自然法学破碎的各个侧面整合

---

　　① Kidd, Subverting *Scotland's Past*: *Scottish Whig Historians and the Creation of an Anglo-British Identity*, *1689 - c. 1830* (Cambridge, UK: Cambridge University Press, 1986), p. 115.

成一个唯一的文明史理论"。① 这种历史研究方法将文明的出现追溯至野蛮环境——在 18 世纪的欧洲，非常奇特地认定为苏格兰高地——将商业社会作为其最后阶段。

因此，在《法理学讲稿》中，斯密提供了一个独特的关于历史进步的例子，它出现于狩猎—野人时期；发展到牧羊人中间出现财产（他毫不犹豫地做了补充，首次出现了物质不平等）；到农业的兴起，这是商品交换的最初迹象；最终到达商业阶段，此时比以往任何时候都更需要法律和规章来保护财产不受侵害。在斯密看来，最能说明财富不平等的例子是奴隶制，他反对奴隶制并非出于道德原因，而是因为存在"暴动的危险"。在"西印度各个糖岛"，"大批奴隶……远远超过自由人的数量"，使得监工和主人"处在持续的恐惧当中……哪怕是一点点暴动的迹象"（《法理学讲稿》A，第 184、187 页）。斯密同样清楚，奴隶制代表着"无底洞般的劳动成本，它很快会降低"，条件是主人给他们的奴隶自由（《法理学讲稿》A，第 189 页）。他说，"从维持其生命并将其养大的花费比例而言，为工资工作的自由人比奴隶的产出大得多"（《法理学讲稿》B，第 453 页）。下面我们将看到，尽管被人类的本性这个纯一的哲学命题所升华，休谟的"永恒"的"大众偏见"，同斯密的"持续的恐惧"一样，在麻烦重重的历史中也一直存在，即使在工资劳动的条件下也不例外。

因此，我们也应该注意到，罗伯逊对于相互矛盾的历史证据闪烁其词，可以用我们所引那段警句前后的段落里两个关于民众二世党人主张的关键词："群众"（multitude）和"偶然因素"（accident）予以概括。罗伯逊继续道，"小的细节或许可以减轻

---

① István Hont, "The Language of Sociability and Commerce", in *The Languages of Political Theory in Early Modern Europe*, ed. Anthony Pagden (Cambridge, UK: Cambridge University Press, 1987), p. 276.

群众当下对女王的愤怒,让他们得不到众人的欢呼(不确定的崇高感),众人的欢呼是他们权力的重要基础"(《苏格兰史》第一卷,第 350 页)。这里的群众既是王权的起源,又是它的目的。群众因为各种条件而改变其对玛丽的忠诚,这一点值得怀疑,那些条件太过不稳定或者太微不足道,没有在历史记录中保留下来。在大众不满这个领域内,机会主宰了玛丽的命运:致命的首饰盒密信似乎是"一个意外,(它)将证明玛丽有罪的最充分证据交到了她的敌人手上"(《苏格兰史》第一卷,第 351 页)。

这个具有多元意义的背景因此也带来机会,对玛丽而言却是致命的。相反地,在"众人欢呼"这个变化无常的条件下(至少对罗伯逊这样的反二世党人),伊丽莎白高超的统治手段成为整部《苏格兰史》的主调。即使玛丽已经逃脱,依然因为"某个难以预见的偶然因素"而重新被擒。她不动声色地挑起看守者的"各种奢望",令他们放松警觉。然而,这些奢望却无声无息地来了个逆转,结果只是揭示出一个"注定的未来"。在本应该清楚明了的历史进程中出现的这个脱钩难题,这个令人费解的难题,在罗伯逊那里同玛丽本人被误导的性情有关,作为苏格兰女王,她的"希望自然是乐观的"(《苏格兰史》第一卷,第366 页)。罗伯逊总结道:"决定玛丽前途的这些革命(导致玛丽最终被处决)与其说迅猛,不如说奇特……她的恐惧迫使她采取行动(即退回到英格兰),这是她一生中最不应该走的一步,也是最不幸的一步。"

简言之,玛丽"轻率鲁莽"(《苏格兰史》第一卷,第 371 页)。除了反常的次序,速度的引入,正如"迅猛"一词所提示的,又增加了一层时间上的复杂性,这个复杂性可以直接追溯到洛克,特别是他的《人类理解研究》:

我们头脑中一系列连续思想的快慢似乎还是有界限的，它们的延迟或加速都不可能越过那些界限。

……我之所以有这样一个奇怪的假设是因为通过观察留在我们感觉中的印象，我们只能在某种程度上认识任何一个序列；如果过快，连续的感觉便会消失不见。[1]

他补充道，如果序列"过快……（它）便会消失不见，即使在非常明显的事例中，也存在一个真实的前后连续"（《人类理解研究》第 184 页）。如果连续的速度太慢，也会出现同样的难题，即我们无法辨识时间顺序，如果太慢，"我们根本看不到任何序列"，即便如此，正如洛克非常谨慎地指出的，虽然因为其潜在性而无法分辨清楚，但序列之间的速度太慢或太快的可能性却完全是"真实的"（《人类理解研究》第 185 页）。在洛克看来，影响我们的速度经验的是一个空间问题，它也与何以"运动的感觉消失不见了"有关。"身体，"他写道，"尽管它确实在移动，但是与其他身体之间的距离却没有明显的变化……这个物似乎原地未动。"（《人类理解研究》第 185 页）

洛克发现的细微的渐进假设（对这一假设，你可以追溯至莱布尼茨和牛顿）为冰退历史的根源和分支提供了支撑。于是，我们可以将历史方法看成是各个客体无限接近的问题，条件是它们必须处于主体外部，而且同某个与当下的时间关系之间保持一个合适的距离——不能太近，也不能太远。凯姆斯（见《批评的要素》）对序列的"速度"或"速率"有着同洛克一样的烦恼，他把这个问题同"错误的时间认识"放在了一起。[2] 对序列

---

① John Locke, *An Essay Concerning Human Understanding*, Peter H. Nidditch (Cambridge, UK: Cambridge University Press, 1975), p. 184.

② Henry Hume, Lord Kames, *Elements of Criticism*, ed. Peter, Jones (Indianapolis: Liberty Fund, 2005), pp. 121, 220.

的认识无论是快还是慢,"很明显,它必定是**在同一时间里** 186
做了不同的计算"(黑体为我们所加,《批评的要素》第 121
页)。

在此,我们可以将洛克的历史速度概念同我们前面对休谟关
于因果性的观点联系起来。我们在前面已经得出结论,休谟拒绝
先验的因果概念,并由此引出因果性中的多种因素,哲学家
(我们现在又加上了历史学家)必须在它们中间进行选择,从而
识别出这个或那个结果。回想一下,休谟用来表示那个选择原则
的词语正是 mediation 一词的副词形式,与在**间接**思想(mediate
idea)和**直接**感觉(immediate sense)中的用法相同。罗伯逊,
洛克和凯姆斯在这里都发现了一组相似的方法论难题,它们给历
史写作带来困惑,罗伯逊的那个警句暗示玛丽的陪审员也同样受
到这些难题的困扰。"错误的时间"——当证据混杂在一起,模
糊不清,或自相矛盾,历史经验的现实便不再连续——基于三个
同时出现的难题:(a)内在性(immanence),如在洛克的主体
与客体无限接近的难题中;(b)不在场(absence),如在洛克
的非持久性"感觉"理论中,以及休谟所指的"潜在的"历史
动力;(c)复数性(plurality),如在休谟的**介入**概念中,菲尔
丁的"数量"难题,以及凯姆斯对**同一**时间内(对时间经验)
不同"计算"的烦恼。

那么,我们或许可以说,玛丽在继承权上输给了伊丽莎白,
那可能仅仅是一个糟糕的时机问题。但是,在某个关键意义上,
"糟糕的"在这里成了"错误的":玛丽在罗伯逊那里代表了凯
姆斯所谓"飞行知觉"(flying perception)的所有含义。这一点
从玛丽所做的一切以及她周围发生的一切来看都显而易见。在
《苏格兰史》中,她很像是罗伯逊笔下美洲印第安人那些四肢发
达同时又受到相同限制的后裔,他们很奇怪地"不会数三以上
的数目",他在后来的《美洲史》(*The History of America*)一书

中，这样描写他们。① 野蛮不是外在于欧洲人的特征，正如我们已经看到的，而是内在的——而且是充满敌意的——正如高地地区无限接近英国现代性时所表现的那样。休谟用了若干卷篇幅讲"苏格兰人……（没有）任何值得冠名的历史"（《英国史》第二卷，第 83 页）。"他们的历史中唯一值得信赖的部分"，他继续道，就是"苏格兰准备同意英国建议"有一个统一的英国国王之时（《英国史》第二卷，第 84 页）。野蛮人"躁动不安的精神"意味着他们不能像历史学家和其他文明人一样理解时间：他们没有历史，他们不愿意用合理的历史术语进行思考，这使得他们不接受事物目前的状态。

　　因此，罗伯逊为我们提供了一个版本的玛丽，她被那些更懂得利用各种民众抗争、时间断裂和不确定未来的人粗暴地玩弄于股掌之间，那些人指的就是伊丽莎白，她正是因为这个原因受到罗伯逊和休谟二人的赞扬。而玛丽则可能"在英格兰引发暴乱"并且造成"永久的派系"，她也的确是历史和谐需要的牺牲品（《苏格兰史》第二卷，第 2 页）。这一点千真万确，在 18 世纪的历史学家需要考虑人民的愤怒这个"永久性雷区"，尤其是斯图亚特时期的煽动行为之前就是这样，休谟最先认识到这个雷区。玛丽的故事讲的是在应对两个孪生难题时的成功与失败，这两个孪生难题是时间与群众，被"计算"（computation）（凯姆斯在《批评的要素》中数次用到这个词语）掌控或误导——对君主，**以及**历史学家而言，它们是最基本的问题。使用这个词语，我们意在强调某种加入了记忆的对未来性的计算，以便有效地处理"数量""噪音"以及"权力"。这一计算在伊丽莎白的机会主义形式中和她的信念中可以看到，她相信"没有什么未来的利益可以抹去关于过去伤害的记忆"（《苏格兰史》第二卷，

---

　　①　William Robertson, *The History of America* (London：Strahan, 1788), p. 821.

第 10 页)。与休谟笔下的克伦威尔一样,无论何时,只要为满足"大众"目的所必需,伊丽莎白就能利用"延迟"或"快速"的手段(《英国史》第五卷,第 499 页)。罗伯逊笔下的伊丽莎白甚至能够操纵玛丽对过去的理解,让她相信"她自己的(玛丽的)利益或许很快就能消除掉她关于(对伊丽莎白的)义务的记忆"(《苏格兰史》第一卷,第 374 页)。

再次回想一下罗杰斯的官方政治日历起源于都铎王朝和斯图亚特时期的观点,这样做非常有益。在规范时间方面,伊丽莎白做对的事情——不仅将日历同国家联系在一起,我们已经看到这一点,而且在大众政府这一形式上抓住了机会——玛丽似乎都做错了。用一个罗伯逊用到的词语,伊丽莎白能够"揣度"她通过暂时的雷区的路径(《苏格兰史》第二卷,第 228 页)。两面讨好的手法使她"能够吸引玛丽的盟友,而且赢得了时间"(《苏格兰史》第一卷,第 10 页)。因为赢得了时间,伊丽莎白使得英格兰凌驾于苏格兰之上。她做到这一点,靠的是"安排好未来的日程",而且"在心里反复考虑(君主权利)这些权宜之计,并且将它们颠倒过来以应不时之需"(《英国史》第一卷,第 378 页)。女王表现出詹姆斯二世王室严重缺乏的能力:有效地操纵时间经验的办法。这可以解释为什么休谟引用查尔斯一世面对弑君的民众说的最后一句话,"记住"(《英国史》第五卷,第 542 页)。

但是,很显然,伊丽莎白也遭到时代的背叛,当她快走到生命的尽头,她被痛苦的、对过去的悲伤所笼罩,这种悲伤是她死亡的诱因。对"无法消弭的"伤痛所产生的"身心失调有种种揣测"。但是,对艾塞克斯伯爵(Earl of Essex)的哀痛却都是无法克服的。同玛丽一样,尽管其他人都努力为她"设想",但伊丽莎白也向"某个偶然因素"屈服了。突然来到一些地方,这些地方与她对艾塞克斯悲剧性的爱怜联系在一起,勾起她千丝万缕的回忆并且"重新唤起她充满新的柔情的爱恋,也挑起她的

188

忧伤"（《英国史》第二卷，第 228—229 页）。

罗伯逊对玛丽和伊丽莎白之间的矛盾的描述更具辉格党意味，将其同休谟所谓的詹姆斯的崛起加以对照很有启发性。的确，尽管休谟声称不属于任何党派，但是格罗塞斯特主教（Bishop of Gloucester）却谴责他私下里是一个"美学上的二世党人，是一个同鹰马兽一样少见的魔怪"（《英国史》第一卷，第 xiv 页）。（先将休谟的政治身份放在一边，对于这样一位哲学家而言，尽管传统上习惯于将现实放在某个范畴中，他却对现实的混合性质十分敏感，"鹰马兽"是一个非常恰当的描述。）休谟公开宣称："辉格党，（它）代表政府的全部权威……已近七十年……证明对历史的真实具有毁灭性。"基于某种特殊的考虑，这里特别关注的一种意识是"关于民主，尽管它是一种值得赞美的激情，还是应该屈从于已经确立的政府尊严"（《英国史》第六卷，第 534 页）。

休谟对辉格党的抱怨有其特殊原因，在这个例子中，是因为他们鼓励粗制滥造的政治新闻。正如我们已经看到的，在休谟看来，大众媒体并不是发现合理的历史评价方式的理想场所，它在《英国史》中明显鼓吹英格兰与苏格兰的联合。休谟认为，伊丽莎白是个关键人物，因为她于 1558 年登上舞台，当时，国家处于分裂状态。因为深切的"对未来的忧虑"（《英国史》第四卷，第 3 页），她一开始便被卷入围绕在原先的"僭越者"（不是查尔斯二世或他的儿子詹姆斯，在这个事件中是玛丽）周围的"民众骚乱当中"，但是，她最终"继续采取不紧不慢的稳妥措施"——冰退派历史学家的典型作派——拯救都铎王朝。

休谟版的伊丽莎白表现出与众不同的（因为，在休谟看来，是"男子汉的"）美德，她能够把时间作为达到统治目的的方式。她能够"从政党考虑，长期不做明确的表态"，正是在这种状态中，她理解了渐进主义（《英国史》第四卷，第 7 页）。她对"伦敦民众"的把握不受派别的影响(《英国史》第四卷,第4页)。在休谟笔下,伊丽莎白能够让"众生"拜倒在她的脚下,其时,"她正在为一场暴动焦虑不安。"她通过契约的最终时限机制做到了这一点,那份契约"用一个承诺驱散了群众"(《英国史》第四卷,第22页)。用这种或那种手法,女王被刻画得出类拔萃,不仅仅是因为她避开了"多数人无法控制的怒火"(《英国史》第四卷,第40页),她确信她的对手玛丽做不到,而且因为她能够采取措施避免这种"怒火",甚至将她的臣民的"混乱精神""转换成""支持"(《英国史》第四卷,第31页)。简言之,伊丽莎白表现出超出凡人期待的"质朴"和"明智"。

但是,在休谟的叙述中,伊丽莎白显然是个凡人,他对她统治中的跌宕曲折所做的评价证明她身处险境,特别是在时间上,她几乎或者根本无能为力。在她1562年与西班牙的菲力普二世的相遇中,伊丽莎白作为王者在控制她无法预见的行动的后果时所表现出的超凡美德只是撞上了"好机会,(它)在这件事情中与策略和天性合而为一"(《英国史》第四卷,第55页)。的确,伊丽莎白不仅向偶然因素低头,而且因其两面性而被休谟所诟病。在休谟那里,伊丽莎白既出类拔萃,同时又疑点重重,因为她有能力"一直进行斡旋……(然后)将……(设计置玛丽于死地的)罪名抛给一些无法预见的偶然因素"(《英国史》第四卷,第117页)。

休谟版的女王提供了一个不同于罗伯逊的重点,因为她那"假设具有的"能力常常笼罩在机会运气的光环下。与罗伯逊不同,她的能力不仅仅在于通过设想将周围的各种力量简化成降格以求的井井有条。相反地,休谟的伊丽莎白能够最大限度地调动多元性,特别是鼓励"苏格兰人的反抗",从而利用随后而来的机会。不过,这也使得英格兰"最受欢迎的君主"(《英国史》第四卷,第145页)成为倒数第二个"夹在派别之间的仲裁者"

（《英国史》第四卷，第 107 页）。而且，因此，至少有时候，在道德上受到怀疑。休谟将她描写成一个装模作样的"伪君子"（《英国史》第四卷，第 238 页），全身上下都充满了"阴谋诡计"（《英国史》第四卷，第 70 页）而且"不懂得从……幸运的事情中获得任何满足"（《英国史》第四卷，第 349 页）。在这里，休谟也接受了罗伯逊强调的人类悲剧共有的"忧郁"，因为她对艾塞克斯的爱，但是，在结尾处他希望"将这些考虑都搁在一旁，将她仅仅看作一个有理性的存在……被赋予统治人的权力"（《英国史》第四卷，第 353 页）。

将伊丽莎白女王贬低为"仅仅是……有理性"这样的地位突显出休谟拒绝将皇家的君权和神圣权威看作是 1688 年之前的政府残存的野蛮性。这也为他执着于"人民的愤怒"埋下了伏笔，从斯图亚特家族的崛起开始到 1603 年登上王位。在这个意义上，"仅仅"一词发挥了最大效力：在整部《英国史》中，始终困扰休谟的是群众力量阻碍并掩盖了历史的进步，在某个社会层面上，同一个力量在他的哲学著作中引发了他对因果论的怀疑。

190

杜格·史都华为斯密所著的传记（《斯密的生平与著作》["Account of the Life and Writings of Adam Smith"] 以下简称为《生平与著作》）1793 年面世，距斯密去世仅仅三年，在这部传记中，"理论史或推测史"被定义为一种提供历史序列的方式，"前提是缺乏直接的证据……（所使用的方法是）考虑他们（人们）**可能的**处理方法"（黑体为我们所加）。① 在强调了概率的

---

① Dugald Stewart, "Account of the Life and Writings of Adam Smith, LL. D. ", in *Adam Smith*, *Essays on Philosophical Subjects*, eds. W. P. D. Wightman, J. C. Bryce and I. S. Ross (Indianapolis: Liberty Fund, [1793] 1982), p. 293. 我们并不是说 18 世纪所有的历史思想都以遵从历史的进步为基础。从 18 世纪 30 年代到 80 年代，进步的历史赢得了新的力量和影响，但是，它也会因为希望或担心整个那段时期的民众抗争而有起有落。更多关于不同流派的"基于猜测的历史"，见 David Spadafora, *The Idea of Progress in Eighteenth-Century Britain* (New Haven, CT: Yale University Press, 1990), 9ff。

重要性之后,史都华继续道:

> 如果它们(不同的理论史)描述的进程全都是可靠的,那么,至少有这样一种可能,即它们可能全都会实现;因为在人类事务中,从未出现过两件事完全相同的情况……真实的进程不一定总是最自然的。(《生平与著作》第 296 页)

这里一贯坚持的思想我们在洛克、休谟和凯姆斯那里已经看到过。凯姆斯的"概率"的"序列法则",史都华在这里作了解释,应该能够让人类事务的"真实"状态变得明白易懂,人类事务中充满了非序列、不一致的理解和经验,尽管人性的"真实"维度必须被放到一个次要的位置。

不足为奇的是,基于目前我们对休谟的论述,在"猜测"一词上,他没有投入很多精力进行分析。在**直接**感觉经验上,这一点尤其突出,正如他在《人类理解研究》中所描述的:"某个客体在乍一出现时,我们永远猜不出它将产生什么效果"(《人类理解研究》第 7、46 页)。休谟反复用到"单纯的猜测"(《人类理解研究》第 106、108 页)这个短语并且写道,"如果没有理性和权威的话,我们只能迁就猜测的意愿,武断地假设质量和能量的存在"(《人类理解研究》第 99 页)。在某些事例中,例如,推断最早的历史时期时,"猜测……几乎是行不通的"(《英国史》第一卷,第 194 页);在其他时候,例如,《大宪章》在手,"我们或许可以猜测(爱德华国王)的法律是什么样"(《英国史》第一卷,第 446 页)。

的确,与罗伯逊不同,休谟笔下的王室"在猜测"(或者完全是在猜测)时,麻烦已经接踵而至。詹姆斯国王设计出一套"专制权力的投机系统",它掩盖了伊丽莎白的"君主制的谨慎和精神"(《英国史》第四卷,第 194 页)之类的美德。他"猜想它

（一封暗指火药阴谋的信函）意味着某个危险却重要的事物"
（《英国史》第四卷，第 29 页）。但是，这里提到的某个事物在事
件发生之前是看不到的。查尔斯也没有"猜到"他的内阁成员的
意见"为什么突然发生改变"（《英国史》第四卷，第 161 页）。

我们已经证明，"已经发现……人类行动的偶然性……突破
191 了哲学的所有权力"，它在休谟那里仍然是"崇高的神秘性"的
留存。偶然性通常同"目光迷离的民众"，或简单地说，就是
"平民百姓"的迷信倾向联系在一起（《人类理解研究》第 74—
75、91 页），"他们（与哲学家相反）根据事物的最初面孔来理
解它们"（《人类理解研究》第 61 页），或者更糟，"预想"将
自己放在革命的状态中。民众在这里代表的是感觉经验经过哲学
反思处理前的社会对等物。休谟已经证明了这种偶然性，它分别
以哲学和历史两种方式发挥作用，但仅限于可以通过有思想的、
严肃的写作，或者通过理性的君主的行动对它进行调节。

以看上去"最自然"的事物**为参照**，休谟提出，进步过程
中"真实的"偶然性是因果可能性的多个点位，史都华对此颇
有微词。为了在"猜测"和"真实"的遭遇中设置一个更精确
的点，史都华作了更进一步的说明：

> 真实的进步……或许是由某些偶然因素决定的，这些因素很
> 可能不再出现，它们不能看作是自然为人类发展而创造的一
> 般条件中的任何一个部分。（《生平与著作》第 296 页）

因此，人的科属范畴，更重要的是朝着被认为是历史"进
步"的历史方向前行的确定趋势，回想起来，其作用就是一种猜
想方法，用来从似乎（至少在理论意义上）是线性的因果问题
中推断出偶然出现的矛盾。

这不是说史都华将偶然因素斥为无关紧要。斯密用同样的方

式来评价无知因为惊奇而产生的令人愉悦的诧异,如我们在第一章所讲到的,偶然因素非常重要。它重要,不仅是因为它以某种方式产生了时间断裂的恐惧(斯密笔下令人畏惧的"空白"),而且因为它关系到发现太少——或者更危险的是太多——数据,即我们正在讨论的"数量"难题。对史都华而言,同斯密一样,"大量的事实,以及……在**数不清**的观察与试验中每天都会冒出来的偶然因素"促成了知识生产中的巨大进步,如同在人类生活中那样(黑体为我们所加,《生平与著作》第310页)。

但是,还有一点也同斯密一样,通过对范畴的恰当运用,"偶然因素"和"无限性"首先被提了出来。除了想要依据历史重读某个猜测出的,即在理论上靠得住的人类发展叙事,史都华提供了第二个论点,与洛克和凯姆斯的观点一致,即"这样的推理"对叙述历史非常重要,因为它们"并不倾向于……点燃多数人的激情"(《生平与著作》第311页)。"数量"难题因此从一个认识论难题转为社会难题。历史变化——它容易偏向偶然因素,有很多谜一样的空白,充满了看不见的力量——的"真实"性质被囊括进一个更理想化、更理性的(即使不是虚构性的,也确是**推测性**的,)关于发展进步的叙述中。冰退历史,与推理过程本身一样,是允许想象的。的确,它需要虚构性推理,要包括由苏格兰和英格兰联合构成的不列颠,更不用说包括整个人类了,它的结论必须非常宽泛。

这种书写历史的方式反映在历史客体本身应该有的行为方式上:主体和客体之间保持着一段合适的距离,同时又非常勉强地,至少暂时是这样,要结成同盟。当历史的演员们按照推测型历史学家的思想方式思想时,他们的行为是最有效的。如我们已经看到的,历史学家本身就是遵照一套已经形成的经验在书写,这套经验在君主——玛丽,做得很糟糕;伊丽莎白,更加有效果——各自处理时间的方式中已经在发挥作用。认识和所谓群体的多元性因此意味着历史方法和有效的统治方式都蕴含着一个共同的风险。它不单纯是历史上发生暴动的风险，尽管这肯定会发生，而且也是太多历史数据所带来的风险。

猜测的有效性会将历史的过剩这个**定量**难题转化成一个**定性**难题，后者能够包容主体的判断能力、优雅的品位，以及我们要在后面部分才会考虑到的种种能力，它们是文学的一部分，而非历史甚或科学事业的一部分。我们要再次回到史都华，历史差异，无论是数据泛滥，还是发生了颠覆性的变化，都可以通过使"数量"处于劣势而得到平衡：推测出来的**实践**因其要依靠我们的"想象"能力，凯姆斯和休谟无疑都会同意这一点，在史都华看来，最好是留在"进行推测的极少数"（《生平与著作》第311页）值得信赖的人手上。不仅如此，在史都华看来，如我们在第一章讨论过的批评家一样，"印刷术的发明"是引发忧虑的源头，不仅因为它与"数量"有关——印刷导致了上文中他所指的"无数"观察——还因为"出版社提供的交流""加速了人类的进步……超过了我们的前人能够想像出的最乐观的希望"（《生平与著作》第310页）。"数量"难题用范畴和被适当**介入**的时间经验这两个解决办法得到了解决。我们在下一小节将要证明历史学家和小说家的差异按照同样的数量线索同样难以区分。

补记：小说及其数量

> 在散文中还有另一种创作有待关注，它包含了数量庞大，尽管一般而言，非常微不足道的一类写作，它的名字叫罗曼司与小说。
>
> 休·布莱尔，《论虚构史》①

193

---

① Hugh Blair, "On Fictitious History", in *Lectures on Rhetoric and Belles Lettres* (New York: Carvill, [1783] 1829), p.417.

　　一方面，如果单单是 18 世纪小说的庞大数量便足以使它变成一种"无意义的"写作，那么，另一方面，在比较庞大的数量中，极少数比较好的文本就必定被理解为赋予了小说至少——虽然是有条件的——某种价值感。如果注意到这段警句偏离了布莱尔评定文学价值的方式，在定性与定量方式中，布莱尔偏爱定性方式，这不过是谈论这"类"写作的含混地位的开始。附加在过于"数量庞大"的存在这个难题之上的是解决办法，或未来可能的解决办法，即划分那些数量，使之具有范畴的**和**历史的意义，而且是以相互强化的方式进行划分。

　　克里斯蒂娜·卢普顿（Christina Lupton）提醒我们注意，到 1750 年，18 世纪的批评家指责小说的**过度**生产时有哪些典型的怨言，尽管我们看到的一些话语十分类似于蒲伯反对诗歌"膨胀成"散文时的话语①。利用我们在皮托克的二世党人的物质主义中所注意到的理论源头，卢普顿与其说意在强调小说如何帮助读者赋予事物秩序，不如说她正是把小说看作一个"物"，尤其是如果它的"庞大数量"变成某种由此——要么非常确定，要么非常危险——量化的事物。小说的地位在这个意义上没有被贬低至一个客体，这个客体与据说是被其反映的主体结成了理想同盟。因此，除了数字和**过度**生产，第二个警告如期而至：我们现在所称的小说在形式上的连贯性可能只是某种特殊的模块化回溯形式。

　　正如 J. 保罗·宏特（J. Paul Hunter）在《小说之前》（Before Novels）中指出的，小说被简单地定义为一种"新的文本种类，它是对人类对于日常生活的结构以及……平常行为的关注做

---

　　① Christina Lupton, *Knowing Books：The Consciousness of Mediation in Eighteenth-Century Britain*（Philadelphia：University of Pennsylvania Press, 2012）.

出的回应"，对于布莱尔之前的批评家而言，这一点并非不证自见。[①] 相反地，大部分所谓的小说都会被看作是混合的或合成的体裁，这一点很麻烦，在某种意义上，它是一种几乎没有形式的

194　形式，因为至少到 19 世纪，它依然被当作是乱七八糟的和多重的，它的范畴意义在某种程度上是含混的。因此，杰西·莫勒斯沃斯（见《机会与 18 世纪小说》[*Chance and the Eighteenth-Century Novel*]）之类的批评家已经"放弃了准确定义'小说'的努力"，这是一种方法（或对方法的拒绝），它是后形式主义新浪潮下出现的一个片断（《机会与 18 世纪小说》第 15 页）。随之而来的对小说"数量"的肯定属于佛朗哥·莫莱蒂（Franco Moretti）对小说史的再加工——直到现在，无论如何——应该是"无数的"（《机会与十八世纪小说》第 58 页）[②]。

但是，在莫莱蒂之前，威廉·华纳以及其他学者都不再试图用表示类属的词语来将小说客体化，他说："我不认为小说是一种文学类型。"[③] 18 世纪的批评家对小说的兴盛表达了同样的担忧，黛德丽·林奇（Deidre Lynch）和华纳注意到，"对小说的定义没有尽头"。[④] 同样地，西斯金提出了一个颇具挑战性的术语"小说学"（novelism），他因此避开了体裁的陷阱，这个术语被用来拷问 18 世纪印刷术的风行。小说学包括小说和其他更多与小说有关的写作，即期刊杂志和批评。有时，例如，在菲尔丁

---

① J. Paul Hunter, *Before Novels：The Cultural Context of Eighteenth-Century English Fiction* (New York：Norton, 1990), p. 5.

② 关于文学研究中定向转向的进一步讨论，见 *The Contemporary Novel：Imagining the Twenty-First Century*，专辑 *Novel：A Forum on Fiction* 45，No. 2 (Summer 2012)。

③ William Beatty Warner, *Licensing Entertainment：The Elevation of Novel Reading in Britain*, 1684 – 1750 (Berkeley：University of California Press, 1998), xiii.

④ Deidre Lynch and William Beatty Warner, eds. *Cultural Institutions of Novel* (Durham, NC：Duke University Press, 1996), p. 2.

那里,它们直接隐含在小说当中。[1]

由于新媒体技术的发展取代了旧的印刷小说,所有这类工作,借助西斯金和华纳的关键词"介入",由单纯的文学研究是**什么**转向**如何**实现概念性的相互联系。我们几乎可以说,由此产生的计算方式与反形式主义有更多的相同点,反形式主义属于一个不同的**前小说**或**后小说**时代,或者至少属于一个被各种重新混合所刺激的时代,被重新混合的是我们只有在后来的现代学科时代才明白的东西:一个足够新也足够旧的时代,而且不再受到曾经占主导地位的印刷术的限制。

小说的终结,如我们已经知道的,发生在现在。在其他知识生产方式不断开放这个意义上,对莫莱蒂的前文学迁移(pre-literary move)的后—形式主义指责要求在我们传统的分析范畴内(例如,学科范畴、自我范畴、民族范畴)有一个与之相伴的转移。这样一个转移成就了小说本身,即它的原创能力和它饱受争议的历史,这恰恰是一种新的"全球人类学"研究的起点。[2] 不仅如此,特别与我们的目的相关的是,首轮关于体裁是一个大众文化事件的争论是在小说名下展开的:它不仅仅关乎民众抗争。小说本身的写作就**是**大众层面的抗争。

现在再去讨论小说的种种边界已经没有任何新意,长期以来,它已经被划分成各种合理的体裁和亚体裁,无论是罗曼司**还** 195

---

① Clifford Siskin, "Epilogue: The Rise of Novelism", in *Cultural Institutions of Novel*, pp. 423 – 440.

② Franco Moretti, "Conjectures on World Literature", *New Left Review* 1 (January-February 2000), pp. 54 – 68. 具体见第 54 页。关于文学分析的量化模式比较早的批评以及它同基于猜测的思想模式之间的联系,见 Douglas Lane Patey, *Probability and Literary Form: Philosophic Theory and Literary Practice in the Augustan Age* (Cambridge, UK: Cambridge University Press, 1984)。更近一些的资料,见 John Richetti, "Formalism and Eighteenth-Century English Fiction", *Eighteenth-Century Fiction* 24, No. 2 (Winter 2011 – 2012), pp. 158 – 160. and David A. Brewer, "Counting, Resonance, and Form: A Speculative Manifesto(加注)", 同一期 *Eighteenth-Century Fiction* 24, pp. 162 – 170。

是小说；虚构还是历史——尽管它们是混合而成，作为它们兴盛的最重要的症状，这些混杂在一起的体裁当中没有一个是 18 世纪的**小说**作家拼命要区分出来的。这并不一定是说，启蒙时期那些品位的主宰者想要废除小说。尽管詹姆斯·比蒂（James Beattie）说，"罗曼司是一种危险的消遣"，他明确补充道，"**部分**优秀作品无疑愿意表现优雅的品位和高尚的道德；但是，**更多的**是拙劣之作"（黑体为我们所加）。比蒂继续道："习惯于阅读这些作品会萌发对历史和大部分知识的厌恶。"①

如何使这种遭遇变得安全？首先，有一种适当的"数量"鉴别形式。这一点要依赖避免危险的第二个办法：制定一套同样有等级区分的体裁特征。这两个配套的划分措施能够"挑选"出 18 世纪的作品中**最**流行——至少在开始阶段——却最少范畴意义的模式，因此便有可能使它们成为阶段性的历史形式：最早是故事，然后是罗曼司，现在是小说。像这样对小说进行划分和再划分本身便伴随着对它进行历史性的序列化，最终提出一个更大的，覆盖型的学科划分，动摇了布莱尔和其他人发现的"虚构性"话语和"历史性"话语之间的楔子，即使在 18 世纪后半叶，这两种话语仍然需要加以区分：这一切是因为小说而**不是**罗曼司；是因为历史而**不是**小说。

但是，在历史与小说之间仍然存在一种紧密的，即使不是神秘的亲缘关系，如果我们不再追问对小说如何发挥作用这个问题而言，它们是什么（或者，如南茜·阿姆斯特朗［Nancy Armstrong］是什么，"小说如何思考"②），就很容易看到这种关系。

———————

① James Beattie, "On Fable and Romance", in *Novel Definitions*: *An Anthology of Commentary on the Novel, 1688 – 1815*, ed. Cheryl L. Nixon（Peterborough, Ontario: Broadview, 2009）, p. 350.

② Nancy Armstrong, *How Novels Think*: *The Limits of Individualism from 1719 – 1900*（New York: Columbia University Press, 2005）.

像西斯金和华纳所做的那样,约翰·本德用培根的归纳推理法提醒我们注意虚构与可能性话语之间存在一个公共地带,他使他泛泛而称的"小说型虚构"靠近"假设—并—产生—知识"。[1] 他因此认为,小说充满危险又极富吸引力,因为它们提供"导入替代性体验的实验场所"。本德继续道:

> 或许它们没有生产太多关于邪恶的知识,但是,却制造了太多思想实验,因为这些实验,经验被极大地扩展,因为此,可能会产生一种危险的能力,即独立判断。[2]

本德关于散文虚构作品普遍存在的观点印证了布莱尔的判断,与历史不同,很显然,太多这类作品被太多不合格的读者阅读。尽管如此,在他自己的历史时刻,在世界上占据第一把交椅的英国文学(在出版持续的莎士比亚人物研究上也是第一)却不能简单地忽视"危险的",或者换一种说法,"无用的"想象性写作在数量上的激增,而现代文学经典的增加在比较近的过去可以让我们忽略这一点。

因此,本德在上文中所用的关键词"判断"掩盖了一个思想,即形式得到充分发展的小说作为小说(并且为此得以保留下来)的出现不需要优雅的品位经过特别费力的、有条件的一些步骤来平息"太多"这个难题。品位问题有赖于一门关于可能性的特殊美学,这一点当然同样重要。为了概括这种正确的判断,本德回溯至1957年,回到那个常被引证的经典,即伊安·

196

---

① John Bender, *Ends of Enlightenment* (Standford: Standford University Press, 2012), p. 23. 关于同洛克的概率概念的关系以及同18世纪文学的关系,见 Kenneth MacLean, *John Locke and English Literature of the Eighteenth Century* (New Haven, CT: Yale University Press, 1936), pp. 2 – 3。

② Bender, *Ends of Enlightenment*, p. 23.

瓦特（Ian Watt）的《小说的兴起》（*The Rise of the Novel*）。瓦特的"评价式现实主义"（realism of assessment）在这里很有帮助，尽管他的形式主义没有这么大的意义，因为它没有将"真实"这个重负放在一般的现实当中，而是放在实验与期待这个虚构的理性源头，在瓦特看来，它们在相对而言极少数成功的形式现实主义作品的人物身上得到体现，这些小说绝对没有受到罗曼司的污染。①

这个"评价式现实主义"，我们可以反过来称其为**真实的**现实主义（即多元的和混合的），在 18 世纪将小说同历史思想联系在一起，因为正确的（意为"带有概率性的"）文学判断有助于保护这两种话语通过品质来对抗"太多"这个数量难题。一个更有趣的问题是瓦特本人关于这个体裁历史的论述如何明白无误地忽略了写于 18 世纪的大量（而且是各种各样的）小说，因此在他自己的写作层面上提供了一个"评价式现实主义"的例证。荷马·奥贝德·布朗（Homer Obed Brown）称瓦特在这一方法上所做的努力是做了一项"体裁清洁"工作。② 我们要探讨的是在某种冰退意义上，小说对于带有猜测性质的历史和同时出现的历史写作地位的提升——特别是小说本身地位的提升——非常重要。

在"虚构的历史"（"Fictious History"）中，关于小说数量令人感到的紧迫感，布莱尔说得非常清楚。这种紧迫感对于那个时代而言是独一无二的，在那个时代，印刷和传播使得新型写作能够以新的方式在新的读者中间流通，而且很显然与当时的定性批评标准在目的上有某种交叉：因为小说"尤其占据了青年男

---

① Ian Watt, *The Rise of the English Novel: Studies in Defoe, Richardson, and Fielding* (Berkeley: University of California Press, 1957).

② Brown, *Institutions of the English Novel*, xii. Brown 之前，见 Margaret Anne Doody, *The True Story of the Novel* (Newark: Rutgers University Press, 1996)。

女的想象"——我们还应该补充一点,除此以外,也占据了中等文化程度和较低文化程度阶层人群的想象——所谓"虚构的历史……肯定要求获得特别的关注"("虚构的历史"第417页)。"它的影响,"布莱尔继续道,"很可能是巨大的,无论是对这个民族的道德还是对它的品位,都是如此"("虚构的历史"第417页)。接着,他便进入到各种历史中都可以看到的传统主体,较之"虚构的"作品,他更偏爱历史文献,而且提供了一个关于"虚构历史"的冰退型叙述,从"古希腊神话"到"宏大的英雄罗曼司",最后是罗曼司如何"退化为人们熟悉的小说"("虚构的历史"第419页)。

在设计他的下一步,关于小说如何"最终形成……服务于非常有用的目的"——即使它们必须经常冒险"面对……轻蔑"——布莱尔增加了"缩小"我们一直在追溯的其他问题的叙事。正如我们已经看到的,它对于以猜想为基础的"民族"记忆十分重要。第三个问题是时间难题。小说"很可能"要么摧毁,要么纠正民众判断一部作品的能力,因此也保证了这个民族本身或许可以拿得出一定数量**在品质上**有价值的作品,这揭示出布莱尔对生产有可能的历史叙事的执着,在大**量**其他散文中,小说可能要么身价百倍,要么贱如敝屣。

19世纪面世的60000部英国小说因为技术上的缺陷已经无从查找,突破印刷限制,实现数字形式的保存、交叉检索和分配这一步骤——莫莱蒂颇具争议的"远距离阅读"观点——已经将一系列新难题和可能的解决办法放到了学者的日程上。[1] 还有一个更神秘莫测的问题,我们不是第一个提出这个问题,在某种意义上,正是小说本身形成了概率标准,对小说历史的书写,对它庞大"数量"的判断都是根据这些标准完成的。小说本身就

---

[1] Moretti, "Conjectures on World Literature", p. 54.

是一个"数量"难题，即一个关于错误阅读的难题，它第一次成为一个民众抗争难题。这便提出了一系列特殊的问题。因为与历史不同，小说无处不在，这本身就危险重重，对它的反对声浪不绝于耳，平息这些反对的声音是小说的第一要务。

文学的优雅品位参照小说"数量"做出妥协的一个最常见方式是在其本身和罗曼司之间进行对照，布莱尔还是忽略了这一对照，迟至 18 世纪 60 年代，这依然是最常见的方式。菲尔丁在 18 世纪 40 年代坚定不移地为小说中的概率进行辩护，这本身就是很晚才发生的事情。将不可能与罗曼司联系起来，如迈克尔·麦凯因（Michael McKeon）已经证明的那样，在当时"越来越具有贬义"，等于是将其同巫术、迷信以及贵族满不在乎的萎靡不振联系在一起。① 麦凯因的一个更恰当的观点是，尽管小说作为一种新的文学传统其地位在日渐升高，到世纪中期，一个很典型的担忧是它可能随时会变成它自己的对立面。

因此，在 18 世纪早期，关于小说如何兴起的历史叙事或多或少都是以冰退式写成的（例如哈钦森的《论激情与爱情的本质》[*Essay on the Nature of Passions and Affections*]），从"史诗与罗曼司"到"将……各种性格引入想象而成的冒险**系列**中"。② 对"系列"一词的强调（黑体为我们所加）应该理解为小说——后来根据可能的结果进行定义——被历史所模仿，据说，它也包含了历史的成分。早期现代散文小说的开端，继续引用哈钦森的 18 世纪 20 年代以来的小说史为例，"人的命运发生了重

---

① Michael McKeon, *The Origins of the English Novel*, *1600 – 1740* (Baltimore: Johns Hopkins University Press, 1987), pp. 56 – 64. 关于菲尔丁和概率，见 Matthew Wickman, "Of Probability, Romance, and the Spatial Dimensions of Eighteenth-Century Narrative", *Eighteenth-Century Fiction* 15, No. 2 (October 2002), pp. 59 – 80。

② Francis Hutcheson, *An Essay on the Nature and Conduct of the Passions and Affections*, *with all Illustrations on the Moral Sense*, ed. Aaron Garrett (Indianapolis: Liberty Fund, [1728] 2002), p. 55.

大改变，或者它带来惊奇"（《论激情与爱情的本质》第 61 页），
这一成见掩盖了后面一种更持久的划分，该划分在布莱尔的
"虚构史"概念中随处可见。小说蜂拥而至并在几十年后引发种
种不稳定，在所有这一切之前的写作中，哈钦森提供了一个关于
进步历史的例子，它已经隐含了所谓的小说——这种通俗的、尚
未定型的、还不稳定的虚构形式——用它来讨论概率、因果关系
以及想象在确定有用的历史方面的作用。哈钦森的警告还有另一
个信号，他与众不同地将对想象的强调放在"人类中的低阶层
人群身上，他们唯一的收益就是他们的体力劳动"（《论激情与
爱情的本质》第 120 页）。"他们更经常地"他继续道，"通过必
然性和经验，比其他人通过哲学能够获取更多、更准确的想
象。"换一种说法，"对于卑鄙自私的压迫者，确实是一个蹩脚
的借口"（《论激情与爱情的本质》第 120 页）。

　　这些话可能与后来的小说批评，甚至受到赞扬的小说中的主
要观点相悖，它们用同样的笔调将大批低阶层读者群描绘成与低
阶层文学中的乌合之众一样的人，他们带来道德上的威胁，这在
哈钦森看来根本不存在。我们已经暗示过，后来的批评家——**作
为批评家**——想要从太多（too many）这个难题中产生出端正的
品行。他们孜孜以求的是特恩布尔（见《通识教育观察录》）所
谓"奇妙的家庭教师的职责"，但是他们使用的方法却让人想起
本章前面部分提及的菲尔丁的观点。特恩布尔，举个例子，想要
"用理性的作用"对虚构作品进行修正，"以实现快乐与所有痛
苦之间的平衡"，而且要在大众想象中引入特殊的"控制原则，
（由此）心灵能够养成选择**之前**仔细掂量和盘算的习惯；并且能
够随时进行准确的盘算"（黑体为我们所加）。① 在此，需要再一

---

　　① George Turnbull, *Observations Upon Liberal Education*, in *All Its Branches*, e-
d. Terrance O. Moore（Indianapolis：Liberty Fund, 2003），p. 383.

次注意范畴化——特恩布尔提到的"所有"——在根据体裁降低复数性时所发挥的绝对作用；但是也要注意这种简化，确切地说是一个"计算"难题，如何表现为一种时间方式。在哈钦森看来，"习惯"的作用就是对特恩布尔所谓"年轻心灵……对新奇性的渴望"所产生的效果做出评判，这种渴望与品位背道而驰（《观察录》第 134 页）。这样一来，选择便受到限制（我们没有说"决定"），即使看上去这种选择已经被接受。在"数量"让时间变得"危险"**之前**，判断开始发挥作用。

与苏格兰启蒙时期最有影响的哲学家和时尚先锋，例如布莱尔、凯姆斯、斯密，进行比较，特恩布尔显然不是一个合适的人选。但是，他也并非没有一点关系，因为小说史展现的难题同样是他所关注的：以在道德上"可计算的"——尽管也是更加肯定的——方式处理过度的"数量"。凯姆斯坚持认为"虚构作品促发激情的力量是一个令人钦佩的发明"（《批评的要素》第 66页）。他又补充道，"虚构作品（包含）一些例子，它们能增益我们的美德，美德是可能无限繁殖的"（《批评的要素》第 77页）。关键当然是如何让这类"繁殖"安全地发生，如何按照"统一的品位"来评判虚构作品的数量（《批评的要素》第 724页）。凯姆斯将"过去时间"定义（为）一种条件——至少在部分意义上——想象的条件（《批评的要素》第 69 页），而不是"关于记忆的完整思想，"它可能只是包含了太多要拣选的数据。因此，利用与特恩布尔的"奇妙的家庭教师职责"同样的虚构思维模式，记忆被定义为一系列**不完整的**联系，旨在避免用各种弱化个体道德危险和社会不安定形式来填充这种不完整。因此，根据凯姆斯的观点，记忆本身与批评十分相似，而且"因为诸多批评法则依靠的是理想性存在"，记忆显然不具备这一点，"读者于是被希望努力地形成一个关于它的概念"（《批评的要素》第 68 页）。这里所说的特殊记忆是关于 1737

年波蒂厄斯暴动（Porteous Riots）的记忆，它——似乎不由自主地让人回想起沃尔特·司各特爵士（Sir Walter Scott）后期的小说《米德洛西恩监狱》（*The Heart of Midlothian*）——参与到这项记忆中，批评将这个记忆用于民众抗争问题并且用一种具有民族凝聚力的方式来解决这个问题。

重点是小说因其自身而争议不断，过程完全一样。例如，约翰逊将"虚构作品，现代人似乎更喜欢这类作品"，等同于"年轻，无知，以及无所事事"，他所依据的就是对他简称为"群众"的人群普遍抱有的担忧。① 他写道，"（当代虚构作品）的主要优点，尽管不需要去发明，但仍然需要在对象中挑选，然后从人群中找出那些最需要关注的个体。"② 就小说如何对立于"上个时代的虚构作品"，约翰逊继续给出与期待相符的历史，因为小说开始依靠一种"有些狂野的想象"模仿低阶层人群。③ 也就是说，他给出了一种与期待相符的历史，它完全是按照期待写成的历史。起自罗曼司的小说是一个转向，它转向了更加具有可能性的事件和更加符合标准的人群。约翰逊写的也是冰退历史。但是与他的苏格兰同辈稍有不同——可以追溯至哈钦森，他们更多地强调想象在产生具有可信度的叙事作品时的作用和效果——约翰逊不知不觉间在小说中的"群众"、读者以及一般意义上的客体之间来回转换。这与凯姆斯将记忆和批评等同看待颇有几分相似，因为它要求有虚构性的选择模式，受到理性和概率的限制，在记住某些历史事件的同时忘记了许多其他事件。

詹姆斯·莱文（James Raven）指出，早期的小说评论者大

---

① Samuel Johnson, *The Rambler* 4（1750 年 3 月 31 日），in Nixon, *Novel Definitons*, pp. 146 – 152. 具体见 p. 55。

② Ibid.

③ Ibid.

多会因为它们表面上的短暂存在而感到宽慰。① 大部分小说都只
出一版，印刷数量一般不会超过 500 本（尽管图书馆流通使它
们在少年、女仆中间广为流传，这是引起担忧的一个原因）。在
出版方式方面，这个数字堪比菲尔丁的畅销书《汤姆·琼斯》。
《汤姆·琼斯》第一版在 1749 年 2 月 10 日出版日之前已经卖出
2000 本简装本。3 月加印的 1500 本面市，4 月加印了 3000 本，
到 11 月，又加印了 3500 本。②

　　在《汤姆·琼斯》的巨大成功和更多数量巨大的、我们现
在已经遗忘的小说之间所做的这一比较说明了品**质上**有价值的
作品如何对**数量上**的需求这个难题发挥作用："大量"传播有
品位的作品，对这类作品的定义非常狭隘，以此来应对关于小
说整体的诸多不同定义。对约翰逊而言，小说的价值，尽管他
还没有用到"小说"这个词本身，以及和小说一同出现的小说
批评的价值是二者都是"进行挑选的"工具。目的就是确定合
乎道德标准的方式，继而对提供给读者"群体"的小说"群"
进行判断，还有就是要依托大部分因为未做处置而逐渐消失的
小说。"挑选"在某种意义上通过发明体裁发挥作用，不过同
样地，如果不是那么明显的话，也是在利用这种混合的和普遍
存在的题材与时间的不确定关系发挥作用：它的**直接性**和普遍
性，它的新奇性和它的"数量"。约翰逊选择了一种很容易复
制的方式来进行拣选，无论在何处，只要他发现了过剩难
题——读者过剩，对象过剩，最终是小说过剩，它本身就是一
个有关"众多"的难题。

---

① 见 James Raven, *The Business of Books: Booksellers and the English Book Trade 1450 – 1850* (New Haven, CT: Yale University Press, 2007)。

② 关于《汤姆·琼斯》的数量和版本统计，见 Martin C. Battestin 为 *The History of Tom Jones, a Foundling* 所写的"前言", ed. Fredson Bowers (Middletown, CT: Wesleyan University Press, 1975), xxi。

与其他很多人一样, 斯密从他一直称为"罗曼司作家"的群体中挑选出塞缪尔·理查森 (Samuel Richardson) 作为最能够"刻画出爱情与友谊的精妙和细微"的作家。[1] 而且他还注意到罗曼司特别喜欢描写"好"人的"种种不幸"(《道德情操论》第 226 页)。但是, 因为那些人仍然被塑造为"宽宏雅量的王子"——也就是说, 几乎不是现代、个体意义上的人的问题——罗曼司的读者常常沉溺于"最狂热的, 甚至最无度的想象"(《道德情操论》第 226 页)。因此, 斯密在其整个哲学写作中发明的范畴律令 (回忆一下我们在第一章关于学科历史的内容) 在他对小说的评述中也非常明显。斯密认同对当时流行的哥特式品位提出的预警, 他提到了"山洞里阴郁的恐惧, ……山洞里有仙女、小鹿、森林之神、(和) 森林女神", 这些叙事可能倾向于"先知般的灵感"和"阴郁的情绪"。[2] 休谟将"一栋哥特式建筑"描写为"被各种装饰搞得凌乱不堪, (因此) 在对各个部分给予细微的注意时反倒忽略了整体", 他以同样的方式在抱怨。[3] 斯密在这里展现出休谟对"预言"模式的敏感, 它扰乱了时间, 同时也是过去的反社会行为的证据或者是对其在未知的未来感到的焦虑。

在斯密和休谟之间, 这种远景的结果产生出两种反向的反社会形式——我们称为前—浪漫主义形式和后—浪漫主义形式, 不过在时间上可能不准确。休谟(见《人性论》)提出了警告, 因为"对想象没有局限", 并且它对我们的精神能力进一步划分,

---

[1] Adam Smith, *The Theory of Moral Sentiments*, D. D. Raphael and A. L. Macfie (Indianapolis: Liberty Fund, 1984).

[2] Adam Smith, *Lectrures on Rhetoric and Belles Lettres*, ed. J. C. Bryce (Indianapolis: Liberty Fund, 1985), p. 71.

[3] David Hume, "Of Simplicity and Refinement in Writing", in *Essays Moral*, *Political*, *Literary*, ed. Eugene F. Miller (Indianapolis: Liberty Fund, 1985), pp. 191–196; 具体见 p. 193。

通过"记忆"和"信念"的形式对其进行微调，使其越过了同"对象"的直接交锋（《人性论》第 1233—1246 页）。"记忆"至少"将自己固定在一个确定的对象上"，即使它仍然要依靠想象——"设想"，"将过去移交给未来"的能力——目的是要变成"信念"。休谟看到的危险是，这样的"虚构"同样可能导致"诗性的狂热……甚至某种关于他的（这里指的是讲故事的诗人）对象的远景"（《人性论》第 175 页）。在这里，有危险的主体是为人所熟知的原始人，他的"真实历史……被传统摧毁，被奇妙的事物所提升，变成了寓言的丰富源泉。"从寓言开始，后来者"继续对大众的诧异和惊讶加以引导。"①

但是，如我们从休谟在《英国史》中对英国内战的关注中所了解到的，休谟所指的暴力的过去从未远离英格兰的现在。休谟头脑中的"演替"在苏格兰进行得非常缓慢，他很清楚这一点，而且非常焦虑。"诗性的狂热"被书写成"想象的自由"——或者换句话说，"过去向未来的过渡"中断，休谟称为"远景"——招致几乎是赤裸裸的暴动。冰退思维遇到的这些表现为大众形式的诗性中断始终具有重要意义，而且一直在发挥作用，是它们让休谟变得与众不同，也为他著名的怀疑论和他对历史上暴动的关注奠定了基础。"法律带来安全，"他写道，"安全催生好奇：而好奇产生知识。这个进程的后一步或许更可能是**偶然的**；但是前面的步骤全都是必然的。"② 为了避免它遗落在过去，"偶然因素"，它对休谟的"好奇"**和**"安全"而言都是一样的，可以在不止一个方向上进行干预。"骑士观念……是由罗马人引进的……在质朴憨厚的萨克逊人中间"同罗曼司分享了同一个谱系，二者都涉及可怕的法国人的入侵。"对文人来说幸运的是……关于

---

① Hume, *Natural History of Religion*, 40.

② David Hume, "The Rise and Progress of the Arts and Sciences", in *Essays Moral, Political, Literary*, pp. 111–137. 具体见第 118 页。

"粗鄙"时代的故事(和)寓言"被"埋葬在沉默里,"休谟让我们相信,我们应该"忽略"这一点。①

的确,休谟注意到 13 世纪的威尔士国王处死了他们的诗人,"一项残暴的,尽管并非荒诞的政策"(《英国史》第二卷,第 82 页)。但是,罗曼司的作者们却没有这样的幸运,因为他们威胁要打垮 18 世纪的文人。"幸运",以小说自身的庞大数量这种形式促成了一个事件,尽管叙述得不是很精确,那就是决不"沉默"。休谟谴责"查尔斯二世的统治……(因其)延缓了这个岛上优雅文学的进步,"而他自己对于罗曼司的流行所表现出的"沉默"更是意味深长(《英国史》第六卷,第 543 页)。斯图亚特复辟的那一年是不祥的一年,也是在同一时刻,文学"碰巧"开始毁于民众之手,因此也像英格兰和苏格兰的居民和政府一样开始走向一个极为可怕的方向。

斯密(《修辞学与纯文学演讲录》,以下简称为《演讲录》)对于罗曼司在后来小说中的残存也做了说明,他展现的是类似的、然而却是相反方向的风险,我们已经提出这一点,与我们了解的休谟看到的风险不同:他没有以与民众抗争有关的安全问题开始。相反地,斯密的评价可能会在另一个极端造成同样反社会的行为,那就是"孤独"和"隐而不见"(《演讲录》第 71 页)。这种退隐状态吸引了后来的威廉·华兹华斯和他的文学同道,尽管斯密本人的哲学本身肯定没有做到这一点。

斯密坚持将"现代历史学家"从罗曼司中区分出来。但是,他也说过,"大多数现代历史学家,以及所有的罗曼司作家……使自己的叙事变得有趣……以保持所述事件的神秘感"(《演讲录》第 96 页)。一方面,如果不是冒着跌落悬崖的风险,最重

---

① David Hume, *The History of England* (6 vols.) (Indianapolis: Liberty Fund, 1983), I, p.5.

203　要的惊险故事对大众读者有一定的威胁，但它们同时也正中读者的下怀，那猜测还有什么价值呢？另一方面，如果没有在概率上"可以计算出的"符合优雅品位的安全性，那惊险故事会是什么样呢？关于小说，斯密提到的最险恶的后果之一是，它可能在没有任何合理解释的情况下引发突然的变化："新奇性是小说唯一的优势，而好奇心是吸引我们读这些小说的唯一动机"（《演讲录》第 97 页）。他的话里有一点本身就令人"好奇"，那就是，小说有一种能力，它能够凭借其自身的历史和同时存在的接受度不断地而且是安全地进行自我**更新**。① 在这种复制形式中，新奇性明确地表现为同一个事物的正确变体，这种复制形式与符合用户欲望的、经过仔细衡量和引导的复制是联系在一起的。②

　　斯密批判的这种更新行为并不是一个严格意义上的更新，因为如果历史将小说反映为一种冰退型叙事，它便同时赋予它符合**定性**判断的恰当主题以对抗罗曼司在**数量上**的过度产出。对斯密和他的同道而言，历史是统领一切的学科。尽管如此，布莱尔使用的那个（对我们而言）古怪的词语"虚构史"却透露出，历史和从罗曼司中分离出来的小说分享的是难解难分的同一谱系。尽管小说可以说已经将罗曼司甩在了身后，但是，它在范畴上还是被贬低——或许算得上鹤立鸡群——仍然要与众多其他没有多少价值的叙事散文为伍。

　　斯密为（小说的）悬而未决（历史的）提供的一个弥补办

---

① 关于小说缓解其自身的新奇性的能力，见 Scarlet Bowen, *The Politics of Custom in Eighteenth-Century British Fiction* (New York: Palgrave Macmillan, 2010), pp. 1 – 44. 具体见 p. 174。

② 关于煽情小说和消费者欲望，见 Markman Ellis, *The Politics of Sensibility: Race, Gender, and Commerce in the Sentimental Novel* (Cambridge, UK: Cambridge University Press, 1996)。关于小说是商品，见 John Brewer, *The Pleasures of the Imagination: English Culture in the Eighteenth Century* (New York: Farrar Straus & Giroux, 1997)；和 George Justice, *The Manufacturers of Literature: Writing and the Literary Marketplace in Eighteenth-Century England* (Newark: University of Delaware Press, 2002), pp. 154 – 157。

法非常有效。即使小说将自身更新为历史，历史——因为作为一种体裁，在**当下**较少引起民众的反抗，而且**更**能够从**过去**发现民众抗争——最终具有更大的价值。如果历史毫无"缘由"地产生出"新异性"，斯密建议，"我们就翻阅我们的必读书找到那个事件，就如我们在读小说时常做的那样"（《演讲录》第 97页）。如果我们坚持希斯金和华纳的"事件"是"做了一个**数量上的转变**"（黑体为我们所加）这一观点，我们便可以说，斯密对于某种小说的定性肯定是希斯金和华纳（《这就是启蒙》[*This Is Enlightenment*]）留给别人解释的"安全"问题的一个基本部分（《这就是启蒙》第 11 页）。小说是一种话语，"一种不断增长的干预（方式）"，在这个解释中，斯密提出的等级概念，用希斯金和华纳的话说，与用新方式重新思考社会性和由少数人对多数人强化商业形式的集体行为是同步的。

　　安·布莱尔（Ann Blair）和皮特·斯塔利布拉斯（Peter Stallybrass）感兴趣的是"信息管理的历史"是一个汇集针对早期现代性的印刷知识的难题，我们必须要补充那个同时存在的关于民众管理的难题。① 著名的伦敦畅销书作家，曾经的修鞋匠詹姆斯·莱金顿（James Lackington）庆幸自己生活在 18 世纪，因为他可以"在散播一般的阅读欲望方面发挥作用"。但是，他同时评论道，这种"一般欲望"的产生一直在削弱社会的分裂瓦解，因为阅读之所以特别重要就在于"现在它在社会的底层人群中间特别流行"。② 小说未来的读者"群"——下层人群、年轻人、女人、仆人——在 18 世纪非常活跃，这种活跃与他们需

204

① Ann Blair 和 Peter Stallybrass, "Mediating Information, 1450 – 1800", in *This is Enlightenment*, eds. Clifford Siskin and William Warner（Chicago：University of Chicago Press, 2010）, pp. 139 – 163. 具体见 p. 139。

② James Lackington, *Memoirs of the First Forty-Five Years of James Lackington …*（London：1792）, p. 350.

要小说的引导一样具有危险性。对于读者群和小说群而言都需要"计算"的是如果他们都可以得到他们应得的"数量",情况会怎样。斯密继续道,"任何一个现象,它在心灵上留下的印象越是鲜活与强烈,它就越能激起了解其原因的好奇"(《演讲录》第93页)。但是,他也坚持认为,

> 历史写作应该令人愉悦,也应该给人以指导……在这一方面,它有别于罗曼司。罗曼司只有一个考虑,就是愉悦……事实必须是真实的,否则,它们就不可能对我们未来的行动有所助益。(《演讲录》第91页)

关于历史与罗曼司之间最终的区分特征,斯密将他的赌注押在定性评断和优雅品位上。他对事实的坚执似乎同我们在第一章中费尽周折要证明的相矛盾:斯密特别留意,而且被迫痛苦地承认,"叙述线索中的断层和分歧","即使没有突出的事件来填补那个空间……我们也不应该丢下它们"(《演讲录》第100页)。我们已经看到,哲学和后来出现的历史专业在其关键时刻都要依靠虚构的联系和哲学想象,旨在以一种冰退方式对变化作出解释。在这里,我们的重点是如果虚构与历史密不可分,想象便几乎在绝对意义上同所谓的艺术重新联系在一起。

我们**在其关键时刻**谈论历史,因为,如我们已经看到的,如果对有连接作用的非连续性有一种主导性认识,而这种非连续性非常荒唐地体现为不在场,这是由我们一直简称为"数量"的难题所造成的,这时,就需要猜测。在我们已经详细描述过的历史动荡的片段中,在底层人群的数量和品位的定性标准目标不一致这个概念中,我们都看到了有关"数量"难题的特殊例子。在一个更加抽象——但仍然是"危险的"层面上——同样有若干时刻,最好理解为机会,其中,历史知识被看似不相关的客体所

覆盖。我们现在要说的重点是将小说——在所有方面都同"太多"这个难题联系在一起的客体——补充到我们关于民众抗争的论述中。

斯密指出，"诗人（是）最早的历史学家"，他们"用表示诧异……错愕和惊奇的语言表达自我"（《演讲录》第 105 页）。"在所有国家，"他继续道，"诗歌都是最早的写作类型，它的奇妙在于它首先吸引了未开化之人的注意。"（《演讲录》第 104 页）关于是什么造成了诗歌向散文转变的运动，而且因为此，发生了从"野蛮人"向商业民族转化的运动（《演讲录》第 105 页），斯密没有提供任何解说，所以我们只能假设在时间性和形式之间存在一种朱庇特式的联系这样一种看不见的或偶然的关系，这就是说，我们现在无法拷问有关历史变化的实例。在斯密那个很粗糙的公式里，随着时间的变迁，从一个阶段到另一个阶段的历史进步跨越的距离越大，表现为各种范畴、体裁，历史阶段本身的特征在历史学家那里便越明显。简单地说，历史创造了我们需要借此创造历史的知识。对此有一个同义反复的因素，即使不是因为我们已经讨论过的那个问题，与洛克那些不同历史速度的概念有关：不同的地理变化以不同的速度出现。因此，一个地方近似于处在冰退时间内另一个时刻的另一个地方。在这个意义上，范畴特征仍然无可辩驳地处于开放状态，而且可能无果而终。这恰恰是为什么苏格兰的位置要参照英格兰来定的原因。

在上文引自关于诗歌即历史的第十八个讲稿中，斯密的历史试金石是"用拉丁文、意大利文、法文、英文和苏格兰文写成的最古老的作品"（《演讲录》第 104 页）。这个名单中英格兰与苏格兰之间的划分十分有趣，不仅仅是因为在历史上十分准确。它有趣是因为英格兰和苏格兰的地理划分本来应该因为联合而不复存在，但是在某个时间层面，如同欧洲残存的野蛮人一样徘徊不去。由于诗歌高于散文，"极有可能是为了取悦粗鲁无知之人的……寓言"这个奇迹于是被更适宜的虚构叙事所取代（《演讲录》第111页）。"我们现在看到，"斯密说，"关于巫师和仙女的故事被无知的愚民贪婪地吞下，有学问的人根本看不起这些东西。"（《演讲录》第110页）那些愚民完全被他们无力控制的书卷所笼罩，正如"贪婪的"一词的意思。斯密称为"可鄙的"大众读者不仅可能承受虚构作品的过度生产而带来的风险，而且还是罗曼司这个文学难题的社会替身。

给小说发展一个循序渐进的叙事，按照这种发展顺序，罗曼司只是现代小说身后的一个老古董，由此而产生的小说冰退史既限制了18世纪的虚构作品，也延伸出它的一个特殊变体。如希斯金所提出的，最早期的小说史发现了刺激这个体裁迅速繁衍的途径——"数量"的**聚集**——不过，对性质有严格的限制，与品位和公正的判断联系在一起。到了安娜·雷迪西亚·巴堡德（Anna Laetitia Barbauld）写于19世纪早期的《英国小说家》（*British Novelists*），"虚构史"一词终于发生了分化。两个分开的词语在19世纪早期在回溯意义上被固化了，以至于"虚构"被排除在适合它的文学领域之外。"理查逊、菲尔丁，还有斯摩莱特"因此据说是"紧挨着出现"。① 巴堡德将这些小说家合并起来，不理会他们之间的差异，结果是一个连贯的客体——小说——可以说诞生了，完全没有早些时候那些体裁的痕迹。这使得小说后来能够进一步完善，发展成为现实主义小说，最重要的是，现代小说，据说有一个冰退式的——被理解为**小说的**——过去。这个过去带来的结果是区分出极少的一系列小说，它们代表

---

① Anna Laetitia Barbauld，"前言"，见 *On the Origin and Progress of Novel Writing*（London：F. C. & J. Rivington, 1810），pp. 23, 36。

了很可能是占据主导地位的形式,与大多数其他作品形成对照。根据斯密和他的同道所首倡的这个认识,冰退型叙事**就是**冰退型叙事**所做**的一切:在获得不同的体裁价值之前,虚构和历史使用同样的修辞模式。

在上文中,我们提到休谟提出的虚构、故事、童话等与野蛮或"粗鄙"状态之间的联系,它们和后现代的战争癖好也是有联系的。布莱尔将"童话、寓言、(以及)故事"——他称之为创作的一种"独特形式"——的时间同"尚武精神"联系起来(《虚构史》第 344 页),这非常普遍。尚武精神对本章最后部分讨论的 18 世纪冰退历史写作中的苏格兰暴动问题至关重要,关于这一点,我们有更多的说明。先做一点提示,在这里要注意的是,小说史随着它在时间进程中的发展——先是童话或故事,接着是罗曼司,最后是它的现实主义形式——如何使其自身成为一种叙事的反证,与野蛮时代错误地处理它们自己向时间发出的挑战那种"独一无二"却规模巨大的方式形成对立。

罗曼司尚未被小说所"取代",在布莱尔看来,这发生在"国王查尔斯二世……时期"(《虚构史》第 345 页)。注意,这种二世党人错误处理时间的方式引发了对大众读者同样的警告,因为他们被鼓励在各种可见的虚构模式中寻找可能性。对于那些时代整体的无知,令布莱尔感到困惑的是他们拒绝"传奇,以及当时风行的魔术和通灵术之类的迷信观念"(《虚构史》第 344 页)。在这里,罗曼司作为魔术、巫术、与死者进行沟通的通灵术的替身被错误地同未来联系在一起;因为提供与小说叙事同样的叙事,它被隔绝在现实主义小说的发展历史之外。

为了与虚构作品的主题和"尚武精神"保持一致,亚当·弗格森将"传统寓言"同"愚民"联系起来,同时又坚持认

207

为"引用《伊利亚特》中的寓言……（来叙述）人类历史是荒诞无稽的。"① 斯密详细解释了"血缘力量"一词，借此明确地将武力同他反对阅读通俗罗曼司的观点搅在一起。"这种血缘力量，"他写道，"只存在于悲剧和罗曼司中……想象在……（部落成员）之间存在这样神秘的感情是十分可笑的。"（《道德情操论》第222页）在休谟看来，这样一种"似是而非的血缘主题，民众总是声称存在这种东西"，它代表了二世党人的非法目的，即"保存世袭"，因此，它不仅标志着一个已经过去的帝国独裁时代，也标志着与它密不可分的暴动与骚乱。② 斯密继续道，"不久之前，在苏格兰高地地区，部落酋长还将部落里最贫穷的人认作自己的表亲和亲戚"（《道德情操论》第223页）。在很多方面，这种情感与现代理性的发展是相悖的。在此，我们的问题和托尼·加莱斯就所谓不流血的革命提出的问题没有区别，如我们在上文对二世党人暴动的关注中所看到的，暴动伴随着各种形式的民众抗争以及赤裸裸的军事暴力：何以小说中就变成不流血的？③

同样地，罗曼司必须从科属意义上从小说当中分离出去，然后成为一种冰退的过去，前社会的野蛮时期获得一种亲缘关系，它触及那种苦难，这种苦难的表现形式不是商业的、个人的，或者最重要的夫妻等级。的确，正如鲁丝·佩里（Ruth Perry）所证明的，小说作为最基本的方式使得新的家庭纽带在18世纪用戏剧化的方式表现出来，以子女孝顺为理想，它反过来促成了一种亲缘关系，这种关系建筑在家庭成员互助的基础上，建立在社

---

① Adam Ferguson, *An Essay on the History of Civil Society*, ed. Fania Oz-Salzberger (Cambridge, UK: Cambridge University Press, 1999), pp. 76 – 77.

② David Hume, "Of the Protestant Succession", in *Essays Moral, Political, Literary*, pp. 502 – 511. 具体见 p. 503。

③ Anthony Jarrells, *Britain's Bloodless Revolutions: 1688 and the Romantic Reform of Literature* (London: Palgrave Macmillan, 2005).

区以及早期现代资本主义社会的基础之上。① 在哈贝马斯关于公共领域的基本论述中，小说对个人之间亲密关系的强调发挥了决定性作用，他的论述的基础是理查逊和菲尔丁的不流血的（后期则是反对二世党人的）家庭虚构作品。斯密十分清楚家庭的文明教化作用，在家庭中，"父亲是至高无上的"，孩子，如同一般意义上的旁观者，必须"压制自己的激情，控制自己的欲望"以实现最终的"社会和平与快乐"（《法理学讲义》A，第164、143 页）。

在世纪中期婚姻立法之前——类似哈德威克勋爵 1753 年的婚姻法案，其更为人熟知的名称是《更好地预防秘密结婚的法案》（the Act for the Better Preventing of Clandestine Marriage）——而形形色色的单身税提供了进一步的证据，表明对于私密欲望的虚构处理可能在公共层面是有益的。约翰·多亚认为，"短暂的快乐"所代表的婚姻，这个短语源自《苏格兰人》（Scots）杂志，常被引用。② 它的意思是婚姻在世俗层面的满意，以生儿育女以及孩子的冰退式成长为基础。③

这并不是说女性被排除在外，没有为文学品位标准的形成提供任何助益。相反地，休谟写道："女性（是）文人国度的绝对权威。"④ 休谟之所以关注到女性的阅读，与野蛮人和高地人以及"无知的民众"都必须前进至历史意义上的当下是一个原因。

---

① 见 Ruth Perry, *Novel Relations: The Transformation of Kinship in English Literature and Culture, 1748 – 1818* (Cambridge, UK: Cambridge University Press, 2006).

② John Dwyer, *Virtuous Discourse: Sensibility and Community in Late Eighteenth-Century Scotland* (Edinburgh: John Donald, 2003)，尤见第六章，"The Novel as Moral Preceptor"，141ff.

③ Henry Abelove 试图将异性恋历史化，使其与小说时间处于同一时间。见 Abelove 的 "Some Speculations on the History of Sexual Intercourse During the Long Eighteenth Century in England", *Genders* 6 (November 1989), pp. 125 – 130.

④ David Hume, "Of the Original Contract", *Essays Moral, Political, Literary*, pp. 533 – 537. 具体见 p. 535。

女性是，他写道，"最迷信的"（《宗教的自然史》第 35、43 页）。他继续道，"只有一个主题，关于这个主题，我不相信女性的判断，（那就是）涉及勇气和情感的书籍。"这是因为女性"容易被影响"（《道德、政治、文学文集》第 537 页）。作为一种弥补，休谟建议"对我的女性读者来说……还是研习历史吧"（《道德、政治、文学文集》第 563 页）。

　　与苏格兰缓慢的历史很相似——高地的亲缘关系的存在，如斯密所言，"并不是在许多（意为'不够'）年以前"——罗曼司的危险性也迟迟没有消除。用来弥补这两个难题的方法是，首先，采取定性的方法对适宜于社会意义的虚构作品和危险的虚构作品加以区分；其次，设计一种顺序逻辑，这种逻辑对于后者的存留具有致命的作用。因此，关于沃尔特·司各特爵士，伊安·杜康（Ian Duncan）有一个非常重要的观点，即通过将苏格兰归为老古董，因此属于"应该淘汰的民族"，他首创的历史小说产生了"一种超验的民族利益"，一个"主体—经受锻炼的行动"，与历史和对抗形成对照，这些历史和对抗绝对是血淋淋的。杜康还指出，司各特的历史计划都出自基于猜测的历史学家，尤其是斯密。[①] 那么，我们或许可以说，如果是司各特发明了历史小说，那么，小说的历史，或者更确切地说，展现在历史内部的小说则**发明**了他。用同样的方式，司各特作为苏格兰的"国家诗人"（杜康的原话）整理了具有苏格兰风格的当地特色和暴力历史，我们在早些时候关于小说写作的例子中看到的是同样的整理动力，因为小说相对于罗曼司已经获得了逻辑性。

　　简言之，苏格兰对英格兰，就如同罗曼司对现实主义小说。因为这两组事物事实上在历史意义上都是无限地相互靠近，关于

---

① Ian Duncan, *Scott's Shadow: The Novel in Romantic Edinburgh* (Princeton: NJ: Priceton University Press, 2007), p. 17.

它们的联想也是将二者混为一谈。所以，冰退历史讲述了一个不同的故事，首先将这两组事物描述成分裂的故事，然后终于演进为联合体共同对付"太多"这个共同的问题。

"民众颇具危险性的默许"

> 酋长每一次动用权力都一定是有特殊原因的，是为了当下紧急情况的需要：因为他提出异议，就会有看得到的效果，使得这些权力运用每天都特别频繁；这种频繁度在民众中间逐渐产生了一种习惯性的，如果你喜欢这样的说法，一种自愿的，因此也是危险的默认。
>
> 大卫·休谟《论原始契约》[1]

这段话引自休谟的文章（《论原始契约》），在其中，我们可以看到哲学成见被用于历史和政治。这里的终极目的是追溯统治"最初在林间和荒漠地区（desart）（原文如此）（可能是'desert'一词的笔误——译者）最初的起源"（《论原始契约》第468页）。在这个时间点上，在"使用书写和其他文明化的技艺"之前，我们发现，在"人的本性中……有某种东西很接近平等"（《论原始契约》第468页）。按照霍布斯的说法，这种平等也意味着"力量"要么属于"人民"，要么必定是出自某个单独的权威。但是——那要等到威廉于1688年继位带来"深刻的平静"和"规范（性）"（《英国史》第六卷，第528页）。相反地，权威必须以"某个建立起来的政府"的形式才可能制度化，而政府是建立在"他们自己（多数人）**同意**"这个基础上的（黑体

---

① David Hume, "Of the Original Contract", *Essays Moral*, *Political*, *Literary*, pp. 465 – 487, 具体见 p. 469。

为我们所加，《论原始契约》第 468 页）。

休谟在上文中说的是一个理想政治形式的哲学过程。即使在历史的早期阶段，人们"认识到"他们的服从所产生的结果，这种服从"频繁"发生，他们并不是盲目听从酋长的命令。"习惯"按时形成了，尽管人们也许几乎没有注意到，它凭其自身成为统治人民的手段。"人民的愤怒"所具有的永恒危险性在这里被涵括进来并以私有财产法这个最终形式得到疏导，到了世纪中期，有人可能会希望已经中心化的英国国家能够垄断暴力。

但是，上文中的关键词是"颇具危险性的"一词，我们希望能从休谟温和的怀疑论向习惯性的时间经验靠近的过程中发现210 这个词语，不管在这个过程中的哪个阶段发现它。对于在"民众"和君主之间订立契约，按照霍布斯的秩序建立政府，休谟绝对是非常谨慎的。他写道：

> 对于那些在执法者和民众之间保有一份原始契约的人而言，不幸的是，为了统治的剧烈革命……常常以暴力、动乱、以及动荡不安的形式发生，几乎无法听到公众的声音。（《英国史》第六卷，第 528 页）

因此，即使在那个"唯一的例外"中，即通过和平选举，威廉登上王位，抗争的"民众"和服从统治的"人民"之间的划分也不是完全靠得住。与突破哲学惯例类似，不太确定的统治"习惯"也可能像时间被打乱一样突然没了章法，休谟在这里非常巧妙地将其说成是与民众不同意见的一次"不幸"遭遇。即使是比较乐观的亚当·斯密也会关心乔治一世统治期间，政府基金的起落以及它对贷款日益增加的依赖会带来"某种发生革命的风险"（《法理学讲义》B，第 536 页）。换一种方式思考则可能采用某种目的论，即由辉格党历史背书的历史进步，无论是斯密还是更有怀疑倾向的休谟都无法提供这个目的论。我们在下文中将会看到,对他们而言,如果商业社会注定要产生不平等,就根本不可能保证商业社会的和平稳定。

科林·基德称辉格党的历史是"苏格兰启蒙运动的核心'成就'之一",因为它被用来"平息潜伏在这个民族强大的政治和宗教遗产中的爆炸性因素"。① 科林·基德继续说道,威廉·罗伯逊是"这件事的罪魁祸首"。② 皮托克也一直态度强硬,他谴责辉格党历史与党派无关这种说法,他的依据是辉格党历史是"线性的……(而且)以进步为导向,将差异最小化,在这个意义上,该历史表达的是其自身。"③ 辉格党历史依靠的是1688 年之后不列颠帝国相对而言(而且是经过伪装的)没有矛盾冲突的稳固联合,相当于不流血的革命这个混淆视听的短语中的形容词"不流血的"。

用 1688 年作为英国史的一个前提,就罗伯逊而言,就苏格兰而言,不肯宣誓效忠者和持不同意见者这股力量(我们在上文中简要提及的民众二世党人力量)因为"有目的的后见之明而缩小"。④ 与基德一样,在皮托克的著作中,罗伯逊也是一个关键人物,他帮助辉格党的历史编纂产生了长久影响。《苏格兰史》提供了一种关于古代萨克逊人的种种自由之间不曾中断的进步叙事,诺曼人的入侵使这些自由片刻间化为乌有,威廉 211 1688 年驾临,明智地站在斯图亚特君主的对立面,一切才重新回到正轨。诺曼人的封建制枷锁预示了一个貌似倒退的斯图亚特

---

① Colin Kidd, "The Ideological Significance of Robertson's *History of Scotland*", in *William Robertson and the Expansion of Empire*, Stewart J. Brown (Cambridge, UK: Cambridge University Press, 1997), pp. 122 – 144. 具体见 p. 122。

② Ibid., p. 123.

③ Murray Pittock, *Poetry and Jacobite Politics in Eighteenth-Century Britain and Ireland* (Cambridge, UK: Cambridge University Press, 1994), p. 10.

④ Ibid., p. 2.

王朝，直到 1745 年，都非常倒霉地与法国人联系在一起。乔治四世 1822 年拜访爱丁堡，皮托克从中看到了"坚如磐石的渐进性的荣耀回归"，沃尔特·司各特爵士将这次拜访铺排成一件盛事，充满了矫揉造作的怀旧和无关乎政治的忠诚。① 将二世党人"一五年"和"四五年"的起义推到我们对过去的理解的边缘，这样，苏格兰和英格兰之间的历史脉络就可以表现得连贯，不曾因暴动而中断："错在辉格党历史"。②

　　将罗伯逊挑出来（在某种程度上还有凯姆斯）作为保守的辉格党原则的代表，这样做开始照亮深植于猜测性历史中的混沌晦暗的政治目的，即使那些政治因为迎合某些形式的世俗智慧而变得难以理解。但是，我们还是要对皮托克和基德的洞见做几点补充，他们的重要贡献在于批判了辉格党历史编纂的线性叙事，认为它们需要修改，而且对于某些历史断裂而言，这种历史简直不堪一击。要提出在现有的猜测性思想批判中不是非常明确的洞见，我们就要同意另外几种表现时间复杂性的形式不可能以边缘对中心的范式为基础，这些形式是暴动的附属物，边缘对中心范式潜在的含义就是贬低苏格兰，将它看作英格兰的边缘地区。上面已经提到，关于民众二世党人，我们头脑中的动力学是一种历史固有的天性：存在于众多政治玩家中间的一种**相互**依赖，即罗伯逊的"鱼龙混杂的人群"，他们不在意触犯传统意识形态的边界。不仅如此，我们摒弃二世党人的主张，认为它是一种简化了的二元的或极化的矛盾形式，我们这样做就是用某种更接近于大众骚乱的概念或所谓的骚乱行为取代边缘/中心这个二元论。从这个立场上，除了在辉格党历史的发展类型学中能够发现的历史

---

① Murray Pittock, *Poetry and Jacobite Politics in Eighteenth-Century Britain and Ireland* (Cambridge, UK: Cambridge University Press, 1994), p. 232.

② Murray Pittock, *The Myth of the Jacobite Clans* (Edinburgh: University of Edinburgh Press, 1995), p. 7.

缺口,我们也一直在探索其他**线性**理想,重点是时间的多元性和对于机会现象的正面态度。

毫无疑问,罗伯逊在政治上忠诚地维护汉诺威家族的现状,正是他促成了这种现状,尽管克里斯托弗·波利认为他为历史写作提供了最"谨慎"、最"科学的"方法。[①] 作为最早的专业历史学家之一,罗伯逊在我们眼中,绝对是"一位创立者"[②]。他为我们论述了"联合起来的两个王国,从最早的时间论述中分隔出来,但是,它们的处境注定它们要形成一个伟大的君主制。"他也希望"大不列颠的崛起(是)……整个国家力量的结合"(《英国史》第二卷,第235页)。乔治一世确立了现代历史的地位,为的是实现《苏格兰史》(更不用说罗伯逊后来于1777年关于美国的著作,1791年关于印度的著作)中提出的"平息冲突"的公共服务方式。[③] 罗伯逊是择优学会的发起人之一,他的《苏格兰史》为他带来600英镑的收入,除了休谟,没有人获得这么丰厚的稿费。标特伯爵竭力想要恢复苏格兰皇家历史学家学会(Historiographer Royal of Scotland),随之而来的是每年200英镑的不菲收入,此外,还有一辆私人马车。

罗伯逊主持爱丁堡大学的三十年间确实取得了开创性的成就。但是,他的传记,与他的历史著作一样,始终要对民众的骚动不宁做出回应——他确实费了很大力气在做出回应。作为1762—1780年苏格兰教会的领袖,他所关心的就是保持宗教机

---

① Christopher Berry, *Social Theory of the Scottish Enlightenment* (Edinburgh: University of Edinburgh Press, 1997), p. 61.

② "引言",见 *Robertson and Expansion of Empire*, pp. 1 – 6。具体见 p. 3 和 p. 5。

③ 见 Karen O' Brien, "Robertson's Place in the Development of Eighteenth-Century History", in *Robertson and Expansion of Empire*, pp. 74 – 91. David McInerney 证明罗伯逊对"亚洲专制统治"的描述与他对起义的恐惧是一致的。见 McInerney, "Monarchy, Despotism, and Althusser's 'Linguistic Trick': William Robertson and the Literary Reproduction of Montesquieu's Concept of 'Fundamental Law,'" in *Althusser and Law*, ed. Laurent de Sutter (London: Routledge, 2013), pp. 49 – 66.

构的统一，为国家提供支持。斯图亚特·布朗（Stewart Brown）认为，从根本上讲，罗伯逊反对教会要求独立、不再接收地主阶级资助并且用当地教区成员的选举取代这种安排等方面的趋势。[1] 与罗伯逊相反，当地的长老会公然蔑视最高法庭。资助人系统想要保持对当地广大的、复杂的机构网络——仅苏格兰教会就有 970 个教区——的集中控制，这种努力在较早时期与 1745 年后没收二世党人的个人财产异曲同工，后者使国王成为苏格兰最大的恩主。我们已经看到，按照民众二世党人早期的风格，在大地主和没有影响力的大多数人的斗争这类交锋中产生了恩主问题。1688 年，在乡下教区，恩主制事实上已经被选举所取代。但是在联合之后，在二世党人暴动的狂热岁月里，新统一的英国议会于 1712 年重新实行这一制度，将其作为一种集权机制以对抗激烈的地方反抗。

罗伯逊因此抱怨自己"暴露在民众的怨憎面前，个人处在危险当中"。[2] 反对恩主制的群体被称为人民党，他们同样支持美洲殖民者，而罗伯逊则明确表示反对。的确，他对于民众反抗的顽固反应，他一直最先接触到这类反抗，据说使得人民党更加名声大振。正如布朗所揭示的，罗伯逊不顾众人的反对始终不渝地支持恩主制，这竟然无意间刺激了它的发展。1760 年，有超过 120 所礼拜堂，可以接纳 100000 会众。[3] 罗伯逊与群众的冲突也表现出恩主制下权威的局限性，与他作为官方牧师的初衷相违背，他是想限制不断增长的不满民众的数量，而不是为其火上浇油。

同罗伯逊和休谟一样，凯姆斯也承认苏格兰暴动对于英国历史具有十分重要的意义。尽管同曼斯菲尔德（Mansfield）一样，

---

① Brown, 见 *Robertson and Expansion of Empire*, p. 11。

② Ibid. , p. 32.

③ Ibid. , p. 25.

凯姆斯也生长在一个二世党人家庭中，但是他热衷于弄清楚英格兰法学和苏格兰法学的盎格鲁源头。在《关于英国古老传统的若干主题》（*Essays upon Several Subjects Concerning British Antiquities*）（以下简称为《若干主题》）一书中，凯姆斯对理性思想的典型线性——即使也是不平坦的——性质做了非常清晰的解释。在他看来，"在对客体的凝视中……正确的顺序和情况"只有全神贯注才能获得，即"如果没有对所有相关的客体作一个即使非常粗略的浏览，绝对不要从一个（客体）跳到远处的另一个客体"。[1] 这种"由一个到另一个思想的过渡"其基础是"我们本性中就有的法则"，也称为"普遍的演替规则"（《若干主题》第 123 页），凯姆斯反复将它同"合适的猜测"联系在一起（《若干主题》第 4、6、9 等页），尤其是"递进的猜测"（《若干主题》第 24—25 页）。很显然，凯姆斯在心中用猜测性词语思考的普遍性适用于《联合法案》，他意欲加强该法案来抵挡1745 年的叛乱。因此，这本书的引言部分开篇即是为"最近的麻烦"祈祷（《若干主题》第 i 页）。尽管有"内战之不幸"，"作者心中的坚定信念"使他拒绝"任由他的国家蒙受损失"（《若干主题》第 ii 页）。这里的论点是为了历史——或者更确切地说是某种特殊的历史，凯姆斯称为"投机……只有在最祥和的时代才曾经有过"（《若干主题》第 ii 页）——能够"通过探寻苏格兰人的古老传统，尤其是关于法律和宪法的传统，振奋他的（凯姆斯的）同胞的精神"（《若干主题》第 ii 页）。

与罗伯逊的观点一致，我们在随后的"探寻"中看到，在抗拒诺曼人的入侵中形成了共同的盎格鲁根脉，而当时对于二世

---

[1] Henry Hume, Lord Kames, *Essays upon Several Subjects Concerning British Antiquities* (Edinburgh: A. Kincaid, 1747), p. 150.

党人的机会主义的担心更加具有紧迫感。这些叙事都存在将基于猜测的历史付诸实践的风险和决心。参照二世党人的"危险"（《若干主题》第215页）所产生的政治能力，这位从线性——即使也是"投机的"——角度进行思考的历史学家有更有效的方式来处理时间。但是，关键是这个向"投机"的转向出自无法用单一方式辨识的历史对象的某种原始状态，这个历史对象的存在是一种彻底的混杂状态：凯姆斯寻找所谓英国的古老传统并且按他的方式写作历史著作，目的是将无数个个体统一成一个复合客体，（这）大大扩展了仁慈的范围。

　　"仅凭那种能力，"他在《人类史概述》（*Sketches on the History of Man*）中继续道，"我们的国家，我们的政府，我们的宗教成为公众精神的对象……构成这一群体的个人，单独考虑的话，可能太过渺小，或太过遥远，我们的仁慈无法触及到他们。"[①] 这句引文的后半部分对空间的指涉与凯姆斯的历史对象本身就是"无数的"这个观点一样重要。在尺度和距离方面设定适宜的标准（我们一致称其为苏格兰内属于英格兰难题）就是处理时间中其他干扰因素的办法。像苏格兰女王玛丽之于罗伯逊一样，在凯姆斯看来，二世党人的主张描画出一个本来就分不清方向的野蛮人（苏格兰人）依然处在迷失状态的形象，这个野蛮人无法从欧洲的（英国的）立场那里得到充分的抚慰，这个立场基于一个不一样的、静止的、遥远的过去："未来的前景，无论好坏，都永远不可能影响野蛮人"，他这样写道（《人类史概述》第一卷，第43页）。野蛮人"凭感觉行事，没有远见"（《人类史概述》第一卷，第53页）。与菲尔丁的底层人群一样，"野蛮人迷恋赌博"（《人类史概述》第一卷，第213页）。

---

　　① Henry Hume, Lord Kames, *Sketches on the History of Man* (3 vols.), ed. James (Indianapolis: Liberty Fund, 2007), Ⅲ, p. 724.

这使得凯姆斯坚持认为,"公共慈善产生不道德的效果"——"我不会让穷人被娇纵",他如此说(《人类史概述》第二卷,第542页)——而且建议成立工场(《人类史概述》第二卷,第530页)。

凯姆斯在野蛮人、二世党人、穷人和更具类型意义的民众抗争本身之间建立起来的投机性同源关系被描述成与文明化的时间可理解的不同步。但是,这些"复合客体"中的每一个都以他们各自的方式被那个尚未实现的承诺所修正,那个承诺就是由某个统一的英国政府推进**和平的**商业交换。尽管他固执地反对"允许底层民众投票选举议会成员",与罗伯逊一样,聚众反对"允许普通民众在教区牧师的选举中投票这项在苏格兰很常见的活动"(《人类史概述》第二卷,第534页),但是,凯姆斯尽心尽力地要书写苏格兰和英格兰法理的最初历史,它沿着同样的方向发展。他的更加复杂的观点是每个地区的历史发展都遵循因地理原因造成的特殊速度。

最后,"后来对高地人的做法比较平缓,而且非常辛苦地将工业引入他们中间,这一切……使得他们成为苏格兰最平和的人"(《人类史概述》第二卷,第493页)。但是,在这之前,根据英格兰固有的教养,高地地区必定脱离常轨,误入歧途,陷溺于欧洲其他国家早已超越的过去阶段。直到"1745年革命之后",欧洲最后的野蛮人才"终于臣服"(《人类史概述》第二卷,第352页)。这种"臣服"据说不仅加强了国家的"工业发展",而且"为一个自由国家的种种疾患,例如聚众闹事和叛乱,提供了极好的补救"(《人类史概述》第二卷,第504页)。在一种野蛮状态中,"人们一点点地进步"(《人类史概述》第一卷,第74页)。更重要的是他们这样做的基础是在时间意义上对物物交换秩序的认真思考,时间既适用于资本主义市场,也适用于基于猜测的思想:前提是"(根据)物品比较标准……（或者）商品的比较价值，保证未来会有一种对等物"（《人类史概述》第一卷，第 76 页）；建立"一种国家特性（方式）……我们不屑一顾地拒绝机会概念，而且凭直觉认识到有规律的且永久的结果肯定来自某个持续不变的原因"（《人类史概述》第一卷，第 30 页）。现在提出的概率说反映出基于猜测的历史学家所做的工作，他们追溯"认识的逐渐进步，从婴幼儿时期，涉及……野蛮人……退化者"。凯姆斯用商业术语"获利的概率"（《人类史概述》第一卷，第 68—69页）来描述它。① 但是，"获利"也意味着保证历史沿着理性的冰退路线前行。

　　为了凸显地理与历史进步之间的某个矛盾，有必要再次强调凯姆斯和其他冰退历史学家共有的一个思想，即苏格兰进入现代文明商业阶段的时间是滞后的。我们已经提到的所有历史学家都清楚这个时间上的错位。在这个意义上，要实现商业表达，就必须诱使苏格兰向前加入欧洲的现代性，事实上，就是终结它自己的历史。它被看作是大不列颠内部的一个历史遗留，要通过资本主义的"比较价值"考验，它恐怕还有太多的"复杂性"。在野蛮的高地地区这个例子中，过去和现在不同寻常地近在咫尺，苏格兰与英格兰在联合之后不同步的身份在地理对抗中一览无余。在 18 世纪中叶，并没有——或尚无——共同的商业未来，凯姆斯想象出了抽象对等，在其中，当地习俗归入所谓的普遍习俗，据说，后者会在历史转折处形成。"一个民族，"凯姆斯承认，"或许可能在另一个民族超越野蛮状态之前到达所谓的完美社会"（《人类史概述》第二卷，第

---

　　① 关于概率这个启蒙概念对于商业的重要性，见 Mary Poovey, *A History of the Modern Fact: Problems of Knowledge in the Sciences of Wealth and Society* (Chicago: University of Chicago Press, 1998); and Lorraine Daston, *Classical Probability in the Enlightenment* (Princeton, NJ: Princeton University Press, 1987)。

366 页）。与伊曼纽尔·沃勒斯坦（Immanuel Wallerstein）关于
不均衡发展的论述相一致，凯恩斯·克雷格（Cairns Craig）在
《未来的苏格兰》（*Intending Scotland*）中指出，地理上的差异
转向了一种新的时间异质性。克雷格称为"地理向历史的屈
服"，为的是"让落后的苏格兰融入进步的英格兰文化"（《未
来的苏格兰》第 208 页）。

我们一直在说，北方苏格兰一般被看作是保留了欧洲最后的
"野蛮的和未驯服的"人群（《未来的苏格兰》第 9 页）。高地人 216
是最初——的确也是唯一——被看作野蛮人的**当代**欧洲人，在这
个重要的意义上，苏格兰代表了一种时间上的反常，一种冰退迟
滞状态，这种状态恐怕会因其特别**持久**（想起了休谟的说法）
而威胁到人类的进步。① 将休谟的民众抗争这个"永久性雷区"
记在脑海里。这样一种反常会在**内部**突然发生，不仅仅是**对抗**大
不列颠另一种形式的文明化。波考克（见《野蛮与宗教》[*Bar-
barism and Religion*]）提醒我们，"在现代历史中见到'原始'
人十分荒谬"（《野蛮与宗教》第四卷，第 157 页）。的确，"文
明"一词直到 18 世纪中叶在分析意义上还不是一个非常有帮助
的概念。② 波考克做出了正确的推测，认为冰退式历史学家将野
蛮人置于"历史之外"（《野蛮与宗教》第四卷，第 175 页）。但
是，他也注意到，在苏格兰学派内部存在一种历史阶段之间的
"相对动力论"，这样一来，"'野蛮人'……不再是一个'他
者'，而是成为自我的一个直接起源"（《野蛮与宗教》第二卷，
第 263 页）。我们可能会进一步认为这种动力论内在于正在出现

---

① 关于苏格兰是英格兰的"未开化的边疆"所具有的意义，见 J. G. A. Po-
cock, *Barbarism and Religion：Narratives of Civil Government* (5 vols.) (Cambridge：UK：
Cambridge University Press, 2000), Ⅱ, p. 262。

② 关于 18 世纪出现的"文明"（civilization）一词，见 *Inventing Human Science：
Eighteenth-Century Domains*, eds. Christopher Fox, Roy Porter and Robert Wolker (Berke-
ley：University of California Press, 1999), p. 20。

的不列颠民族意识中心主义，并且让它扮演这样一个角色，以某种与民众二世党的主张有关的方式干扰基于推测的历史。

我们要说的最后一点是，讨论多个发展轨迹的历史思想承认，暴动的前景是地理的复仇——是空间对时间的又一次胜利——在冰退意义上（即使经过仔细的区分）对抗所谓的自然发展。① 波考克注意到，作为"未被当作专门一类人的"所谓野蛮人有一个主要特征，即倾向于组成民间武装（《野蛮与宗教》第三卷，第 399 页）。因此，"部落精神"不仅是古代的一个难题，部落精神的培养在形式上与不列颠已经意识到的内部边界十分相近，而且也是当前一个非常令人困惑的难题。因为它在当前仍然存在，高地人的勇猛不适合以冰退变化为基础的回顾性历史叙事。将苏格兰放在一个其速度适合追赶欧洲现代性的轨道上，凯姆斯提出，"我们的高地人"（无论"我们的"一词所表示的所有关系是苏格兰人还是英国人）同"古代日耳曼人"有某种亲缘关系（《人类史概述》第二卷，第 352 页）。非常明显的是，对于古代日耳曼人而言，财富等同于战利品。②

但是，苏格兰人和**古代**日耳曼人有一个重要区别。高地人的"部落精神"，按照凯姆斯的说法，一般喜欢"公开战争"，以"个人性的劫掠和报复"伸张正义。简言之，即他们的"尚武精神"，它作为当代的一种公众力量含糊暧昧，又滞留不去，在 18 世纪基于猜测的历史学家中间引发焦虑，也激起敬仰。在"四五年"之后的清理过程中，不是因为南部的地主，在很大程度上是因为高地人曾经服役，他们才可能获准移民，这次是服从不

217

---

① 关于地理的作用以及对历史进步的抗拒，亦见 Penny Fielding, *Scotland and the Fictions*。

② 塔西佗的基于猜测的历史其历史根源在这种关系方面可以追溯至野蛮阶段和战争。见 Andrew S. Skinner, *A System of Social Science: Papers Relating to Adam Smith* (Oxford: Oxford University Press, 1979), p. 14. 更多关于基于猜测的历史的希腊—罗马根源，见 Pocock, *Barbarism and Religion*, Vol. Ⅳ。

列颠的**统治**。①

关于战争的联想既满含古代的美德，同时也受到现代奢华和冰退历史带来的进步的威胁，因此非常复杂。这绝对是因为这样一个事实，即高地人的"尚武精神"——在非常近的记忆中——既和明确的反英事业联系在一起，也和能够善加利用服务于帝国的扩张联系在一起。高地人从"野蛮人"，粗鄙无理，浑沌退化，毫无理性，被改造成为古代美德的典范，值得善待，不过要看过去的族群纽带和遥远时代的英雄行为如何按照一种在历史意义上有用的方式来叙述。它有赖于战争的美德是否有助于超越商业社会暂时的社会关系，同时又不将它们抛弃。

詹姆斯·麦克弗森（James Macpherson）那本臭名昭著的《奥西恩诗集》（*Poems of Ossian*）出版于 1760 年到 1763 年间，它让我们看到，如果尚武精神不能在现存的历史记录中得到认同，那么基于猜测的历史便尽可以陶醉在纯粹是它发明出来的东西中。在这本《诗集》中，奥西恩关于 3 世纪芬格尔战争（wars of Fingel）的近 10000 行诗既可以看作是一个年代史，也可以看作是在歌颂旧日尚武精神对新出现的英国式贪婪的反抗。② 在反映古代苏格兰人和皮克特人时，斯密注意到，那"两

---

① 关于高地地区和军队征兵，见 Juliet Shields, "From Family Roots to the Routes of Empire: National Tales and the Domestication of the Highlands", *English Literary History* 72, No. 4 (2005), pp. 919–940。关于清理及其对高地地区经济现代化的影响，见 Eric Richards, *The Highland Clearances: People, Landlords, and Rural Turmoil* (Edinburgh: Berlinn, 2012), pp. 3–12。关于代表英帝国的高地军事行动，见 Andrew Mackillop, *The People's Clearance: Highland Emigration to British North America, 1770–1815* (Edinburgh: Edinburgh University Press, 1982); and *"More Fruitful than the Soil": Army, Empire, and the Scottish Highlands, 1715–1815* (East Linton, Scotland: Tuckwell Press, 2001)。Robert Clyde 记录下了更多关于高地士兵在克莱德的行为的批评性言论，*From Rebel to Hero: The Image of the Highlanders, 1745–1830* (East Linton, Scotland: Tuckwell Press, 1995), pp. 1–17。

② 关于对英国军队中高地新兵的奥西恩式美德的赞颂，见 Shields, "From Family Roots", pp. 925–927。

个民族，正如我们在奥西恩的诗歌中所看到的，处在和美洲同样的状态"（《法理学讲稿》A，第239页）。斯密在《国富论》的一个早期手稿中说，"我们在奥西恩描写的所有人物身上发现了绝对的雷同"（《国富论》片段的"早期手稿"第573页）。尽管它们作为他的一个一般性习惯其真实性仍然存疑，但休谟确实为了它们的出版给出版商斯特拉罕（Strahan）写过一封介绍信。约翰逊不久便称麦克弗森是一个"江湖骗子"；但是尚武精神的理想与弗格森和凯姆斯提出的冰退模式贴合得天衣无缝，使得某种怀旧的原始主义能够顺利通过历史逻辑的检验。尽管早在1766年，在苏格兰古文物研究者中间便出现了认为奥西恩是"纯粹的现代作品"的严肃批评，但爱丁堡高地学会（the Highland Society of Edingburg）直到1805年才宣布麦克弗森的所谓发现是一件历史赝品。①

　　在宣称奥西恩是"卡里多尼亚（苏格兰在历史或诗歌中的别名。译者）最著名的游吟诗人，就如同希腊的荷马"（《人类史概述》第一卷，第216页）这件事上，凯姆斯被认为是特别起劲儿的一位。但事实上，关于奥西恩是否只存在于想象中而非一个真实存在的历史人物，凯姆斯的态度并不明朗。他很谨慎地保留了——尽管是在可能性这个特定的范围内——想象在传统应218 该如何被记忆中的作用。"我甘愿把所有的优势都放在不相信者一边"，他写道。但是，

---

① 1766年，盖尔语学者Charles O'Connor试图揭露奥西恩的真实性。他基于1775年一本新书中的批评做了扩充，这本书是 *Dissertation on the Origin and Antiquities of the Ancient Scots of Ireland and Britain*. 这本书被Thomas M. Curley引用于 *Samuel Johnson, the Ossian Fraud, and the Celtic Revival in Great Britain and Ireland*（Cambridge, UK：Cambridge University Press, 2009），p. 151. 更多关于O'Connor的材料，见Curley书中 pp. 123–156. 更多关于Johnson的材料，见Curley这本书的最后两章。亦见 Howard D. Weinbrot, *Britannia's Issue：The Rise of British Literature from Dryden to Ossian*（Cambridge, UK：Cambridge University Press, 1994）。

假设奥西恩的作者是一个晚近时代的人,受过现代教育的陶冶;即便如此,他也是一个奇迹,任何一位古代或现代的作者都难与其匹敌。(《人类史概述》第一卷,第216页)

而且,因为"奇迹"显然不是基于猜测的方法所需要的材料,

(赝品的)极端荒谬便显而易见,所以,无论多么不情愿,我们还是被迫相信,这些风俗习惯不是虚构的,它们事实上是他的国家的风俗习惯,或许根据史诗作者的喜好有所渲染或小小的拔高。而一旦承认了这个事实,便可以毫不犹豫地将这部作品归于奥西恩。(《人类史概述》第一卷,第216页)

因为凯姆斯极力要使奥西恩的神话为18世纪的历史"信念"服务,所以,接下来是决定性的一步——细读——它让我们想起文学评判中的**定性**衡量,我们参照小说过**量**的"数字"描述过这种衡量:"我们将得出一个怎样的总体性结论?因为心灵不可能永远处在悬置状态。因为纯粹的理性已经让我们陷于两难,品位和感情或许可以让我们抽身。"他继续道,"让人自己选择站在哪一边吧"(《人类史概述》第一卷,第217—218页)。

这里的重点不在于奥西恩是否是一个真实的历史人物,而在于麦克弗森的诗是否为了某个特殊的当代目的保留了"尚武精神"。这个当代目的就是延续那些记忆,它们使得历史学家能够"在整体上"看待人类,因此不会被某个关于"野蛮的"高地文化的不同历史所分化——不用管二世党人的主张——它会以另外的方式要求"人选择站在哪一边"。我们在这里以这种方式使用"历史"一词,它绝对是从文学评价方式中分离出来的,是一个

专门化过程，苏格兰历史学派才刚刚开始设计这一过程，但是，在我们这么做之前，我们需要记住，休·布莱尔承认，奥西恩的诗歌是苏格兰文学作品中的佼佼者，是优雅品位的权威，1762—1783年间在爱丁堡大学，修辞与纯文学中占据头把交椅。与斯密、凯姆斯，以及其他爱丁堡文人一样，布莱尔也是扑克俱乐部成员，其目的之一是鼓动对苏格兰民间武装的支持。布莱尔1763年的论文《评〈奥西恩诗集〉》（*A Critical Dissertation on the Poems of Ossian*）维护这部作品的真实性，不同意约翰逊和其他人对它的非难。它被附在1765年后出版的每一个版本的《奥西恩诗集》上，为的是赋予该作品一种可信性。

凯姆斯在他自己对奥西恩的评价中做了一个修辞上的转移，即布莱尔显然欣赏的是，正如他承认某种根据定性逻辑对过去做出的主观性理解——完全包含在基于猜测的历史中——优雅的文学品位。凯姆斯在《人类史概述》中所说的"整体"很明显是一个概念性的整体，它指的是"人"的历史，现代的、商业的，而且在某种隐秘的意义上，是**英国**"人"的历史，或者是人的历史，在将这个世界同高地地区平息之后的状态作了比较之后，这个人被当成英国人。这显然不是疑惑重重的"人"，疑惑源自英格兰与苏格兰的冲突中战事的复杂性——一个比奥西恩所展现的离现在更近、更没用的过去。依照某种时间策略，这个"整体"形成了，它在"感情"层面上让未来的力量和反对战争的人平静下来，它更加温和，更加古典，它的目的就是武士精神不再迷失，让我们脱离某种民族形式的焦虑，在这里叫作"悬置"。

凯姆斯支持对高地人的"镇压"，因为这样使他们担负起"工业"任务，同时又哀叹苏格兰失去了"战争艺术"的独特才能（《人类史概述》第二卷，第501页），这一点很有启示。与我们在上文谈到布莱尔时提及的扑克俱乐部一样，他和他的同道坚持那个（不成功的）提议，即支持苏格兰民间武装，这个提议一开始便于1708年被英格兰议会否决。凯姆斯希望"给予每个郡某个特定阶层的地主一种特别的待遇，从比较低的阶层征募兵役，将那些在家里无所事事的人挑去当兵"（《人类史概述》第二卷，第504页）。相当于用凯姆斯所希冀的"仁慈"作为一个联合起来的民族意识的基础，他同时也希望战争艺术，爱国主义士兵的袍泽之谊，以及自我牺牲能够与"商业国家的危害……（在这种危害中,）每一个偶然事件都能让他站不稳脚跟"，（《人类史概述》第一卷，第333页）形成必要的对比。

在这里，我们也要回忆一下菲尔丁。汤姆·琼斯漫无目的地从萨默塞特郡朝布里斯托走，他遇到了一个连的士兵在向南行军，他们打败了"四五年叛乱的叛匪"，此番遭遇为这位18世纪小说的第一主人公提供了一个机会展示"他气质中的某些英雄元素"。[1] 凯姆斯以赞赏的口吻引用菲尔丁。对这二人来说，奢华难题被写成对"较低阶层"的流动性和行为方式的一种特殊关心（《人类史概述》第二卷，第426页），是一个需要用大剂量的爱国主义来治疗的问题。汤姆热情的拥抱——以及他最终效忠于——"自由的伟大事业和新教"就是一个很能说明问题的例子。[2]

220

凯姆斯在思考金钱打破了古老的等级平衡之后产生的政治影响。与约翰逊一样，他将奢华享受这样的幸运与呼吁维尔克斯骚乱（Wilkes Riots）中所表达的民权联系起来。纯粹的"私人利益……（和）个人的满足"在凯姆斯看来是"大多数人的心声"（《人类史概述》第二卷，第426页）。他因此非常担心"因不公平的分配满溢而出的财富"以及这种新式的不公平

---

[1] Henry Feilding, *Tom Jones* (Oxford: Oxford World Classics, 1998), p. 336.

[2] Ibid.

如何"让人为的不满足不断增长，越过所有的界限"（《人类史概述》第三卷，第 780 页）。市场固有的种种不公平在 1688 年之后的岁月里在苏格兰尤其明显，这些不公平以及 1707 年联合之后的各种不公平在凯姆斯眼里可能带来各个方面的毁灭。解除《航海条例》之后，苏格兰港口上烟草大亨的崛起产生了先前未曾有过的财富差距。尽管斯密拥护与生活价值相匹配的工资——"处于那些大佬和最不幸的人群之间的群体的利益在逐渐下降"（《法理学讲稿》A，第 196 页）——但他同时坚持认为，压制……过度增长的财富可能是有害的（《法理学讲稿》A，第 197 页）。凯姆斯认为，太多的金钱集中在极少数人的手上就是在"滋生奢华、淫荡和自私，这些欲望的满足都以公义为代价"（《人类史概述》第三卷，第 780 页），它们应该通过道德而非物质方式加以遏制，斯密也持同样的看法。不仅如此，贫富之间的差距过大所产生的威胁是"摧毁爱国主义"；凯姆斯则用不十分确定的口吻继续说道，"民毁于奢"（《人类史概述》第三卷，第 780 页）。

对不受任何束缚的商业社会的这番控诉之后的几个段落使得我们能够更进一步探讨财富导致的个人道德腐败与国家安全及适当立法之间的关联。斯密的冰退叙事在《法理学讲稿》中带着"人类……在公民社会之前"走过社会和经济发展的四个阶段，这一点世所共知。我们特别要强调的是，对斯密而言，自然社会的疾患之一就是财富的平等等同于社会（或前社会）的暴力横行，即使不是永远横行，他将这种暴力等同于战争（《法理学讲稿》B，第 397 页）。

在"某种粗鄙野蛮的状态中"，那是猎人的时代，没有"严格意义上的政府……有的是无尽的战争"（《法理学讲稿》B，第 522 页）。斯密注意到，在发展的第二个阶段，开始了"牲口和家禽的私占……财产的不公平"也出现了。不仅如此，势均力敌的暴力也以某种特殊的战争形式断断续续地反对财产的不公平:"到财产出现之时,仍然没有政府,结束这种状态是为了保护财产安全,保护富人不受穷人的侵扰"(《法理学讲稿》B,第406页)。但是,斯密并不想看到战争简单地消失。"商业的恶劣影响,"他写道,"消磨了人类的勇气,而且可能使尚武精神不复 221 存在。"因为"讲究奢华,(男人)没有了男子气概,变得卑鄙懦弱"(《法理学讲稿》B,第540页)。在认同冰退的历史学家中间,斯密非常有代表性地谴责"富人""没有拿出土地……没有实现招募雇用兵和地痞无赖投入战争"(《法理学讲稿》B,第412页)。

我们已经说过,苏格兰落在了资本主义发展这个当代历史阶段的后面,这一特殊地位同时意味着苏格兰人保留了一种权利,不管苏格兰历史学家发现它有多棘手,这一权利就是民众的反抗和议会外的反政府斗争。休谟在1549年将这看作是"民众开始起来……反对圈地"(《英国史》第三卷,第371—373页)。休谟担心清教徒的平等运动和民众二世党人会联起手来。詹姆斯六世治下动乱的源头其根基就是他十分荒唐地"支持苏格兰人的尚武精神"(《英国史》第三卷,第208页)。詹姆斯手下"狂暴不安的贵族"让高地人始终处于"一种好战态势"(《英国史》第三卷,第349页)。

斯密进一步厘清了苏格兰在历史上的落后地位与民间人员暴力之间的关联,他指出,"如果粗鄙野蛮的民族比邻而居,他们(文明国家),即英格兰,可以按照比较宽松的比例招募他们入伍……荷兰人在苏格兰就是这么干的"(《法理学讲稿》B,第415页)。他是在1766年讲的这段话,当时,高地军队正是以这种方式被用于扩充和保卫英国殖民地。斯密很清楚,"佃户使用铁犁耕种……在苏格兰高地的某些地区"仍然难有改善(《法理学讲稿》B,第464页)。

在斯密那个年代，"邻近地区"**仍然**处于粗鄙野蛮状态，这造成了两个彼此相悖的后果。首先，人们认识到商业社会可能创造种种条件，在那些条件下，财产安全可能受到资本主义成功的威胁。富人正在承受奢华带来的毁灭性影响，使得他们像武士一样束手无策，将战争丢给无赖，或者更糟糕的是，丢给暴徒。其次，即使在社会发展的第二阶段已经开始有财产安全，人们之间所谓的战争仍然是一种趋势，在后来的历史阶段，是穷人针对富人的战争。这类暴力必须加以教化，必须加以疏导，休谟和斯密仍然保有的一线希望是，1688 年之后，因为有了一个以商业为导向的中央集权国家，这一点可能得以实现。斯密写道，"无论商业在何时被引入哪一个国家，诚信和守时都会同时而至"。在同一个篇章里，他说道，英国人表现出的这些品质，"比苏格兰人多得多"（《法理学讲稿》B，第 539 页）。在这个历史阶段，苏格兰绝对不**守时**。休谟关于"群众的怒火"产生了一个"永久性雷区"的论述既消耗了"尚武精神"，同时又模棱两可地倡导这种精神，在两方面他确实都做到家了，这个雷区或者以某种"潜在的"形式埋藏在历史内部，或者爆发，令人"大吃一惊"。

在休谟和斯密关于"反抗的权利"的论述中都能看到这种含糊其辞。休谟说，这个权利"为每个主体所拥有"（《论原始契约》［Of the Original Contract］第 469 页）。斯密也相信对查尔斯一世和詹姆斯二世的反抗是正义的。他有些惶恐地说，"在内战时期和克伦威尔篡权期间，反抗政府的权力在多大程度上是合法的成了一个问题，（因为）大众原则是国王只是管家而已"（《法理学讲稿》B，第 429 页）。不仅如此，他还认为，"因为革命……斯图亚特家族被扫地出门，这一结果有非常正当的理由"，即，因为"执政党坚信国王是绝对的"（《法理学讲稿》B，第 429 页）。休谟说，"对他们，必须强烈反对"，尽管他也警告说，这必须要"在极为紧急的情况下才会被承认"，而且"我（休谟）始终倾向于他们（政府）一边"。① 尽管事实是1688 年所谓的不流血革命之后，"（仍然）有革命的风险"，即使"主体必须有反抗的权利"，斯密仍然坚持"**现在**不能这样做"（黑体为我们所加，《法理学讲稿》A，第 316 页）。

不赞成**马上**反抗的观点其基础是法理学发展的最新成果，旨在阻止民众卷入国内战争。通过"（用）通用原则或大众利益弥补权威原则"，据说在"一般意义上的政府（和）每个个人的安全与独立"之间建立起了一种平衡，即使许多个体聚众闹事已经证明那个平衡并不稳固。不仅如此，在斯密看来，服从表现出的是规矩得体，不服从表现出的是不理性（《法理学讲稿》A，第 318 页）。这就是"我们天性当中的服管性"，它是随着公民社会和基于财产的法律发展这两个同时发生的进步而形成的（《法理学讲稿》B，第 543 页）。休谟同样将过去独裁政府的种种违法行为和政府的直接作用加以对照——或者更确切地说，以带有某种**直接**含义的行动为参照——坚持认为可以有效地用"习惯"取代对法律的服从。因此，我们或许可以简单地称休谟和斯密的政府主体是一种**间接**主体，因为他们都反对"现在"反抗，意为反抗不应该发生在现在。

历史本身在这个斡旋中扮演了一个角色，在它给人们的教训中，既反对也支持过去的若干民众暴力："共和派作家"。休谟和斯密都极力回避这个称号，"根据经验，历史是不合理的，在世界上的任何时代和任何国家都是如此"。② 历史既在宏观层面也在微观层面被运用，只要我们明白它同休谟称为**间接**知识的哲学之间的联系。关于统治主题，在宏观意义上它适用于英格兰历史，即

---

① David Hume, "Of Passive Obedience", in *Essays Moral*, *Political*, *Literary*, pp. 488 –492. 具体见 p. 490 和 p. 492。

② Ibid., p. 471.

使并不适用于"世界"历史，休谟已经说得很清楚，它叙述了各个阶段，在这些阶段中，"群众的怒火"在威廉莅临之后得以消除（或者更具体的原因是安妮女王颁布了《取缔暴动法》）。在主体使自己服从管理这个微观意义上，在类似的时间性基础上，历史是适用的，表现为"习惯性的，以及……自发性的，因此是**带有危险性的**默许"（黑体为我们所加，《论原始契约》第 469 页）。

我们强调"带有危险性的"这个词语是为了表示休谟和斯密如何既承认又剥夺反抗的权利，不管它在他们那个时代已经发挥了（或者更准确地说，**正在**发挥）怎样的作用。这就是为什么他们二人都不厌其烦地对霍布斯关于人民与君主的契约的思想提出异议，同时又选择依赖主体化——因此是**间接的**——形式的"统治力"（governability）（斯密的原话），而不是纯粹司法形式的统治。还是要引用休谟关于习惯的说法，"服从或顺从变得十分熟悉，所以大多数人从来不曾探寻或追问其原因"。而且，他再次强调历史的指导作用，他写道："一旦他们知道……他们的祖先多少代，或者自古以来，就臣服于某种形式的政府……他们马上便默认了。"① 就这样，一旦这个"知道"以合适的方式完成，记忆就变成了服从管理的"习惯"。休谟告诉我们，霍布斯在提出那个危险的命题，即"人民……是所有权力和立法的源头"时省略掉的恰恰是这一点（"论原始契约"第 468 页）。若果真如此，他们便会将暴力掌握在自己手中，随时反对政府。在这样的时刻，"持续的暴力便会**由**国王来施行"，就像斯图亚特一样，这个时刻最终会作为已经消逝的过去的一部分归于沉寂。

休谟认为霍布斯提出的"原始契约""出现在书写和生活中的所有其他文明技艺之前"（《论原始契约》第 468 页）。在它出

----

① David Hume, "Of Passive Obedience", in *Essays Moral*, *Political*, *Literary*, p. 470.

现之后,才有了,再用一次那个词语,**干预**,对统治力而言,历史编纂比单纯的法律贡献更大。"主体默默地保留了反抗其君主的权力"(《论原始契约》第 466 页),休谟更喜欢哲学家的天赋特权——我们跟着休谟在前文中称为"无动于衷"——"迟疑……保留"和"对众人的嘲笑……(他们)都不适合作法官"。[①]关于"查尔斯的悲剧性死亡",休谟勉强承认,"如果曾经有过这样的事,在任何情况下,对民众隐瞒事实真相都是值得赞美的;必须要承认的是反抗原则提供了这样一个例子"(《英国史》第五卷,第 544 页)。

　　休谟和斯密都承认,人民的愤怒这种霍布斯式的爆发在未知的未来永远都不会是完全不可能的事,它和较低阶层群体用另外的方式思考一样重要。休谟说,"被放逐的(斯图亚特)家族声称","我恐怕(他们)尚未成为过去:谁能预言,他们未来的努力不会造成更大的混乱?"[②]因为社会混乱从来不是以它成为"过去"而得到完全的平息,它**或许**也可能就是"现在",也许表现为哲学无法接受的方式。如果休谟意欲"对民众隐瞒事实真相"是认真的,那么,很显然,平民百姓就必须被排除在历史之外,而休谟又承认历史也是他们创造的。他喜欢"惟有服从的原则应该被反复灌输",而不是"反抗的原则",而且"历史为未来……提供了例证……不赞成反抗和废黜王权"(《英国史》第五卷,第 544 页)。

　　斯密同样也说道,"没有哪一个政府是完美的,但是接受某些不当之处总要比力图反对它更好一些"(《法理学讲稿》B,第435 页)。不过,如我们已经看到的,休谟最基本的哲学观点是预知永远都没有坚实的基础。因此,对斯密而言,即使在公民社

---

①　Hume, "Of the Protestant Succession", in *Essays Moral, Political, Literary*, p. 507.

②　Ibid.

会时代，或者说得更准确一些，因为它的原因，"更多的法律和规章"，以及"最严酷的惩罚"都是必要的。只有这样，我们才能"确保富人的财产不受穷人的侵犯"，他们可能反过来"借助公开的暴力"继续他们的行动（《法理学讲稿》A，第208、210页）。独裁暴政或财富持续的不均衡都会使斯密所说的"不当之处"有可能变本加厉。斯密已经认识到的暴力结果必须要找到另外一种表达方式，它支持商业，保护财产，而且由国家垄断，同时控制资本主义的奢华所带来的不良影响。这便解释了对恢复已经丢失的"尚武精神"种种美德的关注。

在引发争议的反奢华文学与18世纪的战争时期和经济威胁之间存在着历史对应，注意到这一点非常有趣。西班牙王位继承战争、南海泡沫事件、奥地利王位继承战争、"四五年"、七年战争、美国革命、法国革命，这些事件与突然爆发的对商业消费主义的焦虑同时发生。[①] 上文中凯姆斯对"公义"一词的用法便透露出奢华与国家安全之间的对立。

问题是凯姆斯相信，英国的国家安全和在苏格兰人中间保留"战争艺术"二者可以作为一种爱国主义的约束形式并存，以抵制市场经济卑劣的自我利益。他认为二世党人的主张在这种语境中是令人反感的，除非它在其最后的——最少暴乱性质的——形式中归化于纯粹的政治进步追求。一个前二世党人成了保守分子，凯姆斯哀叹爱国主义的荣耀惨遭抛弃，他使出撒手锏，就像他眼中"四五年"落败之后的议会政治的表现。因为永远放弃了暴动，"二世党人……没有前景，只能（为）自己保持一些公义……（他们）不费吹灰之力，"他讥讽道，"便背弃了对现政府的誓言"（《人类史概述》第三卷，第782页）。具有讽刺意味地，此处为之感伤的东西——为了短视的一己私利而放弃了

---

① 见 Spadafora, *Idea of Progress*。

"尚武精神"——因为同样的商业发展已经丧失殆尽,以其他方式写成的冰退历史就是为了支持这种发展。但是,一直被支持的东西不是不加限制的商业主义——而是尚武的美德——它一开始便和导致卡洛登战役的现代性过不去。

面对富人与"战争艺术"之间令人沮丧的对立,凯姆斯对那个公开的问题最终做出了一个过于乐观的回应,那个问题是无论"尚武精神"是否能够遏制奢华,如果不能,离开大多数人无意导致的大量暴力,这些人要么被边缘化,要么被贪婪的暴力所清除,以市场为基础的社会是否能够继续存在?关于尚不能称作阶级战争的事物的未来状态,只有这一次,凯姆斯拒绝"沉溺于猜测"(《人类史概述》第二卷,第556页)。的确,正是在这里,他坚持时间智能(temporal intelligence)的局限性,而且限制历史概率的种种要求。他打出的王牌是自愿接受的人不知道:历史进步计划是一种巧合。很奇怪地,说到对于不加限制的商业主义未来的思考,凯姆斯拒绝对在暴乱之后会是这个显而易见的灾难的哪一个阶段做任何思考,他所写的历史已经对那个暴乱作出批评。

以"天意的分配"为基础,凯姆斯越过认识论,趋向神义论,目的是找到一个方法,不是去猜测商业化的未来阶段,因为它继续在向他间接提到的可能最终是悲剧性的道路走去。"作为在因果知识中成熟起来的人,"他写道,"一个具有监督管理能力的、大写的人的仁慈和智慧越来越清晰可见。那个过程是多么令人愉悦!……它对人是多么有助益,对其他人而言是多么轻松自在,他们相信一切存在的都是最好的!"(《人类史概述》第二卷,第370页)凯姆斯在这里引入了一个不是非常有力的神义论来取代基于猜测的历史,不管它多么"令人感觉轻松自在",无论他用感叹号如何加以强调,前提是冰退式思维可以抵制某种未来,在那个未来,暴力将交还给"人民",而且商业主义走上 226

正轨。在这个意义上，对神意的依赖成为了这位基于猜测的历史学家拒绝进行任何思考的理由。休谟所说的暴动的"雷区"是"永久性的"，这或许比他或凯姆斯能够了解得更接近真相。我们后面将会看到，与休谟截然不同，凯姆斯所提出的是斯密的"看不见的手"（关于此，下一章又更多内容）的凯姆斯版。他希望——也担心——"战争艺术"的枯萎，与他的这一愿望相悖，对于社会的商业阶段的怀疑主义微光（批判是一个太过强悍的词语）变成了对一个以市场为基础的当下的"信赖"，这种信赖是出于巧合，这个当下也充满危险。各种商业结果因此不仅是规划之外的最好结果，是留给朱庇特、留给市场的阴谋诡计、留给沉默的上帝来决定的。而且很明显，这些结果一定是自视甚高的人类思想未曾注意到的。

凯姆斯对于"尚武精神"态度暧昧的关注中还有一个方面我们应该进一步探讨。这会突显战争在冰退历史中的永久性，冰退历史所描写的最高阶段是商业阶段。在前文中，我们已经提到二世党人与古代以色列人有种种联系，在 18 世纪很容易找到类似的例子，而且这一点放在支持遭流放的斯图亚特的人身上也同样正确。例如，在苏格兰议会解散期间发生的闹剧中的贝尔海文勋爵，还有反对二世党人的人士，如菲尔丁、罗伯逊和凯姆斯，他们都撰文支持联合。与皮托克一样，我们也注意到，苏格兰模式的犹太人预言传统专注于灾难、流放和尘世的斗争。"刚愎自负的犹太人声称全能的上帝是他们的庇护神"（《人类史概述》第三卷，第 816 页）。"庇护"（tutelar）一词在 16 世纪早期进入到英语当中，源于拉丁语的 tutela，字面意义为"保持的"，固守某事物，使其抗拒历史变化。这个词语当然与"庇护"有明确的关联，它是一个与君主联系在一起的词语，例如，在国王的（或者在这里是安妮和伊丽莎白，即女王的）庇护下。

我们在这段引自凯姆斯的话中进一步看到，这个词语的关

键点在于谁的庇护神这个问题:"平民百姓",或者最后证明
是,有产阶级。但是,同样有争议的不仅仅是**谁**有资格声称拥
有上帝的庇护,更重要的是**何时**、**何地**这个庇护可能显现。在
这里,我们看到空间难题与时间解决办法同样发生了合并,我
们在苏格兰的野蛮性这个问题上已经认识到这一点,对英格兰
而言,这种野蛮性是与生俱来的。关于**何时**上帝的庇护会显现, 227
凯姆斯讨论这个问题的角度是谁具有更好的——他称为最"纯
洁的"(《人类史概述》第三卷,第 816 页)——预言传达力。
凯姆斯回答这个关于**时间**或不可知时间的问题的方式是压制某
些**空间**现实,而这正是我们在上文提到的地理的报复这个思想
的含义。

　　1749 年,正如南华克(Southwark)一尊犹太人塑像被烧毁
这件事所揭示的,所谓的《犹太法案》(Jew Bill)在大城市的
各商业中心引起极端的敌意。在这些商业中心,犹太商贩公开在
市场上出现。《犹太法案》1753 年获得皇家批准,允许犹太人成
为当地居民。[1] 在坚持宗教宽容这一价值观的同时,凯姆斯拒绝
接受犹太人的上帝的正义观念,因为它与俗世关怀的联系太过紧
密。他不认同他们的从流亡中——没有土地和财产的状态——获
得救赎的思想,因为它太具体,太现世。"犹太人,"他继续道,

　　(在)他们对于庇护神的卑贱且不纯洁的观念中……他们相
　　信有一个预言……弥赛亚将亲自来到他们中间,来恢复他们
　　的王国。基督徒对预言有不同的理解,即,许诺下的王国**不
　　在这个世界**。(黑体为我们所加,《人类史概述》第三卷,
　　第 816 页)

---

　　[1]　Rogers, *Whigs and Cities*, p. 383.

我们已经提到，关于天意这样一个神秘（和不可知的）计划的执着如何同斯密提出的政治经济联系起来，在下一章将做更多的讨论。现在，我们一个非常有限的目的是理解未来性，冰退历史的猜测模式如何同商业社会和战争艺术之间的张力联系起来。

依然引用凯姆斯的话，"那个不听话的民族（犹太人；但是希腊人的名声也不好）不遵守（礼拜）习俗的纯洁性：他们在不知不觉间便坠入到这样一个观念中，即他们的上帝是一个**唯利是图的**存在"（黑体为我们所加，《人类史概述》第三卷，第843 页）。所以，"庸俗的"预言传统便和战争联系在一起，更"纯洁的"传统不是这样的。但是，这样解读凯姆斯未免太过简单：天上的上帝与其说是一个和平之神，不如说是一个沉默的神，这个神不站在任何一边，尤其在涉及人间的不公平以及在"现在"这个**直接**意义上。如我们在罗伯逊和凯姆斯赞同有利于苏格兰牧师的赞助制度这个例子中所看到的，这也是位私有财产之神，这么说一点也不夸张。凯姆斯在其基础上就存在一个悖论，即他的上帝所保护的体系正是他最初担忧的根源。

总结一下预言传统如何同战争联系在一起，尤其是它存在于基于猜测的苏格兰历史学派内部，波考克的大作《马基雅维里时刻》（*The Machiavellian Moment*）非常有用。按照我们上文一直遵循的脉络，他对事件如何变得可以理解进行了比较，他所使用的方法是区分古董哲学和墓葬哲学的方法，如此区分古董哲学和墓葬哲学便产生了历史上不同的自我理解。[①] 马基雅维里之所以是波考克仍然十分重要的论点，关键是因为美德和命运以一种独特的方式不期而遇，这带来了一个政治问题而非宗教问题。在波伊提乌（Boethius）看来，举个例子，"关于具体事物的知识

---

① J. G. A. Pocock, *The Machiavellian Moment: Florentine Political Thought and the Atlantic Republican Tradition* (Princeton, NJ: Princeton University Press, 1975), viii.

都是有条件的,有偶然性和时间性。其基础是理解者转瞬即逝的身体所获得的感官认识"(《马基雅维里时刻》第 4 页)。最重要的是,这种关于命运的身体—知识是"神义的,而非政治的",而且"是哲学性和思想性的,而非政治性和行动性的"(《马基雅维里时刻》第 38 页)。与神义论中的时间性观念相反,马基雅维里的新君,与休谟的伊丽莎白一样,是一位政治革新家:美德被定义为与命运同气相投,因此被置于规范之外。

马基雅维里的统治者—兼—革新家培育机会作为一种战略计划,将其完全包裹在国家安全——或反对暴动——的外表中。美德与命运这一独特的结合钩沉到前者更早的(意大利的)意义,即拥有知识或专门知识,而不仅仅是了解道德上的可耻行为。这与凯姆斯对尚武美德和资本主义奢华之间的关系的暧昧态度形成巨大反差。波考克指出,"行动者的行为科学",根据马基雅维里的观点,"由他们所拥有的权力"来定义。美德和命运之间的相遇在这里成了"一个战略难题"(《马基雅维里时刻》第 166页),对此,凯姆斯以天上的上帝之名陷入沉默。"预言家,"波考克提醒我们,"需要宝剑,因为他们是革新家"(《马基雅维里时刻》第 171 页)。但是,我们已经看到,凯姆斯的上帝不仅手无寸铁,而且消极无为。

波考克确实提到弗格森的《文明社会史》(*History of Civil Society*)同样独特的地位,但没有对凯姆斯进行解读。弗格森是一位讲盖尔语的高地人。1745 年,他是苏格兰高地警卫团的随军牧师,尽管他站在英国政府一边。他被挑出来,因为他被认为"在苏格兰人关于这个主题(关于商业社会的悲观主义)的论文中观点最接近马基雅维里"(《马基雅维里时刻》第 499 页)。弗格森的冰退历史赞成"从一个以原始美德(和)极高的稳定性为标志的武士社会向一个商业性的、优雅的、人道的社会转变"(《马基雅维里时刻》第 499 页)。波考克也间接提及尚武美德的重要性，它是冰退历史一个最基本的哲学考虑，他由此打开了一条通道，可以重新审视那种叙事的线性特征：尤其是，基于猜测的思想如何——或者更可能是**或许不能**——延伸至未来。

弗格森也在焦虑地思索着财富的不均。[①] 与凯姆斯和其他人一样，他在其《文明社会史》中提出了我们现在能够看到的一些评论，关于野蛮人和时间，这些评论在冰退历史中很普遍："野蛮人的环境……根本不是一种永久的地位，而仅仅是一个阶段"，他写道（《文明社会史》第 14 页）。"卡利比人（Caribees）……不学习科学，也不追求普遍性原则"（《文明社会史》第 88 页）。很特别的是，"在丛林中捉到的野人……总是和他的同类分开生活……（他是）一个特例，不是任何普遍特征的代表"（《文明社会史》第 9 页）。野蛮状态是一般人类环境的一部分——既是这个族类过去的一部分，而且对于西印度、北美、更麻烦的是还有英国国内而言，也是现在的一部分——是我们已经论及的一个观点。弗格森的历史更有趣的一面是野蛮人所缺乏的归纳能力恰恰是历史学家必须要培养的。他宣扬用某种分类型的办法来解决野蛮人欠发达这个时间上的反常现象，这种办法将"野人"包括在"人类"范畴之内，在之前的段落中，弗格森对历史写作本身做了补充说明和限制。

将人划为一个普遍的种类与最终将小说和历史做种种划分一样重要，弗格森警告我们不要"混淆想象和理性，诗歌和科学"（《文明社会史》第 8 页）。"自然历史学家认为自己必须收集事实，不能有猜测"（《文明社会史》第 8 页），他继续道；在其他地方，如果

---

① 关于弗格森对历史进步中的启蒙信仰的批评的进一步论述，见 Iain Mc-Daniel, *Adam Ferguson in the Scottish Enlightenment: The Roman Past and Europe's Future* (Cambridge, MA: Havard University Press, 2013)。

我们没有记录⋯⋯我们常常被引诱进入无边无际的无知或猜测当中⋯⋯我们被它的精妙所蒙蔽,它承诺会弥补我们知识的每一个缺陷,而且通过填补自然故事中的种种空白,假装引导我们的理解更加接近存在的源头。(《文明社会史》第12页)

弗格森对于用"纯粹的猜测""填补空白"(《文明社会史》第76页)持怀疑主义态度,其中有一个很有趣的地方,那就是适当的历史知识所面临的风险在历史学家眼里和在所有人眼里是一样的,因为它就是在重重危险中穿过各个历史阶段。我们将看到,与凯姆斯不同,在弗格森笔下,尽管有一些关于想象的补充说明,他还是愿意冒那些风险来推测一下商业社会的未来,不管那个未来多么冷酷。

弗格森的叙事中很有挑衅性的是,即使在社会发展的最进步阶段,野蛮状态也从未被完全贬入已经消逝的过去,而且在未来可能比大多数基于猜测的历史学家所愿意承认的更靠近现在。弗格森的历史有很多是关于现在的。我们将会看到,它对于同样一个灾难性的未来是开放性的,以此为参照,弗格森乞求天道以超越我们的历史视野。弗格森非常清楚地在强调野蛮人的尚武品格,他不想看到因为一心一意追逐奢华和财富而导致这些品格的消亡:

如果从世界每个角落搜集到的最早**和**最近的叙述都将人类的聚集表现为以军队和群体的形式⋯⋯(而且)被投入回忆和预测活动中⋯⋯这些事实就必须被当作是我们所有关于人的思维的基础。(黑体为我们所加,《文明社会史》第9页)

弗格森在将"军队"作为人类的一个永恒特征时所发现的"情感"是否是在呼唤绝对的"尚武精神",这一点还不是特别清楚。在对霍布斯的观点表示异议之前,弗格森用了好几段文字进行铺垫,霍布斯"让自然状态处于持续的战争当中"(《文明社会史》第8页)。在理想状态下,而且与苏格兰的道德哲学相一致,这一道德哲学源自哈钦森,经过斯密和休谟的加工,人类具有"友情或敌意混杂不清的性格倾向"(《文明社会史》第9页)。仅凭理性,他便使自己获得平衡,趋向前者,理性也是人类发展各阶段在历史上从一个阶段向下一个阶段转移的唯一途径。

尽管如此,关于历史知识,尤其是我们认识到的那些理性思考所固有的风险,凯姆斯遇到了一个绝对是霍布斯式的麻烦。这首先表现在霍布斯的重要形象上:大众(multitudo)。大众,有时被翻译为"人群",对霍布斯而言(见《论公民》[*On the Citizen*])在字面意义上是一个时间难题。它将过去与未来联系起来,与霍布斯强调契约性义务的首要性一致:"人群不可能做出承诺或达成协议。"① 更重要的是,以契约概念为基础,基于私有财产的国家安全在这个所谓的自然状态中便集中在某种**具体的**危险上:"来自平等的危险"(《论公民》第30页)。与这一危险之间的联系在新兴资本主义社会的冰退语境中一直存在:"那些没有祖产的人不仅要劳作以维生,而且还要为劳作而战斗。"(《论公民》第137页)

在发生于英格兰的同一场清教徒战争这个语境中写作——而且明显反对这场战争,霍布斯也看到国家安全与隐含在时间智能中的大众平等趋势之间的对立。的确,霍布斯抱怨"不断逼近

---

① Thomas Hobbes, *On the Citizen*, eds. Richard Tuck and Michael Silverthorne (Cambridge, UK: Cambridge University Press, 2003), p. 76.

的战争"不停地催促、打乱了他自己的写作节奏(《论公民》第
13 页)。霍布斯唤醒了"疯狂的人们,他们从阅读圣典中为自己 231
积累下神圣的文字"(《论公民》第 136 页),他提出了那个类似
于格言的观点"人要防卫,有两样事物是必需的:**预先警示**和
预先武装"(黑体为原文所有,《论公民》第 144 页)。敌人在这
里就是人间的预言,我们在前面用凯姆斯关于古代犹太人传统的
说法提到过这一点。倘若发生战争,霍布斯提醒我们,"军事行
动如同赌博"(《论公民》第 150 页)。斯密延伸了同冰退历史这
个问题的联系,他用了更有挑衅性的词语"赌徒和野蛮人"
(《法理学讲稿》B,第 451 页)。在《利维坦》一书中,霍布斯
十分谨慎地说,"战争时期"——政府性的风险,以及历史性的
欠发达——在人类关系中非常重要,相对于公开的暴力这个直接
的事实,它更重要的是创造了一个环境,在这个环境中"没有
关于时间的叙述"(《利维坦》第 186 页)。"战争不仅仅是战役,
或者战斗行为,"他继续道,"对时间概念的思考是在战争概念
中进行的。"(《利维坦》第 186 页)

在弗格森看来,时间与战争之间的这个关键联系在他关于历
史方法的讨论中非常明显,他遵循的是和霍布斯同样的脉络,甚
至在词汇上也非常接近。在这里,大众不仅是一个带有机会性的
动力。而且,与休谟联系起来看,群体还能让线性思想的种种习
惯脱离其轨道:"在搜集历史材料的过程中……我们为由具体组
成的群体,以及明显没有连贯性的种种事物感到尴尬"(《文明
社会史》第 21 页);而"科学的目的……正是在群体和各种特
殊情况的合并中……让我们免于尴尬,形形色色的单个事例会造
成这样的尴尬"(《文明社会史》第 21 页)。"单个"事例的地
位相当于野蛮人的"独特性",因为二者都需要在一个或另一个
一般性中进行归类,而且只能以某种特殊的方式通过与时间的合
作来进行这种归类。反常的历史事件必须消解于某个一般的线性

模式中，或者被当作偶然而忽略不计；野蛮人问题尚不是人类成就的支点，在同样的基础上，即对线性时间无用，这个问题必须被贬入无用的过去。

但是，在弗格森看来，历史方法与历史对象之间的这个循环断裂了，因为他始终在关注尚武美德，而且他愿意假设存在一个几乎无法想象的**后**—商业历史阶段。这是他从霍布斯那里借来的第二个思想，我们可以将其添加到大众的持续存在这个概念上。我们在斯密、休谟和凯姆斯那里都看到，尚武精神是一种值得保留的无政府主义，因为它具有道德规范的功能，它承认"财富的不公平划分"和"财产的不公平分配"，而且允许命运的馈赠有"等级区分"（《文明社会史》第152页）。"奢华"，弗格森顺着凯姆斯的脉络，"毁损人的品格"（《文明社会史》第235页）。弗格森将这种对品格毁损的担心间接地同野蛮武士的回归——霍布斯的战争时期——结合在一起以凸显资本主义的灾难。与我们讨论过的其他历史学家不同，"毁损"恰恰是弗格森的历史为他的读者所指引的方向。他没有停留在凯姆斯对天意的信念所带来的轻松自在上，他警告说，"人类生活的情景已经在频繁地发生改变。"他继续道，"安全和放荡令繁荣兴旺的种种优越性丧失殆尽"（《文明社会史》第264页），这暗示了一个未来，在那里，战争和财富的不平等随时可能发生冲撞。

具有讽刺意味的是，却很可能与休谟对清教徒预见性思维的成见有关，弗格森的历史中的未来阴郁冷酷。它又将发生过暴动和罗马帝国陷落所预示的帝位更迭的某个过去阶段重新放回到当前的时间中：

> 因为占领和吞并了每一个富足和文明的地区，帝国的国库充盈，用两个类型就足以理解人；一类生活在帝国境内，他们祥和富裕；另一类贫穷贪婪，而且凶猛残暴，他们习惯于劫

掠和战争。(《文明社会史》第 262 页)

弗格森因此在他的冰退叙事中暗示正在出现一个历史发展的第五阶段,在该阶段,随着斯密的商业文明的到来,文明社会走到了尽头:"人的制度……的确有始有终"(《文明社会史》第264 页)。在这句关于过去和现在的话中有一种非常怪异的混合,这句话是对"穷人"充满危险的生活的回应,我们可以说,他们被历史重新安置在前线。弗格森的历史预感到"任何一个民族都不曾因为内部的衰落而遭受苦难,它的苦难都源于其成员的罪恶"(《文明社会史》第264 页)。他没有给下面这个问题提供答案:"谁曾经发自内心的愿意承认这一点?"(《文明社会史》第264 页)

那个历史失败中明确存在的空白——它是一次没有答案的回望——正是穷人、野蛮人和暴动者的空间——简言之,是文明史上的一个裂缝,在那里,出现了霍布斯意义上的"战争时期"。那也是一个想象的空间,我们注意到弗格森发誓要尽可能远地避开想象,而要遵循理性和科学。他提出商业末日正在来临,这意味着他不可能遵守那个诺言,这是一个信号,表明他打算写的冰退历史不一定指向一个正确的前进方向。

233

在休谟的最后一本书中,他又回到宗教这个令人头疼的问题,这是一个在他事业早期让他陷入麻烦的话题,因为他的怀疑主义哲学信仰,他被指责为异教徒和无神论者。在这本书的最后一段,休谟决心坚持他的困惑不安的立场。"坚信未来所表现出的舒适愿景,"他写道,"极其美丽且令人欣悦。"不过与弗格森一样,休谟不会轻易心悦诚服地接受"舒适"和"欣悦"。"但是,它会以多快的速度消失?"他继续道,"就在它的(未来的)恐慌出现之时,恐慌会更加牢固持久地占据人们的心灵。"

和弗格森一样,休谟也留给我们一个开放的问题,一个充满

"疑问，不确定……和人类理性弱点"的问题（《宗教的自然史》第87页）。但是与弗格森不同的是，休谟在这里提到的"持久的"焦虑——在这个焦虑中，"持续的""大众愤怒"一直是最重要的——最终使他落入凯姆斯式的认识论否定状态。在这部他在世时出版的最后一部书的最后一行，关于"舆论无法抵制的传染性"，关于"愤怒与斗争"，休谟建议我们"快乐地遁入宁静、尽管是昏暗的哲学领地"（《宗教的自然史》第87页）。他对朱庇特的吁求应该和斯密书中那个更著名的引证（尽管只有两次）放在一起看。在这里，休谟写道，

> 生命之水，根据诗人的虚构，总是在朱庇特两只手上的容器中混合：或者即使一个杯子里的水看上去很纯净，同一个诗人告诉我们，它也只能从左手那只容器中泼出去。（《宗教的自然史》第85页）

这里的例证来自荷马，主要是《伊里亚特》的第24书，阿喀琉斯一直在哀叹帕特罗克洛斯之死，但是它最后控制住了自己的怒火，接受赎金，向他的敌人，同样怒火中烧的普里阿摩斯归还了赫克托耳伤痕累累的尸体。在此对朱庇特的（或在这里是宙斯的）水壶做了描述，因为他"现在受到邪恶的诅咒，（也）重新受到幸运的眷顾"[1]。

通过由朱庇特施恩来进行挑选这件事在某种意义上是哲学，在某种意义上也是历史，即使仅仅采取的是一种间接的、有条件的或者临时的方式，而且在休谟和他的同道看来能够顺利完成。但是，在最后的分析中，这一挑选碰到了表现为其他所有事物的

---

[1]　Homer, *The Iliad*, trans. Richard Lattimore（Chicago：University of Chicago Press, 1961）, p. 489.

种种局限：那些包含因果因素的大众，那些一直"愤怒"的大众，那些众口纷纭都断定是不可见的历史力量，难以言传的，或者简单的说，被隐匿的"噪音"。我们将关于这种隐匿的更进一步的历史留待下一章。

234

第四章

"豁免，自由的必要补充"：
僵尸经济学的诞生

自由竞争/任其毁灭（第一部分）

斯密阐释了斯多葛主义以支持他的自我利益概念，我们注意到他这番解读的重要性，也注意到其中的悖谬之处。"斯多葛主义的原则，"他写道，建立在这样一个概念的基础上，

> 自然让每一种动物都能自我照顾，并且赋予他们自爱原则，它应该努力，不仅是保护自身的存在，还要保护它所在的自然的所有其他部分处于它们所能达到的最完美状态。（《道德情操论》第 272 页）

那么，斯密是否可以说是一位有自然倾向（努力维护自身存在）的哲学家？即使不是完全斯宾诺莎意义上的自然倾向，也是霍布斯意义上的，他坚持认为在个体选择中，不仅总是快乐高于痛苦，健康高于疾病，而且最重要的是，生命高于死亡。我们已经看到，尽管斯密赞扬追求财富和荣耀，贬低那些要求克制各种享乐的苦行原则，富贵者追求的正是这类享乐，但他并非盲目地倾向于快乐。

促使我们追求享乐的激情并非完全一致:有些激情,例如性欲,在有助于种群繁殖的同时,也威胁要压倒和征服理性的激情,后者要求我们尽可能达到至善至美的状态。与自我控制有关的种种美德在《道德情操论》中占据非常重要的地位,为《国富论》对挥霍行为的谴责奠定了基础。在《国富论》中,因为无力控制即刻获得幸福满足这种冲动而导致过度花费,这反过来妨碍了贮备的积累,而积累是进一步获取财富所必需的。铺张之人"滥用资本",斯密告诉我们,挥霍钱财于声色犬马的生活,换一种方式,这些钱财便一定可以雇用到生产性的劳动并因此增加他所在社会的一般财富(而且在这里,最重要的是斯密与曼德维尔分道扬镳)。斯密提供了一个我们必须重视的类比:铺张之人"很像挥霍善款来满足渎神目的的人"(《国富论》第339页)。拒绝资本积累所必需的俭省就等于"缩减实际的工业产量,缩减劳动力的数量,结果是缩减国家土地和劳动年收入的可交换价值,缩减它的全体居民的实际财富和年收入"(《国富论》第339页)。

当然,节俭所要求的牺牲不管怎样破坏了一个人当前的快乐,都只能付诸行动,为的是更好地保障其自身的存在,使其在未来获得舒适的生活,即使不能寻欢作乐。因此,无论它在多大程度上有益于整个社会的利益,它都是个体努力维护其自身存在的基础:

> 每个人都齐心协力,不断努力改善自己的条件,这就是获得公共财富和国家财富,以及私人财富的原则,它往往强大到足以让各种事物自然不断地朝着好的方向进步,即使政府会铺张挥霍,即使管理机构出现最严重的失误。(《国富论》第343页)

　　斯密在两页之后再次重复了"自然的进步"这个短语："自然的"在这里究竟是什么意思？只能是资本本身的运动，储备和储蓄的增加，提高对它的应用，这些都来自"个人能做到勤俭节约和行为端正，因为他们齐心协力，不断努力改善自己的条件"（《国富论》第 345 页），同政府行为没有关系（除了那些为保护这些个体的行为）。

　　在《国富论》的某些点上，尽管有些理性的自我完善形式表现为不是非常普遍但对人类来说也是正当的冲动，但在斯密的整部著作中都笼罩在各种"不正当的"或目光短浅的、自私自利的阴影当中，因此，未来的进步就要牺牲现在巨大的快乐。在这里，我们指的不仅是大手大脚的地主，还有数不清的罪犯，他们占据了《道德情操论》的大量篇幅——扒手、入室抢劫犯和盗马贼——他们几乎无所顾忌，即使被处以死刑。那么，追求自身的完善便不是某种主要驱动力的外在表达（读者徒劳地想要找到"经济人"这个形象）；相反地，它是内心抗拒各种肉体享乐之诱惑的结果，不仅是那些常常和"肉体"联系起来的快乐（这在斯密的哲学中微不足道），还有那些单纯的舒适自在，口眼之欢，或者更寻常的不用受劳役催逼的生活所带来的种种快乐。

　　因此（而这也将斯密同曼德维尔区分开来），自我控制美德所具有的中心地位本身就是斯密意义上个人追求自我完善的先决条件。因为这个难题不仅仅是从未来目标着眼控制个人情绪的能力问题。即，能够想象某种未来的快乐，比目前可能享受的快乐更强烈，这种快乐的获得只能以推迟"即刻的快乐"为前提。还有一个难题，劳作着的穷人进行自我完善的可能性非常有限，以及这样一个事实，即他们的个人行为与他们在某个特定时间是否能够被雇用——或者工资的升降，或者他们为了生存必须偿付的成本没有任何关系，而这些因素在 18 世纪的英国都能决定他们或他们家人的死活。①

正是在这一点上,我们可以看到斯多葛主义的另一面,对斯密而言,它的重要性不亚于"自然倾向",即神意概念。他怎样才能够说明这个事实,即对于大多数劳动者而言,付出最艰辛的努力以求完善,却几乎看不到结果?例如,哪怕工资只涨一点点都可能成为庆祝的理由,它可能又因为食品价格的翻倍增长变得和他们没什么关系,在一般情况下,劳动者周收入的一半都花在食品上。② 对市场和救赎是一样的:很多人被叫到,但是只有极少数被选中。对他们,斯密给出的是斯多葛派的说教:

> 因此,如果我们自己贫困交加,疾病缠身,或遭受其他的艰难困苦,我们首先应该尽到自己全部的努力,对他人做到最大的公平,尽到最大的责任,以救自己脱离这困境。但是,如果我们竭尽全力,却发现这依然是不可能的,我们也应该满足于天地的秩序和完美,它要求我们即使在逆境中也应该继续安守……甚至对我们而言,整体的兴旺应该似乎比我们这些微不足道的人更重要。(《道德情操论》第 274 页)

237

不仅如此,如果我们接受整体的观点,我们可能不仅理解了我们的生命的作用,无论在它的兴旺中我们是多么一贫如洗,痛苦不堪,而且我们还明白了死亡的作用:

---

① Roger Wells, *Wretched Faces: Famine in Wartime England 1793 – 1801* (New York: St. Martin's, 1988). Wells 指出,现代历史记述在描写 18 世纪发生在英格兰的食品短缺时系统性地回避"饥荒"一词且有意不提增加的死亡人数,尤其是那些在不受限制的市场所体现的不可避免的进步这种信念支配下所做的历史记述。关于对郡以下地方行政区记录的细致考察,这些记录证明了 1766 年那场危机的严重程度,见 Dale Edward Williams, "Were 'Hunger' Riots Really Hungry? Some Demographic Evidence", *Past & Present* 71, No. 1 (May 1976), pp. 70 – 75。

② E. P. Thompson, "The Moral Economy of the English Crowd", *Past & Present* 50, (February, 1971), pp. 76 – 136.

因为相信那种指引人类所有事件方向的智慧，不管是怎样的命运降临到他的身上，他都欣然接受，怡然自得，如果他已然了解宇宙不同部分之间的所有联系和从属关系，这正是他自己所向往的命运。生，便勉力求存，死，则自然没有他在此存在的条件，他便毅然去往他被派遣的地方。（《道德情操论》第 276 页）

如果他已经知道，他便不再企望降临到他身上之外的任何东西，不管那是多么痛苦。但是，他，我们，事实上都不可能知道"宇宙不同部分之间的所有联系和从属关系。"在这里，自我控制这种朴素的美德一定辅助知识加强我们的决心，控制我们对死亡的恐惧，我们就能够做出选择，将整体的繁荣凌驾于我们自身的生存之上。这里尤其值得注意的是死亡与智慧的直接联系，智慧引导人类生命中所有事件的方向——不是那个其来临终止了某个有机体的成熟的死亡，而是"成熟前的"出人意料的死亡，它降临在某个没有准备好迎接死亡的个体身上，这个死亡不是因为身体力量的耗尽，而是来自外部，是人类事件所构成的经济所诱发的死亡。

那些管理或应该管理人类生活中各种事件的人，这些事件已经受到智慧的指引，不可能更加完善，那些用智慧进行管理的人，他们完全承认同时又不受制于这种神圣的管理，以及那些在经济和政治的双重意义上被管理的人，他们都被生活难题引向死亡问题。那么，我们要接受某种死亡来作为斯密在上文所说的种种从属关系吗？某种特别的死亡，我们的死亡或某些其他人的死亡，整体的繁荣或许在某个给定的时刻所依赖的正是这一死亡。

我们将通过转向斯密最具洞察力的读者之一黑格尔来开始我们对这个问题的论述。我们想跟随黑格尔对斯密的解读，不是他在《法哲学》中，而是在《精神现象学》中讨论需要系统时对斯密的参考，在《精神现象学》中，他援引斯密作为支撑，但是没有提到他的名字；在这一点上，理性意识到其本质无法仅仅存在于观察当中，它必须让自己真实化。黑格尔认为，理性要将自己真化，则必然采取某种社区（Gemeinschaft）形式，那种普遍的社区，不是某种理想的甚或形式和法律意义上的社区，而是具体的个人创造出来的某种现实。但是，他非常小心地提道，普遍性是诸多个体生产出来的，他们不仅不是为了生产一个普遍的社区而劳动，相反地，他们就是为了满足自己的需要，哪怕以他人作为代价。正是在这一点上，黑格尔援引斯密的观点，特别是斯密的市场概念作为具体形式的普遍性：

> 个体满足自身需要的**劳动**同样也满足了他人的需要，他自己需要的满足也只能通过他人的劳动才能实现。由于**个体**劳动中的个体已经在无意识的情况下从事一件具有普遍意义的工作，所以，他也是在将生产普遍性作为其有意识的目标；整体，作为**一个**整体，变成了他自己的工作，为了这个工作，他牺牲了自己，而恰恰是在这样做的过程中，他又重新获得了他的自我。① （黑体为原文所有）

这里对斯密的援引非常明确。因为他在《国富论》中指出，个体在"一个文明社会中……始终需要和大多数人合作，需要来自他们的帮助"（《国富论》第 26 页）。尽管"在一个文明社会中"引出了一个明显的条件，但是，斯密在几行之后便将合作作为人类存在的必要条件，特意将它归为这个种群的自然状态。"几

---

① G. W. F. Hegel, *The Phenomenology of Spirit*, trans. A. V. Miller（Oxford：Oxford University Press，1977），p. 13.

乎每一种其他动物种群"的单个成员都是"完全自立的，而且在其自然状态不可能有机会得到任何其他动物的帮助"，而人类个体仍然具有依赖性，而且仅仅是为了生存，"几乎不断地需要他的同胞的帮助"（《国富论》第25页）。那么，从黑格尔的角度看，社会或社区不单单对人类的发展和进步是必要的；从人类生活本身而言，它也是必要的。这个种群离开合作便无法繁殖甚至生存。在黑格尔看来，个体生活有赖于"一群人的生活"（dem Leben eines Volks），后者提供了"维持生活的一般性媒介"（die Macht des ganzen Volks），因此，只有"全体人民的权力"（die Macht des ganzen Volks）① 才赋予个体充分的存在权。普遍而言，生命是存在的；具体而言，则只有死亡。"民众"一词在这里应该理解为一个生物实体，是人类的自然史历程中产生的具体形式的普遍性，是生命，是人的生命无法简化的基础本身。

但是，如果维持生命所必需的合作本身代表了一群人的生命和权力，就必须对这种合作本身加以解释，恰恰是在解释这种合作的过程中，17—18世纪的哲学分成了两个对立的阵营。斯密在分析最佳合作形式时间接提到过这次划分。特别是他必须面对这样一个论点，即在人类个体身上存在一种社会性的本能，它的强大不逊于自我利益，它驱使个体帮助他人满足他们的需要，和促使他们满足其自身的需要时一样充满紧迫感。斯密在《道德情操论》中对哈钦森的道德哲学的讨论尤其有趣。因为哈钦森同意沙夫兹伯里和巴特勒的观点，视斯密所谓的"本能的美好愿望"（《道德情操论》第301页）为理所当然，于是被牵引着贬低源自其他动机的行为，尤其是与自我利益有关的动机，因此不用管这类行为的影响，它们的自我利益根源就使它们不可能有仁慈方面

---

① G. W. F. Hegel, *The Phenomenology of Spirit*, trans. A. V. Miller (Oxford: Oxford University Press, 1977), p. 213.

的考虑。后者事实上成为一个原则，以它为参照，即使是为了保障某人的生存而做出的努力，即自我保护原则，也要受到道德谴责。

重要的是，斯密认为曼德维尔仅仅是要颠覆关于仁慈的哲学，曼德维尔在很多方面都是他的前辈。应该统摄我们的情感的"同情"或仁慈被重新定义为一个基础，近乎动物性的激情，最冷酷的罪犯也能感觉得到，因为它是自发的，是出于本能的，就像贪婪和欲望这类自私的激情一样，不能被描述为美德。不仅如此，贪婪应该根据其影响，而不是其动机来判断，如果一群个体的行为是受到贪婪激情的驱使，其影响要好过仁慈所要求的一般性自我否定。因此，欲望与贪婪如果其本身是不道德的，它们不仅催生了一个繁荣的世界，而且催生了一个可以被认为是道德的世界，因为它比任何建立在自我否定和苦行主义基础上的慈善体系都更有效地减轻了穷人的苦难。

在斯密看来，问题在于曼德维尔认为所有关乎自我利益的行为都是邪恶的（即使"私人的邪恶使公众获益"），这种简化使他不能区分玉米商人寻求使其投资回报最大化的理性，值得赞赏的自我利益，以及常见的试图将他人财物据为己有的盗贼的邪恶行为，或者不能区分看到自己的财富增加时那种单纯的快乐和直接用钱买来的那种浅薄的享乐。曼德维尔的体系对"流行的苦行原则"（《道德情操论》第313页）做出了回应，斯密没有按照他对该体系的解读将这一原则看作是对社会繁荣的严重威胁。他归到仁慈标签下的社会激情根本没有足够的力量对进步所必需的自我利益进行干预。构成人类个体之普遍存在的合作不可能是每一个人都追求或渴望的那种合作；这种合作形式是唯一对社会生命力至关重要的形式，它的源头就是每一个人都以他人为代价来求得自身的完善。只有每个个体都相信他们的行为会让他们获得优势，他们才能以这种方式生成他们似乎

240

要否定的那种普遍性。

在斯密看来，这层"无知的面纱"对整体设计必不可少，它使个体不能了解他们的自利行为会产生慈善的结果。[1] 因此，所有个体都被自我利益所控制，他们通过尽可能多地生产和交换能够更好地服务于他们的同胞。在我们早先讨论过的《道德情操论》那段著名的段落中，斯密谈到"富人"

> 尽管他们本性自私贪婪，尽管他们只想着自己的方便，尽管他们雇用成千上万个劳动者进行劳动的唯一目的就是满足他们自己虚荣的、永不餍足的欲望，但是，他们是和穷人一起分割他们全部进步的成果。一只"看不见的手"牵引着他们，让他们对于生活必需品的分割几乎是一样的，这也使得划给地球居民的土地是公平的。因此，没有特殊目的，在不十分了解的前提下提高了社会利益并且提供了使这个种群繁衍的途径。（《道德情操论》第 184—185 页）[2]

这段文字为黑格尔在《现象学》中解读斯密提供了一个主要观点，在这里，黑格尔的解读效果变得非常清晰。首先，在斯密的著作中，一方面是意愿、知识和个体行动者的行为之间的矛盾和这些行为所产生的结果，另一方面，正如我们所看到的，是社会一个必然的和永久的特征。事实上，正如斯密本人在这段引文之后的文字中明确说到的，它是一种政治管理方式，是"自然的组织法则"的一部分。即，统摄万物的天意在人世间的延续。"引导人类生活所有事件的智慧"内在于它们之中，是它们相互联系

241

---

[1]　见 Michel Foucault 的评论，*Naissance de la Biopolitique：Cours aux Collège de France，1978 - 1979*（Paris：Gallimard，2004），pp. 282 - 290。

[2]　见 Graig Smith，*Adam Smith's Political Philosophy：The Invisible Hand and Spontaneous Order*（London：Routledge，2006）。

的秩序的内在原则，而不是超验的，不是在完成源自某位神圣的最后事业，这个观点不会改变管理经营法则的神圣性（《道德情操论》第276页）。相反地，关于市场的自然秩序的大量知识中必须有对剥夺数量的描述。要保证整体的繁荣，则必须允许进行这样一个数量的剥夺：同样地，即使是上帝，他从来不会为了从恶中提取善而造恶，或许也允许某种恶的存在（神学形式的自由竞争），条件是这个恶可以带来比已经存在的善更伟大的善。那么是否要将斯密的理论理解为一种世俗化了的神意论或神义论，或者与斯密的政治神学概念密切相关，将其理解为一种经济神学（援引吉奥乔·阿甘本［Giorgio Agamben］最近提出的一个概念）？①

　　这个观点一度似乎引起轰动，竟然招致新古典经济学家的防卫性反应，或者至少是他们当中那些对其理论的历史发展很感兴趣的人做出了这类反应。雅各布·维纳（Jacob Viner）是罗斯福政府一位重要的政策制定者，他晚年的时间都用来考察宗教在经济思想发展过程中的作用，他尤其关注斯密的思想。他说，他不得不做这项工作，因为现代经济理论"已经世俗化到了这样一种程度，曾经是其不可分割的一部分的宗教因素和含义已经被煞费苦心地清除掉了"。② 根据大多数研究经济思想的历史学家的看法，维纳指出，斯密的经济理论标志着一种科学革命，恰恰是因为他从自己关于控制市场的法则的研究中刻意清除掉了迷信

---

① Giorgio Agamben, *The Kindom and the Glory: For a Theological Genealogy of Economy and Government* (Standford: Standford University Press, 2011). Also Lisa Hill, "The Hidden Theology of Adam Smith", *European Journal of the History of Economic Thought* 8, No. 1 (2001), pp. 1 –21; Paul Oslington, "Providence, Divine Action and Adam Smith's Invisible Hand", in *Adam Smith as Theologian*, ed. Paul Oslington (New York: Routledge, 2011), pp. 61 –76. Brendan Long, "Adam Smith's Theodicy", in *Adam Smith as Theologian*, pp. 98 –105.

② Jacob Viner, *The Role of Providence in Social Order: Jayne Lectures for 1966* (Philadelphia: American Philosophical Society, 1972), p. 81. and Paul Oslington, "Jacob Viner on Adam Smith: The Development and Reception of a Theological Reading", *European Journal of the History of Economic Thought* 19, No. 2 (2012), pp. 287 –301.

的、"宗教的"考虑（包括诸如道德、正义、慈善等外部概念——最后一个曾经是西欧社会的一项重要原则）。

在这些历史学家看来，斯密在经济生活中的地位相当于哥白尼、伽利略和牛顿在物理界的地位，他的工作也激起了同样的焦虑和憎恨：人不再超越物理世界成为经济活动的中心，二者都受到亘古不变的法则的控制。例如，运动法则或供求法则，而不理睬道德的诉求。维纳与这些人对斯密的理解相左，他坚持认为，这些看法无论其本身多么值得赞赏，却不符合斯密在其工作中的实际言行。仔细阅读他的著作可以发现，只能认为它部分是"自然主义的"，因此也只是部分地接受了某种新的科学世界观（正如阿甘本所指出的，科学世界观本身也难以完全摆脱神意论的种种因素）："它同样是神意论的，是神学的，而且非常明显，是刻意地、反复地使其处于这种状态。"①

维纳并不满足于驳斥对斯密的主流解释是错误的，他还试图阐述它如何按照自己实际的内容进行运作，为什么会这样；也即，他要继续生成一种解读亚当·斯密的理论，因为直到他那个时代，那些经济学家都一直在解读斯密，他们认为斯密是这个学科的鼻祖（但是，必须要承认，这样的解读并不仅限于他们）：

> 如果有这种可能，即斯密是他们的英雄，他们会沿用已有的两种方法之一来处理斯密思想中的宗教因素。他们要么戴上精神眼罩蒙蔽自己的视线，简化斯密的思想，要么将它们看作是纯粹传统的，是斯密时代自然主义和理性分析的时髦装饰，尤其是涉及经济事务和《国富论》时，更是如此。②

---

① Viner, *The Role of Providence*, p. 79.
② Ibid., pp. 81–82.

维纳将阅读经济学知识史当作一种俯视模式，或者当作将影响其发展的"宗教成分"边缘化的方法，只包含了其最"严格的"概念。例如，在维纳的数次讲座之前一年，而且参考了许多同样的文本，阿尔都塞称一种阅读为症状阅读，一般均衡概念就是这种阅读的一个突出例证。但是，我们一定要小心，不要认为我们知道为什么系统性地否定斯密著作（只是举个例子）中换一种角度便十分明显的神学概念和作用是形成现代经济学理论的必然选择。最重要的是，斯密毫不犹豫地反对慈善观念，而且经常直言不讳，他能够像维纳观察到的那样公开"反复地"在他的社会分析中援引神意观念，即使他的神意观是自然主义的、内在的，而不是迷信的和超验的神学，后者受到人类知识的质疑而不是信任，阿甘本如是说。的确，在经济理性中，神意概念越是不可或缺，越是影响广泛——现代经济学理论越是乐于，当然常常是在不经意间，利用神意论和神义论的各种现有模型——它在经济写作中便越不可见。瓦尔拉斯（Walras）（以及一般均衡思想的出现）[1] 和斯密之间的区别在这个方面特别突出，两人相隔大概一个世纪。但是，或许正如奥杜·马卡德（Odo Marquard）所认为的，[2] 如果神义论仍然是现代性的标志之一，那么，它在任何领域都比不上它在现在被称为经济学的这个领域重要。

的确，阿甘本最近一本关于"经济学"起源的著作迫使我们做更进一步的讨论。很多学者都把经济学（或经济管理）这个概念的源头追溯到亚里士多德和色诺芬的著作，在他们的著作中，对 oikoc（oikos——家庭事务或财产）的管理是一种专门知识的研究对象，称作 oikovouia（oikonomia）。研究经济思想的一

①　Léon Walras, Éléments d'économie politique pure ou théorie de la richesse social（Paris：Pichon, 1874）.

②　Odo Marquard, In Defence of the Accidental：Philosophical Studies, trans. Robert M. Wallace（Oxford：Oxford University Press, 1991）.

代又一代历史学家似乎已经认定，这些概念与弗朗斯瓦·魁奈
（Francois Quesnay）的"政府经济学"（government économique）
概念有直接的谱系关系。根据政府经济学，国家管理或"控制"
整个国家的生产和商业活动。① 不幸的是，这个关于谱系式发展
的没有任何问题的叙事结果却受到某种盲目性的侵扰，它的影响
也许比在市场概念中隐去神意的作用更严重。

　　阿甘本的伟大贡献在于他精确地记录了在两千年的时间
里——亚里士多德和色诺芬与魁奈和斯密之间——oikonomia 这
个概念被用在基督教神学的语境中，而且主要用来表示上帝对其
造物的监管，即神意。近来的若干研究甚至揭示出它在《新约》
中的重要性；② 阿甘本的重点是它在晚古时期基督教种种源头中
的作用。很显然，oikonomia 这个概念在神学中既不是前基督教
时期它的希腊语用法的延续，也没有完全脱离那种用法；但是，
它在"宗教"话语中的运用肯定在这个概念上留下了痕迹，不
仅将它从家庭事务扩展到一个有序的整体，而且使它的内在矛盾
进一步升级。为什么这段漫长而复杂的历史在经济学历史中一直
受到压制，直到相对晚近的时候？③ 尤其是这段历史的相对缺失
如何一直在影响对斯密的解读？

　　不过，在我们试图说明这个问题之前，我们必须先考虑一下

---

　　①　François Quesanay, *Tableau économique*, eds. Marguerita Kuczynski and Ronald L.
Meek（London：Macmillan, 1972），p. 12.

　　②　首先是 Gerhard Richter, *Der Gebrauch des Wortes Oikonomia im Neuen Testament*
（Berlin：Walter de Gruyter, 2005）。

　　③　也有例外。见 Kurt Singer, "Oikonomia：An Inquiry into the Beginnings of Eco-
nomic Thought and Language", *Kyklos* 11, No. 1（1958 年 2 月），pp. 29–57. 尤其是关
于亚当·斯密，见 Richard Kleer, "The Role of Teleology in Adam Smith's *Wealth of Na-
tions*", *History of Economics Review* 31（Winter 2000），pp. 14–29. Lisa Hill, "The Hid-
den Theology of Adam Smith", *European Journal of the History of Economic Thought* 8, No. 1
（2001），pp. 1–29. R. Klay and J. Lunn, "The Relationship of God's Providence to Market
Economics and Economic Theory", *Journal of Markets and Morality* 6, No. 2（2003），
pp. 541–564. François Dermange, *Le Dieu du marché：Éthique, économie et théologie dans
l'oeuvre：Essai sur Adam Smith et l'anthropologie de la croissance*（Paris：Seuil, 2004）.

分析行为的意义，因为分析，一度被隐藏起来或者直接被忽略的
"宗教"或神学思想被揭示出来，而且他们的影响得到充分承
认。用最具体的说法，对斯密和他的继承者而言，市场的结构和
运作是一种神义论的结构和运作，或者它不是直接源自神意概念
（这可能意味着它的神学意义已经被清空了），而只是在一个宇
宙中发挥作用，这个宇宙本身是被某个统摄一切的智慧所控制的
"一个巨大的、联系性系统"（《道德情操论》第289页）。或者 244
对于这个神意设计的监管而言不可或缺的知识与 oikonomia 这个
神学概念有着惊人的相似，神的设计换一种方式就是管理术。这
样的说法意味着什么？不仅如此，如果神学结构确实曾经（或
许现在仍然）被隐匿，而且在某种意义上是故意或必须这样做，
为什么要这样？而且，如果不是揭示出它背后的动机，让它们显
现或者，更确切地说，揭开它们的面纱有什么意义？

　　没有人比汉斯·布鲁门博格（Hans Blumenberg），尤其是在他
的《现代时期的遗产》（*The Legitimacy of the Modern Age*）这本书
中，更加煞费苦心地探究这些难题织成的网络，它们当中那些前
面提到的难题代表了一个子集，这是一个通常用"世俗化"来表
示的网络。① 首先，布鲁门博格证明了最靠近现在的世俗化理论所
用的修辞（世俗化一词曾经表示在现代性的社会生活中消除了宗
教的影响）可以挪用来支持互不兼容、相互抵牾的历史观点。或
许更切题的说法是，现代的、"世俗的"思想事实上仍然是较早的
（年历在这里很重要）、明确的神学概念的一种伪装形式或者未被
接受的形式，这个思想可能，事实上确实被挪用来服务于截然相
反的政治或神学—政治目的。卡尔·施密特（Carl Schmitt）这样
的反动者（或者更确切地说，反革命者）也许将20世纪的政治说

---

　　① Hans Blumenberg, *The Legitimacy of the Modern Age* (2nd ed.), trans. Robert M.
Wallace (Cambridge, MA: MIT Press, 1983).

成是一种未被察觉的世俗神学，在这种神学中，上帝的王国被移置于人间君主的王国中。这种分析的隐含意义，在施密特看来，并不是说现代的君主制理论是原始神学概念的衍生形式或退化形式，而是说神学和政治概念最终"难解难分"，而且世俗性恐怕也不过是神学的自我欺骗，是它不快乐的清醒时刻。因此，断言中世纪和现代基本上是延续的就等于否定现代性的明确存在，除非它是一种错误的意识（这种立场也是布鲁门博格的另一个靶子：卡尔·鲁维斯（Carl Löwith）。越过或者在某种意义上反对布鲁门博格对施密特的批评，我们甚至可以说，对后者而言，关于君权和法律的"决定主义"和"形式主义"理论最终都不过是基督教文明反对犹太人的律法主义的千年（永久的?）斗争。

　　但是，对于世俗化主体，有另外一种不同的，甚至是相对立的用法。它常常同左派联系在一起，不过也许和右派使用它的频率一样。为了说明这个不同，我们将引用布鲁门博格的两位同时代人的观点，他的书中没有提到这二人，但是他们有助于准确地解释他的观点：路易·阿尔都塞和雅克·德里达。在他提供给《解读资本》（*Reading Capital*）（1965）这本文集的文章中，阿尔都塞因为在他对斯密的解读中提到马克思，他不得不

> 脱开供阅读的宗教神话……它是为在话语序列中讲话的声音（逻各斯）而补充的宗教神话；关于经文中的真相的宗教神话；——以及关于用来倾听的耳朵和用来阅读这个话语的眼睛的宗教神话，目的是在它那里（如果它们是纯粹的宗教神话）发现关于真相的话语，真相存在于它的每一个单词中。①

---

① Louis Althusser & Étienne Balibar, *Reading Capital*, trans. Ben Brewster (London: Verso, 1969), p. 17.

在这里，神学母题一直以绝对世俗的样貌（或伪装）固执地存在——在这种情况下，将某个文本作为一个神学的——或功能性的——整体来分析，首先要揭示这些神学母题，目的是让某种关于阅读的真正科学的，因此是非神学的理论成为可能。神学概念表现为伪装的世俗科学概念无处不在（阿尔都塞在此所做的分析是对自命不凡的结构主义的批判，在他看来，那常常是表现为其他方式的神学）。这样一来，神学便成了永恒的神学障碍，你必须与其彻底决裂，才能够用一种新的方式来思考；它是一种劫后余生，也具有巨大的危害，而且它像一种将要灭绝的带有病毒的思想在整个历史过程中起伏沉沦，这种思想随时可能爆发并对人类产生严重的威胁。

德里达在《文字学》（*Of Grammatology*）（1967）中的分析在很多方面都类似于阿尔都塞的分析，德里达的分析至少在那些其存在基本不受到怀疑的领域中揭开了神学的面纱，那些领域包括 20 世纪中期的语言研究。"符号时代从本质上讲是一个神学时代"这句话是一种姿态，它揭示出关于在场的形而上学理论所具有的力量和与现代语言学精神相关的世界、身体，以及书写的退化。

较之阿尔都塞，德里达在他推测逃离神学的机会时更加谨慎：符号时代与"神性"同时"降生在同一个地方"，它可能"永远不会**结束**。但是它的历史**终结**却有个大致的轮廓"。[1] 无论如何，这两位哲学家都接受某种康德哲学：现代性尚未进入其成熟期；它还要仰仗神学。从定义而言，它属于一个更早期的，绝对是前现代的年代。现代性只有在不再仰仗它之前的一切时才能获得它的真正身份。

---

① Jacques Derrida, *Of Grammatology*, trans. Gayatri Chakravorty Spivak（Baltimore：Johns Hopkins University Press, 1976）.

不言自明的是，揭露以其他方式存在于名义上的世间文本中的神学遗迹并对其予以谴责，这种批评模式并非仅限于左派：自由主义者和新自由主义者一个半世纪以来一直在谴责社会主义和共产主义运动，以及马克思主义理论，指责它们是末世论的、弥赛亚的和/或救赎的（因此是非理性的）。他们之所以这样认为，是因为相信只要指出这些话语中神学的 pudenda origo（无耻之极的起源——译者）就足以证明它们的空中楼阁性质。①

在布鲁门博格看来，对世俗化概念的这些用法都只是证明了它的不完备。不仅现代性思想不能简化为基督教中世纪的思想，而且神学也不能说已经转入地下，在地下发起一场后卫战来反对书籍之战中的胜利者。他反对这些观念。他提出了一种苦行历史主义，与狄尔泰（Dilthey）的历史主义颇多相似之处，将所有的难题都同后者的理论联系起来。对布鲁门博格而言，因为历史由一系列时期所构成——古代、中世纪、现代——最紧迫的理论难题就是分期化（periodization）。在各个时期之间都没有重要的延续；每一个时期留给后面时期的只有它的"形式"这个空壳："立场"或"问题"，新时代会尽可能在这些空壳中填进自己的内容。因此，尽管在现代时期（或许始于 16 世纪），神学概念表现为世俗化的形式，布鲁门博格却认为存在一个对立面：神学概念已经被清空了其神学内容，而且填充进了绝对"俗世的内容"。

值得注意的是在那个 600 页的文本中，斯宾诺莎（他的上帝或自然［Deus sive Natura］概念可能是对布鲁门博格的主题的最佳诠释）仅仅在两处被提到。似乎无须证明斯宾诺莎只是利用神学词汇服务于绝对的世俗目的。更令人吃惊也更说明问题的

---

① Jacob Viner, "Possessive Individualism as Original Sin", *Canadian Journal of Economics and Political Science* 29, No. 4 (November 1963), pp. 548 – 559.

是布鲁门博格对莱布尼兹的《神义论》的讨论,作为对贝尔(Bayle)、马勒布朗士、阿诺德(后两者的名字未在《现代时期的遗产》中出现)的回应,《神义论》明确声称要证明"上帝的善,人的自由和罪恶的起源"。布鲁门博格告诉读者:

> 《神义论》绝对不是一本神学著作;这样一本书甚至不可能被世俗化,有一个确切的原因:在莱布尼兹看来,为上帝辩护是为了保障哲学的自主权这个最激进的原则,该原则可以认为是充分理性的原则。[1]

247

在这里,激烈的修辞是在揭示某种症状的价值,而且它也拥有这种价值:"《神义论》绝对不是一本神学著作。"[2] 布鲁门博格选择莱布尼兹来证明他的观点,但是他或许也可以选择马勒布朗士或阿诺德,他们关于恩典(grace)的辩论构成了莱布尼兹的文本的一部分重要背景:理论代价和他的历史主义的风险在这里表现得最为清楚。17世纪作为一个整体在他看来"绝对不是神学的"。祈求神圣耶稣的襄助,上帝的恩泽问题,或者原罪,尽管有各种表象,都缺乏最微弱的神学意义。布鲁门博格的历史主义要求它的各时期都是绝对同质的:展现在每个时期的矛盾都是家庭争论,它们从未超越绝对的瞬间界限,而且从另一个时期存留下来的因素也因为当下的逻辑而被赋予新的意义和功能。这种理论意义上的"当代性"(contemporaneity)(借用阿尔都塞的一个说法)其作用就是要排除任何关于不均衡和不同质的概念,相应地也只能通过建立各历史时期之间绝对的不连续性而获得支撑:一切都是过渡。

---

[1] Blumenberg, *Legitimacy*, p. 55.

[2] Ibid.

　　这里的选择没有任何遮掩：要么根本不存在历史或历史转变，因为当下只能是过去的重复，其自身并不清楚是这样的；要么在历史和现在时期之间根本不存在沟通和联系：当下与过去无涉（因此是合法的），如同过去与当下无涉。这里的难题是，正如胡塞尔参照狄尔泰的历史主义所指出的，一个时代理解另一个时代的可能性引起了强烈的质疑。布鲁门博格解决可理解性难题的办法是坚持各种问题（从古代性到现代性）都具有绝对的、"不容讨价还价的"连续性，对这些问题，每个时代都会以绝对是自己原创的方式做出回答。事实上，他认为有一种"普遍的人类兴趣"或许可以支撑各个时期的序列性，而且可以作为背景允许各个时期的特殊性通过对比显现出来。①

　　不过，每个时期在理论上的同质性并不容易实现。在布鲁门博格那里，和在黑格尔那里一样，需要完成一定的否定工作，莱布尼兹和斯宾诺莎才可能有同样的功能，同时切断他们同（绝对不同的）神学话语和各种他们随心所欲公开利用的传统之间的联系。但是，一个更加艰巨的操作对于从莱布尼兹的《神义论》中清空所有神学意义有所预示。尽管如此，《神义论》至少部分地延续了关于神意的讨论，从基督教起源时期起，神意一直是基督教的主宰（而且，的确，莱布尼兹援引俄利根［Origen］，殉教者查士丁［Justin Martyr］，以及优西比乌［Eusebius］，还有奥古斯丁［Augustin］，阿奎纳斯［Aquinas］和莫利纳［Molina］），这也就是说，较之同代人如霍布斯，它可能和晚古时代或中世纪的思想家有着更紧密的联系。的确，难道不能说神意概念的历史有其开端与成熟（其中很多部分是共时的，而非历时的）？那是一段与布鲁门博格想象出来的那些时期的历史分裂开的历史。

---

　　①　Blumenberg, *Legitimacy*, p. 55.

这对他的计划是个威胁，只有最大胆的改变才能与之抗衡：他指出，研究世俗化的理论家当中几乎没有人提出世俗化的神意这个概念。这种踌躇不前是因为对"某种标准非常合理的理解，尽管这种理解没有被明确地说出来，即某个因素一定从一开始就属于基督教，前提是……有可能充分说明它后来被世俗化了"。[①]他直截了当地说，神意是"一个在任何版本的《新约》中都找不到痕迹的概念"。[②]基督教似乎包含两种"本土"概念（末世论，尽管它源自犹太教）和那些外来的（异教徒或犹太人）概念，它们很久以前便移入或并入基督教领域。基督教里的神意在布鲁门博格看来就像一个陌生人，他很久以前从遥远的地方移民至此，要占据（或者侵占）这个存在某种广受质疑的末世论的地方（人们一度普遍相信末日很遥远），但是他拒绝融入他的新家。神意是教会的世俗化意识形态，因此根本不是神学，与教会思想联系在一起使其存于俗世，在留给人类的时间中持续下去。布鲁门博格因此以最引人注目的方式证明，不仅他的时序计划是不充分的，更重要的是基督教（因此对他而言，是神学本身）在其根源上便是不均衡的，是异质的，而且是无神论的，始终在被"外来"因素所渗透。难道他不是以这种方式在质疑它的基本身份？

布鲁门博格并非不明白这个难题。他发出了一个警告：我们不能认为因为基督教是由源自他处的因素所构成，它便缺少一个属于它自己的一致的身份，似乎它是那些因素的衍生物和肤浅的表现，那些因素以其原先的（异教徒和犹太人的）方式会得到更有力的表达。相反地，从理论上讲，有必要将那些它从异教徒和犹太人那里"挪用"的概念分成已经同化的和不能同化的。

---

① Blumenberg, *Legitimacy*, p. 37.

② Ibid. , p. 39.

他援引奥古斯丁的庄重声明，异教徒思想中的珍宝不能全丢给异教徒，而是必须要那些人（即基督徒）带走，他们能让其得到最有效的应用。

基督教已经表明自己能够完全同化有价值的外来因素，它们的异质成分因此全部能够被消化。① 但是，与奥古斯丁相反，布鲁门博格也发现，那些原本是外来的因素，尽管被基督教挪用，仍然拒绝被同化，因此便保留下某种无法被征服的他异性（alterity）：虽然它们存在于基督教当中，它们却不真正属于基督教。这样一来，似乎神学的和世俗的因素便不可能被拆解开来，使它们分别属于不同的时期——它们的对立，与它们的共存一样，是永久的，也是必然的，无始无终，因为基督教本身不仅在根源上就是异质的，而且在它的整个历史过程当中也是如此，如同没完没了的教会分裂常常被理解为基本属于外部思想的侵入。

不仅如此，基督教在其整个历史过程中面临的神学挑战迫使其从它的对手那里借用或挪用概念、方法以及形象。因为这种挪用及其必要性，于是永远存在这种可能性，即不是使用异教徒和犹太人的元素并且使它们适合自己的目的。相反地，或许是基督教为他们所用，被"外来居民"从内部所颠覆，使基督教服务于对其有害的目的。这里只举一个例子，在基督教中，始终存在一种担心出现"犹太化"趋势的恐惧，从阿里乌斯教（Arianism）到索青派（Socianism），这种恐惧的基础是对于犹太文化本身的韧性的异常焦虑，尽管它在人口统计意义上微不足道，在法律上也处于次要地位。

现在，保留神学和世俗之间的区别在理论意义和历史意义上代价都似乎太过高昂；尽管所有的神学概念都是基督教的，并非

① Blumenberg, *Legitimacy*, p. 70. Augustine, *De doctrina Christiana* Ⅱ, pp. 39 - 40, 60.

所有的基督教概念都是神学的这个观念产生了非常有争议的原初身份和归属概念。但是，更重要的是，"神学的"（或者因为那个缘故，"宗教的"）和"世俗的"这些词语是否充分抓住和概括了那种对立？这种对立否定了有两千年历史的思想（包括神学和哲学两个方面）——除非从基督教本身内在的视角来看（当然不是基督徒的视角，而是因为基督教本身的具体存在而成为可能的某种视角）。

　　这里可以看到阿甘本的《王国与荣耀》（*The Kingdom and the Glory*）一书的重要性，在该书中，他追溯了经济管理（oikovouia 或者 oikonomia）概念的谱系，从基督教的起源到第一批经济学家的研究，尤其是魁奈（Quesnay），杜尔哥（Turgot）和斯密，说明这个概念从一开始便同神意概念纠缠在一起（不管我们是否选择说它是基督的，它都曾是基督教思想家一直执着的一个成见）。它们一起与其说形成了一个概念，不如说形成了一个用一套希腊词语表达的难题网络，这些词语是同一范畴的，却不是同义语：πρóνοια、πρóθεοις 和 oikovouia（pronoia、prosthesis 和 oikonomia）。阿甘本因此拒绝还原至源头来宣称"经济学"是一种伪装过的神学。相反地，他明白经济和神意天然的相互存在于对方当中而且相互建构。从一开始，即尽管布鲁门博格坚持认为，在《新约》中（尤其是以非所书 1：3—11）这些词语似乎在逻辑上相互暗示出对方。如果上帝是最高统治者，在某个决定时刻创造了这个世界，他一次又一次地被迫宣称在自然法则之外存在一个例外状态以使这个难以管束的世界恢复秩序，他也是一个管理者（oikovouoç 或 oikonomos），通过定期和以固定方式运用他的法则，他管理和控制着这个世界，使其符合创造它的目的。阿甘本指出，oikonomia 既是世界的内在秩序，是其内部的各个部分的有序关系，同时也是维持那一秩序的行为。

250

　　那么，斯密是否是神意概念（或者被命名为神意的一套概念）的继承者？在其中，从一开始，即异教徒和基督徒，世俗的和神学的观念就完全纠缠在一起，最终也不可能将它们分解开来，这种情况也许允许我们将神学上的零和博弈放在一边，在这种博弈中，斯密要么是（秘密地）宗教的典范，要么是世俗的启蒙典范。① 在这里，我们应该谨慎地理解那个理论猜测，它决定了斯密对神意和经济管理概念的使用，以及它们得以使用的确切形式。斯密的神意概念，他常常迅速将它同斯多葛派联系起来，从它的若干明确的形式来看似乎非常简略。事实上，它离斯宾诺莎所谓的"迷信"近得令人担忧，迷信就是相信任何事情的发生都是有原因的，都是注定的，正如斯密所言，因为那"统摄一切的智慧"。事实上，神意和经济管理概念在斯密的著作中发挥作用的方式更加微妙，更加复杂。

　　这种复杂性本身就是长达一个世纪的理论斗争的结果，在这场斗争中，神意既是斗争的场所，又是斗争的筹码，这反过来使得它可能在从自然管理术（the oeconomy of nature）向管理术的性质（the nature of oeconomy）的转变中被挪用。在 17 世纪中期，由不同且互不兼容的目标所推动的一个最不可能的"实体251 联盟"对神意思想发起了也许是其历史上最凶猛的攻击，而且在这些同盟者中间有哲学史上最重量级的思想家：霍布斯、帕斯卡、马勒布朗士和排在第一的斯宾诺莎。这些人当中的第一个和最后一个众所周知不接受那个思想，即宇宙是围绕终极目的和目标组织起来的，斯宾诺莎《伦理学》的第一部分就明确反对这个思想，甚至反对存在某种固有的神学思想，因此也反对任何关于"自然管理术"的观念。

---

① Spencer J. Pack, "Adam Smith's Economic Vision and the Invisible Hand", *History of Economic Ideas* 4, No. 1 – 2 (1996), pp. 253 – 265.

这些哲学家普遍被看作是无神论者，他们试图将世界扔进混乱，他们相信那才是它的本质，不要指望从他们那里再获得更多。令人意想不到，而且更加微妙的是两位相互敌视的人物对极端重要的神意概念提出质疑：帕斯卡和马勒布朗士。[1] 对前者而言，关于神意的寻常观念都受到新斐拉鸠斯主义的影响——根据奥古斯丁日后的追随者，是最重要的异端邪说。一个无所不在，无所不知的仁慈者监管着宇宙的和谐，这个思想似乎意味着所有人都被赋予充裕的恩泽，都将被拯救。只有那些刻意地、固执地掉过头去的人——他们不仅无视经文所揭示的真理，而且无视内心神意的提示——才会受到诅咒。对帕斯卡和他的詹森（Jansenist）教友而言，这类概念在其起源和原型方面无疑都是异教的，它们否认堕落这个第一原罪所产生的后果。因为如果"在天真的情况下"（堕落之前，"上帝不可能公正的给单个的人定罪"），所以只有"在腐败的情况下上帝才可能公正地给整个群体定罪"。[2] 人的行为和思想就以这样一种方式确定下来，只有"这个群体"中的极少数者才能获得救赎的恩典。

如果固执的詹森教徒能够在日益普遍的神意观念中发现对人类腐败和人类理所应当要受到的诅咒的否定，那么，他们的对手马勒布朗士在其中则发现了（也许这里借鉴了斯宾诺莎的观点）对于上帝存在着非理性的和幼稚的人类中心主义观点。马勒布朗士的《论自然与恩泽》（*Treatise on Nature and Grace*）开篇用到一个形象，这个形象在路易·阿尔都塞生命的最后时期抓住了他的想象并且激发了他的偶然唯物主义理论（aleatory materialism）：雨水同样按时落在并不需要它的海上，如同落在耕种的土地上（Ⅰ：18）。的确，"雨水落在某些土地上"，而"太阳则炙

---

[1] Giorgio Agamben, *Il regno e la Gloria* (Roma: Neri Pozza, 2007), pp. 287 – 304.

[2] Nicolas Malebranche, *Treatise on Nature and Grace*, trans. Patrick Riley (Oxford: Clarendon Press, 1992).

烤着其他土地";有时,"有利于庄稼的好天气之后便是摧毁庄稼的冰雹"(Ⅰ:18)。这是否意味着上帝想让庄稼颗粒无收以惩罚或者考验他的人民的信仰?

在马勒布朗士看来,赋予上帝一个特殊的意志,即如果不遵守他所创造的一般秩序,他就任意摧毁这个秩序,这样做的结果是贬低了上帝这个概念。上帝用它无尽的智慧看到"施行他的计划的所有可能方式"(Ⅰ:12)。他选择来施行其计划的方式一定是其他人所乐于接受的。作为最伟大的工匠,"他不会用复杂的方式来完成他的计划,他可以代之以更简单的方式,他不会行而无果,他从不做无用功"(Ⅰ:13)。在无穷无尽可能被选定的世界中,上帝"确定自己要创造一个可以用最简单的法则创造和维持的世界"(Ⅰ:13)。如果雨水毫无用处地落在海上,我们的结论是为了生出雨水来浇灌枯萎的禾苗,

> 改变他的简单方式是完全必要的,他让运动交流(communication of motion)的法则成倍地增加,通过这些法则,我们的世界得以存在。于是,在上帝的行为和他的事业之间便不再有那种平衡。为了决定一个无限睿智者的行为,这是必不可少的,所有这一切都是必要的。(Ⅰ:14)

上帝运用他的一般意志确定了法则,用该法则控制相互冲突的身体的运动;他不是凭借某种特殊意志来决定某个身体以某种给定的方式运动。因此,庄稼枯萎,人民遭受饥馑,以及命运,例如雨水会一视同仁地落在合理者和不合理者的身上;这些事件都没有目的,他们生存其中的世界也不是所有可能有的世界中最好的一个,除非在这个意义上,它根据最有效也最简单的一般法则生成,这些法则本身是上帝一般意志的体现。

詹森教徒阿诺德对马勒布朗士关于创造的论述十分反感,尤

其是因为其中说到上帝的恩泽本身像雨水一样随意洒落，任意落在那些心肠冷酷的人身上，也落在那些一心寻求救赎的人身上。马勒布朗士的上帝对那些他依照正义该永远诅咒的人不感到愤怒；相反地，对上帝的愤怒是一个人类中心主义的错误，甚至是不值得神学家关注的一种偶像崇拜。另一方面，上帝的完美体现在他的法则中，而非体现在这些法则所产生的结果中；它们也可能产生妖魔，造成混乱。要终止这类影响就意味着要让他的意志成倍增加，因此就要消除他的统治中的简单和优雅。马勒布朗士的世界非常奇怪地充斥着上帝的完美指挥的副产品和负面影响。他的同时代人理解这本书的重要性：正如芬奈伦（Fénelon）所言，马勒布朗士在这本书中的论点"摧毁了神意"。①

你因此可能情不自禁地要说，尽管帕斯卡和马勒布朗士忠诚于上帝，他们因此和霍布斯及斯宾诺莎一道"扫清了通往知识的道路"（用一个洛克的比喻）。因为他们清除了，不管是有意还是无意，阻碍科学进步的神学思想的残留。然而，历史和知识的线性发展这个令人鼓舞的计划却难以为继。政治经济的出现（尤其是早于斯密几十年在法国的出现，在法国，经济学家借用神意概念来解决不受任何限制的商业所带来的理论和实际问题）不仅不是建筑在"理性主义者"对神意的攻击这个基础上；它之所以能够出现，全是因为18世纪初另一群持反对意见的"客观同盟"（objective alliance）发起了维护神意的反击，该同盟由思想各异的思想家组成，包括（只列举对斯密的理论发展具有重要意义者）波舒哀（Bossuet）、莱布尼兹、曼德维尔，还有蒲伯。这个反击重新激活了神意概念，但绝不是在世俗或世俗化的意义上。事实上，它变得黯然失色，或者至少被全面贬低，并且

①　François Fénelon, *Réfutation du system du Père Malebranche*, *Oeuvres de Fénelon*, Vol. Ⅱ（Paris：Lefevre, 1835）.

开始质疑神学与世俗之间的区别，人世和非人世之间的区别，自
然与社会之间的区别。

　　波舒哀在他的《论普世历史》（*Discourse on Universal Histo-
ry*）（1681）中对现代早期重新出现的机会和命运概念发起了猛
烈的攻击：

> 我们不要再谈论机会和命运，或者说我们不要再以它们的名
> 义来掩盖我们的无知。相对于我们不很确定的忠告，所谓的
> 机会就是高级委员会的一个设计，即那个永恒存在、将所有
> 的因果包含在同一个秩序中的委员会。这样一来，所有的事
> 情都朝着同一个结局运动，正是因为不了解那个整体，我们
> 才在某些特殊的遭遇中发现了机会或反常。①

> 这一失败是因为不了解他的意志和神意，他

> 看到所有事情的变化，却不改变其自身，他通过一个始终不
> 变的忠告促成了所有的变化，他给予权力也出借权力，他从
> 一个人到另一个人，从一群人到另一群人，他要表明他们所
> 有的一切都是借来的，所有的一切都天然地只存在于他的
> 手中。②

　　波舒哀的著作写于 1681 年，是为了指导王太子，使得这位
法国未来的统治者能够学会 "将人类事务同他们所依赖的永恒
智慧带来的秩序联系起来"，提醒他 "上帝不是每天都通过先知

---

① Jacques-Bénigne Bossuet, *Discours sur l'histoire universelle* (Paris: Institut Na-
tional de la Langue Française, [1681] 2006), p. 268.

② Ibid.

宣示他的意志，告诉国王和君主他要令其兴旺或毁灭。"① 但是，²⁵⁴通过研究世界上那些大帝国的历史，你可以看到他如何让他们服务于他的设计，他们的存在全由他所决定。

因此可以断定，这个世界的统治者们，他们的权力并不属于他们自己，他们只是完成了一个他们完全不了解的设计："他们的行动或多于或少于他们的思考，而且他们的决定一直都会产生无法预见的结果。"② 人类的每一个动机"都服务于它之外的其他动机。只有上帝知道如何让所有的事情屈就于自己的意志。"③ 所以，罗马帝国在推广其统治时丝毫没有意识到这是在为基督教文明铺平道路，就如同野蛮人进入罗马劫掠，却让罗马成为上帝自己的诺言的承载者；这确实就是历史的吊诡。只有当观察者从动机和关于行为者的知识转向他们无意中为其做出贡献的那个设计，这时，历史事件才可能被理解。它们是盲目的，而且要让这些已经被转向正当用途的行为产生结果，这种盲目是必需的。因此，人类历史上的混乱和灾难都不过是实现上帝意志的方式，即使是人类最残暴，最具有毁灭性的行为也会有助于上帝意志的实现。波舒哀当然不是要证明已经发生的邪恶是合理的，尽管除了在实现上帝的设计的过程中它发挥了作用，它也标志着对第一个罪的惩罚。④

莱布尼兹在其生命的最后十几年里都在准备对上文描述过的对神意的批判做决定性的反驳。在某种意义上，在他看来，神意

① Jacques-Bénigne Bossuet, *Discours sur l' histoire universelle* (Paris: Institut National de la Langue Française, [1681] 2006), pp. 209 - 210.

② Ibid., p. 268.

③ Ibid., p. 269.

④ 在 1955—1956 年的 "Problems in the History of Philosophy" 这门课上，阿尔都塞将其中一节献给波舒哀，认为他是 17 世纪最有趣，也是最有影响力的理论家之一。他认为是波舒哀将两个新概念引入到历史哲学当中：（a）理性的诡计和 Le Verstellung（对行动的歪曲），以及（b）是（a）的人为后果。

或神义论已经成为衡量和判断先前哲学的标准。莱布尼兹对霍布斯表达了敬意。但是，如前面提到的，霍布斯不仅要在这个物质世界里否定一切神学，他还要继续否定这个物质世界之外存在任何事物。霍布斯拒绝承认"无形物质"的存在，因此，实体之外的任何事物在莱布尼兹（《神义论》）看来都意味着

> 霍布斯先生拒绝听取任何关于道德必要性的意见……因为所有的事情都是因为物理原理而发生。但是，有一种必要性包含了行善的智慧，它也被称为道德，即使对上帝而言，它也是存在的，还有一种盲目的必然性，在这种必然性当中，根据伊壁鸠鲁，斯特拉图（Strato），斯宾诺莎，或许还有霍布斯先生，事物的存在是非智性的，是不加选择的，因此也是没有上帝的，在这两种必然性之间做出明确的区分是正确的。①

莱布尼兹的结论是一种"哲学，如果声称只有实体是物质，似乎不可能见悦于上帝的神意"（《神义论》第 394 页）。

255　斯宾诺莎这个例子，如上文所描述的那样，相对比较清晰（尽管莱布尼兹终生都痴迷于斯宾诺莎）：也将上帝和尘世混为一谈，从而排除了神意概念。莱布尼兹挑出《伦理学》第二部分的命题 7："思想的秩序和联系等同于事物的秩序和联系"，由此，斯宾诺莎得出的结论是"思想这个物质和延伸出去的物质是同一个东西"。莱布尼兹告诉我们，他不能同意这些论断。由这些概念可以得出上帝的权力和自由意志或决定无关这个思想。他援引《伦理学》第一部分对命题 17 所做的批注："源自上帝的事物与三

---

① G. W. Leibniz, *Theodicy*, trans. E. M. Huggard（La Salle, IL: Open Court, [1710] 1985）, p. 395.

角形的本质具有同样的必然性，而且方式也相同，因为它遵循一个绝对永恒的原则，即它的三个内角之和等于两个直角之和。"如果上帝没有自由意志，按照他的形象创造出来的人也便没有。斯宾诺莎指出，人的思想力得到提升，是因为他明白不仅他周围的事物是确定的，而且他的精神和身体也是确定的，这是他体验到的真实感觉或情感。对此，莱布尼兹做出的反应是：

> 斯宾诺莎认为，一旦人明白所有事情的发生都是必然的，他的精神便得到了加强。但是，他无法用这个条件满足受难者的心灵，后者也不会因为那种解释而减轻痛苦。如果他明白善出自恶，而且只要我们认真对待，无论发生什么事对我们都是最好的，这样的话，他确实会感到快乐。①

但是，或许是在对马勒布朗士的回应中，莱布尼兹才完全说清楚他的神义论概念，或者至少说清楚了适用于对市场这第二个神意进行理论化的那些因素。马勒布朗士关于上帝的一般意志的假设，即那一套永恒不变的自然法则，上帝要否决或废除这套法则，也许要以牺牲自己的完美无缺为代价，马勒布朗士的假设决定了雨水和这些法则是一致的，它毫无用处地落在海上，而人们赖以生存的庄稼却枯萎而死。它决定了在上帝王国可见的秩序中没有立足之地的"妖魔"也许会降生。

上帝中止了他自己的法则，即使任由他的孩子们面临悲剧和苦难，这个思想在莱布尼兹看来是上帝以自己的智慧为代价来加强自己的权力。我们已经注意到，这样的论点对于马勒布朗士的批评者而言将损害神意概念，因为它们设想某种秩序的运作，这

---

① G. W. Leibniz, *A Refutation Recently Discovered of Spinoza by Leibniz*, trans. Octavius Freire Owen (Edinburgh: Thomas Constable and Co. , 1855), p. 150.

个秩序无休止地而且必然地产生混乱，那是它的"副作用"。然
而，较之波舒哀、芬奈伦等人，莱布尼兹更加认同马勒布朗士将
"神意自然化"的努力，而且他对马勒布朗士所做出的回应不是
拒绝他的计划，而是宣称它尚不完整。马勒布朗士过于迅速地停
止了思考；他太过轻易地接受了一个建议，即雨水落在海上，干
旱毁了庄稼，愚民看到的就是这些。事实上，违反神意的是上帝
的自然法则在运行中出现的副产品，是神意的废品。在这里，莱
布尼兹鼓励他继续而不是搁置他的分析。莱布尼兹继续引用波舒
哀的论点，他坚持认为马勒布朗士所接受的"反常性"（《神义
论》第 277 页）事实上仅仅是一个知识上的缺陷，将表象误认
为是现实。莱布尼兹赞扬马勒布朗士，因为后者拒绝在其关于妖
魔之源头的讨论中亵渎一般法则。马勒布朗士没有看到"这些
怪物是符合那些法则的，与意志的一般行为是一致的，即使我们
不能分辨出这种一致性"（《神义论》第 276 页）。

为了解释他的观点，莱布尼兹转而求助于数学：

就如同有时在数学当中也会出现反常，当你最后触到这些反
常的最深处，它们最终会产出一个极好的秩序……我努力通
过和纯粹的数学的比较来阐明这些事情。在数学当中，一切
都是按照秩序来处理，而且可能通过一种近距离的凝视对它
们进行测量，这种凝视让我们得到一种享受上帝思想的美景
的快乐。你可以提出一连串或一系列表面上看一点都不规则
的数字，在没有出现任何秩序时，这些数字按照不同的方式
增加或减少；而如果他知道这个公式的关键，而且了解这一
连串数字的源头和结构，他就能给出一个规则，假如理解得
当，该规则将证明这个系列绝对是有规律的，甚至具有完美
的属性。（《神义论》第 277 页）

在这个意义上，每一个小混乱都隶属于一个更大的秩序。

但是，莱布尼兹不满足于在每一个表面上的混乱都是其一部分的总体语境中说明每一种混乱都是一个更大秩序的一部分，即使这个更大的秩序常常隐匿不见，他从共时转向历时：地球本身就是一场巨大暴乱的发生地，一场大火铺天盖地，势不可当，接踵而至的是同样具有毁灭性的洪水和地球的运动。

> 但是，他不明白这些混乱有助于让事物到达它们现在所在的位置，我们的财富和舒适都是拜其所赐，通过它们的力量，这个星球变得适合于我们耕种。这些混乱归于秩序。(《神义论》第 278 页)

257

莱布尼兹进一步指出，我们甚至没有将我们社会中的"不平等条件"(《神义论》第 278 页) 看作是混乱。在我们这个社会中，剥夺仆人和劳动者的权利，相对于他们的主人而言普遍被看作是一个有序社会的必要基础。但是，毫无疑问，他援引贝尔的观点指出，在无生命事物的混乱和有感觉、有思想、承受苦难的人的混乱之间需要做出区分。难道不可能想象"没有罪恶和不幸的世界?"当然可能，莱布尼兹回答道，

> 但是，那样的世界也比不上我们的善的世界。我无法向你们详细地说明。我能够了解并能够向你们展示各种无限性并将它们放在一起比较吗?但是，你必须和我一起判断，由内而外 (ab effectu)，因为上帝选择了这个世界现在的样子。不仅如此，我们知道，一个恶常常带来一个善，没有恶，就不会有善。两个恶的确常常造就一个大善。(《神义论》第 129 页)

在这里，莱布尼兹提醒我们，不要认为上帝曾做下善由其出的恶，相反地，上帝"从他允许的恶中导出比出现在恶面前的更大的善"（《神义论》第 129 页）。构成这个世界的诸多联系是如此复杂，所以"如果路过这个世界的最小的恶却迷失于其中，它便不复是这个世界；不省略任何事物，而且留有余地，它正是它的造物者所认为的最佳状态"（《神义论》第 128—129 页）。

莱布尼兹为神意概念所做的一切，或者说我们按照斯密的说法必须称为自然的管理术的概念，伯纳德·曼德维尔以此确定了经济管理的性质，即他在某个操作中证实了政治经济管理的合理性，这个操作在策略和手段上与莱布尼兹的《神义论》惊人地相似。在"上帝的正义之证明"（Vindication of God's Justice）这篇关键性的文章中，这是一篇对《神义论》（最早用法语写成）观点的总结，用拉丁文写成，莱布尼兹提醒读者：

> 神圣的智慧引导着神圣的善，善延伸到造物的总体当中。因此，神圣的神意在整个宇宙系列中展现其自身。结论是，在无数可能存在的系列中，上帝拣选出最好的系列，结果是这个最好的宇宙正是实际存在的宇宙。因为这个宇宙中的一切事物都彼此和谐，而真正的智者从未在不考虑整体的情况下做出决定。①

258　　"即使无辜者不希望免除苦难"，也要让他们获得知识。②

曼德维尔关于社会神意的论述所指向的正是莱布尼兹意义上

---

① G. W. Leibniz, "A Vindication of God's Justice Reconciled with His Perfections and All His Actions", in *Monadology and Other Philosophical Essays*, trans. Paul Schrecker and Anne Martin Schrecker (Indianapolis: Bobbs-Merrill, 1965), p. 122.

② Ibid., p. 120.

的"真正的智者"。在最初匿名出版于 1705 年（因此比莱布尼兹的《神义论》早五年）的"嘤嗡的蜂群" （the Grumbling Hive）一文中，他试图证明，人成为

> 一种社会动物不在于他有结伴的欲望，不在于他的美好品德、同情心、和蔼可亲以及其他外部的优雅，而在于他的最无耻、最可恨的品质是他最不可或缺的成就，这样他才适合与这个世界一致的最大、最幸福、最繁荣的社会。[1]

曼德维尔选择的那个动物寓言使他能和莱布尼兹一起想象"如果路过这个世界的最小的恶迷失在这个世界中，它便不复是这个世界"（《神义论》第 128—129 页）。他通过一种思想实验证明，从社会中根除罪恶（应该注意，没有否定它是罪恶或者使它免于惩罚）只能让它比从前更糟糕，最终甚至不能将这个社会提供给它自己的人民。在曼德维尔的社会中，个体并不是简单地追求他们自己的利益，而不考虑他们的邻居，而且在追逐利益的过程中，他们会撒谎、欺骗，最后是偷盗。

不仅如此，骄傲和虚荣使他们膨胀，始终想要让自己高于自己的同伴，完全投身于以智慧和道德为代价的、不停变化的时尚，而智慧和道德的目标却不曾改变。如果社会的"每一个部分"都"充满罪恶/然而社会整体上是一个乐园"，这是因为在"乐声悦耳"这个意义上，这类"杂音"放到一起就变得和谐了。[2] 用莱布尼兹的话说，令文明社会苦恼的罪恶只不过是为了创造最佳社会而"必不可少的"那些罪恶。这正是在鼓励个体

---

[1] Bernard Mandeville, "The Grumbling Hive: Or, Knaves Turned Honest", in *The Fable of the Bees* (2 vols.), ed. F. B. Kaye (Indianapolis: Liberty Fund, 1988), I, p. 4.

[2] Ibid., p. 24.

参与一个繁荣兴旺的社会所要求的合作：尽管社会中的每个成员都有邪恶的动机，所有人都在不经意间"相互帮助，似乎就是为了作恶"而且甚至"众人中的极恶者/也对共同的善有所贡献"。①无论怎样理解曼德维尔，关键是要注意最后这个短语：共同的善，这个短语对他和对斯密一样重要。经济如果可以不受任何干预自由运行，就可能在最大限度上改善穷人的命运，慈善做不到这一点。随着财富的扩大，艺术、文学、法律以及学术都将繁荣兴旺。

正是在自然经济管理和政治经济管理或者在二者之间的空间语境中，斯密关于那只"看不见的手"的论述展现出其全部的意义："神意，"用他的话说，"在少数几个高傲的主人之间分割了这个地球……既没有忘记，也没有放弃在这次分割中被丢在外面的那些人。"（《道德情操论》第 185 页）这里的关键"似乎"是：表面上看，少数人享受了大量财富，而大多数人在忍受剥削。但是，这个罪恶只是一个表象；事实上，富人的消费"几乎不比穷人多"，因为骄傲而冷酷的地主的"胃承不下和他巨大的欲望相当的东西，而且比起最卑贱的农民，也不能消化得更多"（《道德情操论》第 185 页）。"在身体的自在和心灵的平静方面，所有不同等级的人都是平等的。"

然而，其他的罪恶无可否认都是真实的。正如斯密所设想的，富人既不会爱邻如己，也不会被责任所驱遣而用哪怕最微不足道的方式帮助他们的同胞。他们只为"天生的自私和贪婪所动"；他们汲汲以求的"只是他们自己的便利"和"他们自己空虚的、贪得无厌的欲望的满足"（《道德情操论》第 184 页）。斯密的文本表面上在说，"尽管"他们自私且贪得无厌，"他们还

---

① Bernard Mandeville, "The Grumbling Hive: Or, Knaves Turned Honest", in *The Fable of the Bees* (2 vols.), ed. F. B. Kaye (Indianapolis: Liberty Fund, 1988), I, p. 24.

是和穷人一同划分他们所有进步的产物",但是,事实上,他已经表明,不过是将曼德维尔的论点以一种温和的方式表达出来,正是因为他们全身心地投入到虚荣的富丽堂皇和源自他们的罪恶的"宏大管理术",其他人才能够得到这个地球上的果实中属于他们的那一份。正是因为傲慢冷酷的地主的"奢华和任性",构成社会的大多数的穷苦劳动者才"得到……自己那一份生活资料,他们不可能依靠地主的人性或正义获得这些东西"(《道德情操论》第 184 页)。因此,分配生活资料的那只"看不见的手"只不过是富人一系列的恶习和邪恶相互联系构成的一个设计,该设计迫使他们"自然地""不明就里地""提高社会利益并且提供让种群繁殖的途径"(《道德情操论》第 185 页)。

正是在这一点上,黑格尔对斯密的评价尤其具有启发性。黑格尔对于神意概念和神义论持何种态度?我们已经注意到:他对斯多葛主义进行了极端严厉的批判,这种态度延伸到他们的神意观念上(他使用了希腊词语 πρόνοια),认为他们的神意观念是一种概念混淆,在其中,上帝、命运、必然性、自然以及理性全都变得难以区分:"因此在斯多葛学派中间,所有关于罗马的迷信都有最强有力的支持;所有神学之外的迷信都获得他们的庇护且被证明是合理的。"[1] 黑格尔指出,斯多葛主义是"一个理性思考系统,在其中所有个人的特殊目的也形成了众神的利益。"[2] 他对莱布尼兹的《神义论》的态度是,不会有比它更讨厌的东西:在也许被看作是对善与恶的复杂交织的巧妙证明中,这种交织对于设计这个可能是最好的世界而言必不可少(在这里,我们正在接近斯密对那只"看不见的手"的论述),黑格尔戏称"这个和那个被说成是必不可少……上帝因此是……一条废水管

---

① G. W. F. Hegel, *Lectures on the History of Philosophy* (3 vols.), trans. E. S. Haldane (London: Kegan Paul, 1892), Ⅱ, p. 249.

② Ibid.

道，所有的矛盾都从那里流走"。①

正是因为黑格尔认为莱布尼兹的《神义论》是对迷信思想的通俗总结，斯密被免于这种责难便更加令人感兴趣。当然，黑格尔并非简单地拒绝神意思维，而是通过将其历史化提出一个假设作结，即存在一个可以无限推延的终结。他因此不允许意识与行动之间、动机与结果之间的若干错位成为某个稳定系统的各种功能，变成某个稳定的社会平衡体的原则。他认为，至少在《现象学》中，这种错位代表着矛盾发生的场所，这种矛盾促使斯密的系统超越其自身，即开始意识到普遍性的存在，在这种普遍性当中，理性完成了其自身理性的现实化，因此它也必须了解它一开始"不明就里地"产生的普遍性，并且将这种普遍性应用于其自身。将适用于斯密理论的神义论历史化，黑格尔让我们看到了神意概念的基本作用，斯密将其理解为既是自然系统，也是人类系统，他最终关心的是生活的管理术及其施行的管理。我们现在必须理解另一个概念的出现，但是，它可能在斯密的著作中是缺席的：生命概念。

生命作为一个政治概念的重要性在近些年很受重视，特别是与福柯在《性史》（1975）中对生物政治概念的反思联系在一起，他将生物政治定义为"将生命带入一个明确的运算领域，使权力—政治综合体成为人类生命的改造力量"。② 根据他的分析，随着专制主义国家在欧洲的出现，产生了君主权力模式，这种模式围绕着权利与义务组织而成，在这种模式中，权力按照法律的规定运作：凌驾于生死之上的一种权利。

君主可以根据"faire mourir"这个权利，它的字面意思是

---

① G. W. F. Hegel, *Lectures on the History of Philosophy* (3 vols.), trans. E. S. Haldane (London: Kegan Paul, 1892), Ⅲ, p. 348.

② Michel Foucault, *The History of Sexuality: An Introduction*, trans. Robert Hurley (New York: Pantheon, 1978).

"使死亡"（以区别于动词"tuer"，意为杀死），让那些违反他
的法律者去死，他也可以间接地，但显然是合法地让他的惩罚对
象的生命"暴露"在战争的风险下。然而，他同生命的关系是
一种消极的关系：君主通过不采取行动的决定来实行统治，这个
决定同意或允许生命继续存在，"laisser vivre"（让他活着。译
者）。相反地，18世纪出现的生物权力模式用"一种使活着的权
力"（laisser vivre）和任由死亡摆布（rejeter dans la mort）的权
力取代了这些权力。① 尽管生物政治的目标毫无疑问是管理生物
实体和政治实体，但是，人们是依靠环境的，为了促进或限制其
增长从而保障人口的健康和福利（福柯认为这样做是荒诞的），
便日益将人类暴露在死亡面前，需要死亡来维护战争中的生命本
身，战争已经变得"至关重要"。

《性史》出版近二十年后（但是比福柯匿名出版于70年代
后期的经济学和生物政治演讲稿早了十年），阿甘本的《牲人》
（Homo Sacer）出版了，它不仅是对福柯的将君主权力和生物权
力理论化为历史上不同的政府模式（在福柯的理论中，第一个
模式在第二个模式的现代性面前屈服了）做出的批判性回应，
也是对福柯自己说过、但有可能被遗忘的观点做了一次积极的回
忆：为了保护某一群人的生命，需要进行种族灭绝，即另一群人
的灭绝，他们造成了一种致命的——或者今天所说的存在性——
威胁。在阿甘本看来，20世纪的暴力程度在以前的时代闻所未
闻，它不仅证明了君主权力的顽强，而且证实凌驾于理性管理之
上的不规范的决定和凌驾于法律秩序之上的例外状态才是至高无
上的。

与生命的积极联系与其说是 faire vivre，是对生命的培育，

---

① Michel Foucault, *The History of Sexuality*: *An Introduction*, trans. Robert Hurley
(New York: Pantheon, 1978), p. 138.

不如说是在某种不受法律制约的**暴力**面前放弃生命。生命遭到
法律王国的拒绝就是为了让其暴露在死亡面前，如同为了培育
某种生命，就必须要有某种暴力。生物政治，即对生命的控制
因此伴随着阿基里·班贝（Achille Mbembe）——对福柯和阿
甘本的延续，但是也有批判——所谓的僵尸政治（necro-polic-
tics）：既通过政治军事化实施大屠杀，也通过饥荒和流行病控
制死亡率。①

　　福柯后来出版的演讲稿——"社会必须受到保护"（1976—
1977），"安全，领土，人口"（1977—1978），以及"生物政治
的诞生"（1978—1979）——表明他补充了权力的微观物理学这
个概念：不仅通过国家，也通过私人的和公共的规训制度，对肉
体力量实行微妙的高压控制，即人口管理概念（据此，有了不仅
限于国家的管理行为）。后来的这一洞见促使他学习 18 世纪的
法国经济学家，包括重农主义者，最后是斯密本人。

　　这项工作形成了一种新的管理概念的雏形，不是通过扩充
国家的作用来管理人口，而是策略性地收缩和放弃其传统功
能——即，一种政府概念，其战略体系包括适度地动用缺乏、
死亡和权利剥夺来决定行为组织方式要比单纯依靠法律更加有
效，也更有预测性。而且由市场来控制生命，尽管某种理性在
人类之初便优于人类设计。阿甘本的《王国与荣耀》正是对
福柯这些文本（只在 21 世纪的第一个十年出版过）作出的
回应，深化了福柯已经开始的经济研究，而且对其进行了历
史化。

　　为了继续这项工作，或许是时候将我们的注意力转向生命控
制中的死亡之地；也许，我们应该问是否"生命市场"（mar-

262

----

① Achille Mbembe, "Necropolitics", *Public Culture* 15, No. 1（Winter 2003），
pp. 11 - 40.

ket-place of life),这是它最近的名称,① 难道不也是死亡之地?
它不再简单地外在于生命,或处在生命的界限之外。相反地,它
是生命成长并发挥作用必不可少的时刻:其功能等同于催生更大
的善的恶,等同于通过分解现在而使未来成为可能的否定。提出
这个问题就要遭遇某种僵尸经济学的存在,这是在以另一种方式
思考死亡与生命控制的关系,在18世纪的欧洲,它同时出现在
实践与理论当中。

　　僵尸经济学或许可以理解为间接的君主暴力的必然结果,这
种暴力并不夺取生命,而是让生命暴露在死亡的风险面前。这一
创新适合于18世纪政治经济的出现,在这个意义上,不仅是因
为它发现了那个永恒不变的、内在的秩序,即后来所谓的市场,
而且因为它支持扩展君主的"暴露"权力,他不仅有权让惩罚
对象或公民在战斗中暴露于死亡面前,死于敌手,而且拥有合法
权力,让他们暴露在饥饿造成的死亡面前,好像以自然秩序的法
则之名,个体可能(或者应该)不再受到保护而免于饥饿而死,
就像在战场上不能免于死亡。僵尸经济学这个概念使我们能够理
解一个概念的出现(它在实践和理论中激烈地对抗),即永远不
直接"使去死"(laisser mourir),它与通过"laisser faire",即通
过包括有意克制或撤销行动的行动——不单纯是不行动的惰性状
态,而是具有战略意义的刻意设计的退却——而施行控制的科学　263
是同质的。这种退却就是离开或放弃,常常发生在面对强大的反
击力量时,它的作用远比政府控制下的前进更有破坏力。"牲
人"是罗马法律中一个模糊的,几乎没有得到研究的范畴,意
为人可能在无罪的情况下被杀死。或者也是因为它的模糊性或不
可见性,"牲人"范畴对20世纪国家的暴力使用的控制日益增

---

① 见 James R. Otteson, *Adam Smith's Marketplace of Life* (Cambridge, UK: Cambridge University Press, 2002)。

强，却似乎仍然没有得到认识，因此也仍然没有得到慎重考虑或引起争议，从而使得这一范畴在实践中几乎具有了普遍性。同样地，"laisser mourir"，即"使去死"，这个概念其本身便建立在一个半合法原则的基础之上，这个原则是活着的人没有（人的或公民的）权利决定生存方式，"laisser mourir"概念正在被遗忘，正在被排斥于理论记忆之外，却控制了我们，它的不存在是一种刻意而为，是在以某种特殊的方式继续统治我们关于"经济"或"市场"之类概念的思考。

接下来，我们将解读黑格尔对斯密的阅读。在黑格尔看来，斯密不承认前社会的人类存在对于生命本身是必需的。他声明，合作因此不仅是互不联系的个体的劳动，他们在劳动这个事实之后或许要交换，而且是社会的，因此也是政治的某种最低形式，斯密的这一拒绝使得他成为一个思考人类生活中固有的普遍性的思想家，他相信必不可少的集体劳动使人类生活成为可能。因此，对于黑格尔来说，他是一个研究普遍性的思想家，但不是法理或道德意义上的普遍性，这种普遍性在生命的生产中得以实现。我们现在必须要提出的问题是黑格尔对斯密的解读是否站得住脚。换言之，就世界对市场的理解而言，即使不是普遍性的，市场是否是生命，某一群人的生命或人类生命的生产与再生产的自然—人类领域？人类生命可否理解为一个市场？

我们在前面讨论过，黑格尔可能使斯密变成了一个研究普遍性和生命的思想家，所以他必须从其系统中去除生命的神性，将斯密的生产者的无意识变成某种暂时的知识缺陷，这可能只是动摇了他们同他们所创造的世界之间的稳定关系，并且使这种关系遭到质疑，将其放在通向形成这种关系的道路上，形成过程是精神回归自身的漫长归程中各个时刻的他种特征。将黑格尔放在一边，如果我们同意斯密将市场看作一个更大的自然目的的一部

分，这个目的非人的智力所能理解，那么，市场同生命（相应
地，同死亡）的关系是什么？

这里，回想一下斯密自己明确说过而且到处可见的僵尸政
治学：他对死亡和死亡的痛苦经历的兴趣，不仅是国家造成的
死亡，还有个体自己造成的死亡，仿佛他被派来在那一时刻执
行正义的命令，在那一刻，他认为他"是他的同类合理且适宜
的仇恨与轻视对象"（《道德情操论》第 84 页）。在斯密看来，
如果社会对于维系人类生命是必需的，"对死亡的恐惧这个威
胁幸福的剧毒却是对人类非正义的最大制约，因为它令个体遭
受痛苦，受到伤害，从而保护了这个社会。"每一个人"在追
逐财富、荣誉和晋升的竞赛中……都会尽力向前冲，绷紧了每
一根神经和肌肉，为的是超过所有对手"；然而，如果他"推
倒或打败他们中的任何一个"，他就成为"憎恶和愤恨"的对
象，就可能受到惩罚（《道德情操论》第 83 页）。于是，生命
的集体生产的一个必要部分，在这里是受到自我利益驱使的一
个过程，就是对曾经存在的正义力量的认识，它像机器一样有
规律地夺取，或应该夺取生命，这种规律性时刻关注过度的自
我利益，过度的自我利益使个体离开公平竞争的领域，以偷盗
或诈骗获取他渴望占有的事物。事实上，对人类社会必不可少
的社会性其本身所以成为可能就是因为不断有被判有罪的个体
丧失生命。

这里重要的不是死刑的公正，无论违法杀死了另一人（或
者因为那件事从另一个的口袋里拿了一方手帕）的人自己是否
会被公正地处死，重要的是死亡的效用，它既非自然，也非偶
然，而是由国家施行。没有实例表明国家愿意主动剥夺作恶者的
生命，"相比较于他们认为对自己有用的东西，如果他们和另一
人没有特殊关系，就会轻视那人"，若没有应得的惩罚，他们会
"像野兽一样，随时可能扑向他；一个人进入一群人当中，就像

进入到一群狮子当中"（《道德情操论》第 86 页）。

不仅如此，施行死刑的愿望是合理的，同时植根于人类的报复情绪，这种同步性再次解释了神意的作用：生命的生产既需要也包括运用死刑权利。因此，"一个有人情味的人……热情的，甚至带着一种狂喜，赞美公正的报复，这种报复对于"危害其他人生命财产的罪行是理所应当（《道德情操论》第 90 页）。如果那个有人情味的人面对死刑所感到的狂喜本身似乎是可耻的，我们就必须明白，如同追求自我利益的激情，死刑被理解为自我保护这种本能的表现形式，它是一种真实存在（与理想相对立）的手段，自然提供这种手段来达到"她提出的结局"。手段与结局的这种安排就是最明确的标志，表示"自然管理术在这个方面确实与其在其他很多场合是一样的"（《道德情操论》第 77 页）。

因为"威胁生命的罪行"而送命，但是在斯密的年代，更常见的是因为"威胁他人财产"而送命，这对社会的存在而言是必需的，或许也是最富激情的社会纽带。据此，你爱你的邻居就表现为憎恨那个掠夺他财产的罪犯并且为后者被执行死刑而兴高采烈。[①] 但是，难道这不正是在保护和捍卫他人财产？这是一个相互的行为。由此，国家不是剥夺生命，而是允许死亡，允许那些非法占有他人财物的人死亡，他们不拥有或不能合法获得这些财物。

"自然管理术"这个短语在这里标志着政治与经济的结合，[②] 它使我们能够从斯密的僵尸政治学，他的生命基于死亡，维系生命靠的是产生死亡，转向他从法国经济学家那里挪用而来的僵尸

---

① 关于在斯密的年代小偷和扒手胜过杀人犯以及贫穷在施行死刑中的重要性，见 Peter Linebaugh, *The London Hanged: Crime and Civil Society in the Eighteenth Century* (Cambridge, UK: Cambridge University Press, 1992)。

② 尤见 Marouby, *Economie de la nature*, pp. 232 – 234。

经济学,他们的研究对他的理论的发展非常关键。① 允许这类死亡,或者允许他们出于敬意回归某种固有的秩序,据说可能带来富裕,而且因此会有不断增长的食品供应,如果没有这种约束,就不会出现这样的富裕:历史上那一时刻出现了令一些观察家觉得无法忍受而且更加危险的事情,即在人们需要的时刻放弃他们,却受到其支持者的拥护,他们认为这是治愈罪恶的良药,与之相应的是善将变得更加强大,对于匮乏和死亡,繁荣昌盛的出现是对其作出的补偿。

　　因为那些支持自由商业者直接或间接地提出,通过收缩,而非扩大政府行为可以实现对人的最有效控制,这样可以使复杂精细的和谐关系顺利运行。除了阻碍干预的干预,任何干预都可以减少,政府似乎已经明令取消了个体生存这样的传统权利和期望从政府获得生存保障(首先是食品)等相关权利。因此,在 18 世纪中叶左右,以前一直聚焦于流浪汉和乞丐问题的穷人问题转向饥饿问题,继而是生存权力问题,不仅是不被无辜杀害的权利,还有不被饿死的权利——保证这一点是基本的正当理由之一,不 266仅是国家存在的正当理由,也是个人服从国家的正当理由。

　　因为市场运作被宣称是分配衣食的唯一合理且有效的方式,国家在粮食不足或饥荒时期为一部分人购买食品,任何这种行为都是直接的背叛,这种逻辑当然不成立。相反地,法国革命前的二十五年里,对市场的自然/社会秩序的明确肯定让这个假设获

---

① Ian Ross, "The Physiocrats and Adam Smith", *Journal for Eighteenth-Century Studies* 7, No. 2 (September 1984), pp. 177 – 189; István Hont and Michael Ignatieff, "Needs and Justice in the *Wealth of Nations*: An Introductory Essay", in *Wealth and Virtue*: *The Shaping of Political Economy in the Scottish Enlightenment*, eds. István Hont and Michael Ignatieff (Cambridge, UK: Cambridge University Press, 1983), pp. 1 – 44; David McNally, *Political Economy and the Rise of Capitalism*: *A Reinterpretation* (Berkeley: University of California Press, 1990). 关于法国人对谷物市场的争论的讨论, 见 Steven L. Kaplan, Bread, *Politics and Political Economy in the Reign of Louis XV* (2nd ed.) (London: Anthem, 2012)。

得了一种正式的，甚至是半合法的存在。这个假设（既基于惯例，也基于基督教神学）就是国家有责任保证活着的个体能够活下去，这个假设于是变成了一个关于个体合法权利的问题，这在某种意义上将一直或多或少是一种假设（例如在《英国穷人法》中，常常不是很清晰）的问题编入法典。

但是，这种立法采取的是一种权利形式，它似乎被认可了，因此，它也可能被否决或被排除，好像它是一个明确的要求，只有在那些有权决定其合法性的人对其作出明确表述的情况下才能被拒绝。不仅如此，存在权，或生存权（或者，将它同洛克的个体生命权［他或她是唯一的拥有者］概念明确区分开，生存方式得到保障的权利）不是出现于 18 世纪伟大的政治哲学文本当中，而是出现于经济学家的著作当中，尤其是法国经济学家的著作中，他们以令人敬佩的诚实面对 "la liberté indefinite du commerce"（不确定的自由贸易。译者）中的种种麻烦，尤其是当时被称作 "subsistances"（粮食，生活资料——译者）的商业。特别是一个问题的出现，令简直变成了一个战场——尤其是面对 1754 年和 1774—1775 年之间的粮食危机，1754 年颁布了针对粮食自由贸易的《禁令》（Arrêt），1774—1775 年，在失去控制的抗议（la Gurre des Farines）（面粉战争。译者）造成威胁的情况下，被迫恢复了价格和供应条例——自由市场的倡导者决心反对任何阻碍其运行的障碍，他们和某些人发生了大规模的冲突，那些人认为生命，人的生命是自由市场不可或缺的基础，也是它的界限。前者认为，市场自然秩序的发现，即不接受任何政治干预的秩序，除非是防止干预的干预，迫使他们面对以下问题：如果按照常规的控制方式，国家能够在法律上允许缓慢地毙命于饥饿和少量的人口（意为合法存在权的拥有者）减少，国家如何在不危害生产和分配系统（通过人为地降低价格，提高工资，甚或征用粮食，这一招可以打垮商人，将他们赶出这一行）的前提下保障他们获得生活资料？单是那个系统就能够保证人们的食品。难道政府意在为饥饿者提供食品的措施——不是让市场按照适合其机制的方式和步调运行——不是仅仅推迟了这一食品危机，而且在推迟的过程中还加剧了这一危机？这些措施本来是要缓和这一危机的（正如斯密本人所辩解的）。

这些问题和其他相关问题迫使支持和反对粮食自由贸易的人明确表明了关于合法生存权的态度。他们的态度通常表达得很含蓄；他们不对这个权利做直接的批评或辩护，而常常会对其进行重新表述，要么扩大了它对君主权力的要求，或者反过来，让它只剩下某种形式上的或抽象的意义，明确或间接地使个体权利从属于市场能力，即市场足以满足人口需要的能力（只要他能偿付市场价格）。

这些以现代形式出现的问题在法国，在《国富论》出版之前二十多年的时间里，第一次不再是自由贸易讨论的中心问题，而且当时，财产的神圣不可侵犯程度远胜于现在。事实上，它利用反对这一自由的人来表明偏袒自由市场的人已经给出了某个问题的答案，只有批判他们的人会或者可能直接提出这个问题。强行推广粮食自由市场意味着不仅要与国家交锋，国家已经习惯于调节经济生活中的重要方面，更重要的是，要与某一种人交锋，他们时刻准备着暴乱，而且国家在传统上不会采取任何措施来避免他们的暴乱，粮食自由市场也不允许人为的干扰进入那些相互关联的复杂机制当中，这些机制是粮食自由市场的发展所必需的。

这些争论的重要性对斯密的研究而言不容置疑：他直接提到过它们，而且他的很多论据，尤其是《国富论》中"关于玉米贸易和玉米法的题外话"中的论据，我们将重点讨论这一论据，它直接来自倡导粮食贸易不受任何限制的小册子。这些倡导者中有的是重农主义者；其他和斯密本人一样，在很多其他问题上并

不同意重农主义立场——从农业重于制造业到单独税收——但是
却和他们结成同盟来捍卫甚至粮食市场的自然秩序，粮食市场对
人口生存的重要性有多大，它的不稳定性就有多大，他们同时也
反对干预和因干预而颠覆粮食市场设计的种种努力。无论斯密对
重农主义体系的"不完美之处"持怎样的保留态度，他仍然认
为它"也许最接近即将公开发表的政治经济学主题的真相"，首
先，对于持续增长的消费品的生产，"绝对的自由是唯一有效的
应急办法"（《国富论》第 642 页）。或许值得更近距离地探讨商
业"绝对自由"真正的理论复杂性，这个概念仅次于一个包含
各种理论和政治立场的星座，它们形成于发生在《国富论》完
成之前法国人的争论中，它们决定了这本书说什么，不说什么以
及不能说什么。

因为个人的生存权利问题产生于这些争论当中，如果将其纳
入我们对斯密的解读，它在多大程度上能够发挥一种造影剂的作
用，不仅显现出他的论据结构，而且显现出这一论据的意识形态
特征，它的缺口以及它的分歧？要完成这个试验，我们绝对不能
从魁奈或杜尔哥这些名人入手，相反地，我们要从那位"优雅"
但不太为人所熟悉的克劳德—雅克·赫伯特（Claude-Jacques
Herbert）来开始我们的讨论，斯密直接引用了他的《论粮食管
理》（*Essai sur la police générale des grains*）（1755）。

赫伯特写这本书是为了支持 1754 年的《禁令》，它解除了
粮食贸易限制并且允许其经由郎格多克地区（Languedoc）出口，
很多人认为这一政策面对不断增长的价格情况是"危险的"，赫
伯特努力证明"更大范围内的贸易具有"种种优势。① 他提醒读
者记住"有时，为了实现共同利益，人民需要受苦"，而且恰恰

---

① Claude-Jacques Herbert, *Essai sur la police générale des grains*（Paris：A. Berlin，
1755），x. 所有法语原文的翻译都出自我们之手。

是因为贸易自由需要受苦（但始终未详细说明痛苦的性质和程度），"如果能够得到更好的理解，便能更加自如地发挥作用。"①在五十年之后，这是否是莱布尼兹观点的经济学版本？它回响在上文所引的斯密关于斯多葛主义的论述中，即使天真无知者也不会希望免受痛苦，只要他们明白加在他们身上的邪恶在整体设计中是必要的。赫伯特后面会告诉我们，也许"大众总是不理性的"，②因此，容易发牢骚，容易发生暴乱：他们几乎确定无疑地缺乏一种理解力，不能理解他们的苦难在通往共同利益的进步历程中的作用。

赫伯特说到那些人，他们的任务就是保护人们，不让他们伤害他们自身，尤其当他们因为恐惧和愤怒的情绪而丧失理智，因为暴力和掠夺行为变得疯狂时，那些行为显然是针对他者的，但他们本身受到的影响更为严重。但是，总是有少数与他同时代的人会问，上面引到的那段文字中的"受苦"其确切的含义是什么？如果是饥饿（假定这是一本关于粮食贸易的小册子）人民必须（或者实际上能够）受多长时间的苦？受多大的苦？而且这种痛苦给人民带来什么样的负面影响？又会因此产生什么样的负面影响？不仅是那些具有道德或宗教动机的人提出这些问题，他们似乎从未想过政府可能允许这样的苦难发生；他们也受到那些认为赫伯特幼稚愚蠢的人的质问。在人民反抗之前，忍受这种苦难的时间有多长？

赫伯特预先已经料到这类反应，他辩解道，他的目的是保障全体法国人的粮食供应。但是，在过去的两个世纪中，至少是为保障人民的粮食供应而采取的措施反过来都促发了它们本来要避免的危机。意在使粮食销售低于市场价格的价格控制造成了商人

① Claude-Jacques Herbert, *Essai sur la policegénérale des grains* (Paris: A. Berlin, 1755), x.

② Ibid., p.176.

的损失，甚至最终使他们破产，公共粮仓原本用来储备紧急物资以应对歉收，却造成了"数不清的麻烦。只需贸易自由，你就可能以最低的成本囤积粮食而且最大限度地发挥其作用，满足人民的粮食需求"。[1]

这个论据的核心是"disette"问题，即粮食短缺或不够，斯密将其翻译为"dearth"。这个词的意思经常很模糊：它可能指粮食短缺造成消费下降，但是对现有人口的健康和活动不会有明显的影响（他们不会忍饥挨饿，也不会感觉到不足）。但是，disette 也可能指食品消费降低，如果任其发展，则可能在几周之后导致政治意义上大量人口的死亡，其余受到影响的人口的活动会明显减少。有时，它和饥荒一词表达的意思没有区别（例如，有些作家谈到 1709—1710 年的 disette 造成多达一百万人的死亡），除非它被限定在某个领域或地区。[2] 完全可以说，这个词的含混性让这些差别变得模糊，而使用 disette 这个词可能将它从决定它的意义的具体环境中抽象出来，很多争论便可以充分利用这一事实在修辞上的优势。

令 disette 一词语义难以确定这一情况变得更加复杂的是经济学家坚持使用该词，赫伯特就是一例，对 disette 的理解几乎总是表面上的，是一个由农民的无知和恐惧与对政府一方的愿望合成的幻象，希望政府既能控制法国的经济生活，又能表现出对人民的慷慨和关心。粮食价格的一丁点儿波动都足以引起恐慌：供求关系的最短促影响立刻让人民及其统治者结成诡异的联盟，对统治者而言，粮食价格出现任何幅度的增长都只能是垄断和囤积的结果。同样地，如果对国外更高的粮食价格作出的反应是出口他们的货物，他们就被指责为了他们自己的收益而让法国人饿死。

270

---

① Claude-Jacques Herbert, *Essai sur la policegénérale des grains* (Paris: A. Berlin, 1755), pp. 30 – 31.

② Ibid., pp. 63 – 76.

相反地，赫伯特与另一位"partisans de la liberté"（自由的追随者——译者）认为，他们常常这样称呼自己，绝对的贸易自由，包括随意的进出口自由，是人民获得生活资料的唯一保障。就像比如说荷兰的高价格会吸引法国的粮食，法国的高价格也会吸引"一大群"追逐利润的外国商人，经过一段时间，他们要想在竞争中获胜，就只有把价格降低到人们能够承受的水平。

路易·保罗·阿贝勒（Louis Paul Abeille）在《对粮食管理的反思》（*Réflexion sur la police des grains*）（1764）和篇幅更长的《粮食的自由贸易原则》（*Principes sur la liberté du commerce des grains*）（1768）两本书中都采用了这个论据。在一个粮食可以自足的国家和一个产出盈余的国家，"如何可能发生**真正的 disettes**"，[①] 除非是在百年难遇的颗粒无收（与歉收相对）的情况下？误用 disette 来指代的情况越来越多，实际上只是"表面上的"或"人为的"disette，并不是由真正的粮食短缺造成，而是由"民众"的不理性情绪所造成，却受到作为国家法规基础的哲学的鼓励，即使不是由其所生成。[②] 阿贝勒坚持认为，抱怨粮食太贵并不比粮食太便宜更加理性。"太贵"这个概念（阿贝勒反复提到，它的意思不过是价格超过了人们"**想要**支付"的水平[③]）不可避免地产生政府干预的要求，因此成为自由贸易的一个阻碍。价格大幅增高会引起一般人的惊慌，在"le petit peuple"（小百姓——译者）中间则引起恐慌："恐惧本身是有传染性的，当它被高声说出来时，恐惧会变本加厉。"[④] 传染到更大的范围，国家担心农民造反，城市骚乱，于是开始采取人为措施来降低粮食价格，却没

---

① Louis Paul Abeille, *Principes sur la liberté du commerce des grains*（Amsterdam：1768），p. 1. 黑体为原文所有。

② Ibid.，p. 3.

③ Ibid.，p. 5. 黑体为原文所有。

④ Ibid.，p. 12.

有考虑市场的形势和所有者的权利："那些不拥有粮食的人要求强迫所有者按照与粮食丰足时同样的价格出售。"① 如果所有者拒绝让他们的财产权受到侵害，并且"采取预防措施保护他们的粮食不受损失（即把粮食藏起来，或者压低他们实际拥有粮食的数量），他们就会受到这样的威胁"，他们会被迅速赶来的群众指控为罪犯，群众的愤怒既能震慑国家，也能决定它的政策。这样的商人被看得和小偷一样卑贱，他们偷盗人民相信是属于他们的粮食。因此，"暴力转化成了权利，而且高于财产"。②

271

结果是，斯密的读者很熟悉，按照政府的命令降低价格，这个命令本身是按照愤怒的群众的要求颁布的，价格的降低使得在高价位上可以满足三个月购买和消费的粮食在一个月内售罄，造成普遍的不幸。这就是被"公平价格"或"合理价格"这个妄想所隐藏起来的现实，好像价格是由人的需要（真实的或想象的）决定的，而不是由供求关系决定的。人们哭喊着"政府有责任（s'est chargé de）保证我以便宜的价格买到面包"，妄称自己有权受到法律的保护，不接受粮食价格的增高。③ 即使我们承认，对面包的要求是因为实际的需要，而不是出于偏爱，而价格的增高也可能使一部分人买不起面包，

> 你是否能够从容地想象在哪里你能够迅速地立刻安顿好你自己，如果那里承认需要比财产更尊贵？在我们的语言中，权利，财产，安全这些词，甚至权威和管理这些词究竟是什么意思？④

---

① Louis Paul Abeille, *Principes sur la liberté du commerce des grains*（Amsterdam：1768），p. 12.

② Ibid.，p. 13.

③ Ibid.，p. 16.

④ Ibid.，p. 108.

　　阿贝勒坚持认为，政府必须认识到，尽管人们确实不是总能买得起粮食，用抨击财产权和危害市场运行安全等方式来对这种需要作出回应只会令已经绝望的形势更加恶化。政府在这种情况中应该采取的合适行动是，阿贝勒指出，小心地避免行动：即使面对猛烈的抗议，它也必须"laisser agir"，[①] 即容忍这种因果行为，它不受人的需要或欲望的影响，会在任何可能的时刻确立合理的粮食价格。

　　福柯在评论阿贝勒时说，让价格增高，因为它们将会增高，就不会再有

> 一般的安全，因为民众是一个整体，市场是一个整体，有些市场商品短缺，有些价格昂贵（cherté），有些很难买到麦子。结果是，有些人挨饿，而且也可能有些人饿死。但是，让那些人饿死（en laissant ces gens-là mourir de faim），这样，你就能创造安全的幻象，并且不让它以大规模天灾（fleau——灾难）的形式出现，这种灾难是先前系统的典型问题。因此，短缺事件分裂开来。短缺灾难消失了，但是造成个体死亡的短缺不仅没有消失，而且肯定不会消失。[②]

272

　　福柯在这里的意思是不允许饥饿造成的死亡消失，如果它是市场价格的一个功能，则必须防止它消失，但是。应该允许它以诸原因造成的结果这种形式来发挥功能，这样就能判定没有一次短缺曾经造成饥馑。在偏袒自由者这些迫切的信念宣言的沉默处和省略处形成了一个问题，这些偏袒自由者担心如果在某些条件

---

　　① Louis Paul Abeille, *Principes sur la liberté du commerce des grains* (Amsterdam: 1768), p. 113.

　　② Michael Foucault, "*Security, Territory, Population*": *Lectures at the Collège de France, 1977–1978*, trans. Graham Burchell (London: Palgrave Macmillan, 2007), p. 42.

下，不受限制的贸易自由或许是绝对必要的，这些条件也可能同时产生对他们的主张的最大抗拒（既有来自上层的，也有来自底层的）。对于这个问题，恐怕这些从另外的角度看非常勇敢的作者中只有不多的几位能直接作出回答：如果政府必须避免行动才能使食品供应增加，"laisser agir"这个祈使句是否也一定意味着政府能够，甚或必须"laisser mourir"，即容忍那些人因为国家不干预而饿死？

认为这样的立场无可争议，或者只有国家官员才会去质疑，无论是受到自我利益的驱使，还是基于某种对重商主义的责任，那些官员都只能从维护现行政策的角度做出回应，这种看法可能是个错误。还有一些人，他们甚至在1767—1770年那场被延长的危机之前就已经对在粮食市场进行的种种试验提出质疑，他们听到那个没有被提出的问题在那些关于粮食贸易自由的话语空洞中回响。没有人的回答比阿贝·伽里阿尼（Abbé Galiani）的回答更有效，他的《小麦贸易对话录》（*Dialogues sur le commerce des blés*）（1770）激起了支持无监管市场（unregulated market）者的激烈反响。①

尽管在今天仍然被当作一个机智优雅的文本而搁置一旁，认为它只有文学价值，而没有科学价值，而且缺乏重农主义者和思想家作品中特有的活力，例如赫伯特和阿贝勒。但是，伽里阿尼的《对话录》还是成功地揭示出自由主义者很有指导性却未言明的假设，而且证明了他们就改革所提出的具体且可以预见的结果，这些改革都从他们的文本中删除了。因为只提及原则和思想而没有提到作者和文本，伽里阿尼遇到了由阿贝勒阐明的一个立场，即"需要"（besoin）不能在法律上高于财产权，即使是对

---

① 见 Kaplan, *Bread*, pp. 590 – 614; McNally, *Political Economy*, pp. 130 – 132; Gilbert Faccarello, "Galiani, Necker, and Turgot: A Debate on Economic Reform and Policy in 18ᵗʰ Century France", in *Studies in the History of French Political Economy*, *from Bodin to Walras*, ed. Gilbert Faccarello (London: Routledge, 1998), pp. 120 – 185.

食品的需要，它本身只对生存是必要的。

这个引起争议的立场不是对上帝赐予每个个体不可剥夺的自然权利所做的一个洛克式辩护，个体看不到这个权利，它是穷人也必须占有的财产，是不在任何人类法律或政府的管理范围内的财产，它存在于个体同他人结伙之前。相反地，它的辩护内容是，私有财产不同于所有者本人的身体，但是在法律上只有所有者可以处理，可以管理，私有财产对于市场运作必不可少，市场是唯一的理性方式，通过市场，食品之类的商品才能有效地分配。因此，尽管经济学家担心粮食商在饥荒或粮食短缺时期会遇到不公正的待遇，有一点似乎越来越清晰，即如果社会要维持下去，更不用说要繁荣兴盛，那么，财产权与其说是一个**应该怎样**的问题，不如说是一个**必然怎样**的问题。

杜尔哥注意到很难对伽里阿尼的《对话录》作出回应，在很大程度上不是因为它的论据没有按照论证应遵循的顺序来加以组织，而是因为他提出粮食问题的方式与其他经济学家不同（而且"充满魅惑"，这样的方式令人很难反驳）。[①] 他没有用道德论断从底部进行攻击，道德论断很容易应对，而是提出，经济考量必须从两个原则开始："人是什么？"和"面包（pain）与人的关系是什么？"民众对面包（甚或更广义的粮食）的着魔模糊了一个事实，即他们也许同样可以依靠栗子和卷心菜活下去。对于这种指责，杜尔哥本人也有这样的说法，伽里阿尼对某种人类学予以批驳，根据该人类学的某个准则，人的需要可能被斥责为过度或多余。相反地，在《对话录》中，那个查瓦列·扎诺比（Chevalier Zanobi）代表了他的观点，他坚持认为这些需要随着历史，甚至地理而发生变化，但并不否认它们无法再简化的现实。拉·马奎斯（le Marquis）是和他对话的人，对于查瓦列坚

---

① Turgot, "Lettre à Abbé Morellet", 1770 年 1 月 17 日。

持人的身体需要营养，不管历史上以什么具体方式来满足这些需要，法令都无法废除或否定这些需要，马奎斯对此作出的回答是称他为"精细的人类解剖学家"。

但是，正是这样精细的解剖跟在供求关系后面顽固且不合时宜地提醒（供求关系中的后者不单单表示偏好，更重要的是对于你想要的东西的偿付能力）对食物无法再削减的物质需要。当它不能采取市场需要的形式时，即人类个体无法负担其存在时，这种需要就变得更加迫切。于是，查瓦列开始对粮食自由贸易原则提出质问。即使谷物是一种在市场上出售的产品，与产于欧洲几乎所有同类作物不同，它也是一个身体必需品，因此是所有民事裁定关注的核心："吃或者不吃面包不是一个口味、人性或奢华问题"（《对话录》Ⅳ）。因此，与其他商品不同，谷物在成为一个经济问题之前便是一个政治问题，而且"一旦物质供应变成了政治问题，它就不再是一个商业对象"（《对话录》Ⅱ）。伽里阿尼指出，政治法案，立法，如1764年的解除谷物贸易管制的法令，必须根据其效果来作出判断。他不同意有一种不可逆的倾向于市场定价的趋势（自然的进步），由此决定能否获得食品，他问道，"你是否认为吃买得起的面包或许已经过时了？"（《对话录》Ⅳ）。真正的哲学家是"国家的医生"，在这种情况下，他必须发出警告，避免病人因为反复地，而且越来越激烈地在质量方面花费力气而伤害到自己。同样地，在政治上，流血或清洗可能更容易杀死而不是治愈病人。

在《对话录》Ⅳ中，伽里阿尼专门谈到谷物贸易问题并对已经明确论述过和尚未论及的对偏袒自由者有引导作用的某些设想公开发表了自己的意见。他先将一般意义上的商业贸易定义为"因为必不可少的需要而将剩余物进行交换"，在这里，用"剩余"一词取代了"供应"，用"必不可少的需要"取代了"需求"。这样一来，商业贸易，首先是谷物贸易，就无法同人口的需要问题分别存在：一件商品永远不是单纯的供应，不是一个不考虑生产和消费这件商品的人口的既定量的问题。相反地，它不是超出了某一群能够购买其所需物品的人口的需求，而是它超出了那个人口的实际需要，这种需要价值很高。打个比方，可能会使这群人买不起，只有在这个层面上，那件商品才具有供应的意义。谷物或小麦（le blé）事实上永远不会过剩：它"排在最大、最紧迫、和最持久的人类所需物质后面"（《对话录》Ⅳ）。就像水这样的物质，它对人类生活同样不可或缺，永远不可能成为贸易对象（如同一个国家不可能卖掉它的水供应），不可能允许将小麦储备销往国外，而让它自己的人口听天由命。只有从个体所有者或生产者的角度，它才可能是过剩，但是从"整个法兰西帝国的视角"，永远不会过剩。在这里"同一个主人的所有臣民，同一个慈父的所有孩子都有食品得到保障的平等权利（un droit égal à être assuré de leur nourriture）"（《对话录》Ⅳ）。　275

　　正是对食品拥有必要的权利，这个权利与存在本身共同延伸，它必须同样地理解为获得和消费食品的实际能力，而且不仅是理论上的食品供应权，而实际上民众却无法获得，这种能力将食品同其他商品，例如，鞋子区分开来。没有鞋子，你可以继续生存，你也可以修补它们，可以制作简单的凉鞋或者用木头做成木鞋，但是如果因为没有粮食而导致严重虚弱，你可能活不了几天："你可能用一磅面包在家里维持二十天吗？"（《对话录》Ⅳ）不仅如此，从人类解剖学的视角，伽里阿尼开始质问自由贸易理论——在很大程度上不是否定它的基本原理，即根据市场同人体的关系来解读市场的必然行为。他并不否认，例如，在disette期间食品的高价可能吸引外省甚至外国的粮食商来追求收益，而且在一段时间之后会恢复"平衡"。但是，如果这段时间过长，"平衡来得太迟，已经有人饿死"，情况会怎样（《对话录》Ⅳ）？伽里阿尼坚持认为，存在这样一段时间，这段时间不会改变供求关系，而是将食品和那些买不起维持其存在所必需的量的人（无论他们的需要多么迫切，他们的需要都不能算作需求）分隔开，伽里阿尼揭示出市场之外的和市场看不到的东西。

正是在这里，在这段时间内或者空当处，我们开始看到不受限制的谷物市场同生命和死亡的关系。在这一点上，他的对话者对伽里阿尼赋予这段时间的意义，即生或死这个意义，作出回应，他抱怨道，伽里阿尼"不可能明白短缺几百麻袋小麦这样一件小事怎么可能被看作是一桩巨大的罪恶？"（《对话录》VI）拉·马奎斯在这里引入他自己的"解剖学"论据（我们应该注意，它类似于重农主义者或斯密本人的观点，但是或许比他们的更隐晦）：毫无疑问，人们可以依靠比正常消费量少的食品继续生存下去，这个量甚至比食品供应不确定时期的量要少得多。查瓦列用饥荒时期对于"某些特殊情况"的描述予以回应，那时，想象中的身体的韧性令人讶异，可以令其适应任何条件，这些连同饥饿解剖学对于经济学家的论据而言是必不可少的。这个意义上的饥饿不是"一种普遍性的痛苦"；富人不感到痛苦，农夫和商人或许从它所提供的机会中获得丰厚的利润。但是，这样做的时候，或许是为了能这样，他们不去关注他人，

276

> 有人看到快要饿死的人在街头游荡，幽灵一般，形容可怖如骷髅，皮肤烧得发红，眼神迷离，头发蓬乱，身上到处是伤，爬满了虫子；你看到他们拖着脚向你走来，声音低哑，伸出颤抖的手向你要一块面包。有时，你正要帮他们，却看到他们跌倒在你脚下，死了。

但是，或许只有百分之五的人口沦落至这一境地。即二十个人中只有一个死于饥饿：伽里阿尼强迫读者想象，即使"只有一个人在街上快要饿死了"（《对话录》VI）是什么情景，这就

是他的回应。他告诉我们，它足以令整座城市显得恐怖和凄凉。

但是，伽里阿尼并不固执于饥荒这种极端情况：他是极少数的几个人之一，恐怕是整个这场辩论中唯一一位提出这个问题的人。几天没有食物，干等着市场恢复平衡，或者在高昂的价格面前，用一个星期的食物维持两个星期，这对于一个家庭意味着什么。他是最先使用"营养不良"这个词语的人之一，他还指出，长时间营养不良的必然结果是对疾病的抵抗力下降。绝对的谷物贸易自由，没有公共谷仓，对纳税人而言代价高昂，对市场运行造成危害，它唯一能保证的是在一段长短无法预先确定的时间之后，谷物迟早会送到没有谷物的地方，或者有谷物的地方，价格迟早会跌落，但是在供应短缺的地方，用价格限制。

要借助法律建立一种不受任何限制的贸易，包括对人们生存必不可少的事物的限制，即通过法律行为使其高于法律和以未来的富足之名作出的政治决定，就等于放弃人口的粮食保障，尤其是这一保障可能是预防未来饥荒，即使不是避免 disette 的唯一方式。正是为了揭露死亡和营养不良，伽里阿尼坚持作为生存主体的个体应该具有一项权利，个体也是主体的生存形式，如同这个主体是一个活的基底，以它为基础，对君主的臣服才会成为可能。权威有能力保障生存，这一点已经预言了对君主权威的服从；改革者提议取消所有这类保障。在这个意义上，放弃价格控 277 制、调节以及公共谷仓，就是将这些主体本身丢给市场，无论市场提供什么——它的间隔，它的缺口，它的瓶颈，它的危机，生产过量或不足。这等于是号召这些主体接受（或被外力强迫接受）他们被剥夺权利是市场平衡的必然方式。

伽里阿尼揭露出纠缠在这个原则中的矛盾：粮食受到保障的权利——能够继续生存下去，它不同于其他权利；非常可能出现的情况是某人被赋予一些权利而且因此成为让自身臣服于君主权利的基础。如果君主允许市场不受任何限制地对其臣民采取行动，就等于拒绝所有类似的保障——如果他们不是因为犯罪而遭受惩罚被杀死，而是被法律规定所抛弃，任由他们死亡，甚至只是让他们因为饥饿而暴露在死亡的威胁下，不仅没有任何保障和救助，相反地，要保证政府不提供这种救助——她的臣民被告知他们必须等待那只"看不见的手"按照他自己的意愿供给他们粮食，难道臣服的纽带不是被折断了吗？若果真如此，如果法律抛弃了民众，政府要通过什么权利来保证他们的服从？更严重的是在什么样的法律和政治基础上，政府可以谴责那些人？他们起义，暴乱，组织煽动性集会，只不过是要求获得人民的口粮，这本身就是我们能想到的所有政治或法律存在的基础。

伽里阿尼坚持人体的解剖学事实在政治上高于数学运算、甚或合法性问题，这使得粮食问题成为一个政治问题而非经济问题（绝对是基本的政治问题：生活中法律的基础）。他的问题和论据向他的批评者提出了巨大的挑战。在这些挑战当中，最令他们气恼的是明确肯定保障食品这个平等权利，这是一项无可辩驳的权利，它也对市场的自然秩序思想产生了毁灭性的影响。或许，只有伽里阿尼这样的"保守者"可能冒险提出这个权利，按照定义，它不能仅仅是受到法律保护的一种形式上的存在，而物质条件却阻止许多人行使这个权利，就像 18 世纪晚期的大宪法中被赋予神圣意义的那些著名的自由。相反地，食品保障权利是这样一个权利，它的圆满即在于它的实现：只有民众有饭吃，它才是一项权利。不仅如此，对于平等供应的要求只是部分地针对国家；它也要求拒绝和克服根据市场本身制定的价格实行不平等的食品分配，偏袒市场者不可能只看到市场已经提供的充足供应，却不考虑是否人们的食品真的够吃。根据伽里阿尼的设想，如果人们不是真的消费了足够的食品，那些依照权利应该属于他们的东西被剥夺了，政治秩序的合法性就会受到质疑。市场运作和私人财产的存在基于政治秩序对武力的运用，而私人财产的存在则是政治秩序不可或缺的基础。

对《对话》的两个最值得注意的回应都来自重农主义者，他们以另外的方式紧密合作，他们都说到一个问题，即用一种特殊的甚至相对立的方式使粮食权利得到保障。德·拉里维埃（le Mercier de la Rivière）在《国家总体利益和小麦自由贸易》（*L'intérêt general de l'État et la liberté de la commerce des blés*）（1770）中，非但没有将食品保障当作市场的一个障碍加以否定，他还努力要为，或者似乎要在伽里阿尼提出的权利基础上为谷物的自由贸易争辩。然而，在提倡他所谓的"存在权利"时，他提供了一个伽里阿尼的论据中缺少的观点，至少不明确：一种关于社会的理论，单凭这一理论，生存权便可获得它的全部意义。不可能存在没有一般利益的社会，它是防止特殊利益和意志分解社会的"天然的、持续的反作用力"：

> 显然不可能的是，多数人，多数明智且能思想的人如果仅凭他们内心的动机确定自身，采取行动，就不可能形成同样的政治体，除非他们的特殊利益统一起来，由此产生统一的意志和力量，给他们一个统一的方向；利益总体因此是这个政治体的精髓。①

这个利益总体一定不能同某个给定社会中大多数人的利益混为一谈，也不能和某个特殊阶级的利益混为一谈，不管这个阶级多么庞大。事实上，一般利益这种事物的存在"在公共意义上只能被承认到这种程度，即它受其局限的最重要的和基础的对象显然是固定的，而且显然是确定的。"② 这样一来，公众总体而

---

① Joachim Henry le Mercier de la Rivière, *L' intérêt general de l' État et la liberté de la commerce des blés*（Amsterdam：Desaint, 1770），p. 10.

② Ibid. , p. 11.

言可能会认为，一般利益本身是建立在某个一成不变的、受法律
控制的、因此是自然的秩序之上。构成一般利益的基础的这个秩
序就是市场本身，至于社会供应，它不是以特殊利益所决定的任
意的、人为的法律本身为基础，而是以永恒的、非个人的供求法
则为基础。

　　因此，德·拉里维埃提供了一个新的权利基础，即使与伽里
阿尼提出的公式不同，至少非常接近，似乎足以包含其动机。他
巧妙地将这个论据从具体的个体生命转移到一般利益，因此，是
转移到作为这种社会整体利益之目标的生命上，而具体的个体生
命在这里似乎只是对那个个体意愿的一种表达。正是这种一般生
命使个别的生命成为可能，如果我们可以称其为一般生命，它不
是基于特殊的（个体的或集体的）利益，而是基于理性本身，它
只思考控制自然存在的永恒不变的法则。因此，"在统一于社会中
的人们中间，共同利益最重要的根基就是尽可能保证这种存在方
式"。①

　　这一权利在本质和形式上都不同于伽里阿尼提出的那个权
利，这一点已经十分清楚。德·拉里维埃的导入语"尽可能"
（autant qu'il est possible）是该权利的条件，他在后面的篇幅中
声称该权利对社会是绝对必需的，这个导入语提出了一个关于保
障个体的存在方式的可能性或不可能性是何性质的问题。这个权
利或法则，他继续作出解释，对于其他基本权利法则即"那些
关于必需品（粮食）的再生产和分配的法则"而言不可或缺，
同时又以它们为基础。

　　为了使存在的基本法则具有实质内容，次一级法则必须保证
"维持我们存在的必需品的增加"。② 在它们当中，土地权利或地

---

①　Joachim Henry le Mercier de la Rivière, *L'intérêt general de l'État et la liberté de la commerce des blés* (Amsterdam: Desaint, 1770), p. 25.

②　Ibid., p. 17.

产,即所有者或耕种者的特殊利益由此导致他尽量多地生产以获取利润,因此便根据一般生命生存这个一般利益将他和其他人结合起来:"他为了提高自己的幸福而生产得越多,他对社会共同利益的贡献就越大。"① 为了让这种贡献顺利实现,所有者必须拥有对其收成的绝对权利,而且可以自由地按照自己的愿望对其进行分配。抱怨所有者的自由不仅是在质疑个人按照自己认为合适的方式处理个人事务的自由。更重要的是,这是在反对那种必然的秩序,大量生产正是以这种秩序为基础,由此威胁到人类存在必需的生活资料的分配。

这样一来,伽里阿尼的权利就必须被理解成一个悖论:每个人都保证能公平获取的一定量的食品,因为这个保证本身而遇到危机,尽管是表面现象,它确实打击了生产,由此阻碍了共同利益,损害了所有者的自由,使自然存在的财产权陷入争议。在这个意义上,市场对食品的分配不管多么不公平,不管它在何种程度上和范围内剥夺了大多数人的权利,它都可以被看作是正当的,这是唯一可以产生充足数量的办法,仅这一项就可以保障生存权。

相反地,阿比·罗宝德(Abbé Roubaud)的《娱乐经济学》(*Récréations économiques*)(1710)根据阿贝勒的评论对食品保障权利这个概念发动攻击。他的语气是愤怒的:人们需要食品,这个事实并没有赋予他们获得食品的权利。难道所有的食品不已经是所有者的合法占有物吗?如果他们被迫将食品给了那些只是需要食品而在法律上对其并没有所有权的人,他们的权利就受到了侵犯。将生存需要和生存方式的权利错误地联系到一起,却不考虑所有者的地位,实际上是造成了权利这个概念的普遍膨胀,通过

---

① Joachim Henry le Mercier de la Rivière, *L'intérêt general de l'État et la liberté de la commerce des blés* (Amsterdam: Desaint, 1770), p. 29.

增加个体权利，却不考虑其延续性，扩大了权利概念的范围。现在存在一种不连贯的"权利过量"，它是财产权的一种"禁律"。①

如果财产不仅限于恰巧被某人占有的东西，而且，如果它对另一个人更加重要，或许就会在所有者同意或不同意的情况下合法地转让给那个人。那么，财产就不仅仅是很多其他人中间某个权利的对象。它本身必须具有"豁免权，即自由作为必要的补充"，② 最重要的是，具有按照个人的意愿处理个人财产的自由。商人，打个比方，常常是民众羞辱的对象，似乎就是因为他们拥有国家的谷物供应，因为正当地使其为他们所占有，因为他们只按照自己认为合适的方式分配谷物，不考虑他们周围人的"种种需要"，不管是真实的，还是想象的，他们就犯了某种罪，偷盗或敲诈，甚或更极端的，他们中的有些人应该倒霉地饿死，被谋杀：

> 商人不是偷来，而是买来他花了钱使其属于自己的东西。……就他出售这一点来说，他养活了人们，没有谋害任何人。就他购买这一点而言，他为需要食品的地方聚集了食品，而且对于那些如果没有他的帮助和服务就会饿死的人来说，他是幸福的供应者。他既不是贼，也不是杀手，而且在某种意义上，他是人们的拯救者或供养者。如果有不幸的人买不起他们的食品，即使发生了这样的事，也不能允许从他那里夺取食品，甚或逼迫他们按照某种价格出售食品。因为食品归他所有，他不欠任何人，如果他不是对它的处理有决定权的主人，他将会放弃一个对其他人非常有用，但对他却非常麻烦的行业。③

281

---

① Pierre Joseph André Roubaud, *Récréations économiques* (Paris: Lacombre, 1770).

② Ibid.

③ Ibid., p. 396.

没有绝对的财产，就不可能有贸易（动机），就没有降低价格、改善质量、提高数量的竞争，因此也就没有社会财富的进一步扩大，我们暂且将这个现在熟悉的论点放到一边。这段文字中引人注目的是它在法律和政治意义上提出了警告：如果发生了，可能将要有人（他们在人口中占多大的百分比与当前的论点无关）因为任何原因买不起商人所拥有的食品，商人没有义务或责任为他们提供对他们的生存而言必不可少的食品，没有一个第三方，甚至国家（它相反地必须保护他）也不能出于正义让他这样做。

罗宝德称这些人为"le malheureux"（不幸的人——译者），他们确实不幸，因为他们已经快要饿死，他们无力购买他们的生活资料，他们的无能为力在这段文字中被解释为一种要求。许多人来了却买不起他们要活下去所必须有的东西，这种体验被当作是对商人和他们财产的一种威胁："Il ne faut pas pour cela la lui enlever ou le forcer à la donner à tel prix."（不应该因此剥夺他的权利或强迫他按照某种价格出售——译者）[1] 他们的饥饿，对他们生命的迫在眉睫的威胁，是如此强烈，却被认为是不合理，这显然是因为要求征用属于商人的食品，甚或强迫他们以一种足够低的价格出售粮食，使那些营养不良者和濒于饿毙者能够购买他们所需要的粮食。商人，谷物商人，恰恰是因为要实现其作为国家的供应者的功能，必须享有一种自由，它表现为一种豁免权，即商人没有责任认识或尊重某种一般性的生存权。[2] 那些反对这种"自由"或"豁免权"的人，不管是出于恐惧，还是出于对饥饿者的怜悯，事实上都是"公益的敌人"，[3] 他们阻碍了提高文明所必需的财富积累，因此也阻碍了粮食供应，而这恰恰是降

---

① Pierre Joseph André Roubaud, *Récréations économiques* (Paris：Lacombre，1770)，p. 397.

② Ibid.，p. 70.

③ Ibid.，p. 89.

低价格和养活全体人民的唯一有效途径。

其他人，尤其在 disette 时期——罗宝德承认那是 1764 年解除谷物贸易限制令的一个不幸却必然的结果，它包括意在保障人口食品的诸多措施（"没有不存在危机的革命；当前的危机已经来临，必须要承受这个危机，因为它对人民的幸福和国家的恢复是必要的"①）——提议实行一种办法，每个人都按一定的比例作出牺牲，这样做纯粹是为了向穷人提供生活资料，这种牺牲特别落在那些独占且控制国家食品供应的人身上。但是，他问道，

> 政府能命令做种种牺牲吗？牺牲是自愿的；它是为了另外一人的利益而放弃那种权利，这个权利来自个人按照自己的意愿使用自己财产的自由。它是一种慷慨行为，而慷慨不可能是因为命令。被迫的牺牲因此是一个不真实的想法，强制慷慨的力量是暴虐行为。如果你被剥夺了对你合法获得的物品所具有的权利，对另外一个人而言，享有这些物品是非常有用而且惬意，这就是一种牺牲。如果法官因你而发布一道命令，要为了另一个人的利益剥夺你对这些物品的所有权，前提是那个人需要它们，而他对它们并不具备法定权利，这就是不正当。政府不能通过法规命令食品所有者牺牲他对那食品的任何权利来满足没有这些权利的某个第三方的利益。②

国家的食品供应因此掌握在那些对其同胞的生死不必承担任何责任的人手中，如果国家的利益是惠及"那些尚未感受到国家的优越性的人"，③ 这种责任就必须存在。

---

① Pierre Joseph André Roubaud, *Récréations économiques* (Paris: Lacombre, 1770), p. 371.

② Ibid., pp. 398 – 399.

③ Ibid., p. 39.

因为我们在这里讨论的不是诸如贫困或赤贫之类含糊的、不确定的概念，而是对那些像水之类人类生存必需品的需要。食品商所享有的豁免权不是对存在权的废弃（的确，罗宝德分辩道，财产权和存在权共同延伸，因为对食品的财产权包含了不受限制的贸易和竞争的基础），它使得商人在存在权的基础上免受任何要求，无论是法律的还是惯例的，而且将保护延及商人的货品，而仅凭它们，就能实现其他人活下去的权利。谷物商不欠任何人任何东西，而且凭其豁免权，也消解了他们对其他人的生存所负的责任。

为了"别人的"利益，要求商人承担不公正的义务、服务或者牺牲，正如罗伯特·艾斯珀斯托提醒我们的那样（munus 和 cum 或 communitas——社区），恰恰是"不靠'财产'，而靠义务或某种'债务'统一起来的人的总体性。"① 合法的所有者（在这种情况下，指谷物所有者）必须提前免除通过强加的牺牲而被征用谷物的可能性，并且免除社区纽带这个负担，这样就将那些不能支撑他的财产的人抛弃给饥饿造成的死亡，对此他不再承担任何责任。通过某种顺势医疗论，罗宝德所描述的谷物所有者非常荒谬地仅仅是因为无须再对其他人的幸福承担任何责任而养活了他们的同胞。以市场这种物质形式实现的普遍性或者（再次引用黑格尔）"Gemeinheit"因此废除了社区或"Gemeinschaft"，代之以一种具有豁免权的体制。在那里，res proprium（拉丁语：个人——译者）至上，并使得 res publica（拉丁语：国家——译者）成为可能，一种被不断反复重申的对其同胞的责任的缺位，或者以日益严重的暴力保护其免于这种责任，似乎这就是一切，它能决定个体——不经意间——帮助他的同胞。

---

① Roberto Esposito, *Communitas: The Origin and Destiny of Community*, trans. Timothy Campbell (Standford: Stanford University Press, 2010), p. 6.

正是这种自由，这种罗宝德想象出来的自由，在某种意义上与所有者的豁免权同延，而且延及那些他不用理会其要求的人，好像出现了一种相互排斥或者实现了某种相互独立（即某种不一依靠），在这种情况下，不幸的个体放弃了对有产者的要求，所有者也放弃了他。社会关系因此被理解为一种减法，甚至是一种掠夺，国家必须保护个体不受到这样的掠夺。然而，这种保护的效果远非公平，有产者尽可能地延伸与他自我同一的王国，因而兴旺发达并印证了自己的存在，没有食品者受到保护以脱离自身的状态，使他摆脱他需要的依靠，国家和所有者都认识到这一点，但这个事实却让他恢复到自己的老样子，被丢给死亡处置。

如果适合自由贸易的豁免权保护谷物商免遭民众的没收暴力，他们的具有传染性的恐惧和憎恨或许在某个 disette 时期会波及政府官员，需要实行普遍管制（正如杜尔哥任利穆赞省的监督官时在他 1765 年"转呈警察局官员的信"[Letter aux Officers de Police des villes de sa Généralité oùil y a des Marchés de Grains] 中所提出的），商人有按照自己认为合适的方式享用其财产的权利的自由，只有用暴力打击冒犯这种自由的所有企图，才能实现管制。那些显然最有可能实现生存权的人最容易遭遇掠夺、偷盗和暴力等风险，因为他们对于民众而言似乎是最强大的，赋予他们豁免权意味着他们远比那些快要饿死的人更值得国家保护，更应该要求国家保护他们的财产安全。事实上，在英国和法国，国家撤出经济领域，尽管是部分的和断断续续的，比其用军事力量回应食品抗议和日益用镇压来保护商人的豁免权更过分。① 但是，我们应该清楚：经济学家或许梦想在生存权的基础

284

---

① Walter J. Shelton, "The Role of Local Authorities in the Provincial Hunger Riots of 1766", *Albion: A Quarterly Journal Concerned with British Studies* 5, No. 1 (Spring 1973): pp. 50 – 66.

上通过给予国家谷物供应者的经营者豁免权对各种主张加以中和。但是，这样的梦想或计划不可避免地都以反对种种抗拒为基础，这些抗拒阻碍了财产权的绝对化，尤其因为有争议的财产是食品。的确，如 E. P. 汤普森（E. P. Thompson）已经揭示的，[①]混乱的唯一威胁就是它常常足以使甚至无限制市场最热切的维护者作出让步。

因此，面对社会各种力量的关系这个现实，这些力量本来是完全不同的、散布在各处的运动和抗议，但它们可能随时会集合起来，吞没某个省政府贫瘠的资源。杜尔哥，如果不是因为战略原因，承担不起放任饥饿和令人恐慌的罢工。众所周知，尽管他坚定不移地支持不受限制的谷物市场和更加一般意义上的食品市场，同时他也反对传统的慈善，他认为它们是工业的障碍，但他还是坚定而迅速地将目标转向缓解人民中间的饥饿和恐慌。[②]

但是，他的缓解措施很有技巧地在削弱民众的反抗。让挨饿者在家中有饭吃，他指出，能够避免他们在某个公共空间聚集，在那里，谣言迅速传播，煽动者可能引发骚乱和造反。将他们划分成必须工作者（在公共的工厂里凸显他们的创造）和不工作者，托管工资者和没有这种权力者，杜尔哥有效地建立起了穷人的等级分隔，此举消除了集体行动的可能性。因为担心地方官员可能同情挨饿者，他送给他们每人一本勒·德洛尼（Le Trosne）的《永远有用且无害的自由谷物贸易》 *La liberté du commerce des grains toujours utile et jamais nuisible* （1765），劝说他们，谷物的自由贸易是提高粮食供应和降低价格的唯一途径。如果官方根据谣传"轻率地搜查"所谓储存有大量谷物的仓库和店铺，因此鼓励

---

① Thompson, "Moral Economy".

② Anne-Robert-Jacques Turgot, "Lettre aux Officiers de Police des villes de sa Généralité où il y a des Marchés de Grains", 15 février 1765, *Oeuvres de Turgot* (Paris: Guillamin, 1844), Ⅰ, pp. 660 – 672.

了"人们反对贸易的偏见",而且不能令商人相信他们的投资会获利,后者就会放弃谷物贸易,给国家的食品供应造成损害。

　　根据杜尔哥的观点,处在"盲目愤怒"中的人们要么希望商人低价出售谷物,要么直接从那里拿走谷物。他们必须要明白,无论造成多大的不便,无论处在怎样的贫困状态,都必须让谷物贸易根据其自身的合理原则发挥作用,这可能意味着他们的需要得不到满足。但是,具有"远见卓识"的措施或许不能成功地"安抚情绪"或防止惊恐在人们中间蔓延。在这种情况下,

　　　　过分的迁就会对那些人产生更大的影响,他们已经任由情绪支配,因此可能变得更加激动,而且因为知道没有什么制约,他们可能继续采取最极端的做法伤害受到荒唐指责的对象,甚至伤害其自身。政府有责任,尽管这是其本身职责所在,严格执法,严厉惩罚犯罪分子,在他们盲目的鲁莽行为所导致的犯罪得到抑制之前,要严厉镇压。[①]

　　政府在选择所采取的措施时必须不惜一切代价避免它们"可能引起民众的骚动不安,不能满足其愿望,不能让民众相信他们的恐惧,他们针对谷物所有者,所谓的垄断分子的错误指责会得到共鸣。"[②] 尽管如此:杜尔哥仍然担心煽动性集会(les attroupements seditieux)所产生的力量。四处流窜的成群的暴徒和抢劫犯,可能会变成一种权利,将食品从按其所有者的自由意愿决定这个结果变成民众的消费,而政府则默许这一切的发生,即使没有在法律上与其合作。

---

　　① Anne-Robert-Jacques Turgot, "Lettre aux Officiers de Police des villes de sa Généralité où il y a des Marchés de Grains", 15 février 1765, *Oeuvres de Turgot* (Paris: Guillamin, 1844), Ⅰ, p. 670.

　　② Ibid.

他的担心是有充分根据的：在反饥饿的斗争中，即在争取生，拒绝死的斗争中，几乎没有人对即将到来的富裕生活抱有必胜的信念。食品所有者不用理会那些买不起他们的生存必需品的人所提的要求，这一点永远都存在争议。甚至杜尔哥本人也认识到，动员起来的人民仅靠镇压恐怕难以化解，他们有可能颠覆社会秩序，使其不可能再恢复。杜尔哥也被迫要求富人让出他们的一部分财富以避免这样的后果，如同许多事件中充满悖论的转折点，他们的豁免权威胁到他们自身的存在。

正如伽里阿尼所阐述的那样，每个个体都有使其生存得到保障的权利，因此这个权利不能简化为一种纯粹形式意义上的存在，它的出现是对商人绝对占有谷物作出的反应，被理解为市场秩序必不可少的基础。在片面强调自由者看来，它不仅在为一个糟糕的理由辩护，而且没有认识到，根据莱布尼兹的思想，正是因为上帝"允许恶的存在"，才产生了"比这些恶之前存在的善更大的善"，所以，允许（laisser）剥夺某些人的生存权的市场能带来比剥夺之前更富裕的生活。因为顽强的坚持而获得"强行的生存权"这个问题不仅存在于政治经济话语中，也存在于民众反抗的标语和要求中，它表明，无限制市场这一概念具有神义论结构，通过用一个更大的善来弥补所有的恶，它使其自身免受干预或批判，而且在该结构中，曾经的恶不知不觉地变成了善，曾经的善变成了恶，所以生命本身有可能仅仅是到达某个非人秩序的终点的方式。

事实上，对这个秩序的探究，以及该商业系统各个部分的相互依赖将表明因为拒绝任何形式的生存保障，才会实现更大的善。由于拒绝采取任何行动而听凭某些个体饥饿而死，国家再一次通过让市场自行其是培植起那种"对死亡的恐惧……这样就保障和维护了社会的安全"：不是对被绞死的恐惧，而是对寒冷、饥饿、疾病所造成的死亡的恐惧，害怕死在街上或路上——

这些都更加令人感到悲惨，因为你会不由自主地想象自己成为那些过路者轻蔑和嫌恶的对象。似乎那只"看不见的手"不是通过向所有人提供必需品，而是通过不向所有人提供必需品在发挥作用，或者好像通过一种怪异的、戏仿的复制，第二只"看不见的手"紧随第一只而至，将已经由它分配过的东西放到了一个地球上的部分居民够不着的地方。

当然，没有人知道或故意要让那些个体被剥夺掉"生活资料"（"不要让你的左手知道右手在干什么"，马修6：3）：就像原本可以浇灌枯萎的庄稼的雨水却落到了海洋上，本来可以填饱穷人肚子的食品却去满足其他地方的市场需求，这就是整体设计无法避免的结果。不仅如此，已经给予的东西可能在没有任何警告的情况下被拿走，对这种现象的认识造成了不安全感（当然与财产无关，而是与生命有关），一个繁荣富裕的社会必须要有这种不安全感。因此，并不仅仅是勤劳就能致富的幻想让大多数人将他们的生命倾注于辛苦的劳作；是曾经显性的剥夺幽灵驱使他们劳作，并且把他们限定在那里，这个幽灵让他们认识到，任何时候，即使他们自己没有任何过错，也可能被剥夺生存之道而忍饥挨饿。

斯密对这些争论的反应是彻底改变这个领域。他非常小心地避开了那个同时包含了合法性和权利的问题，即通过抛弃来获得某种合法的生存权利。不过，他仍然用其他词语对自由贸易需要人口一次又一次暴露在（包含这个有意思的词语的全部含义）饥饿面前（如果它仍然要保持自由而且不受丧失理性的民众直接或间接的控制）这个论点作出了回应。今天，普遍认为，斯密并不主张自由市场，但是，在两个世纪的时间里，他都被理解为是自由市场的倡导者；果真如此，那么他对于谷物市场的态度就是一个例外。谷物市场不同于别针市场，它为人们的生存所必需。"玉米贸易无限的、不受任何约束的自由"（《国富论》第

527 页）是防止饥荒和管理匮乏状态的唯一办法。相反地，饥荒从来都不是商人囤积的结果，也不是市场价格过高的结果：它"从来都只是政府试图使用暴力的结果，它想用不恰当的方式来弥补匮乏所带来的不便"（《国富论》第 526 页）。汤普森指出，

> 斯密不是"唯一一个认为谷物具有'天然的自由'这个概念的标准支持者。但是，他是相信这种自由即使在严重匮乏时期也应该不加控制这种更加极端的思想的标准支持者。他一定非常清楚，最有争议的正是在匮乏时期采取紧急措施这个观点。他的著名先驱詹姆斯·斯图亚特爵士在阐发《政治经济学》的过程中已经拒绝了这种藩篱，而且提倡在公共粮仓大量储存谷物以供短缺时期销售。"[1]

同样地，我们也注意到，杜尔哥，他是斯密给予最高评价的人，就应对饥荒的非市场性回应提出了非常细致的措施。在这个语境中，斯密回避匮乏或饥荒时期采取紧急措施或短期措施这个难题——反过来也暗含了是否应该采取这类措施的问题，因为它们包含了对市场的人为介入，如果应该采取，是在什么样的条件下——的做法更加引人注目。[2] 我们现在想要探究

---

[1] E. P. Thompson, *Customs in Common* (New York: New Press, 1993), pp. 278 – 279.

[2] 正如在过去的二十年里，诸多评论家正确指出的，斯密既不是弥尔顿，也不是弗里德曼；很明显，他相信政府在商业社会将发挥重要的作用，而且不会因为 20 世纪新自由主义者对国家的厌恶而感到痛苦：见，例如，Emma Rothschild, *Economic Sentiments: Adam Smith, Condorcet, and the Enlightenment* (Cambridge, MA: Havard University Press, 2002); Spencer J. Pack, "Murray Rothbard's Adam Smith", *Quarterly Journal of Austrian Economics* 1, No. 1 (1998), pp. 73 – 79. Spencer J. Pack, *Aristotle, Adam Smith, and Karl Marx: On Some Fundamental Issues in 21ˢᵗ Century Political Economy* (Cheltenham, UK: Edward Elgar, 2010), pp. 88 – 108。Thompson 在这里的观点是斯密在谷物市场方面的立场并不含混：造成"饥荒"的最大原因就是政府"试图……弥补缺乏所造成的困难。"而且，与别针市场不同，谷物市场与生命和生存有直接和紧密的联系。

这种回避究竟采取了什么形式以及它如何影响了斯密的论点和修辞。

　　在上文中援引到的关于"看不见的手"的文字中，世界的富人，在很大程度上不是按照他们的意图将"生活资料"分配给地球上的其他居民。除了世界上的乞丐成功地从他们手上"敲诈"（斯密的原话）到的很小一部分，这种分配表现为工资的形式。在这里，我们指的是《国富论》第一书的第八章，我们面对的不再是一个由自主的个体组成的世界，他们被自我利益所牵引，通过以物易物、物物交易、交换等方式让自己受益，这是一个可以轻松地容纳劳动合同的理论框架，可以理解为个体之间的某种交换。相反地，如前面提到的，斯密解释了那种对抗关系，它部分地决定了工资比率，即世界上的富人所做的分配达到什么程度，他们的分配从性质上而言是集体性的：

> 劳动的普遍工资在任何地方都依据双方之间的合同而定，双方的利益决不可能相同。工人希望尽可能多得，主人希望尽可能少给。前者倾向于联合起来争取提高劳动工资，后者则要共同降低劳动工资。（《国富论》第 83 页）

　　这里提到的集体行动概念引起了一系列问题和难题，由于历史的局限，斯密没有，或者也无法加以论述，我们将这个事实搁置一旁。但完全可以说，相互斗争的"双方"这个词语使他能够自由地在个体和集体之间转换，他们绝对是作为个体在发挥作用，他们的斗争和对立在他们不知道或没有同意的情况下产生了对生活资料"近乎"平等的分配。

　　表象确实具有欺骗性：市场的本质当然是在工人和他们的主人的这场对抗中，所有的优势都在后者一方。工人没有退路，他们不可能几天不工作就工资进行抗议。他们维系自身的能力，他们的生存之道,都要靠他们能挣到工资:他们因此为贫困的恐惧所限,在一个生存之道没有任何保障的世界上,这种恐惧和对死刑的恐惧一样有效。

相反地,主人拥有足够的储备,在多数情况下,没有雇用劳动,也可以"生存一到两年"。这个优势使得他们能够"强迫"工人接受他们的条件(《国富论》第83页)。他们的条件通常不是很优厚:斯密所说的主人"在任何地方始终都有一种心照不宣、持久且一致的联合,不会将工资提高到高于实际比率的水平"(《国富论》第84页)。不仅如此,他们"有时会达成某种一致,将劳动工资压得甚至低于这个比率"(《国富论》第84页)。市场似乎对主人提高他们的利润的能力少有限制,即使有,也是降低他们投在工资上的数额。

那么,这是否意味着按照雇主的兴致,工资,除非国家干预,可能降低到劳动者维持其生存(甚至不包括他家人的生存)所必需的额度以下?在这一点上,斯密插入了一个与法律或国家无关的底价。对于降低工资的限制就是对市场本身的限制:它就是工人的命,他的"工资必须至少维持他……在与众人一致的水平上",甚至"略高;否则,他便不可能撑起一个家庭,工人这个人群连一代都维持不了"(《国富论》第85页)。

市场如何能够允许它赖以存在的劳动力遭到毁灭?这样一来,斯密(和杜尔哥一起)提出另一种选择来取代某种人为的权利要求,这种权利就是有保障的生存权利,其基础是市场之外的法律甚至道德。斯密并没有像不明智的重农主义者那样谴责或重新定义这样一种权利,斯密坚持认为,生存之道对于商业体系本身是必需的,是其无形的复杂环节中的一环,就如同工人的实际存在同时也是市场的逻辑和生物功能。因此,不需要调节工资,就像不需要调节价格一样:它们不可能下降到劳动者购买生存必需品的比率之下。国家通过工资法所做的干预可能无法同工资与价格之间不断波动的比率保持一致，而任何这样的举动都可能带来毁灭性的结果，颠覆在市场的每一个运动中已经实现的合理性。

　　这样的假设似乎只是为所有社会中的大多数提供了一种靠出苦力维持其生存的保障。事实上，它为提高工资比率并由此改善他们生活的唯一合理方式奠定了基础。将工资降低到维持生存的水平非常荒谬地（辩证的？）使得用来支付工资的资金聚集到一定程度，唯一的出路就是雇用更多的人手：

> 在任何国家，如果对那些靠工资过活的人的需求，即对劳动者、熟练工人、各类佣人的需求持续增加，如果每年都需要雇用比头一年已雇用人手数量大得多的人员，工人就没有机会联合起来要求增加工资。（《国富论》第86页）

　　如果政府可以直接看到，通过"让事物保留在完美的自由状态"，工人（对他们而言，每一个劳动组织——无论是协会，还是初期的工会——都存在一种致命的威胁）和主人之间没有任何控制的斗争自然会导致一种不断增加工资劳动的需求，这是市场不断扩大的结果：这就是剥夺权利和饥饿的答案，也是工人抗议降低工资而引发的剧烈暴力的答案。充分就业和提高工资将使这类灾难成为已经封存的过去的残留。就像今天穷人的生活要好过几个世纪前的富人，明天的穷人也会享受今天无法想象的富裕。

　　那么，这是否意味着斯密的同情是在主人一边，而不是在工人一边，或者，即使他可能抱怨，打个比方，那些今天碰巧成为玉米商人的人的品质，但他仍然必须在对抗工人的斗争中站在他们一边，因为正是他们积累了保证进步的资本？显然不是这么回事。正像最近无数评论者所指出的，在《国富论》中，较之在

《道德情操论》中，他似乎更同情劳动阶级——好像对受难和对忍受能力的理想化已经在贫困、饥饿以及疾病等现实面前（或许，最重要的是1766—1767年令英法两国几近绝望的大饥荒）消解了。

就像主人努力寻求市场对其产品所能给出的最高价，他们也会努力说服、强迫或者诱导他们的工人接受最低工资，甚至这些工资可能低于"普遍比率"。有时，这些举动对工人而言令人厌恶，这可以理解，其实它们不过是表达了一种供求比例的变化，因此也表现出无障碍市场（unhampered market）的智慧。在其他时间，斯密指出，主人可以通过集体行动（即垄断）人为地将工资降低到它们的市场比率以下，并因此干预市场永恒不变的法则的运行，但这样一来，最终扰乱的是他们自己的生意。不仅如此，如果过去的立法已经对工资作出了规定，它们的目的是设定工资的上限，而不是下限，而它们"永远是向主人征求意见"（《国富论》第142页）。如果他们偶尔通过了"有利于工人的"法律，则这样的法律"一直是正义的，是公平的"（《国富论》第142页）。

因为所有干预市场运作的法律（例如，最低工资法或者限制雇主随意开除其工人的法律）都不可能真正对工人有利，很显然，斯密在这里指的是劳动者自身这个财产的"神圣权利"。就像对主人调节工资的权利没有限制一样，因为他的利益迫使他根据劳动市场按照自己的意愿增加或者减少他所雇用的人数，所以，没有什么东西能够合法地限制工人自己的选择：他拥有神圣的权利改变他的就业或居住地，只要他认为合适，撤销那些在历史上阻碍这种权利的法律或许是立法机构能够做出的有利于工人的最重要举动。

事实上，斯密指出，在联合问题上，主人与工人之间应该在法律上是平等的：为什么主人的阴谋比工人的阴谋对提高一般财

291

富所必需的竞争所产生的危害要小一些？如果他们为了共同利益进行联合的自由显然打断了市场控制其自身所依据的必然性链条，为什么他们所受到的限制和工人是一样的？这里值得注意的是，工人要求提高劳动价格和主人要压低劳动价格的运动似乎都发生在贸易系统之内，但它们实际上是外在的，对系统是有害的：限制这类运动的法律，因此不仅没有构成对其运行的干预，而且绝对是在保护其运行。

市场，国家对其不做任何干预，而且通过惩罚之类的威胁性措施保证其他人不做任何干预，因此也保证了劳动者的被剥夺程度不会降低到基本生存水平以下而忍饥挨饿；然而，这个工资底价的真正性质——因为是市场本身，而非立法行为催生了这一底价，它和自然法则一起是强制实行的——仍有待进一步的解释。这使得剥削能够被容忍，而且不危及生存。所以，和无辜之人忍受一点小恶以换来更大的善尾随其后是同样的道理，工人受剥削也是可以容许存在的恶，遑论是在没有任何恶意的情况下来"弥补"秩序机制的某个部分，而非对混乱加以弥补，因为这是实现永久扩张的唯一途径，而仅凭扩张就能够保证劳动者命运的改善。

无论这种秩序具有怎样的不当之处——在这里，斯密的确非常真诚，这些不当之处非常值得考虑，尤其是对劳动者而言，他们将大部分醒着的时间都花在令人麻木的乏味劳动中，只为了换取比维持生存略高一点的工资——其他所有做法只会更糟：确实有这样的社会，斯密只是从欧洲以外的地方选取了一个例子，事实是它毫无疑问值得关注，而且不能简单地归结为某种抽象的东方主义，在那里，"法律和制度"的性质（对于此，没有特别解释）不允许他们获取更多的财富，他认定这样的社会是"静止的"，不可能发展，在这些社会中，工资的下限似乎更容易发生变化，"与普通人保持一致"这个短语说

的就是这个意思。这个阐述非常含混，所以我们可以想象这里
提到的法律和制度支持或允许对不可改变的经济生活秩序进行 292
干预，并以此阻止它发生作用。

这些法律和制度试图救助民众，带给他们的却只有伤害，如
同努力要对自然的供求法则施加影响，以此来缓解某种生存危
机，结果却是使其更加恶化。生存之道的唯一保障在于放弃任何
单纯的法律保障，在不需要的时候总是不可避免地借助于它——
即当人民陷入恐惧危机，而政府又恐惧人民，这种法律便试图防
止因贸易遭到破坏而最终导致饥荒。中国被理解为这样一个国
家，它的政府很多世纪以来试图将人的法律强加于经济管理的自
然秩序，因此它代表了一种试验，其影响是一种半稳定的市场调
节，甚至婴儿死亡率也不是很高，而婴儿的高死亡率正是苏格兰
高地的贫困造成的结果——在苏格兰高地，他告诉我们，20 个
孩子当中恐怕只有两个能活下来（《国富论》第 133 页）——足
以保证工资的分配达到维持劳动者生存的水平：只有从保障生存
的法律中解脱出来的市场才能提供一种有效的保障，这种保障像
中立法则一样不可能被违反。

相反地，即使面对婴儿的高死亡率（根据他的叙述，这种
现象不仅被容忍，而且是允许的，甚至被助长），成千上万的家
庭仅靠很少的资源维持性命，"死狗或死猫的尸体，举个例子，
尽管已经开始腐烂发臭"，"对他们来说就像健康食品对其他国
家的人一样受欢迎"，这样的事实意味着为了维持劳动力的存活，
他的孩子必须死，即使不被杀死，也是被丢弃，"丢在街上，或
像小狗一样溺死在水里"（《国富论》第 90 页）。这些句子的修
辞力量十分巨大：斯密能讲出这个观点，仅仅是因为他注意到饭
菜中有死去动物的尸体，欧洲人认为这是不能吃的，这个阐述本
身就极富夸张性。强化了那个修饰语"尽管已经开始腐烂发
臭"，通过同义重复，它强调了这种食品的嗅觉感受（"腐烂"

本身已经提示出变质的东西发出的臭味），是为了在读者心里造成一种面对腐烂尸体时感到的恶心，活着的人必须吃这种东西才不会饿死。斯密极有可能不了解 18 世纪中国的食品消费或许与同时期欧洲的大部分国家不相上下，即使不是消费得更多，[①] 他只从能获得的资料中获取信息，这一点可以理解，确实值得更加仔细思考的是这些文字和景象的性质与作用，他从杜赫德（Du Halde）的长达三千页的四卷本描绘中国的著作中选取了这些文字和景象用在他的文本中。[②]

首先，上文中引用的那些景象，它们是整个 18 世纪非常典型的饥荒景象，曾用很多欧洲国家的语言报道过。再者，食品危机，这是现在的叫法，这个在欧洲既非少见，也非未得到承认：的确，远不是笨拙的国家干预所产生的后果，当然它的严重程度有所不同，它似乎是西方生活的一个有规律的特征，而且如同现在所认识到的，比在中国表现得更突出。[③] 对于那一系列令人恶心不安的形象而言，斯密不需要走得太远，关于爱尔兰的目击者陈述足矣，这些描述来自英国国教会的牧师和乡绅。在 18 世纪的爱尔兰，每隔一代人就会出现一次大饥荒，至少十年就会出现一次巨大的食品短缺。1740—1741 年的饥荒由号称小冰川期的最后也是最糟糕的冬季造成，影响波及大半个北欧，包括英格兰和苏格兰的部分地区，仅在爱尔兰就造成 30 万—40 万人死亡，死亡人口比例可能超过了 19 世纪中叶发生的大饥荒。[④] 目击者

---

① Kenneth Pomeranz, "Political Economy and Ecology on the Eve of Industrialization: Europe, China, and the Global Conjuncture", *American Historical Review* 107, No. 2 (April 2012), pp. 425 – 446.

② Jean-Baptiste Du Halde, *Description géographique, historique, chronologique, politique et physique de l' empire de la Chine et de la Tartarie chinoise* (Paris: 1735).

③ Cormac Ó Gráda, *The Great Irish Famine* (Cambridge, UK: Cambridge University Press, 1989), pp. 12 – 13.

④ Ibid.

陈述,包括哲学家乔治·伯克利(George Berkeley)的目击陈述,展现的景象与斯密从杜赫德那里选取的景象十分相似。一位新教牧师记录如下:

> 某些地方的整个教区几乎都是一片荒凉;死者因为无人掩埋,在田野被狗啃食。某个男爵领地上的数千口人全部毙命,有的死于饥饿,其他人则死于非天然的、不健康的和腐烂有毒的饭菜。①

另一个人写道:"我看到那个无助的孤儿被丢在粪堆旁边,没有人把他领回去。"②

因此,斯密所描绘的中国劳苦民众的生死图画——为了营养而去吃死去动物的尸体,那些尸体事实上更可能让他们染上疾病,而不是获得营养——为读者复制了关于欧洲饥荒的描述。中国,远不是代表了欧洲的他者形象,不是孟德斯鸠所理解的东方专制统治的理想代表。相反地,它似乎体现了那种只说了一半的幻想,所谓某种永远例外的经济状态——通过政治干预使自由贸易这一自然法则永远处于悬隔状态——它反过来造成了低程度的饥荒,与在欧洲一样,这不仅是中国人生活中一个反复出现甚或很常见的特征,而且是它的正常状态。这个条件预示了一种命运,任何欧洲社会都不愿意将传统权利和已有机构搁置一旁而将 294自己交给市场理性处置。

或许,这一展示所具有的更加重要的意义是斯密唤醒了对将婴儿弃于户外(exposure)的记忆,这种做法通常与希腊罗马的

---

① 引于 William Lecky, *A History of Ireland in Eighteenth Century* (2 vols) (London: Longmans, 1913), I, p. 187。

② Ibid.

古风联系在一起（尽管至少在中世纪它也非常普遍），① 是一种人口控制方法，因此也和欧洲已经消失的过去连在一起。"exposure"一词，按照斯密的用法，源自拉丁文"exposition"（动词形式为"expono"，意为表达或说出；置于户外），代表了罗马一种比较普遍的做法，将不想要的孩子从家里挪出去，也不再对他们负任何责任；这样做的性质，很容易将把孩子卖为奴隶和将他们丢在路边联系起来。事实上，这个拉丁词语并不表示这个举动包含有使被丢弃的个体面对风险的含义，好像将婴儿置于户外那样去掉了家庭可能提供的保护。Exposure，在英语中有了这个用法，是一个感情色彩非常强烈的词，被理解为和遗弃（abandonment）具有同样的含义，遗弃是非法放弃对自己孩子的责任，特别是保护孩子不受伤害的义务。

孩子或其他人，比如说，老人，被认为没有自己照顾自己的能力，因此要求某些人的照顾和保护，这些人因为血缘关系对他们负有责任。如上所述，遗弃这些人是严重饥荒时的特点，这时，甚至从前将家庭维系在一起的相互责任这个天然纽带也会分解，每个人都只顾自己，差不多是自己负责自己的消耗。在某种意义上，饥荒给出了一幅非常可怖的景象，遗弃非常普遍或很普遍，在这幅图景中，没有一个个体能够养活自己或照顾自己，也没有人期待保护或支持，单凭这点保护或支持，就可以活下去。这也是那些倡导不受限制的粮食市场的人挥之不去的噩梦，他们急切地要废除救济粮，他们也将全部人口丢给那指导人类所有大事的智慧：人已经虚弱得无力反抗，因此也不可能强索已经拒绝给他们的救助。如果这是欧洲的过去和中国的现在，或许这些极

---

① John Eastburn Boswell, "*Expositio* and *Oblatio*: The Abandonment of Children and the Ancient and Medieval Family", in *Medieval Families*: *Perspectives on Marriage*, *Household*, *and Children*, ed. Carol Neel (Toronto: University of Toronto Press, 2004), pp. 234 – 272.

少见的场景——一家人津津有味地吃一只猫已经腐烂的尸体，本应受到保护的婴儿被扔在街上等着饿死或渴死——正是某种未来的景象；这是神意无法避免的未来，因为它代表了神意的失败，是令人难以想象地将神意丢给不可能养活的东西，根据神的旨意，一件事应该紧接着一件事，但是，机会突然中断了（卢克莱修），[①] 是一个间隔或中间一部分被省略了，在没有任何警告的情况下，直接被扩展为普遍的死亡。

　　在被这段话迷住的读者中间有一个人在一个公理——事实上是一个定理中发现了它的力量，连斯密本人也没有发现这个公理。对罗伯特·马尔萨斯（Robert Malthus）来说，在关于中国的描述中，绝对有一个市场理论作其结构机制，它绝不是无限扩张，只要允许它在不受外界政治干预的条件下按照自己的理性运作，它就可以按照用于工资的资金调节劳动者的比例，它会扣留那些社会阶层的食物，因为他们的人数超过了他们维持生计的能力。通过"毁灭一大批孩子"，这件事没有一个（有意为之或了解其真相的）实施者（即使斯密也认为，至少在这种情况下，市场理性必须获得人力的引导），市场将恢复食品供应与人口之间的平衡。马尔萨斯在和斯密隔了一代人之后写了（《人口论》，1798）。当时，因为战争与革命，饥荒在欧洲再次肆虐，他被关于中国的简短讨论所打动，表达了他对斯密的批判（《人口论》第四章）。根据马尔萨斯的论点，斯密没有认识到营养不良和婴儿的死亡并不是政府干预市场之永恒秩序的结果，而是"人口增长与食品增长之间的不同比率"（《人口论》第二章）所造成的直接后果。这是一种必然的，而且绝对自然的比例失调，这种失调持续存在，好比在两性之间，激情战胜了理智，性欲战胜了个体的思考力，他不考虑自己能否养活自己的后代（《人口论》

---

① Lucretius, *De rerum natura*, Ⅱ, pp. 251 – 259.

第二章）。斯密没有理解这种比例失调（和由此产生的混乱），繁荣本身通过鼓励人口增长造成了这种失调，人口增长由数学的必然性所决定，人口增长超过了这个世界在短时间内所能生产的最大限度的粮食供应，在马尔萨斯的眼中，因为斯密错失了这种比例失调，使得他接近于那些"乐观主义者"，葛德文（Godwin）和孔多塞（Condorcet），他们是《人口论》主要的攻击目标。

　　虽然斯密没有充分运用自然的善和人的完美这些概念，但是，他假设中国社会的静态环境强制设定了一个令欧洲读者感到震惊的苦难和暴力，这个静态环境是其"法律和制度"的结果。由此，斯密似乎要说，采取不同的法律和制度，尤其是那些和财产与商业有关的法律制度，中国也许能够实现其巨大的商业潜力并且能够养活它的人口。从马尔萨斯的角度，斯密似乎是一个危险的空想家，他不仅否定那个无可逃避的事实，即人口将超过来年粮食资源，而且否认生产的增加在其增长成为必须的时候要从农业抽取资金和劳力。斯密的说法让人觉得，一个社会一旦占有了足够的自然资源和地貌，凭着大量的人口和一个受到法律保护并且被鼓励按照其内在理性运作的市场，马尔萨斯想象出来的那个人口统计学上的末世就不可能到来。

　　相应地，斯密和马尔萨斯之间的区别在他们对待饥荒本身的态度上比在任何地方都更加明显，饥荒本质上是一个不同于慢性食品短缺的现象——斯密认为，低工资和供应不足的危险结合决定了这种现象的出现——中国的突出特点。斯密在工资一章讨论了饥荒，他将重点放在18世纪的孟加拉，而不是18世纪大量欧洲例子中的某一个：① "在一个国家，如果原本用来维持劳动力

---

　　① 关于法国饥荒的讨论，见 Cormac Ó Gráda, "Markets and Famine in Pre-Indusitrial Europe", *Journal of Interdisiciplinary History* 36, No. 2 （Autumn 2005）, pp. 143 – 146。

的资金明显减少",工资可能将会降到"最悲惨的,勉强能够维持劳动者生存"的水平(《国富论》第 90—91 页)。

很显然正是在这一点上,"生存"一词的意思是工资到了"这个比例,已经似乎不可能再低了",这个词语没有固定的社会和生物界限:斯密对他自己论点的阐发,其中有例子和情景,表示工资的下限是市场为了保存唯一的"劳动"生命而强加给英国劳动者的,它在理论上是一个权宜之计,意在阻止那种真实存在的可能性,即市场上劳动价格的波动——或者更险恶的是,主人的图谋没有遭遇抗拒——可能而且绝对有可能以某种方式将工资降低到维持生计以下。这种方式本身是短视的,而且是违背神意的。在印度的一个实例中,衰减的工资资金降低了对劳动的需求,也不再有维持个体工人生计的必要,因为有大批的失业者随时可以取代那些已经幸运就业的人。其他的

> 要么忍饥挨饿,要么被迫寻找维持生计之道,不是乞讨,或者犯弥天大罪。匮乏、饥荒、死亡将迅速在那个阶层弥漫,再从那里向所有高级阶层蔓延,直到这个国家的所有居民减少到它的收入和储备能够轻松维系的程度。(《国富论》第 91 页)

297

在这里,斯密似乎是在对某种内在于自然本身的、绝对正确的理性示好,它甚至通过死亡来恢复工人和足以保证其生存的工资之间的平衡——预示了,即使有点偏离主题,马尔萨斯将在他的人口论中阐发的论点——斯密在其他地方说得很清楚,关于这类危机,没有什么是自然的,更没有什么极端的"办法"来解决它。相反地,政府不愿意同意,或许更重要的是,不愿意保护市场有"让适合其存在的法律控制"这个自由,正如德·拉里维埃指出的,市场不是由那些人们强制执行的法律所控制,仅靠

内在的法则就能使它补足市场的财富，政府的不情愿制造了这样的灾难。

斯密关于匮乏和饥荒的理论在"关于玉米贸易和玉米法的题外话"（Digression Concerning the Corn Trade and Corn Laws）中有清楚的表述，这是《国富论》中最有争议，争论最多的部分，[1] 相对于其他章节，阿马蒂亚·森（Amartya Sen）经常引用这一部分，因为它在经验和理论上都有弱点，即使其警句式的短语继续在国际货币基金和世界银行等机构的仪式上发挥着一种礼拜式作用，语调多少有些书面。不过，有一点毫无疑问是真实的，正如汤普森所指出的（而且我们对法文资料的阅读也证实），《国富论》"或许不应只看作是一个出发点，而且应该看作一个巨大的中心界限"，[2] 因为其中有大量关于 18 世纪的争论的句子，历史上它一直都是自由市场原则的重要参考，因为它对斯密的前辈的立场做了简明扼要的总结，还因为它的表达清晰有力。

不过，我们在这里的目标是理解他关于饥荒，以及死亡的讨论，以自由谷物贸易做参照，它是各种矛盾的症状，这些矛盾激发了他的整部作品，这些矛盾从法国的争论中传下来，我们已经对其做过探究。但是，斯密将它们塑造成某种新颖的、独一无二的形式。尤其是正是在斯密这里，关于工资在一个不受限制的市场上从来不可能降到生存水平以下这个论断获得了它的全部意义，而且因为这一事实，被推到认识的极限。在它背后，好像它是写在一张羊皮纸上，是对中国的描述，依次有对爱尔兰和印度的描述，婴儿被丢弃在粪堆旁，活人吃死人，动物和人难以区分，街上、田野甚至森林里，到处是死人，太多了，埋不过来，

---

[1] Charles Smith, *Three Tracts on the Corn-Trade and Corn-Laws* (2nd ed.) (London: J. Brotherton, 1766).

[2] Thompson, "Moral Economy", p. 89.

从孟加拉城或者爱尔兰乡村，关于远近地方饥荒的图表、数字、清单、估计密密麻麻写满了市场保护生命的宣言，填满了文字之间的空隙，在字母之间歪歪扭扭地匍匐着，以至于那个宣言几乎都无法辨认了。 ²⁹⁸

他首先对重农主义读者保持一种熟悉的克制：匮乏，在这里显然被理解为食品的不足，也是战争和农业遭到破坏的结果，但常常是歉收的结果，天气变化造成歉收，气温高于或低于正常标准，降雨，等等，也可能接着引发病虫害。这样的收成，即使妥善管理和分配，也不可能持续供给国家的人口，满足其人民的营养需求。

但是，只有那些人才能有效地实现妥善的管理和分配，他们的利益、自我利益，应该说，得益于他们对供求关系的了解。他们独自控制着供求关系，表面上是力图使自己过得更好（但是，实际并非如此——表象的世界不是真实的世界，每个哲学家都知道这一点），以仅仅为了生存必须要购买他们货品的那些人为代价：甚至在最匮乏的年代，商人的利益和"大批人民的利益竟然是一致的，不管乍看上去它们有多对立"（《国富论》第490页）。商人"必然被对他自身利益的考虑所牵引"（因此是被最强烈的那种动机所牵引），这种理性的激情不同于贪婪，也不同于仁慈，它有利于"民众的利益"，而且值得信赖，也有很大的功效，完全是因为他并不想要甚至不期望这样一个结果：

> 是他对将玉米价格提高到真正匮乏季节所要求的程度感兴趣，他永远不会对将它提得更高感兴趣。通过提价，他打击了消费，使每个人，或多或少，尤其是底层民众勤俭节约，妥善管理。（《国富论》第524页）

他的利益决定了如果他过早卖完他存储的谷物，他就失去了更高价格的优势，更高的价格会和供应缩减一道出现在季节的末期，而如果他等得太久，他就会留下没有卖出去的剩余谷物。对他而言，为了提高利润，他必须按照民众的需要极为准确地分配谷物，他们"每天、每周、每月的消费都应该尽可能地同本季的供应保持均衡"（《国富论》第 525 页）。

商人对自己利益的考虑迫使他对待民众就像

> 一艘轮船上精明的主人对待他的船员。当他预见到粮食供应在减少，他给他们的配额就会减少。虽然因为过度小心，他有时没有必要这样做。但是，相对于因为一个不谨慎的操作而让他的船员面临危险、困境和毁灭，他们可能遇到的种种不便则不值一提。（《国富论》第 525 页）

主人和他的船员：一方面，尽管每一个竞争者和对手都努力要让自己更有优势，玉米经销商被"引导"（led）（斯密讨论该问题时选择了这个动词）相互合作，他们的合作达到这样一种程度，即他们的合作行为可以被描述为属于某个单独的超个体；经销商，这艘船的主人，比任何一个单独行动的成员都更有智慧，更精明，这样一来，经销商/主人的主人地位与其说是因为他拥有这艘船的食物，不如说他对于这些食物的分配具有绝对的权威，他对剩余的食物实行限量供应，于是船员每天都有供给，直到这艘船能够获得新的补给。

在这里，需要注意的是，斯密认为谷物商代表了一种集体目的、集体智慧以及集体行为，但他们没有意识到这些：他们是某种秩序的工具，他们还不了解这种秩序，而且或许只有在不了解的情况下才能评价它的价值。他们也是集体责任的承担者，因为他们用既不属于民众，也不属于国家，只属于他们自己的粮食来养活国家。从个人角度，他们或许不配有这样的权威；但是，在集体意义上，不考虑他们的个人意愿，他们确实在忠实地履行自己的责任。

轮船这个类比之所以有意义，还有另外一个原因：精明的主人，恰恰是因为他的精明，必须要让船员的"定量供应减少"，甚至只有定量的一半，以使他们能坚持到下一个港口。不管这种行为多么必要，它都会激起船员的愤怒，他们抗议饥饿带来的"种种不便"，即使降低食品消耗是维持他们生存所必需的。这时，在这种半国家（quasi-state）的情形下，轮船航行到海洋中间，远离所有的港口，因此得不到法律力量的保护，主人暴露在船员暴乱和只顾眼前的愤怒这样的危险面前；不过，船员如果成功地夺取了船上的储备，也只能加速他们自己的饥饿而亡。

因此，我们被引到斯密对生存权这个问题的回答，或者被引到他如何间接否定了这个问题的真实性：如果某个权利必然会出现，就没有必要承认它，即将粮食分配留给自由贸易这个天然的、基本的秩序。重农主义者已经提出了一个论点：例如，如果呼吸是必须要做的事，承认个体具有呼吸的权利就非常可笑。然而，斯密甚至没有费心去思考权利或义务的问题；他把法律、道德和政治统统撂到一边。相反地，如果我们"留心考察匮乏和饥荒的历史，它们已经影响到欧洲的所有地区，要么是在现在，要么是在前两个世纪，对其中几次，我们已经做了准确的描述"，我们知道， 300

> 在一个辽阔的玉米国度，在这个国家的不同地区之间有自由贸易和交往，季节原因引起的短缺从来没有严重到产生饥荒的程度；即使庄稼少得不能再少，只要懂得节减，管理得当，也能维持同样数量的民众度过一年，尽管这些民

众正常情况下供应比较充足，生活比较富裕。（《国富论》第493页）

我们现在明白，商人对自己利益的考虑产生了某种内在秩序，它肯定超出了他们的理解力，正是这种秩序通过节减和妥当的方式管理庄稼，而且这种秩序恰巧和民众的利益完全一致，尽管他们的愿望或许不是这样。定量分配机制在这里不是一个政府律令，不是一个由政治权威做出的多少有些武断的决定；它是永恒的供求法则所决定的食品价格本身产生的结果。如果食品供应是在市场超个体的定量分配这样非个人的、匿名的指导下进行，就没有必要宣布甚或讨论生存权。服从这种秩序，将对生活资料的保护和分配置于其指导之下，死亡率就不可能增加。

的确，斯密显然是在宣布一个奇迹，事实上，是耶稣用五条面包和两条鱼喂养跟随他进入沙漠的五千人这个奇迹的翻版。但是，如果我们依靠奇迹理解了自然法则出现的暂停，那这就不是一个奇迹；相反地，如果社会秩序要蓬勃发展，它所遵循的自然法则便必须发挥作用，那么，自然法就已经遭到反复的漠视和违背。它必然会产生的善，即让饥饿者吃饱饭，如果让它按照自己内在的秩序发挥作用，也只有当我们集体臣服于它的统治时才会出现。于是，少得不能再少的庄稼可以和更大量的食品供应一样维系同样数量人的生存。这在斯密的确是一个大胆的改变：甚至杜尔哥，即使意识到民众的反叛趋势，也曾警告休谟，大概在301 《国富论》出版前十年，不要对那种可能性抱什么希望，即，

降低消费。需要始终是相同的。过剩的东西，如果需要减少，你可以减少，但它仍然是工匠及其家人正常生活的必要因素。莫里哀的守财奴说，如果饭只够五个人吃，第六个总

能找到吃的东西，但是这个推理多走一步，就会立刻变成谬论。①

刚才还在说比普通量少的食品供应将"维持同样数量民众的生存"的斯密是否得出了一个谬论？

的确，如果"我们留心考察"1766 年发生在英国的匮乏或饥荒，在那场饥荒中英格兰南部和西部的死亡人数大大增加，而且出现了大约 50 起大动荡或"价格骚乱"，抗议食品成本而不是食品的原料供应，② 似乎斯密的论点只不过是在宣称相信神对粮食供应的神圣控制。但是，在某种现实面前，他的哲学立场不允许他承认这一点。不过，他坚决不相信：过去两个世纪中出现的每一次饥荒都是那些管理者的不愿意或无能的结果，他们不愿意将食品的生产和分配交给自由贸易秩序，自由贸易将这种秩序强加于其自身和那些依靠它的人。只是因为"政府的暴力，用愚蠢的方式试图弥补"一些微不足道的"不便"，匮乏才会变成可怕的饥荒。斯密在一页之内反复四次用到"不便"一词来描写民众在他所谓的匮乏时期所承受的痛苦，情况可能是"饿得半死"，但仍然活着。政府已经无力识别，并且也允许在生产更多的食品时必然会有的小小罪恶，造成不便但可以维持生存的剥削要求生产和繁殖人类生命本身，这样做的同时"让整个社会机器陷入混乱，发生解体"（《道德情操论》第 289 页）。在某种意义上，斯密所说的暴力指的是政府的暴力，政府试图用暴力使民众获得食品"却因为这个系统独自可以继续或保持的进步，打断了那个巨大的顺序链

---

① Turgot 给休谟的信，1767 年 3 月 25 日，in Anne-Robert-Jacques Turgot, *Reflections on the Formation and Distribution of Riches by Turgot*, ed. W. J. Ashley（New York: Macmillan, 1898），pp. 109 – 110。

② Williams, "Were 'Hunger' Rioters Really Hungry?"

条"（《国富论》第 289 页）。

但是，政府为反对市场自然秩序而要永远反复使用的暴力引出了另外一个问题：如果每个人为了改善自己的条件而付出的自然努力导致"国家向着富裕兴旺的方向自然进步"，如果每个派别对其自身利益的考虑让它满足社会上其他派别的利益，较之它有意为之做得更好，而且到处一派富饶发展景象，政府为什么要干扰催生了这个体系的因果顺序呢？答案在于这个表述，"正是商人对其自身利益的考虑"导致他满足了其他人的利益。商人和民众表面上似乎矛盾的利益事实上恰恰是因为他们的对立而发生了重合，好像他们是通过怨恨有助于彼此，正如曼德维尔所说，在这个神意计划中，仍然有一个恶，它不会产生任何的善。

杜尔哥在上文引述过的写给休谟的信中写道，"每一架复杂的机器都存在摩擦，这表现的正是理论上证明绝对无误的事物所产生的结果"。[1] 玉米商总是"考虑"和"顾及"自己的利益，因为他的职业性质，他拥有始终足以让他这样做的知识，尽管这个知识不完备。相反地，民众因为总是怨恨他们不能认可和接受的东西，好像他们分不清他们的利益，更不用说对其有所作为。尽管他们对现有食品供应的消费是有限的，而且使用得很明智，因为必须要靠高价，甚至高到离谱的价格买到的粮食来度过整个时期，民众于是认为商人在匮乏时期获得了格外多的利润，这部分利润既不是维持其生意所必需，也不是定量分配粮食的方式，如果不是定量分配，他们的食品可能告罄。忽略了商人对每年谷物供应状态的精通（正如汤普森所指出的，包括收获、积聚、运输、以及储存谷物的人），民众只会设想商人囤积居奇，为的是让自己变得富有，并设想短缺比实际情况更严重："在短缺年

---

[1]　Turgot 给休谟的信，1767 年 3 月 25 日，in *Reflections*, p. 109。

代,底层民众将他们的苦难归咎于玉米商的贪婪,他成了他们仇恨和愤怒的对象"(《国富论》第 493 页)。

这种摩擦不仅使天意这架大机器速度变慢,而且可能让它停止。因此,如果商人需要从短缺年代获取"格外多的利润"以"弥补他用来维持其他状况造成的许多损失",鉴于引发讨论的这件商品的性质,他反倒"经常面临毁灭的危险,他的仓库可能被抢或者被毁",因为民众的"暴力"(《国富论》第 494 页)。政府用来对抗玉米贸易无限的、不受任何约束的自由的暴力是民众的原始暴力的延迟效应,即使没有真正运用,也会成为一种潜在的威胁。命令"所有经营者按照被认为合理的价格出售玉米"来平息民众的愤怒,政府借此让民众对食品的需要(在斯密看来,只是一种不便,而非死亡的威胁)既高于商人对自己货物的财产权,在这种情况下,就是国家的食品,也高于市场根据供求关系制定价格的非凡能力,这只能让饥荒提前发生。这只不过是合法形式和政治形式的暴力掠夺。

如果民众(真实的或想象的)反饥饿斗争的摩擦损坏了经济机器,国家则必须干预,根据斯密的观点,不是站在饥饿者一边,而是站在其对立面。如果市场通过价格从他们手中收回食品,国家可以有效地处理他们的困境,不是帮助他们获得食品,而是保护商人不受民众的伤害,正如杜尔哥指出的,这样做,也保护民众不受其自身行为的伤害。允许侵犯所有者对谷物的所有权将会使社会生活受到质疑;它就是吃掉种子粮在政治上的对等物,即摧毁"自由贸易与交流"的基础,自由贸易和交流可以独自保证"由最不幸的季节所造成的缺乏永远不会严重到引发饥荒"(《国富论》第 527 页)。阻止民众靠近他们认为自己需要却买不起的食品(这是他们想象性需要的最可靠标志)因此成为必须履行的责任,这是一个关乎生死的问题。

但是,如果价格常常令食品高于购买力,增加工资(如果工资仅由供求关系决定，它必须足以购买劳动者的生活所需，我们刚刚提这个观点）就可以买得起食品吗？斯密表面上承诺，高工资是进步的一个必要标志，但这在匮乏时期是行不通的，至于原因，他已经做了简要说明。如果谷物的高价格在短缺时期是合理的，原因在于价格迫使饥饿者降低了消费，等于工资相应地增加了——无论是否通过政府干预、群众压力，甚或劳动市场本身的条件——都将终止通过价格进行定量分配，并且导致无节制的消费，这会使粮食储备在下一个收成到来之前耗尽。

因此，高价格和（相对的）低工资周期性的结合，无论给工人带来多大的困难，它都是市场管理生活的形式。斯密提供了一个例子，说明降低工人工资（因此降低了他们的生活水平），尽管主人是始作俑者，既是自然的，也是人为的，它却是对供求关系的一种修正，或者是主人一方打破市场平衡的一种不理性的尝试。斯密没有说，事实上，这也无关紧要：无论起因是什么，大幅度降低工资会被挣工资的人"深刻感觉到"，他们的生计因此面临危险。在斯密看来，这些工人就像供给不足的船上的船员，他们必须（而且能够）忍受饥饿，直到到达港口；工人必须等待，直到因为劳动的供应下降，他们的工资得到提高。

但是，斯密版的面包和鱼的奇迹中所没有的是他们有充分的理由对未来感到恐惧：他们的低工资使他们在18世纪后半期经常出现的食品价格突涨面前更加不堪一击。例如，查尔斯·斯密（Charles Smith）在《论玉米贸易和玉米法短文三篇》（*Three Tracts on the Corn-Trade and Corn-Laws*）（1976）中倡导不受约束的谷物市场，他影响了斯密自己的立场，他注意到在1740—1742年间的饥饿/匮乏/饥荒（它只提到英格兰，没有提到爱尔兰）期间，谷物价格翻了一番，当时，普通劳动者要将他们每周工资的一半花在食品上。① 弗雷德里克·伊登（Frederic Eden）的《穷人的状态》（*The State of the Poor*）（有一个更能说明该书内容的副标题"英国劳动阶级的历史"［An History of the Labouring Classes in England］）在《国富论》之后二十年出版，他在该书中逐个考察英国的教区，却发现自己无法解释一个农业工人的标准工资怎样才能购买到足够的食品来养活劳动者本人和他的家人，更不用说还要支付房租。在书中给出的一个实例中，一位来自萨里的三十多岁的园丁，已婚，有八个孩子，他是一个"极为朴素、勤劳、而且非常温和的人"，仅食品每年的花费就超过了这个劳动者的收入。②

斯密因此主张采取显然比法律或道德更有效的保证措施，以此回应生存权主张。保证1：食品价格无论多高，无论这些高价在多大范围内造成食品消费缩减，借助这些高价所产生的定量分配办法，如果它们由法律或不受任何干预（无论来自民众，还是来自国家）的供求关系所决定，它都能和在低价时期及食品消费旺盛时期一样维持"同样数量民众的生存"。市场如果摆脱了政府干预，即允许或任由它按照适合自己的指令运行，则保证不可能有人饥饿而死。保证2：在那些商品当中，其价格肯定随着供求变化而提高和降低的就是劳动；然而，与任何其他商品的情况不同，劳动价格不可能低于劳动者可能为自己及家人购买生存必需品的水平。

因此，两个保证，两种不可能。在这些公理面前，一部分底层人群相信他们在挨饿，或者有挨饿的危险，这纯粹是想象。斯

---

① Charles Smith, *Three Tracts on the Corn-Trade and Corn-Laws* (2nd ed.) (London: J. Brotherton, 1766).

② Frederic Morton Eden, *The State of the Poor; or an History of the Labouring Classes in England from the Conquest to the Present Period* (3 vols.) (London: J. Davis, 1797), Ⅲ, pp. 709–711.

密认为，在这种情形下，他们针对商人的愤怒类似于一个世纪之前反对巫师的呼声，这种愤怒不仅建立在他们归咎于谷物商人的罪恶这个基础之上，也建筑在确实存在挨饿罪这个观念上。他们想象他们挨饿，正如他们的先人想象的那样，因为他们是诅咒的牺牲品。同样地，工人害怕他们的工资减少，他们能深刻地感觉到，这会让他们的生存成为问题，就像那些要么必须斗争，要么饿死的人一样，满怀愤怒地投入令人震惊的暴力行动。在这两种情况中，民众都看不到听从其内在理性的市场将保护他们的存在，也看不到他们所承受的相对剥削是市场的自然结果和它未来扩张的理由。

我们注意到，阿甘本认为，在统治我们这个世界的政治概念中，无论我们是否理解或同意，最重要的是罗马法律中近乎被遗忘的范畴：既荒谬又恐怖的牲人（homo sacer）形象，这个神圣的人不能用作牺牲，但是可以无辜被杀。它被法律抛弃了，被排除在外，可以面对来自任何人的暴力，但一旦个体被置于法律之外，它尤其可能面对的是来自国家的暴力。它可能被杀死，而不是被谋杀；它的生命不值得存活，或者更糟的是他的存在本身对社会就是一个致命的威胁，就像某个感染了瘟疫或传染病的人。难道我们没有追溯某种权利的出现？这是生存的权利，但只有在它成为问题时才会被明确宣告它的存在，它是从传统的假设中抽取出来的权利，在《穷人法》中有所影射，但没有明确说明，因此直到它面临危险时才会得到维护，重农主义者一定是以它为参照来整理自己的论点，而且正是它的缺失决定了斯密关于市场与匮乏的关系以及匮乏与死亡的关系的论述。

与牲人这个形象并列，可能无辜被杀的人是另一个形象，他的死毫无疑问没有第一个壮观，而且他不是悼念或纪念的对象：我们就按照罗宝德的叫法称其为不幸的人，他买不起市场上的食品，他的生存需要不仅不是一种权力，甚至不是一种可以吸引供

应的需求。他身处人为的法律秩序之外,也身处市场的自然秩序
之外。如果生命处在对这些秩序的抗拒之中,这个不幸的人就已 306
经停止了抗拒,他是一个人,是很多人,他们或许没有罪,也没
有造成任何后果,却要面对饥饿,会被允许去死,或慢或快,以
市场理性或平衡之名。

在他本人面前讨论他的矛盾,这些矛盾爆发于神意内部,
而且违背神意,这些描述坚持认为不可能发生饥荒——这些描
述出自《国富论》内部,那些人的死,他们被丢给粮食市场,
没有粮食,他们无法生存,这个市场的内在秩序本身便建立在
对生存方式的私人占有基础上,这个秩序不仅得到国家的允
许,而且得到某些人的武装保护,这些人错误地以为他们对生
存必需品的需要就是他们拥有这些必需品的权利。这些描述只
针对欧洲以外的不幸者,他们也身处不受约束的贸易理性之
外,这种做法是斯密提供给那些人的假想出来的保证必然会产
生的结果,那些人承认贸易亘古不变的秩序,如同他们不假思
索地接受神意。

但是,正如杜尔哥对休谟所说的,不存在没有摩擦的,即没
有反抗的机器,无论设计多么精准。民众不愿意或不能理解他们
何以必然要受剥削,因此而爆发的运动会让这架机器解体并使这
个系统处于危险境地。国家与市场的关系就存在于这里:如果后
者因为来自底层的任性且不理性的民众力量而不能自行调节,前
者就要采取行动,它和市场似乎只有这样一种默许关系。对于那
些拒绝让自己或他们的孩子挨饿的人,用武力强迫他们愿意挨
饿;必须保护那些储备有生存必需品的仓库不受饥民的掠夺,通
过杜尔哥不带任何敌意说出来的"压制"保护或强制实行由供
求关系决定的价格。

这种理想从来不可能完全实现,民众对市场定量分配生存必
需品的反抗也从来不可能完全平息,袒护自由市场的人过去和现

在都将这看作是悲剧；然而，它确实同时分解了斯密本人的文本，允许被赖掉的生存权避开他试图强制实行的概念性秩序，在这个秩序中，在若干年里，都不可能再提 1793 年"人权宣言"（Déclaration des Droits de l'Homme et du Citoyen）中的第 21 条："公共救助是一种神圣的职责。社会应当通过购买行为或保证那些没有工作的人维持其生计来对社会上不幸的居民（citoyens malheureux）提供生存必需品。"

307

"不可能存在强制性的生存权"：
自由竞争/任其毁灭（第二部分）

斯密因此不假思索地顺着这条探究脉络得出它的结论，他本人好像在他自己发现的门槛前犹豫了（或许那是将汤普森所指的终结加以概念化的另一种方式），跨过那个门槛，它就变成了一个公理，即市场。生命所需物质的供应途径，只有在一个前所未有的自由王国才能理性地运作：（1）无论市场不受任何干预的自由给现存人口造成怎样的后果——不是因为对这些人口冷漠，完全是因为这些后果，甚至那些绝对会造成许多麻烦的结果是市场提高其养活这些人口的能力所必需的；（2）相应地解除个体获得生存必需品的权利或占有它们的要求，他们买不起生存必需品，或者市场在某个既定时刻无法提供。

只有等斯密的后继者——尽管（或因为）他们常常不同意他理论中的某些方面，如财富系统的永久性扩张在适当的法律和制度的保护下，能够带来工资的增长和生活水平的逐渐提高——跨过那道门槛，明确提出一种关于抛弃的政治经济学或僵尸经济学。与斯密的犹豫不决相反，他们一开始就雄心勃勃地要确立一个公理性思想，即自由市场能够存在的基础只能是拒绝对某些个体提供生存保障，自由市场应该满足他们的需要，而且他们的活动加起来就构成了自由市场。

当然，他们也不可能反其道而行之，因为生存权在大众政治中要求占有崇高地位，从法国革命，要求它成为一种正式的、合法的权利，或许更重要的是，成为一个准则，比道德更加重要，基于此，才断定和发现市场的内在理性是缺失的。马克思和恩格斯在《共产党宣言》（1848）中宣称，一个不能给自己的劳动力提供生存保障的统治阶级不适合实行统治。他们声称资本主义具有致命的矛盾性：它是一个生产系统，它前所未有的力量若要全部实现，就必须解除它保障那些它依赖其劳动的人生存的义务，或者不期待它这样做。事实是不受制约的市场的倡导者认为，这样的法律保障现在成了发展的障碍，发展使那些人变得多余，这些倡导者同私有财产的批评者一样致力于民众的幸福，即使没有比后者更投入，而且市场也不会阻止生存权问题在新兴工人运动的计划和宣传鼓动中占据一个核心地位。

在法律和惯例中从法理上和实际上废除那个长达几个世纪的禁令（正如英国的《穷人法》所表明的，诱发这一禁令的既有对混乱的恐惧，也有对邻居的爱），它不允许个体因为没有食品而死去，废除该禁令的想法出现于 18 世纪后半期，一开始，它好像是这个禁令的捍卫者，认为它不单是一个经济措施，也是一种社会规训方式，比规定个体行为的法律更为有效。我们已经看到，对斯密而言，井然有序的国家必须通过恐惧来控制：仅仅是对死亡的恐惧就能避免人们像食肉动物一样自相残杀（这是在斯密那里很少见的霍布斯时刻，而且绝对和他在其他地方的观点相矛盾）。相应地，这种恐惧立于其上的威胁则一定是真实可信的（霍布斯：离开了武力的法律只是一堆文字）。必须通过连续不断的例子让罪犯，例如从某人口袋里拿走一方手帕的人，明白，死刑是这种行为合理的、可以预

308

见的结果。

我们也看到，劳动者在斯密看来不是罪犯，即使他们联合起来违反法律，他们也受到死亡恐惧的刺激，不是那种当众在绞刑架上被处决的气派死法，而是他和他的家人慢慢地衰亡，他们在默默无闻中度过他们的生命和死亡。这种死亡不是由公众权威来执行，它也不是因为违反了某项现行法律而招致的惩罚。但是，事实上，要规训和判决那些亲历过的人的行为，这种死亡恐惧至少同所有的法律一样有效，或更有效。尽管政府的动机无可挑剔，贼也许不会被抓住，即使抓住了，也可能不会判起诉他的罪名成立。相反地，那些放弃工作去抗议主人降低工资的人立刻自动地不再有收入。几天之内，根据斯密的计算，他们就不再买得起食品，不再交得起房租，等等，而且面临一种严峻的选择：屈服或饥饿而死。农业工人不会被任何法律或法令所迫而迁往劳动需求更大的城市。他本人的"自由意志"——降低工资，就业不足，最后是贫困、饥饿以及寒冷的压力，连同对饥饿而死的恐惧——会送他到需要他的地方。一方面是身体和心灵的痛苦；另一方面是经济理性，通过减轻穷人的苦难来干预这二者之间微妙的和谐会阻止对经济增长所必需的资源的分配，因此是唯一可以持续改善大多数劳动者生活的方式。

参照斯密的建议，马尔萨斯首先是在其饱受争议的《人口论》第二版试图阐明控制原则或行为规范，它们不可能通过国家角色的扩大来实现，而是通过国家的退缩得到实现。国家的退缩因此不仅是一种外在于法律的控制模式，而且是通过某种对法律的缩减来实行的统治，它"解放了"一度囿于其中的个体，为他解除种种限制，没有义务或权利。因此，马尔萨斯宣称，人口控制的最佳方式不是通过立法，它只能剥夺那些有足够财力养活自己及其后代的人繁衍后代的权利，或者命令那些有家室的人支持他们（通过工资，因此就是通过就业），而是要废除要求每个教区资助其管辖范围内的穷人的法律。对穷人而言，结婚生子，马尔萨斯说，

> 显然是一个不道德的行为。但是，它不是一个国家要亲自阻止或惩罚的不道德行为；因为自然法则对此做出的惩罚会更直接，而且是最严厉地落在有此行为的个体身上，通过他，更为浅淡微弱地落到社会身上。如果自然要控制和惩罚我们，期望从她的手中夺下权杖并使我们自己成为行刑者厌恨的对象，这个野心会落得一个悲惨的下场。因此，应该将自然的惩罚，即贫困的惩罚，留给自然。（《人口论》第三章）

留给自然在这个语境中绝对意味着被社会所抛弃："所有的教区救助应该都不考虑他"，自然会教导他，他已经"没有**权利**向社会要求哪怕最少量的食品，除了他的劳动为他公平购得的那一份。"这里包含了一个意思，即听凭贫困的处置，听凭饥饿的处置，这是一种更有效的方式，这种饥饿状况因为私人的慈善或许得到缓解，或许不能，或者更确切地说，是煽动起那种恐惧，害怕这种处置是你不能节制自己的激情的结果。这种方式实际上比法律更能有效地控制个体行为。尽管有这些表象，但其实它并不残酷：这一立场建立在一种确定性的基础上，即个体会非常重视其行为的后果并且会选择避免而非承受自然的惩罚。为了保证这一结果，马尔萨斯被迫警告他的读者，即使是个人的仁慈也具有危险性。为了让他的建议发挥作用，有必要"限制仁慈之手去救助那些苦境中的人，不加区分的救助等于是在鼓励其他人只顾眼前，没有长久之计"。

或许有人认为，这样激进的、前所未有的做法，与惯例和宗教相反。这是一个合乎逻辑的结论，源自他的人口铁律和他不顾

一切地限制出生率的努力，具有一系列的威慑作用。但问题不仅在于穷人的繁殖，还在于他们的存在。缓解贫困，不仅《穷人法》在 19 世纪初生效，还有各种各样的救助，最重要的是政府向那些没有食品或住房的人所提供的救助，完全是违反神意的，如同对市场的干预一样，完全是一种带有侵犯性的尝试，想要修改自然的命令，好像它在某种程度上出现了错误。正是因为这个命令，穷人必须留下来："我们本着正义和荣誉正式解除穷人支持的那种权利。"在这里，正如重农主义者所指出的，穷人对救助的需要不仅没有给予他们对这种救助的任何权利（因为所有可能获得的食品事实上都是商人的合法财产），而且更重要的是他们的贫困事实就标志着这是他们的合法处境，如斯密所言，神意将他们至于这样的处境当中：所有真实的即是合理的，所有合理的即是真实的。

一代又一代的社会学家都表明，马尔萨斯的说法是资本主义社会的基础原则，它仅出现在《人口论》第二版（他显然认为它太轻率，不宜在第三版中保留），① 只有马尔萨斯幼稚到将它反复明确地表达出来：

> 一个人出生到这个已经被占有的世界上，如果不能从父母那里获得生存必需品，他有正当的理由向他们提出这样的要求；如果社会不需要他的劳动，他就没有要求哪怕最少量的食品的权利，事实上他与他所在的地方没有任何关系。在自然界丰盛的宴席上，没有留给他的空位。她让他离开，而且很快将执行她自己的命令。（《人口论》第三章）

---

① 　Anton Menger, *The Right to the Whole Produce of Labour*, trans. M. E. Tanner (London：Macmillan，1899），p. 4.

很多人与其所在的地方没有任何关系，因为他们在这个已经被占有的世界上一无所有，就像斯密书中的中国婴儿，他们被丢弃给"自然界"那双有力的大手。他们可能要求某种合法权利，以获得最微量的生活资料，这样就会危及商业系统所必需的积累；不仅如此，他们活着就是一种罪，与这个系统所依赖的私有财产的存在不相容。他们必须要么根据权利拿到不属于他们，也不可能属于他们的必需品，要么停止在这个确实已经被占有的世界上的存在。

311

19世纪和20世纪的经济学家或许想要效仿一下马尔萨斯精明的省略，他们采用斯密对于生存权难题的"解决办法"，而不是陷在反对这一权利的争论中，即使仅从表面上看，那样做也可能令人质疑市场作为一个定量分配粮食系统的合法性和有效性。但是，这个权利概念已经远远超出了工人运动，在19世纪末期欧洲的大部分地区成为一个广为接受的民权概念。

要由斯密最直接的继承者，他们常常被这样看待，尽管在有些方面并非如此，来证明这项权利在第一次世界大战之后的时间里是不合理的，它同唯一有效的社会组织是不相容的：现在所谓的新自由主义原则的奠基人路德维希·冯·米塞斯（Ludwig von Mises）和弗雷德里克·哈耶克（Friedrich Hayek）。因为更多的是他们，而非其他的经济政治思想学派阐发了僵尸经济学的合法性，他们从斯密以及马尔萨斯对斯密的解读中继承了僵尸经济学，既有批判，也有赏识。苏联解体后，他们的著作尤其受到青睐，他们从未停止讨论的这一事件是不可避免的，我们应该记得，他们的原则正是在资本主义最黑暗的时期形成的。它诞生于维也纳商会（Viennese Chamber of Commerce），当时社会主义革命在俄国、德国、匈牙利全面铺开，并且进入到首都哈布斯堡（Hapsburg capital），在那里，工人和士兵委员会遍布整座城市的每个角落。

　　冯·米塞斯和哈耶克感到自己不仅被围攻，而且是西方文明毁于这些现代野蛮人之手的最后见证人。[①] 共产主义和社会民主，以及对凯恩斯分析的普遍接受让他们相形见绌。凯恩斯对经济危机进行了分析并提出了解决办法（当然，除了极少数人，他们相信随心所欲的市场的内在智慧，这使得他们甚至将大萧条的罪恶看作是某种更大的善的缘由：尤其是芝加哥大学小组，包括亨利·卡尔弗特·西蒙斯［Henry Calvert Simons］和年轻的密尔顿·弗雷德曼［Milton Friedman］），但他们仍然继续竭力反对那股潮流，为回归唯一理性的人类社会组织，即不受约束的市场，奠定了理论基础。他们的忠诚不容动摇：面对国际性的萧条，西蒙斯本人将它描述为经济近乎全面崩溃，[②] 这场危机被颂扬为资本主义不完善的有力证据，即使不能证明它已经寿终正寝——那一时期，大批人员失业，无家可归，忍饥挨饿，似乎除了国家干预，对于要么饿死，要么革命的情景，别无他选——他们提出，国家收缩并撤销对饥民和无家可归者的救助，应该降低工资，而不是提高工资，因此应该减少消费，而不是扩大消费。除了冯·米塞斯，还有谁有胆量在这个历史节点上宣称，任何一个活着的个体都没有要求继续生存下去的绝对合法权利？他们的建议对他们同时代的人而言是非人性的，是冷酷的，即使不是荒

312

---

　　① 在 1932 年 1 月 Socialism 德语第二版的前言中，冯·米塞斯写道：

　　我们正站在一处要吞没我们的文明的悬崖边上。文明的人类将永远归于毁灭，抑或灾难在第十一个小时将被转向，而且这是记忆中唯一可能的救赎方式——我们的意思是在以生产方式重新无条件确认私有财产的基础上重建一个社会——这是一个问题，它关乎在未来的几十年里注定要采取行动的那一代人。

　　Ludwig von Mises, *Socialism: An Economic and Sociological Analysis*（第 2 版）（Indianapolis: Liberty Fund,［1932］1981）。

　　② 见 Henry Calvert Simon 于 1934 年对呼吁国家干预以消除经济危机所作出的回应，*A Positive Program for Laissez Faire: Some Proposals for a Liberal Economic Policy*（Chicago: University of Chicago Press, 1949），p. 41。在这里，他没有表现出奥地利人对市场无限的自我修复能力的信心。

谬的。几十年之后，他们的原理将决定成千上万人的死活。

当然，可以说，而且这样的说法具有某些合理性，在市场和反市场理论之间不停改变方向的理论循环，而且 1847—1848 年以来一致如此，它本身就是商业循环的产物，在这个商业循环中，繁荣和危机交替出现，而且具有可以预见的规律性。然而，在某种意义上，理论上的往复交替意味着在可见的入口下面一直有某些思想和概念持续存在，它们仍然没有得到分析，它们制约并限制着关于市场的争论。难道我们不能说，至少作为一个最初的假设，新自由主义者常常批判斯密的价值和价格理论，却从她那里继承了市场概念，这个概念包含了生命本身，更确切地说是将生命丢给死亡——生命，因此，按照福柯的理解，就是统治的对象？

毋庸置言，这个对象对新自由主义理论而言既是必要的，同时又造成麻烦，它在该理论甫一开篇便遭到否定，因为明确表明了对它的否定，将新自由主义理论置于一种它无法逃脱的荒谬运动之中：决心要创造一个范畴，这个范畴对于作为人类合作唯一合理的合作形式的市场概念是必不可少的——laisser mourir 或任其毁灭。福柯研究了从重农主义学派到芝加哥学派的经济理论，他的研究很有启发性，但他都没有完全理解司法—经济范畴对那些人所具有的核心作用，他们不可能被国家杀死，但国家允许他们死去。这是他的理论贡献，它总归让我们能够认识到这个概念并对其作出描述。他不仅谴责他称为国家恐惧（la phobie d'état）的政治，更谴责它的理论影响，他对它们的谴责使他能够不仅从扩张，而且从缩减的角度描写国家控制人口的方式。在某些特殊时刻，国家会避免行动，例如饥荒、流行病，或者自然灾害，利用这些机会规训其他不服管束的居民或镇压起义运动。[1] 这应该

---

[1] Foucault, *Naissance de la biopolitique*, pp. 191-220.

并不令人惊奇：任其死亡这个概念形成了新自由主义的一个非—思想（un-thought），它间歇性地浮出表面，但从未被公开承认，也没有与她的理论工具合而为一。它和市场概念本身一样决定了冯·米塞斯和哈耶克是斯密的传人。

斯密的写作是在18世纪的最后二十五年，对他而言，市场可能像是一个承诺，一个理想，它的实现显然可以带来可能是最大的繁荣。它像一名发现了一个亘古不变的自然法则的科学家那样自信地断言，市场如果可以不受干预地发挥作用，它就能避免饥荒的发生，而且可能产生一个不断扩张的财富系统。在麻烦不断的20世纪20年代和30年代，过去基本达成一致的观点，即如果没有越来越深重、越来越大面积的周期性危机，听从其本身亘古不变的法则的市场便无力提供生存必需品，这只是一个表面上的失败，倡导绝对贸易自由的人在解释这个问题时面临着更大的困难。他们转而提出，市场从来不能按照它纯粹的形式运作，这个事实本身正是日益严重的危机的根由，全世界在这样的危机面前都束手无策。同时，某一特定人群的"危机"（如果这些危机不是因为政府试图操纵或限制市场以养活它的人口而造成的结果）只是在调节供求关系，这是自然的，也是无可避免的，无论这种混乱带给人们什么样的负担，这些危机都是经济进步必须要付出的代价——这个论点在理论上靠的是神意概念，它的作用同波舒哀和莱布尼兹的那些观点完全一样。

然而，与他们的前辈不同，新自由主义者不断遇到干预那些罪恶的企图，为了实现市场更大的善，必须允许存在这样的罪恶。即使战争与帝国主义也不是如许多人所想的那样是竞争的必然结果，而是国家干预的悲剧性后果，国家不仅通过保护主义，而且主动与"他们的"资本家站在一边，通过动用武力来解决本该留给市场决定的事。同样地，这些不屈不挠的思想家提出,正常的贸易循环所带来的基本上可以容忍的麻烦,只有那些有幸享受自由市场的人才可能容忍这些麻烦,因为有了动机良好的—(也许没有那么好)公仆,麻烦才变成了完全意义上的危机,每一个试图减轻苦难的努力结果都只是令其更加恶化。

如果这个负担还不够沉重,还有工人运动这个额外的难题(较之斯密时代,有更大的优势,既和雇主斗争也和国家斗争)以及由此生发的社会主义和共产主义潮流。冯·米塞斯1922年发表了他的第一个反社会主义宣言。苏联当时刚刚从国内战争和外国军事干涉中兴起,尚未成为一个被批判的样板。匈牙利社会主义共和国仅维持了数月,不是因为社会主义计划不可能实现,而是做了反革命暴力的牺牲品。

他真正反对的是奥托·鲍尔(Otto Bauer)和马克斯·阿德勒(Max Adler)的社会主义民主党(他们的盟友包括声名卓著的知识分子,如法学家汉斯·凯尔森〔Hans Kelsen〕),它利用组织群众运动的权力强迫增加工资并向奥地利资方榨取税收用于改善公共健康、住房、教育以及文化,使得 Das Rote Wien 或"红色维也纳"令冯·米塞斯感到焦虑错愕,却也是欧洲其他许多地区敬仰的对象。① 它的社会主义前景不是官僚主义独裁的指令性经济,是延伸了生产者和消费者民主的指令性经济:恰恰是遭到冯·米塞斯痛斥的"直接民主":

> 民主是人民的自我管理;它是自主性的。但这并不意味着所有人在法律和管理意义上平等合作。直接民主只能小范围实现……民主不要求国会成为某个国家社会分层化的复制品,

---

① 亲纳粹的政府力量和准军事力量摧毁了奥地利的社会民主十年之后,Hayek 感觉需要驳斥它作为早期极权主义发动群众运动的能力;见 Hayek, *The Road to Serfdom* (Chicago:University of Chicago Press, 1944), pp. 125 – 126。

当然是微缩版的，在这个国家，人口的主体主要由农民和工业劳动者构成。①

这些阐述既用一种怀疑的态度展现了新自由主义的理论，同时也为它提供了某种辩解。它变得不仅在修辞上非常实用，而且在理论上非常强硬。它声称没有一个政府真正停止过对市场的干预，因此，与所有的表象相反，一个真正自由的市场从未被允许存在。

如果过去的饥荒、战争以及危机可以被新自由主义者解释成为干预主义的产物，他们作为他们那个时代分析家的工作在他们面前摆出一个窘境，他们必须面对大众就业即刻产生的结果，工资下降，社会服务严重不足。斯密或许是真心诚意地提出，饥荒只会出自政府对市场理性的干预；冯·米塞斯理解得更加透彻。他非常清楚，这意味着，对一个国家而言，在某些特殊的关键时刻，它必须停止通过控制价格干预市场，其极端形式是分给民众食品。事实上，市场完全不受国家干预，这个理想要求，即使只是周期性的干预，从来不是针对世界上的大部分居民，将生命丢给死亡处置，要有勇气不理会饥民乞求的手，或者如果它侵犯了财产法和市场理性，就把它打翻，对这一切的认识促使新自由主义在建议的同时又否定，然后证明被否定的观点是合理的。这解释了那些冗长的著作，例如冯·米塞斯的《人类行为》②（*Human Action*）和《社会主义》（*Socialism*）或哈耶克的《自由宪法》③（*Constitution of Liberty*），它们都是重复啰唆，东拉西扯，

---

① von Mises, *Socialism*, pp. 63 – 64.

② Ludwig von Mises, *Human Action*: *A Treatise on Economics* (Indianapolis: Liberty Fund, [1949] 1996).

③ Friedrich A. Hayek, *The Constitution of Liberty* (Chicago: University of Chicago Press, 1960).

充斥着刺耳的宣传，简直就是他们所嘲讽的夸大其词的共产党宣传的倒像（大约是 1930 年）。

然而，在很大程度上，这是一种假象和干扰，是一个幌子。这些著作努力排除了生命问题，但是，付出了巨大的代价。他们关注的每一件事情都导向一种思考，是什么使生命成为可能或不可能，而且他们必须不断地设法避开他们自己的论点所引出的观点。竭力避免和否定这些做法当然只能将那些绝对不能明说的意思暗示给读者，以使他们的文本继续说他们要说的话。这种做法注定在某个点上要失败，不仅是因为啰里啰唆和结构混乱的形式，而且因为生命问题本身最后在某些点上必须提出来。这个问题必然随着某个经济秩序概念的出现同时被提出，这个经济秩序必须留给内在于其自身的理性来处理或者按照这个理性运作，就如同食品是和鞋子一样的商品（用一个伽里阿尼的例子），其中之一发生短缺并不比另一个出现短缺更重要——如果短缺只是一个信号，则更是如此。短缺表示需要供应，而且这个供应一定会有，好像需要总是销路一样。

但是，我们不再身处 18 世纪：劳动者，农民，以及他们的盟友也不再被看作是在无声地支持精英人群中的家长主义者用来反对自由主义者的某些论点。自法国大革命以后，他们从比他们更有才智的人手中夺过这个问题作为神圣的财产权的对应物，即继续生存下去的权利，这个权利本身是其他所有权利的基础，包括财产权。对这个问题作出回应无疑是一件敏感的事（因为甚至杜尔哥谈论伽里阿尼时也曾说过，在实践中也没有坚决地按照它在其理论中接受的模式行事）；对它的处理要非常谨慎小心，而且要不断地出现抚慰的话语，不要碰那个论点的主要内容，以免造成混乱或在读者中遇到道德说教的反对。用一本书中的一个部分来处理它毫无问题；必须在特定的语境中，在某个具体论点或证明的高峰时刻，提出这个问题，不过是作为一个次要结论。

要使市场运行，因为它将提供关于消费者喜好的确切信息，可以指导未来的投资，保留高产的，摧毁没有效益的企业，不受冯·米塞斯所称的干预主义或毁坏主义国家的干预——说得更深刻一些，这是人类社会唯一的组织形式，它不仅能保证进步，还能保证避免社会全面崩溃（在这个意义上，没有其他形式可以取代市场）——不可能存在"一种强迫性的人类生存权"（《人类行动》第 839 页）。那些缺少食品、水、药品的人不能被国家或个人合法地杀死。但是，他们无力偿付生存必需品（无论是根据法律，还是根据理性），为了继续活下去又要求得到或直接索要这些必需品，这时，拒绝给予他们就是合法的；而且用武力，最好是国家的武装力量，来制止他们夺取不属于他们的东西，这样做也是合法的。马克思幼稚地宣称资产阶级不适合作为统治阶级，因为它不能确保自身劳动者的存在。现在，在暴乱这个语境中，这种暴乱由那些没有认识到自己的要求是不正当的人所发动，这个断言应该被推翻了：对冯·米塞斯而言，一个政府只要在原则上懂得拒绝任何这样的保障，它就是合适的政府。

对于这些思想家而言，古典政治经济学已经延伸至"社会合作"领域，早期哲学家在探究物质自然时也同样在寻找法则。如同古代人和现代早期的人相信，有一个神（或众神）按照他的意志或心情来指挥自然，因此，他们对事物真正的起因便仍然处在蒙昧状态，反而认为任何对自然的探究都是在对抗超自然的起因，是无神论或异端邪说的标志。所以，进入 20 世纪的哲学家和政治理论家相信人类社会执行的是人的意志和设计：

> 所有人都完全相信，同人类理性的运作中和一系列自然现象中所发现的一样，在社会事件的过程中没有这样的规律性和一成不变的现象。他们没有探寻社会运行的法则，因为他们

认为,人类可以按照自己的喜好来组织社会。(《人类行动》第 2 页)

冯·米塞斯信奉斯宾诺莎,他(或注明,或不注明)经常援引斯宾诺莎的思想,他提出,我们必须停止用对或错来判断社会,根据它与外部标准的符合程度宣称它好或者不好。决定"研究人类行动和社会活动的法则,就像物理学家研究自然法则",不再将这些领域看作是"某个标准学科"的构成对象,而"……是一场将给知识与哲学,以及社会行动带来巨大影响的革命"(《人类行动》第 2 页)。经济科学因此对"自负的掌权者提出了一个永恒的挑战"(《人类行动》第 67 页)。正如同教会在伽利略的诸多发现之后仍然继续拒绝降低上帝在掌控自然方面的作用,特权阶级也拒不承认亘古不变的经济法则:"专制君主和主张民主的大多数人醉心于权力。他们肯定会勉强承认自己服从自然法则。但是,他们拒绝经济法则的思想。难道他们不是至高无上的立法者?"(《人类行动》第 67 页)

某种人类学迷信已经取代了早先的神学迷信。人类相信自己是社会世界的主人,他们可以按照自己的设计自由地建构这个世界。他们感到痛苦的是:

> 想不出个人活动如何有效合作,而不需要某个居高临下的智慧进行精密组织。经济理论的一个成就是解释市场如何实现个体自发活动的相互调整。(《自由宪法》第 159 页)

事实上,这个更加复杂、更加宽泛的秩序在很大程度上已经占据先前属于法律的领地。"原始人",哈耶克告诉我们,被复杂的仪式和无数的禁忌所控制,被明确的规章所控制,神圣文本、宗教文献和后来的法典常常列举到他们(《自由宪法》第 65

页）。所有人，除了少数异教徒，都明确了解并遵守这些命令和禁令，它们却日益被某种秩序所取代，这个秩序是人类活动无意识的结果。个体在不了解或没有意图的情况下便倾向于同这个秩序"合作"。

因此，自由社会和不自由社会的区别并非来自某个给定社会的系统化程度和规训特征，竟至于个体融入了某种秩序，由这种秩序决定个体的生活。或者，相反地，由某个社会所展现出来的工作与休闲时间的比例来决定。冯·米塞斯承认，不受阻碍的劳动市场"使个体承受残酷的社会压力"并且"间接地限制个体选择职业的自由"（《人类行动》第 599 页）。事实上，自由社会也可能比不自由社会有更高强度的规训，但是，哈耶克提醒我们，这是"市场的非个人化规训"，① 与由暴君或独裁的大多数提出的规训相反。自由社会和不自由社会的区别因此仅仅在于它们的起源：它们的组织是否在实现人的计划或设计，还是某个决定的结果，这个决定搁置了人的努力，将自己和同胞交给那个更高的理性，只有某种"自发的"、无意识的秩序或许可以体现这个理性？

斯密的写作发生在 18 世纪后半叶，他可能描述了"一个如此美妙，如此宏大的完美系统"，它似乎由不断扩张的贸易和生产领域构成，它必然在那些幸运的旁观者心中激起喜悦，这种喜悦不同于这个系统所服务的目的：人类的幸福。这个系统对"生活资料的分配几乎是相同的，只有在其所有的居民中对地球进行等分，才能做到这一点"（《道德情操论》第 185 页），这个事实只是在其美妙的结果上又增添了一个道德目的。斯密一刻也不曾怀疑这个秩序对每个人都是显而易见的（当然，除了在玉米贸易中，它是不理性的信念的对象，这些信念的出现与生存权

---

① Hayek, *The Road to Serfdom*, p. 219.

问题有关，也和宗教问题有关）；他的任务就是解释它如何产生，又如何维系。

我们已经注意到，对那些在20世纪写作的人而言，这个负担更是大得无法衡量：在20世纪20年代和30年代，有一种普遍的认识，不存在这样的秩序，或不曾存在这样的秩序。面对这种普遍化的怀疑主义，这个任务具有了两面性。首先，他们必须证明，大家都承认其存在的经济危机已经发生，而且还在继续，这完全是因为政府拒绝尊重市场的自发运作。受到那种宏伟巨大或者动机良好但受到误导的努力的启发，这种努力试图越过必要的历史发展阶段，或者要避开那种不可或缺的、适合于资本积累的严密性的正常运动，国家通过它们的干预"阻挠了"市场的这一正常运动，恶化了它们想要改善的处境。其次，他们必须说明，看不到民众所理解的失败或社会难题正是市场因果秩序的必然功能，这已经预示出干预主义的错误。因此，例如，不平等和失业，它们的规模不可能预先决定，它们是整个系统扩张的基本要素。它们本身并不是难题或罪恶；它们顶多类似于斯密所说的匮乏、麻烦，经历过它们的人都或多或少容忍了它们。道德主义者和被误导的人文主义者将保证增长所必需的资本积累这个现象看作是失败，它们也不明白暂时的麻烦却形成了令整个结构更便利和更舒适的条件。

319

因此，冯·米塞斯的处境不太妙了——政治经济学巨著（斯密，李嘉图［Ricardo］和边沁［Bentham］）问世一个多世纪之后，庞巴维克（Bohm-Bawerk）[①] 和卡尔·门格尔（Carl Menger）[②] 试图反驳在社会主义经济中进行经济计算的可能性之后一个半世纪——他不得不重新论述市场经济理论，这个理论在

[①] Eugen Bohm-Bawerk, *Karl Marx and the Close of His System* (New York：A. M. Kelly, [1896] 1966).

[②] Carl Menger, *Principles of Economics* (New York：Free Press, [1871] 1950).

占据统治地位的马克思的理论面前显得黯淡无光。冯·米塞斯被
迫煞费苦心的从细节上驳斥社会主义者的指责，即资本主义市场
的特点就是无政府主义的和周期性的、日益恶化的危机：

> 市场将个体行为导入那些它可以为有需要的同胞提供最佳服务
> 的渠道。在市场的运作当中没有强制或高压。政府是实施高压
> 或强制的社会工具，它不干预市场，也不干预市场引导下的个
> 体行为。它运用权力迫使民众屈服，要其放弃破坏市场经济和
> 危害市场经济顺利运行的行为。（《人类行动》第 157 页）

最后一个句子有些麻烦（政府的存在是为了"迫使民众屈
服"以保证"市场顺利发挥功能"），但也只是针对那些不了解
这一事实的人，即"市场独自将整个社会体系纳入秩序当中，
并且赋予它情感和意义"（《人类行动》第 257 页）。

正是在这一点上，而且冯·米塞斯有充分的理由提醒读者，
或许还有他本人，用他的话说，市场不仅"引导"和"操纵"
社会存在，而且向个体"揭示"构成社会存在的真相，"不是某
地、某事、或某个集体实体"（《人类行动》第 257 页）。市场只
不过是合作形式的个体互动，他们自己并不明白这种合作，也不
是有意为之。"在任何时刻，市场的状态都只有价格结构，即由
那些急于买进和卖出者建立起来的总体交换比例"（《人类行动》
第 258 页）。的确，有点类似于某个自发的计划，它的合理性和
设计出现在价格领域："价格告诉生产者生产什么，如何生产，
生产多少"（《人类行动》第 258 页）。

在市场买卖的所有商品中，没有一件商品，对其的误解以及
其价格的不合理性更甚于劳动。对冯·米塞斯而言，市场独自决
定工资的比率（《人类行动》第 593 页）：

每一个企业主都急于买进以最低价格实现其计划所需要的所有种类的具体劳动。但是，他提供的工资必须高到足以使工人离开其他与之竞争的企业主。他投标的上限由预期价格决定，雇用相关工人会增加可出售产品。他要能从中实现那种预期价格。底限由竞标者的标价决定，竞标者本身的决定也基于类似的考虑。（《人类行动》第 594 页）

在前面的拟人化解释中，"企业主"和"工人"在被称为劳动市场的合作领域相遇，他转向某种匿名性比率："工资比率一方面由劳动供应和生产材料因素决定，另一方面由消费者产品未来的预期价格决定"（《人类行动》第 591 页）。

在这一点上，有必要对冯·米塞斯的论点去拟人化并加以形式化：正是在这里，关于决定工资比例问题，他必须面对斯密，斯密在《国富论》第八章讨论了工资的升降，这个讨论与斯密用其他方式建立起来的市场体系不相对称，冯·米塞斯坚持认为，他"似乎无意中放弃了这个思想"（《人类行动》第 594 页，注释）。因为在那段我们详细考察过的文字中，按照冯·米塞斯的解读，斯密解释道，工资的降低不是因为依赖供求比例，而是因为"雇主联合起来心照不宣地，但是持续地压低工资"（《人类行动》第 594 页）。尽管事实是这些"偶然说出的话"，冯·米塞斯这样定义它们，只不过是"一些混乱的思想"，它们却成功地奠定了"劳动工会主义主要的意识形态基础"，因此必须"用最谨慎的态度"（《人类行动》第 594 页）加以分析。

这个难题很简单：在一个没有障碍的市场，没有雇主团体，无论他们组织得多么出色，可以成功地将价格压得低于市场比例，同时又不会因为他们的行为吸引新的企业主"迫不及待地利用普遍工资比例和劳动的临界生产率之间的余地"（《人类行动》第 595 页）。斯密的方案只可能发生在垄断条件下，在这种条件下，"因为受到制度性障碍的阻挠，所以难以进入到企业主层面"（《人类行动》第594页）。而且，其他经济部门的雇主可能提供更高的工资来购买他们需要的劳动。最终，在整个市场层面不可能成功地压低工资，这是不可能的，因为市场要通过持续的企业行为和寻找新的投资领域不断扩展其现在的边界。

> 过去和可以预见的未来的生产活动有一个典型标志，就是劳动短缺超过了大多数是基本的、天然的生产材料短缺。（《人类行动》第593页）

321

一般而言，任何商品都是如此，生产供应与需求的关系决定工资的涨跌。然而，斯密提出，主人可能会通过集体行动将工资压得低于市场比例，当然更典型的是他们直接降低工资。没有证据表明主人不是简单地根据市场变化在调整工资。例如，市场变化利用供应将劳动成本降低到某个具体行业一直保持的普遍工资以下。

事实上，冯·米塞斯本人在1943年向墨西哥的精英人士明确推荐这种降低工资方式，这些人或者是出于一种错位的同情感，或者是出于对强大的行业工会的恐惧，允许工资涨幅超过了市场设定的界限。在强力推行大幅度削减工资和津贴的过程中，有些人可能"深刻地感受到"这种削减。按照斯密在《国富论》中假设出来的工人，他们是受难者，墨西哥的企业主不会感到愧疚，因为他们不过是按照市场比率在调节工资，这是墨西哥经济发展的唯一道路。这个国家的商人自发的行动中没有任何阴谋。他们所做的只是为了保证自己能继续经营下去：对市场的信号做出反应，他们既不打算，也没有真的联合起来和他们的工人对抗，即使他们的行为产生了意外的结果，即斯密所谓的心照不宣的集体行为。这的确正是哈耶克所称的"没有指令的秩序"。不是在为雇主的行为说话,因为在削减工资这件事上,他们只是服从了市场的指导,冯·米塞斯更喜欢"工资比率波动"这种非个人化的、没有特色的语言,它们是"将劳动分配至不同的生产部门的措施",将工人从"人员过剩的部门"推到"人员不足的部门"(《人类行动》第598页)。

同样地,冯·米塞斯认为斯密有一个论点是荒谬的,即基本的权力不平等在这样的"谈判中"让雇主占了优势。为什么,冯·米塞斯问道,劳动者"被迫"接受降低工资?这个概念意味着市场是使用强制或高压手段的场所,而不是他所理解的自由之地。唯一可以取代雇主说了算这种情景的是失业,因此,饥饿而死和无家可归绝不是对现实的回应:

> 找工作的人等不及,所以必须接受雇主提供给他们的任何工资比率,无论有多低,这不是真的。每一个失业工人都面临饥饿而死,这不是真的;工人也有积蓄,他们可以等待;事实是他们真的在等待。(《人类行动》第596页)

不仅如此,失业也是一种选择:

> 找工作的人,如果他不想等待,总是会在没有阻碍的市场经济中找到一份工作,那里总是有自然资源未被利用的空间,而且常常有生产要素未被利用的空间。他必须要做的就是要么降低他要求的工资,要么换一个职业或工作场所。(《人类行动》第598页)

失业者通常会让某种身份感或者对某个团体(或民族或某一半空间)的依附阻止他们获得工作:"失业工人拒绝改变他的职业或住处,或者拒绝让自己满足于较低的薪水,因为他希望晚

322

些时候能在他居住的地方，而且是在他最喜欢的行业部门得到一份薪水更高的工作"（《人类行动》第 579 页）。无论多困难，还是要让工人明白，降低他的生活标准，限制他的消费，他将走过大半个世界去忍受长时间的工作和简陋的住房，所有这一切都是他为经济进步所必需的资本积累做出的贡献。

因此，没有阻碍的市场只有在全球这个范围内才能臻于完美，这不仅是因为这个全球市场需要一个没有边界的世界，在这个世界上，工人可以自由地离开家庭、文化以及民族去听从市场的召唤。经济民族主义不仅表现为限制移民或保护主义的形式，甚至还试图将国家主权运用于自然资源，这样的经济民族主义必然导致与具有预见性的自然法则之间的战争。在虚构的国家主权中存在着某些明显非常荒谬和有害的东西，虚构的国家主权让每一个民族，无论多么弱小，都与最富有和最强大的民族平起平坐，并且被赋予同样的权利。这当然是构成联合国这类组织之基础的谬见：

> 我们来假设联合国成立于 1600 年，北美的印第安部落已经被接受为该组织的成员。那么，就要承认这些印第安人的主权是不可侵犯的。他们有权将所有的外来人都驱逐出他们的领地，不许他们利用这块领地上的自然资源，他们自己也不知道如何利用这些资源。（《人类行动》第 598 页）

在这里，冯·米塞斯的重点不是这些权利——无论对整个人类的利益多么有害，整个人类都从这片荒蛮的土地的发展中获利——根据某种法律或道德标准，这些权利是非法的，而是相对于它们所对立的经济必然性，这些权利没有意义，而且完全没有威力或效果：冯·米塞斯问道，"真的有人相信国际公约或宪章能阻止欧洲人入侵这些国家吗？"（《人类行动》第 686 页）

这不是仅仅沉浸在历史思考中；相反地，它是为了强调市场无法抗拒的普遍化宿命。像卡德纳斯（Cardenas）统治下的墨西哥和莫萨德克（Mossadeq）统治下的伊朗这样的国家想从西方外国公司手中夺回他们国家的石油生产控制权，冯·米塞斯发出下面的警告：

> 认为发达国家会默许这样的事态发生简直就是幻想。他们会采取的唯一办法就是让他们获得急需的原材料；他们会占领那些地区。战争是国际资本市场上外国投资自由的另一种方式。（《人类行动》第 502 页）

生存空间（Lebensraum），冯·米塞斯不赞成它的民族主义形式，在这里作为市场的普遍指令重新回归：不能用关于种族差异的生物学理论（冯·米塞斯认为它们是无稽之谈）来解释西欧和北美之外的世界的不发达以及"西方民族的尊贵"，同时也不能简单地用某种"时间—优先理论"加以解释，根据这种理论，后者的优越性"仅仅在于他们比较早地致力于存储和积累资本货物"（《人类行动》第 500 页）。世界其他地方缺少，大部分地方仍然缺少

> 对个体权利的保护制度。土耳其的巴夏，印度的王侯，阿拉伯的下级法官，中国的官吏，日本的大名都无助于资本的大量积累。法律保障有效地保护个体财产不被征收或没收是西方进入鼎盛时期这个前所未有的进步的基础。（《人类行动》第 500 页）

缺乏这些基础，非洲和亚洲便不能开发它们的自然资源，也就无权期望那些有这种能力的民族不这样做。

324　市场的批评家要求正义，却不曾想到探究一下他们的正义概念和控制社会现实的法则是否兼容，是否对人类价值无关紧要。将资本秩序必需的不平等斥为不公平，将失业和贫困判定为失败的标志，这等于是在谴责性冲动是有罪的，而性冲动本身是种群繁殖的必要条件。指责市场扩张进"其居民还过于蒙昧的地区，他们还太迟钝，太愚笨，不懂得利用自然赋予他们的财富"（《人类行动》第686页），即使扩张本身是通过军事入侵完成的，这种指责等于在指责下落的石头服从了重力法则。有人可能援引斯宾诺莎的比喻，通过若干法律来禁止大鱼吃小鱼。

有时，拒绝经济关系必要特征的道德主义在性质上是神学的：利润、利益、财富，甚至自私，都被指责为罪恶。其他形式的道德主义都是绝对世俗的，但是在影响方面，丝毫不逊色于那些源自宗教的道德主义。马克思主义声称要寻找一种社会秩序，这种秩序将满足劳苦大众的需求，而且要创造真正的，而非形式上的平等，其实不过是大众妒忌在政治运动中的物质化表现：

> 马克思主义无与伦比的成功是因为它所提供的前景，即实现那些梦想的愿望和复仇的梦想。从遥远的时代，复仇梦想便埋藏在人类的灵魂中。它许诺了一个地球上的伊甸园，一块在心中充满幸福和快乐梦想的土地——即使对那些在生存游戏中的失败者——也仍然比大多数人更强大、更优秀的人遭受的屈辱更加甜蜜。（《社会主义：一种经济和社会学分析》第7页）

更加平常，可能也更少威胁性的是那些政府中人，甚至商业中人的道德主义，他们既没有勇气，也没有远见去忍受足够长时间的（或者，相反地，去见证他们的人民忍受）剥削和牺牲，这些剥削和牺牲本身终将带来繁荣。甚至亚当·斯密——我们已经看到，他忍不住要对那些劳动者表现出同情，放纵自己在他的话语中想象并表达工资的降低在市场层面被如何强烈地感觉到——赋予工资某种终极的道德意义，与生命律令极为类似，即它们为降低工资提供了基础和界限。我们已经看到，一个面对工资降低的工人，市场根据需要用那部分资金重新分配劳动，自然会选择抗议。然而，这样的抗议，不可能产生效力：在极端情况下，在抗议能够影响有争议的企业或工业之前，政府就会干预。无论冯·米塞斯如何否定这种做法，要让一个人（带着或不带他的家人）走过大半个世界去寻找一份更繁重而且薪水又低的工作确实有很大的困难。必须要保住现在这份工作，又要接受大幅度降薪的工人们，根据斯密的观点，还能够继续保持自信，相信工资永远不可能低于一定的水平——维持劳动者自身生存所必需的水平。

尽管冯·米塞斯随着斯密提出，如果在一个社会中，它的最低工资尚不能保证工人的"基本生存"（bare subsistence）（《人类行动》第 603 页），这个社会很可能要解体，他同时坚持认为，任何想要根据生存成本来计算工资的努力都是没有意义的。事实上，如果稍微做一点认真的考察，都会发现"基本"生存这个概念不过是一个难以捉摸的、不断向后退缩的假想出来的怪物。只要企图将某些特定的营养认定为人这个种群的需要，就必然错误地认为"历史传统"和"风俗与习惯"是自然而然的（《人类行动》第 605 页）。只要超越这些文化建构继续深入探索，就会发现在它们背后有更早的文化建构，无止无休，或者至少会到达那个极限，在那个极限处，人和动物无法区分：

> 不仅如此，生存在生理学上的最低限度也缺乏人们认为它应该有的准确和严密。原始人，因为顺应某种更类似于动物的

人类存在方式，所以在那种条件下能够生存，那种条件对他
们被资本主义用精美食物娇惯纵容的后代简直难以忍受。根
本不存在生理学和生物学所决定的生存底线，它对任何动物
种类，智人，都是无效的。同样站不住脚的思想还有需要一
定量的卡路里来保持人的健康和生殖力，还需要另外一定量
的卡路里来替代在工作中消耗掉的能量。求助于喂牛和豚鼠
的活体解剖不会帮助经济学家理解与有目的的人类行为有关
的诸多难题。（《人类行动》第 604 页）

人需要一定量的卡路里投入到一定量的劳动中，或者只是在
某种特定条件下活下去，要说清楚这个量和程度是不可能的。无
论如何，今天，被宠坏了的劳动者一定能够适应远远不如他们已
经习惯的生活和劳动："原始人"不就是这样吗？

尚没有人知道一个人如果服从市场严格的定量分配，他能做
什么，能做成什么，市场的定量分配将他们的食品摄入降低了一
半或者更多。很显然，对营养需求的研究是有政治动机的，只不
过是用伪科学来证明，用提高工资或降低价格来干预市场是正当
的：不存在一个可能的前提来定义在生物学上生存必不可少的是
什么。更糟的是，因为人的生存不是仅仅依靠面包，所以要设定
包含卡路里值和蛋白质摄入的营养标准就是剥夺人类的尊严，或
者至少是那些劳动者的尊严，将他们贬低到家养动物的地步。就
像你看到的

挣工资的人仅仅是一个奴隶，他相信自己在社会上不会扮演
其他的角色，即使有人假设他只要满足吃饭和繁殖即可，而
且也不知道他的工资除了满足这些动物性需求之外还有什么
其他用途。（《人类行动》第 604 页）

这样的动物学／人类学观察其作用就是为冯·米塞斯的整部《人类行动》中或许最重要的理论干预奠定了基础。他接受了18世纪经济学家没有言明的结论,并且在当代经济话语中间划了一道分界线,这条界线清楚地区分了科学与道德,自然的必要性和人的欲望。人的生存(他已经证明这个词没有科学上的合理性)甚或仅仅是存在(生命,活着,人类同所有其他动物共享的条件,因此,对于经济学或有目的的人类行为研究没有什么意义)在所有对市场的理解中没有任何地位。更糟的是,如果允许这类概念继续存在,它们不仅会污染市场理论,它们还会威胁到市场的存在,建立在伪装过的科学数据上,事实上就是唯一合理的社会合作形式的障碍。因此,冯·米塞斯把惺惺作态的情感放在一边,直截了当地说:不可能存在"法律意义上强制性的生存权"。

这个短语几乎是从马尔萨斯那里照搬过来的。尽管冯·米塞斯欣赏马尔萨斯的人口论,但是,他的论点更接近于18世纪的法国经济学家和没有这套人口理论的斯密:在这里,有争议的是市场的功能,而不是人口与食品生产的比例。更进一步地,对于生存概念,马尔萨斯比冯·米塞斯表现出更少的怀疑主义;的确,他的理论预先已设定人的生存必然有一个底线。他坚持认为不存在合法的生存权,这是基于一种预期,即如果没有这个权利,因为食品的短缺,或者至少是因为营养不足以达到恢复食品供应与人口之间的平衡所必需的底线,人口过剩立刻就会减少。然而,要恢复这一平衡,必须有这样一个条件,那就是人口之前 327 所拥有的合法权利被剥夺,他们被丢给自然去处置。

对于冯·米塞斯,这项权利的基本内容就是一个虚构:永远不可能对生存做出定义,因此它永远不可能成为权利的对象。但是,除了批判生存概念,他也质疑生存概念,因为它出现在18世纪数次革命的宪法文件当中。引人注目的是,对他而言,社会主义基本上是一个关于基本权利的理论（《社会主义：一种经济和社会学分析》第 47 页），而且它最早的解说者几乎（但是不应当）已被遗忘，他就是奥地利的法律学者安东·门格尔（Anton Menger），他的《全部劳动产品权》（*Right to the Whole Produce of Labour*）（1886）是对恩格斯批判性地提到的"法学家的社会主义"的精彩解释。事实上，冯·米塞斯对社会主义权利理论的批判有些与列宁在某个文献中的观点几乎是一致的，这个文献 1919 年曾经被第三国际采用（《社会主义》第一版出版前三年），似乎他借鉴了共产主义对"资产阶级民主"的批判材料，即使他激烈地反对共产主义的解药，即生产者的直接民主。

他对门格尔（他的哥哥卡尔·门格尔是冯·米塞斯崇敬的反社会主义者）的重视在很大程度上是考古学意义上的：生存权问题在资本主义财产关系下被问题化以及被（重新）主张，其实是在攻击欧洲社会主义的起源。但是，它已经开始被普遍遗忘，共产党和左派社会主义党在表面上的胜利时刻全身心关注的正是战略和组织问题，在这些问题名下，可以说不加思考地假设或预先假定这个问题是存在的而且被隐藏起来。冯·米塞斯试图与这个决定性问题的原初形式交锋，那种形式的"律法主义"以及对自由传统的延续性对于第三国际的继承者而言无疑是非常尴尬的。同时，他的批评或许针对的是上文提到过的奥地利社会主义的特殊性及其没有什么决定意义的法律观和权利问题观念（我们回想一下，在某种"纯粹的法律理论"的语境中，凯尔森发表了对自 17 世纪以来便在欧洲法律中占据特权地位的财产权的批判）。

安东·门格尔提出，私有法（主要关乎财产）不仅不是起源于对经济必要性的考虑（直接转换成了关于凭武力占有的财产的法律），而且在某种基本意义上，它也没有试图决定任何经济的基础，即个体的生命："我们的私有法法典（Privatrecht）甚

至不包含一个单独的条款来保护个体，即使这些物品和服务与他
的存在无法分割。"① 因为 17、18 世纪的革命的结果是编纂了基
本政治权利法典，它的合法性不受专门法律和惯例的约束。社会
主义不仅努力要实现这套权利，更重要的是为它们提供必要的基
础。不仅是法律在侵犯伟大的政治自由，法律是可以有而且常常
有界限的，也受到无可逃避的、更加有效的贫困与不安全这个暴
君的侵犯；政治自由不可能得以运用，除非个体生存被看作是政
府的首要责任之一：生存权，即继续存在，门格尔认为，是 Ur-
recht，即初始权利，它是其他所有权利的条件。

拥有各种权利的权利与所有人都有的那种权利是没有关系
的，甚至不包括那种权利，所有人都有的权利使个体能够继续活
下去，而拥有各种权利的权利则意味着生命是供使用的（个人
只有一种权利，不考虑他的需要，他本人拥有的就是这个权
利），而且意味着保护私有财产优先于保护个体生命。因此，生
命与自由的权利在逻辑上不可能仅仅包含保护个人不受暴力的威
胁，而且必须，即使它可能比一个空洞的短语好不了多少，体现
对生存的保护，因为"没有食品、衣物、住房，生命不可能维
持很长时间"。② 生存权反过来必然意味着对自然资源和存在的
物质方式的权利，它们不可能仅限于这些资源的合法所有者。

> 根据有关购买或获取的财产权和共同使用周围自然的具体权
> 利，与抽象的资格相对立的是全部的社会问题。③

社会主义，对门格尔而言，基于这样一个命题，即每一个社
会成员都有权拥有维持生存所必需的商品和服务，这一权利较之

---

① A. Menger, *Whole Produce*, p. 4.
② Ibid., p. 11.
③ Ibid., p. 39.

满足其他人不太紧迫的需要更为重要。① 在社会主义社会，生存权可能取代财产权，尽管这样的权利在一个以财产权支撑起来的社会中也是可能的，条件是满足人口的生存需要被看作是一种"以国家收入为保证的抵押，有特权的个体可以在没有拿到收入之前先获得某种所有权"。② 对门格尔而言，生存本身不应该来自某种救助体系，而应该来自工作的权利——不是一种抽象的找工作的自由，而是获得工作的权利：每一个在私人雇主那里找不到工作的个体都由国家提供一般的日间工作，并发放常规工资。③ 最后，他承认，这样的权利将吸收社会上没有收入的人口，私有制的生产方式是不可能做到的。

冯·米塞斯开始考察门格尔关于社会主义提出的基本权利的论述，他提到 17、18 世纪的"国家自然哲学计划"提出的人和公民的自然权利，他同意其中的大部分内容。虽然他很赞赏这些"要求"，但是，他注意到，它们经常被当作法律原则进行阐述，并且在宪法中被奉为神圣，其实它们应该被理解为仅仅是一些指南，"它们的精神必须渗透整个国家"（《社会主义：一种经济和社会学分析》第 47 页）。它们作为法律的存在一定不能混同于真实；法律本身的效力取决于外部的决定因素，法律无力创造这些因素。因此，奥地利承认表达的自由，较之英国，它更少理解这种"权利"的运用，英国没有赋予其公民这样的权利。

在 1919 年第三国际第一次大会上对资产阶级和无产阶级民主所作的论述（由列宁撰写）也提出了相似的论点：在法律和宪法意义上神圣不可侵犯的权力和自由也许事实上不仅只是某种权力做出的许诺，而且是隐藏于真正局限性的手段，这些局限性

---

① A. Menger, *Whole Produce*, pp. 9 – 10.

② Ibid. , p. 10.

③ Ibid. , p. 15.

阻挠了这些权力的实际运用。① 然而，对列宁而言，合法的权力不能变成真正的权力，因为这个世界存在规训、限制，还有贫困（并不是由国家通过法律形式实施各种形式的阶级压迫，而是通过"公民社会"的生命来完成这一压迫），它们正是大众的典型存在状态。相反地，对冯·米塞斯而言，一个超越国家的高压世界是真实的，但是对社会存在来说是绝对必要的。尽管如此，他仍然依据"精神"的在场和不在场解释了形式权利和真实权利之间的矛盾，这个精神是弥漫于社会的自由哲学精神，他这样做是要将现实交付于那个自由计划，无论有没有相应的法律。这种理想主义的"法律精神"却迅速让位于物质主义，我们最终寄希望于冯·米塞斯，即使他的变化形式与列宁的不同。

在18、19世纪他所谓的"解放战争"之后，"反自由的作家"（这个短语暗指右派，即使它主要指的是左派）试图发布伟大的政治权利"宣言，他们想要建立"基本的经济权利"（《社会主义：一种经济和社会学分析》第47页）。他们这样做完全 330 是因为在这里，冯·米塞斯本人听上去就非常反自由。当前的社会秩序如果没有相应的、可以实施的经济权利，就不能保证"人类这些合法的自然权利"。但是，经济权利的出现或使之出现以实现或完成伟大的自由革命，这些反自由的作家也非常清楚，它也不过就是共产党开始称为"过渡性需求"的东西。这些不是在呼唤社会主义，而是在要求，在工人中间得到很高的支持，这些要求与资本主义财产关系基础上的市场运作是不相容的，即这些要求在大众看来是合法的，但是，只有通过生产方式的社会化，它才能实现。

关于冯·米塞斯在这里的论点，不同寻常的是他既没有提出

---

① V. I. Lenin, "Theses and Report on Bourgeois Democracy and the Dictatorship of the Proletariat", *Theses, Resolutions and Manifestos of the First Four Congresses of the Third International*, trans. Alix Holt and Barnara Holland (London: Ink Links, 1980), pp. 7 – 20.

政治权利。例如，平等也可能在不平等的经济基础上实现，反过来，他也没有提出，单纯形式意义上的政治权利是其与私有财产兼容的唯一方式。相反地，他通过一种非常引人注目的方式不由自主地对"所谓的自然权利"本身进行诋毁，尤其是如果它们受到法律的"保障"，则更是不能容忍，似乎它们也是由超越人类控制的力量所决定。更令人惊奇的是，他似乎按照自己的方式相信，即使它们与市场和财产王国（应该注意到，该权利不会也不可能遭到质疑，就是因为它其实不是一种权利，而是市场社会的一个必然因素）不相融合，至少与它们处在一种持续的张力中，而且这样的话也可以使这种张力得到很好的释放。

关于社会主义者试图在模仿人和公民的"所谓"自然权利时引入的基本经济权利，根据冯·米塞斯的观点，没有什么比存在权或生存权对财产和市场更具危险性，这里的存在权或生存权指的是门格尔的定义（他的定义和伽里阿尼的定义相同）。首先，它混淆了道德和法律责任，而且没有明确说明这样一个权力属于二者中的哪一方。今天的大多数社会都通过市场获得远远高于先前时代的财富，他们养得起"那些没有收入、且不适合工作的人，与供给他们食品无关"（《社会主义：一种经济和社会学分析》第 48 页）。但是，必须要注意，这些说法都是纯粹道德意义上的："它没有给穷人任何法律可以令其重新获得所有权"（《社会主义：一种经济和社会学分析》第 49 页）。然而，冯·米塞斯提醒我们，社会主义者指的可不是这种有限的情况。根据某种存在权，他们的意图是社会的每个成员都有权获得"维持（或保持）其存在"所必需的物质和服务（zur Erhaltung seiner Existencz——在这里，他采用的是门格尔的翻译），而且生存权必须优先于"满足其他人不太紧迫（dringende，同时也不太急切或生死攸关）的需要"（《社会主义：一种经济和社会学分析》第 9—10 页）。他一开始便质疑"紧迫的"（dringende）

和"维持"（Erhaltung）的含义（在什么时候有某样东西对某个人的存在是紧迫的，如果考虑到与生存有关的所有困难因素，我们如何充分确定什么东西对"维持"一个人的生存是必需的?），冯·米塞斯最后毫不犹豫地抛开了这个短语，即使他提供的这个概念是可能对它做出的一种解读："这个概念有时采取的形式是没有人应该饿死，但是其他人仍可以占有更多"（《社会主义：一种经济和社会学分析》第 49 页）。

这样一个概念，他告诉我们，既荒谬又危险：不可能存在自然的、不容侵犯的生存权，因为"上帝或自然造人时就是不平等的，因为有人健康饱满，而有些人则残缺不全"（《人类行动》第 175 页）。那些无法存在的人没有自然的存在权。正如马尔萨斯所表明的，"自然在限制生存方式方面并不符合每个人都有生存权这一点"（《人类行动》第 175 页）。如果人类生存所必需的物质发生短缺，那么，就剥夺大批人的生命以维持人口和资源之间的平衡：死亡在这里是自然发出的必然指令，它避免了人类这个种群的灭绝，如果允许它繁殖（终止这种繁殖既不涉及自我利益，也不能依靠人口控制技术的发展），则可能面临世界性的饥荒。但是，对自然存在权利做马尔萨斯式和达尔文式（或者社会达尔文主义）的批判，在他所论述的经济中扮演了一个次要角色，冯·米塞斯反复将这一批判同斯宾诺莎联系在一起（他或许也想建立一种小鱼不被大鱼吃掉的权利）。

因为即使他提出，世界没有（据推测不可能）在任何给定时间里生产出足够的食品来养活世界上的人口，因此自然的平衡要靠其自身来维持，这个要求没有任何证据支撑，冯·米塞斯重提那个在 18 世纪后半叶得以阐发的论点，我们追溯过它的起源。从这个视角，它不再是一个绝对短缺的问题，至少对于英格兰和法国而言，斯密本人拒绝承认这个论点，而是一个如何处理的问题，处理的对象有不同的名称，包括利润、剩余，或者不相称的

收入。提供全部人口生存所需要的粮食"只有通过生产的社会
化方式才能实现"(《社会主义：一种经济和社会学分析》第49
页)。如果存在权作为一种强制性的法律权利被确立，它可能
"吸收未获得收入的很大一部分并从私人所有权中剥夺很多利
益"(《社会主义：一种经济和社会学分析》第49页)，以至于
私人财产概念会成为一个问题。因此，允许"个体穷人可以在
法律上提出强制性的维持生活或生存要求"会带来"巨大的社
会危险"(《社会主义：一种经济和社会学分析》第430页)。

　　然而，赋予财产权高于生存权的特权，冯·米塞斯一直不
停地在提醒读者，其基础并不是某种"个人对财产的所谓'自
然权利'"(《人类行动》第285页)，而是控制人类合作体系
的必要性。没有绝对的财产，就不可能有市场；没有市场，人
类合作将被武力、暴力以及社会本身的解体所取代。强制实行
存在权——政府通过价格和工资控制，住房补贴，或者以最极
端的方式对生活资料进行分配——将损害私有财产，抑制投资
所必需的资本积累，歪曲市场机制，以至于社会本身的延续受
到威胁。这并不意味着所有社会都不应该关注穷人，尽管它们
要警惕，无论它们提供怎样的救助都不可能弱化工人获得这样
一个承诺的决心："如果疾病、精神创伤的影响使个体不能工
作，他不用工作或只做很少的工作也能继续生活，而且在收入
上没有明显的减少"(《社会主义：一种经济和社会学分析》
第432页)。所以，个人慈善（完全是因为它的不可靠性）或
赤贫（附加在它身上的耻辱）在帮助穷人方面要有效得多，它
不是提供生存资料，而是强迫他们接受最难做，也是最卑贱的
劳动作为改善他们命运的方式。它是一个

　　生物事实，即对赤贫的恐惧和对依靠慈善资助会带来耻辱所
　　感到的恐惧在维系人的心理平衡中都是非常重要的因素。它

们迫使一个人保持健壮，避免疾病和事故，尽快从伤痛中恢复。(《人类行动》第 839 页)

这些"诱因"对经济增长极为重要，或许能满足甚至最贫穷者的需要；消除或减少这些需要将产生"不良后果"(《人类行动》第 839 页)。冯·米塞斯迫不及待地向我们保证，他不是一个冷酷之人；"丧失能力者"一直没有，也不应该只是简单地让他们消失：

> 但是，在法律上强制要求维持生命或生存，以此来取代慈善性救助似乎不符合人的本性。不是形而上的偏见，而是利己的考虑使得颁布一项可以提起诉讼的生存权是不明智之举。(《人类行动》第 839 页)

333

逻辑很清楚：无障碍市场按照某种同自然一样不能改变的必然性运作，对这个市场而言，"除了价格、工资比率，以及利息率，不存在市场不熟悉的干扰因素"(《人类行动》第 238 页)。必须允许工资按照市场的规定下降，允许价格按照市场规定上涨。政府要么通过工资控制，要么通过税收来进行干预，这会妨碍恢复工资与价格之间的平衡所必需的资本积累。资本主义娇生惯养的后裔比他们现在的承受力还要差，而且他们错误地以为他们已经习惯的富裕生活是生物学上的最低限度：难道全世界的农民不是靠着比北美和欧洲的一般工人扔掉的还少的食物在生存？"美洲民众的消费让埃及的农夫和中国的苦力来判断，那就是浪费"(《自由宪法》第 129 页)。

对于其他地方那些受到较少呵护的人而言，市场也并不比"上帝或自然"更少仁慈，它也必须限制生存方式，因此也会限制任何个体的存在权；那些不能保障其自身生存（或他们的孩

子的生存）的人不能强行对那些能够做到的人提出要求，即使
后者拥有超过他们存在所"必需的"剩余食品。① 不仅如此，没
有任何形式的保障——就业、医疗甚至食品和住房的保障——对
于生产系统而言是必需的，它迫使个体去做任何能够给商家产生
利润的事情，而且去到市场召唤他们去的任何地方，就像神意召
唤他或她去一样。如此设想出来的个体的确是绝对自由的，现代
德国意义上的 vogelfrei：像鸟儿一样自由，不为任何人所束缚，
似乎没有人会轻易受到可能落在个体头上的伤害。②

　　将政府从对其公民的"强制性"责任中解脱出来的一条原
则实际上也要求它避免给予任何形式的社会救助，可以想象这种
救助会扰乱市场的平衡，该原则或许表面上如其倡导者所提示的
那样，要求政府被最小化，处于一种消极状态。然而，不可能是
这样的。它需要一只强有力的、可靠的手将社会的每一个成员置
于市场的风险下。独裁措施可能将政府置于农奴制的道路上，一
个拒绝独裁措施的政府必须时常努力说服大多数人口相信，降低
他们的生活标准，这种降低在世界许多地方意味着营养不良和疾
病，不仅是正确的（从道德和法学角度），而且是必要的，它是
可以实现经济进步所必需的资本积累的唯一途径。

　　那些"掌权者"绝对有责任解释，在他们的社会中出现更
大的不平等，尽管有各种表现形式，仍然是一种正面的发展，它

---

　　① 没有证据表明像 Christine Lagarde 最近评论的那样，僵尸经济学获得了胜
利，Christine Lagarde 是国际货币基金组织的常务董事，在就希腊儿童逐渐丧失医
药保障问题作出回应时，她指出，情况可能更糟：他们应该关注一下，例如尼日尔
的儿童。她没有提到国际货币基金组织禁止尼日尔政府在 2005 年的饥荒时期发放
免费食品，却鼓励他们出售救急用食品储备来偿还国家债务。Nick Dearden,
"Greece Can Do Without the 'Sympathy' the IMF has Shown Niger", *The Guardian*, 2012
年 5 月 29 日，http://www.theguardian.com/commentisfree/2012/may/29/greece-sympa-
thy-imf-niger（2014 年 4 月 16 日查询）。

　　② Jacob Grimm & Wilhelm Grimm, *Deutches Wörterbuch* (32 vols) (Leipzig: Verlag
von S. Hirzel, 1854 – 1961), 26, p. 407.

预示着投资的出现，投资一定会带来工作和工资的增加。领导者 ³³⁴
必须抗拒通过干预或扰乱纯粹的市场供求机制来救助那些表面上
身处困境者的冲动（或者，更常见的是压力）。他们认为，剥夺
大多数人的权利是一种暂时的，却是必要的牺牲，仅此一项就会
带来所有人都期望的改善。这样的政府必须能够容忍贫困和饥饿
的景象，容忍某些群体分裂，甚至永远消失，它的居民散布到地
球的各个角落，它必须具有坚强的意志力，不做任何干预。它的
各项政策的基础因此绝对不是消极无为：这是最强硬的决定，
"允许存在"，在某些特殊时刻也"允许死亡"，甚至面对群众的
怒火也不改变，市场的繁荣需要这种愤怒。

　　针对被统治者的愤怒——这些民众在最好的时期只会感到嫉
妒，嫉妒那些似乎赢得了生活游戏的人和那些在危机时期不仅可
以占有他人合法财产和财富，而且更糟糕的是，通过合法的或者
法律之外的手段为自己盗得一份财富的人——政府必须干预。必
须承认的是，很多人注定要亲身体验言过其实的营养标准是多么
不准确，他们才会知道，他们以为是生命所必需的东西只不过是
对某些东西的偏好。也许不那么容易说服这些人相信剥夺他们的
权利是必要的。有些人在任何社会中都是大多数，他们见识过境
况较好的时期，他们一定知道如何毁掉舒适和生存，从这些人身
上能期待什么？

　　这为新自由主义提出了一个极端困难的难题：能否说服民众
接受对他们的剥夺，就如他们接受风雨既造成麻烦，又是必需
的？例如哈耶克，他不担心：

　　　　这些人必须忍受的变化是进步代价的一部分，对这个事实的
　　　　解释是，不仅民众，严格地说，每一个人都被文明的增长引
　　　　到一条并非是他自己选择的道路上。大多数人如果被问到他
　　　　们对于进步过程中的变化的看法，他们可能都想要避免进步

的必要条件和后果，因此最终会终止进步本身。我曾经听到
一个例子，大多数人故意投票（同某些统治精英的决定区
分开来）决定，为了一个更加美好的未来，愿意承受这样
的牺牲，与自由市场社会做出的决定一样。（《自由宪法》
第50—51页）

不仅如此，"今日西方世界"也见证了就业人数的增长在很
多方面与推动自由社会的力量是不相容的，是敌对的……

自由因此在今天受到严重的威胁，因为已就业的大多数倾向
于将他们的生活标准和观点强加在其他人身上。就民众的社
会利益而言，因此也是就他们自己的长远利益而言，他们应
该保留这些条件以使少数人能够达到某种目标，这些目标对
他们而言似乎达不到或者不值得为此花力气，冒风险，要说
服已就业民众相信这些的确是最困难的任务之一。（《自由
宪法》第119—120页）

这当然不是一个有关工人与雇主之间利益矛盾的阶级斗争理
论。归根结底，有一种自发的和谐秩序使得资本主义，即无障碍
市场，成为人类社会合作的最高形式。在冯·米塞斯和哈耶克二
人看来，最好时期的高度不平等和艰难时期要求"雇员"做出
的牺牲将不断地，而且不可避免地在大众中间产生"一种诱惑，
通过破坏社会系统顺利运转的行动争取到短暂的支配地位"
（《人类行动》第148页）。社会主义诉诸的正是这种诱惑：它
"作用于情绪，试图通过唤醒对个人利益的认识而打乱逻辑思
考，通过唤醒原始的本能窒息理性的声音"（《社会主义：一种
经济和社会学分析》第460页）。当"民众的激情"被点燃，促
使他们不愿再接受市场理性所要求的丧失和牺牲的原始冲动唤醒

了他们寻求自身幸福的欲望。"不会思考的大众"在大多数时间里会变得非常危险:"大众的心灵只能产出罪恶、破坏,还有毁灭"(《社会主义:一种经济和社会学分析》第 460 页)。

从大众身上能期待的几乎没有,要担心的却很多,正是针对他们,政府要采取行动。政府存在是为了保障和加强法律的统治,这是哈耶克很多著作的主题,不过对冯·米塞斯而言,也并非不重要。然而,我们应该清楚的是,"法律的统治"这个短语对冯·米塞斯和哈耶克而言与司法形式主义(juridical formalism)没有关系,司法形式主义的核心是,法律是一个连贯的、自我指涉的秩序。相反地,就像胡塞尔坚持要让实证主义与有关其源头的真相交锋,冯·米塞斯宣称,法律"不可能是合法产生的。法律不可能由其自身当中产生。它的起源超越了法律范畴"(《社会主义:一种经济和社会学分析》第 46 页)。其他理论将这个起源定位在建立契约的过程中或者定位于理性当中,但是,在冯·米塞斯看来,它就是基于这样一个事实,即人类存在所必需的经济行为"需要稳定的环境",尤其是终止暴力:"暴力与法律,战争与和平,是社会生活的两个极端;但是社会生活的内容是经济行为"(《社会主义:一种经济和社会学分析》第 44 页)。

法律运作要抗拒的暴力并不是直接针对人的暴力——这样的行为是"意外出现的"。相反地,法律存在要避免的暴力是"针对他人财产的暴力。人——活着而且健康——成为攻击的对象,只有一种原因,就是它阻碍了对财产的获得"(《社会主义:一种经济和社会学分析》第 34 页)。法律保护的 liberty 和 freedom(这两个词语均有自由的含义。前者强调法律意义上的自由,后者更多强调作为一种政治权利的自由——译者)是基于绝对私有财产的市场经济本身的 liberty 和 freedom。政府的"基本功能"是"保护市场经济顺利运行,不受侵扰,不管这种侵扰是来自国内还是国

336

外"（《人类行动》第 282 页）。在描述对这种"基本功能"的行使时，冯·米塞斯，如我们已经看到的，拒绝任何委婉表述：政府"运用它的权力来压服人民，只是为了避免破坏行为以保护市场经济，使其顺利运行"（《人类行动》第 257 页）。这样的政府"必须随时准备镇压破坏和平者发动的攻击"（《人类行动》第 149页）。

　　民主制度概念因此提出了一个非常严重的两难选择：具有选举权的大多数代表了任何一个社会中可以计数的大多数，即劳动人口，他们可以决定不要哈耶克认定的对于进步不可或缺的"牺牲"和"代价"。在这个意义上，如果是因为代表"那些不太成功的人"在常常被称作"社会正义"的基础上行事，而那个社会正义只不过是"嫉妒"（《自由宪法》第 93 页）而已，这样的大众可能会通过某些短视行为干预市场，他们会设法减轻他们所认为的贫困。因为这个原因，哈耶克警告说，"当前不加区别地将'民主'一词作为一个一般性的赞美词语，这样做不是没有危险。它意味着因为民主是一件好事，它对人类而言总是一个收获"（《自由宪法》第 104 页）。多数原则自身有一个潜在的危险，民主的大多数，如冯·米塞斯所言，"都醉心于权力"，而忽视"应该如此讨论的问题范围的界限"（《自由宪法》第106 页）。

　　但是，界限问题比最初所想的要更加复杂。正像那些因为扩大了对市场干预的界限而失败的政府一样，它们也可能会限制有利于保护私有财产和市场免受地方行动冲击的干预，这种限制是有害的。因此，现代国家将过多的精力（和税收）浪费在被误导的努力上，希望创造那种被称为"社会正义"的不真实的条件，强行控制工资和租金，提供保健服务，用失业金毁掉了工人劳动的动机，它们已经无法"摧毁"和"压服"那些其行为威胁到财产和市场经济的人。20 世纪 20 年代和 30 年代的那一代人几乎摧毁了法律的统治,哈耶克如是说,因为他们"不愿意接受任何对集体行为的限制"(《自由宪法》第247页)。冯·米塞斯所说的市场经济的"国内捣乱者"包括哈耶克的"我们中间的极权主义分子"。①

反对两位思想家著作中的市场的集体暴力行为有一个提喻形象,那就是工会,工场的工人组织。哈耶克指出,"我们自由社会的全部基础都受到那些工会妄称其拥有的权力的可怕威胁"(《自由宪法》第269页)。工会在其斗争中已经成功地通过暴力和恐吓从雇主那里榨取到了更高的工资和劳动条件的改善。从这一点来说,他们"运用权力的方式可能会导致市场系统的失效",同时赋予他们一种危险的"对经济活动方向的控制力",给"工资施加了一种不断向上的压力"(《自由宪法》第272页)。除了将工资增加到超出市场水平的程度,他们还成功地"没收了资本家和企业主的特殊收入的一部分或全部"(《人类行动》第773页)。

20世纪30年代的民众联合主义的政治效果和它的经济效果一样对社会秩序具有破坏性。各种联盟造成社会的封建化,有效地终止了政府对武力的垄断。

> 劳动工会可以自由动用武力来阻止任何人公然反对它们涉及工资比率和其他劳动条件的命令。对破坏罢工者、企业主、遵照企业主的授意雇用破坏罢工者的人,工会随意施予身体上的惩罚。(《人类行动》第777—778页)

集体谈判"不是一种市场交易。它是强加于雇主的一种控制方式"(《人类行动》第779页)。当然,有些联盟非常强势,

---

① Hayek, *The Road to Serfdom*, pp. 199 – 200.

足以对雇主发布指令，而且，为了保证带给工人"暂时的改善"，它们掌握了"罢工、暴力、破坏活动"的技巧，它们行使独裁的力量，"世界现在面对这种力量依然会颤抖"（《社会主义：一种经济和社会学分析》第437页）。援引1920年卡普政变（Kapp Putsch）的例子，一场一千两百万工人参与的罢工，这些工人来自不同的党派和公会，这场政变阻止了军官推翻魏玛共和国，实施军事独裁的企图，冯·米塞斯警告道：

> 无论你发现组织起来的工人的政治态度是否值得同情，这都不会产生后果。事实是，在一个行业联合强大到足以发动一场普遍的罢工的国家，最高权力掌握在行业工会手中，不是掌握在依靠它的国会和政府手中。（《社会主义：一种经济和社会学分析》第433页）

如此组织起来的劳动群众构成了我们中间的极权主义分子：

> 我们已经证明，行业工会成员的团结只能建立在这样一个理念上，即发动一场战争，摧毁以生产形式的私有制为基础的社会秩序。行业工会的基本思想，不仅是它们的实践，是毁坏主义的。（《社会主义：一种经济和社会学分析》第435页）

大众联合主义及其解决办法都不在法律当中："当然，法律规定，任何一个公民采取暴力行动——除非是在自卫的情况下——都是一种犯罪行为，这样的法律还没有被废除或修订"（《人类行动》第777页）。相反地，政府已经决定暂不实施这样的法律："警察不制止这样的犯法者，国家的律师不控告他们，刑事法院没有机会对这些行为做出宣判"（《人类行动》第778页）。新自由主义者面对没有任何限制的集体行为时所感到的绝望让他们得出非常令人不快的结论,哈耶克要到生命的最后时刻才承认这些结论,他在思考皮诺切特将军凭借"打垮"他的人中间的那些极权主义者而创造的"智利奇迹"。为了防止民主堕落成为暴徒的原则和多数人的极权主义,必须有一位捍卫基本民主的独裁者。①

围绕这个观点,哈耶克非常接近卡尔·施密特在 1933 年之前的立场。② 哈耶克非常夸张地谴责:"卡尔·施密特教授,这位鼓吹极权主义的首席纳粹理论家",在《奴隶制之路》(*Road to Serfdom*) 中,后来在《自由宪法》中,他的态度要积极得多。在一条关于最近的法制概念研究的很长的注解中,他提出:"卡尔·施密特在希特勒政权统治之下的行为没有改变这个事实,即在德国人关于这个概念的著作中,他的著作仍然是最博学,最有洞察力的"(《自由宪法》第 485 页)。哈耶克提到施密特 1931年的著作 *Der Hüter der Verfassung*(《宪法卫士》),施密特在该书中扩展了他的委任独裁(Commissarial Dictatorship)思想,它的存在只是为了保护宪法和法制不受那些内外力量的破坏,这些力量或者使社会秩序瘫痪,或者主动颠覆社会秩序。与追求毁灭旧宪法,建立新秩序的君主独裁不同,委任独裁的存在只是为了恢复某种被扰乱的秩序;它始终都是暂时的。

以同样的方式,哈耶克区分了自由主义民主和极权主义民主,自由主义独裁和极权主义独裁。议会多数的立法行为或许损害了自由社会的秩序,而且在这个意义上,没有考虑到该秩序代表了多数人的意志这个事实,所以失去了它的合法性。但是,正如威胁就是行政部门面对民众暴力时无作为,民众暴力使得法律

---

① 在回答智利一家报纸的采访时提出的拉丁美洲民主问题时,哈耶克说道,"就个人而言,我喜欢一个自由主义的独裁者,胜过一个缺乏自由的民主政府",*El Mercurio*, Santiago de Chile,1981 年 4 月 12 日。

② 见 William E. Scheuerman 的评论,*Carl Schmitt: The End of Law*(New York: Rowman & Littlefield,1999),pp. 209 – 224。

变得无意义，用霍布斯的话说，成为"一纸空文"。市场自发的秩序不单纯是需要法治来保护财产和维护市场免受那些骚扰者的破坏。为了更加有效，秩序及其法律必须建筑在各种力量之间的关系这个基础之上：市场平衡只有在社会力量平衡的基础上才能够实现，社会力量之间达到平衡本身便能保证市场的运行。

　　冯·米塞斯和哈耶克的著作证实，与他们的预测相吻合的是，挣工资者举行的某种集体性的、永久的抗争违背了市场目前和未来提出的牺牲要求——牺牲力气、快乐、友谊甚至可能还有生命本身。正是这种抗争构成了对财产和交换自由永久性的极权主义威胁，没有一种宪法秩序可以只凭借其自身避免或对抗这种威胁。政府，或那些法律秩序的维护者必须不断地迫使人们接受市场的引导和指引，还要处理可能激起的反抗。依靠这种抗拒的力量，民主，确定无疑是统治的最佳方式，有时必须为某种独裁让路，后者可以逾越法律的界限，动用任何它需要的力量来恢复法制。

　　市场本身非个人性的指导足以保证获得一种充分的顺从去接受甚至最严苛、最致命的指令。只有那些受到影响的人组织起来拒绝降低消费的要求并且接受这样做的后果，不管多么悲惨，才有必要增补武力：他们的组织和抗争越激烈，越需要同样强大的武力来镇压，然后恢复人类合作的自发秩序。但是，如果我们已经考察过的研究是有说服力的证明，那就说明这样一个事实，这样的抗拒，无论多么零星分散，多么缺乏协作，都从未被完全消灭。正是因为这个原因，并非政府无能无知，而是纯粹的市场从未存在过。

　　在这一点上，我们可以理解是什么将亚当·斯密同那些宣称继承了他的遗产的人区分开来。我们指的不是共同的人性，即倡导普遍工资，不受限制的市场肯定能够做到，我们指的也不是那些将他同他在 21 世纪的继承者分开的公共服务，尽管这的确非常重要。也不是说这一性质扰乱了他的僵尸经济学并使他的理论自相矛盾。不是的，有些东西在他的论证之初就已经出现，但是被忽略了，有些东西可能被看到了，但对它们的理解是停留在其表面。因此，我们会根据不多的观察就《国富论》一开始出现的形象描述得出结论，特别是根据斯密关于劳动分工的三个好处中的第二个得出结论： ³⁴⁰

> 在从一项工作换到另一项工作时，人一般都会磨蹭一会儿。如果他是第一次开始做一项新工作，他很少会非常热情或用心；他的精神，如他们所说，不会集中于那项工作，有段时间，与其说他致力于确定的目标，不如说他是在浪费时间。如果工匠每半个小时就被迫变换工作和工具，而且几乎他生活中的每一天都要用手做二十种不同的工作，所有地区的工匠都很自然、或者必然会养成磨蹭和懒散不用心这种习惯，这使得他几乎总是处在怠工和懒惰的状态，即使在最紧迫的情况下，他也不可能积极工作。（《国富论》第 19 页）

这段非常具体的叙述本来是要说明劳动分工会消除时间上的浪费并由此提高可衡量的生产率。它可能具有怎样的理论价值，更不用说重要性了？首先，在冯·米塞斯和哈耶克数千页的著作中都找不到关于劳动的比较细致和生动的叙述，尽管他们至少和斯密一样关注对那些降低了生产速度的"罢工者"的规训。但是，在上面援引的这段话中，斯密关心的是这一点吗？以整个那一章作为语境，斯密努力要说明的似乎只是，如果一个工匠必须改变场所和工具，就会浪费时间，而在整个行业层面上讨论这个问题，这个浪费会非常巨大。

是什么使斯密的阐释变得复杂化，甚至不恰当？是斯密在他所描述的人身上投入了某种情感。这种情感从"磨蹭"这个词开始，他并不仅仅指某个人行动缓慢，而是指伴随着这一缓慢行动的情绪，一种刻意的拖沓。这里所提及的工匠的内心状态，正如斯密所言，继续是那种"懒散不用心"的状态，而且劳动过程继续"使得他"不但更慢，如果感受到劳动分工的好处，他就不是这种状态，而且"几乎总是处在怠工和懒惰的状态"，这些词语意味着他是有意拒绝勤奋工作，最后，"即使在最紧迫的情况下，他也不可能积极工作。"这种态度，加上他们的实际表现，固化在惯例或"习惯"当中，"所有地区的工匠都很自然、或者必然会养成"这种习惯，他们就是在这种条件下劳动。也不能将他们理解为是在适应相对原始的生产条件：这种态度的顽固性甚至超越了他们的客观条件，妨碍，即使不是阻止了，例如，生产速度的提高，"即使在最紧迫的情况下。"

再次重申，这里重要的是有这么多的词语，它们的作用与其说是描述，不如说是在指责（懒散、怠工、懒惰、不用心），它们代表的是这个论点之外的冗余或残留物。这些词语中的每一个都表示某种形式的抗拒，既有身体上的，也有精神上的，抗拒隐匿于"紧迫的情况"这个短语中的主人的要求。因此，不单单是作为必要的生活物质的消费者，这些物质的价格需要一定的工资水平来支撑，工人正是在这一点上同他们的雇主产生了冲突。而斯密则带领我们进入到工场内部，让我们看到身体的政治经济，对它的经济使用取决于它在最大物理意义上的服从，正如福柯所言，"以暴制暴"。他的目标是令身体屈服，包括它的力量和行动，服从最大限度的控制，将那些可能干预生产速度的决定因素最小化，这样才会有资本的积累过程，同时将那些提高身体的生产率或有效运动的决定因素最大化。

当然，这可以理解为动用暴力的比喻：属于工人的东西——他的时间，他的劳动——要由他来提供，他受到指责，那是因为他提供的速度不够快，不是自愿提供这一切。但是，这个比喻也可能被理解为在最大物理意义和身体意义上，这种抗拒是无法降低的，这样理解或许更恰当。因为身体最终是屈服于生命本身的限制：我们或许想到过他们，奴隶和"自由人"——从牙买加到属于比利时的刚果到奥斯维辛——对他们而言，集体生产和集体处决不是对立的过程，而是同一件事。出现在《国富论》开头部分表示工人在压力下几乎是莫名其妙的不逊的描述，它所抗拒的东西或许正是生命本身，不是作为某种隐性特征或本质，而是只存在于实际当中，存在于反抗行为中，反抗那个试图要削弱或毁灭它的东西。正是这种斗争用不可磨灭的血肉写成的生存权印刻在人的生命之书上；这本书的每一页都推延了灾难，要求着存在，让沉默和虚无的暗夜无法靠近。

342

索 引

Abeille, Louis Paul, 阿贝勒, 路易·保罗, 271 - 272

Aberdeen group, 阿伯丁小组, 98

Absence: as characteracteristic of Smith, 走神: 是斯密的特点, 22 - 23; Philosophy and, 哲学和, 57

Abstraction, in knowledge and social relations, 抽象, 在知识和社会关系中, 40 - 70

Accounting, 计算, 70 - 73

Act for Setting Schools, 《设立学校法案》, 16

Act for the Better Preventing of Clandestine Marriages 《更好地预防秘密结婚的法案》, (1753), 209

Act of Settlement 《王位继承法》 (1701) 18

Act of Union 《联合法案》 (1707), 17, 19, 75, 152 - 153, 180, 183, 214

Addison, Joseph, 埃迪森, 约瑟夫, 16, 50

Adler, Max, 阿德勒, 马克斯, 315

Admiration, 崇敬, 40 - 41, 44 - 45, 50, 58, 63, 79

Adversary systems, 对抗制, 182

Aethetic education, 美学教育, 37

Aethetics and aesthetic pleasure, 美学与审美愉悦, 30 - 32, 34 - 35, 93. 亦见 Criticism

Affects. 见 Imitation of affect; Passions

Africans, 非洲人, 124

Agamben, Giorgio, 阿甘本, 吉奥乔, 242 - 244, 262 - 263,

306；Homo Sacer，262；The Kingdom and the Glory，250 - 251，263

Agreeableness，合群，59，81

Aikenhead，Thomas，爱肯海德，托马斯，16

Alien Act《移民法》（1705），19，153

Althusser，Louis，阿尔都塞，路易斯，108，243，245 - 246，248，252，379n35

American War of Independence，美国独立战争，175，225

Anderson，Benedict，安德森，本尼迪克特，167 - 68

Animals，absence of social inter-acrion in，动物，没有社会合作，142 - 43

Anne，Queen of Great Britain，安妮，大不列颠女王，18 - 20

Anti-impressment riots 反—强征骚乱（1695），158

Aristotle，亚里士多德，244

Armstrong，Nancy，阿姆斯特朗，南希，196

Arnauld，Antoine，阿诺德，安东尼，247，248，253

Arrêt《禁令》（1754），267，269

Arrighi，Giovanni，阿里吉，乔万尼，3 - 4

Ascription，属于，42 - 43

Astell，Mary，艾斯黛尔，玛丽，160

Augustine，Saint，奥古斯丁，圣人，249 - 250，252

Bacon，Lord，培根，爵士，20 - 21

Barbauld，Anna Laetitia，巴堡德，安娜·雷迪西亚，207

Barrell，John，巴雷尔，约翰，58，62

Bauer，Otto，鲍尔，奥托，315

Bayle，Pierre，贝尔，皮埃尔，247

Beattie，James，比蒂，詹姆斯，196

Beauty，美，55

Beggars，乞丐，56

Belhaven，Lord，贝尔海文，勋爵，159，227

Bell，Robert，贝尔，罗伯特，*The Annotated Edition of the English Poets*，《英国诗人评注》，86

Bellsletters，纯文学，33 - 34

Bender，John，本德，约翰，181，196 - 197

Benthnam, Jeremy, 边沁, 杰里米, 49

Berkeley, George, 伯克利, 乔治, 42, 294

Bernoulli, 伯努利, 178, 179

Berry, Christopher, 波利, 克里斯托弗, 71, 212

Bill of Rights 《权利法案》(1689), 18

Biopower and biopolitics, 生物权力与生物政治, 261 - 62

Black Watch, 黑衣高地联队, 5, 19, 175

Blair, Ann, 布莱尔, 安, 204

Blair, Hugh, 布莱尔, 休, 35, 102 - 103, 194, 196 - 198, 204, 207 - 209, 219

Blake, William, 布莱克, 威廉, 136

Bloodless, Revolution (1688), 不流血, 革命, 17, 150, 158, 171, 175, 208, 211, 223

Blumenberg, Hans, 布鲁门博格, 汉斯, 245 - 251

Body, the: Hume on, 身体: 休谟关于, 66; mind in relation to, 心灵关系, 131 - 136; resistance of, 抗拒, 342

Boethius, 波伊提乌, 229

Bohm-Bawerk, Eugen, 庞—巴维克, 尤根, 320

Bossuet, Jacques-Bénigne, 波舒哀, 雅克—贝尼涅, 254 - 257, 379n35

Boswell, James, 鲍斯维尔, 詹姆斯, 44

British Tocsin, The (anonymous pampnlet),《英国警报》(无名小册子), 74

Brown, Homer Obed, 布朗, 荷马·奥贝德, 197

Brown, Stewart, 布朗, 斯图亚特, 213

Brubaker, Lauren, 布鲁贝克, 罗仁, 92

Buckle, H. T., 巴克勒, H. T., 7

Burnett, James (Lord Monboddo), 博奈特, 詹姆斯 (孟波度勋爵), 86

Bute, Lord, 标特, 伯爵 174, 213

Butler, Joseph, 巴特勒, 约瑟夫, 109 - 110, 113 - 114, 127, 240

Calas, Jean, 卡拉斯, 让, 122

Calendars, 日历, 180 - 182,

188

Cambridge Companion to Adam Smith (Haakonssen)，《剑桥亚当·斯密研究指南》（哈肯森）10

Cambridge University，剑桥大学，101

Cameron, Archibald，卡梅伦，艾奇宝德，168 – 169

Cameron, Jenny，卡梅伦，詹妮，160

Capital punishment，死刑，265 – 266

Carlyle, Alexander，卡莱尔，亚历山大，22

Causality，因果性，163 – 165，187

Chakrabarty, Dipesh，查卡拉巴提，迪佩什，169 – 170

Chance and fortune：Elizabeth I and，机会与运气：伊丽莎白一世和，188 – 190；gambling and，赌博和 177 – 179；in history，在历史上，192 – 193；Hume and，休谟和，164；Mary, Queen of Scots and，玛丽，苏格兰女王和，185 – 186；novels and，小说和，178；political significance of，政治意义，229；and providence，和天意 254 – 255；and rabbling，和聚众闹事的，176；and social conduct，和社会行为，41，43；Stoicism and，斯多葛主义和，119

Charles I, King of England，查理一世，英格兰国王，17，181，188，224 – 225

Charles II, King，查理二世，国王，172，175，180

Charlie, Prince (Charles Edward Stuart)，查理，王子（查理·爱德华·斯图亚特），149 – 150，160，179

Chile，智利，339

China，中国，4，293 – 294，296 – 298

Christianity：heterogenous character of，基督教：异质性，249 – 250；and *oikonomia*，和管理学 244；providence in，天意，249 – 251；vs. Stoicism，相对于斯多葛主义，129 – 130

Church of England，英国教会，18

Church of Scotland，苏格兰教会，213

Civic humanism，公民人文主义，36

Clan spirit，部落精神，217

Clark, J. C. D.，克拉克，J. C. D.，182

Class，阶级，47 – 48，357n55

Coalston, Lord，库斯顿，勋爵，87

Collectivity: in epistemological matters，集体性：在认识论问题上，28 – 30；individuality in relation to，与……有关的个体性，40 – 70，141 – 142，144 – 146；as theme in Smith's work，作为斯密著作的主题，8

Communication，交流，49 – 50

Communism，共产主义，314，316，328，331

Computation，计算，188

Conatus，努力，138 – 139，235

Condorcet, Marquis de，孔多塞，马奎斯·德，296

Conjectural history，基于猜测的历史，21，23，25，148，191 – 193，197，209，212，214，216，218，220，227，228，230，373n109，376n171. 亦见 Stadial history

Conjecture，猜测，164，179，188 – 189，191，203 – 205，214

Contempt，蔑视，121 – 122

Contracts: economic，合同：经济的，142 – 144；social-political，社会—政治的，210 – 211，224，231

Cooperation，合作 142 – 145，239 – 241

Copyright，版权，12，35，85 – 89

Corfield, Penelope J.，考菲尔德，潘内洛普·J.，357n55

Counterparty surveillance，对应机构监督，2

Covenanters，长老会，175

Craig, Cairns，克雷格，凯恩斯，152，216

Criminals，罪犯，26，236，309

Criticism，批评，91 – 103，356n37；classification and sorting function of，分类和整理功能，92 – 93；as a discipline，作为一门学科，73；early period of，早期，31；general and particular aspects of，一般和特殊层面，39；Hume on，休谟关于，91；morality in relation to，与……的道德，72 – 74，83 – 84；physical labor vs.，体力劳动相对于，93；political parallels in，政治对应，94 – 95；Smith and，斯密和，34；and taste，和品位，35 – 36；and thought-work relationship，和思想—劳动关系，69

Cromwell, Oliver，克伦威尔，奥利弗，17

Cropsey, Joseph，克罗波西，约瑟夫，77

Crowd，群众，151. 亦见 Mob；Multitude, the Cruickshanks, Eveline，161

Cullen, William，库伦，威廉，100 – 101

Culloden, massacre at，克劳顿，屠杀（1746），19，76，94

Cumberland, Duke of，坎伯兰，公爵，76，94，175

Daiches, David，戴切斯，戴维，17

Davidson, Neil，戴维森，尼尔，16

Davis, Leith，戴维斯，雷斯，155 – 156

Dearth，粮食短缺，270，288，298 – 299，301 – 306. 亦见 Disette；Famine

Death：exposure to，死亡：暴露于 26，65，71，261 – 263，287，313；fear of, social coherence achieved through，害怕，通过……实现的社会凝聚力，287，309；justice and，265 – 266；laisser mourir，任其毁灭263 – 264，266，273，335；patriotism and，爱国主义和，45 – 46；providence and，天意和，238；Smith's interest in，斯密对……的兴趣，264 – 266；sovereign power over，统治……的最高权力，261 – 262；sympathy and，同情和，114 – 115；voluntary，自发的，124，129，365n28. 亦见 Necro-economics

"Déclaration des Droits de l'Homme et du Citoyen"，"人权宣言"，307

De-corporealization，非—物质化，13，35，49，87 – 89，95

Defoe, Daniel，笛福，丹尼尔，17，47，153，158，168，177，180

Deity. 神。见 God；Jupiter（deity）；Providence；Theodicy

De Marchi, Neil, 德·马奇, 尼尔, 31

Democracy, 民主, 315, 337, 339, 340

Denis, Andy, 丹尼斯, 安迪, 356n45

Derrida, Jacques, 德里达, 雅克, 245 – 246

Descartes, René, 笛卡尔, 热内, 131, 135

Desire, 欲望, 137 – 138

Dictatorship, 独裁, 339 – 340

Difference, 差异, 64 – 65

Dilthey, Wihelm, 狄尔泰, 威廉, 247

Disarming Act, 《缴械法令》（1747）, 19

Disciplinary divisions, 学科划分, 31 – 36, 353n16; aesthetics in relation to, 关于……的美学, 30 – 32; applied in Smith scholarship, 应用于斯密研究, 14; criticism, 批评, 73; emergence of, 出现, 29; English literature, 英语文学, 24, 33 – 34, 95 – 103; paradox of, 北仑, 37; philosophy, 哲学, 69; Smith's role in institu-ting, 斯密在建立……的作用, 12 – 13, 23

Disette（food shortage）, 粮食短缺, 270 – 271, 282. 亦见 Dearth；Famine

Disorder, 混乱, 44, 63 – 64

Division: categorization and, 划分：范畴化和, 59; copyright and, 版权和, 85 – 88; of knowledge, ……的知识, 40 – 70; problems and issues with the notion of, ……的概念所带来的难题和问题, 13; u-niversality and, 大学和, 40 – 41; wholeness in relation to, 与……有关的总体性, 36, 40 – 70, 76, 87. 亦见 Disci-plinary divisions

Division of labor, 劳动分工, 77, 146, 341

Dress Act《服装法》（1746 – 1782）, 19

Drummond, George, 杜鲁蒙德, 乔治 59

Du Halde, Jean-Baptiste, 杜赫德, 让—巴蒂斯特, 294

Duncan, Ian, 邓肯, 伊安, 209

Dwyer, John, 多亚, 约翰, 9 – 10, 209

East India Company，东印度公司，38

Economic，the，origin of，经济的，的起源，244，251

Eden，Frederic，伊登，弗雷德里克，305

Education：of laborers，教育：劳动者的，76 - 77，360n90；Scottish vs. English，苏格兰对英格兰，100 - 102，362n119；social order maintained through，通过……保持的社会秩序，16，75 - 79

Elizabeth I，Queen of England，伊丽莎白一世，英格兰女王，181，183，188 - 190

Emotions. 情绪。见 Passions

Engels，Fredric，恩格斯，弗里德里希，328；*The Communist Manifesto*，《共产党宣言》，308

English literature：as a discipline，英语文学：作为一门学科，24，33 - 34，95 - 103，362n121；history of，……的历史，38 - 39；legal case affecting，影响……的法律案件，86 - 89；margins of England as source of，作为……的根源的英格兰诸边缘地区，38 - 39，80，362n121；as reconciliation of contraries，对立面的协调，39. 亦见 Literature

Englishness，英语性，39

Enlightenment，启蒙，12 - 13

Epictetus，埃皮克提图，123，124

Epistemology：ethics compared to，认识论：相比较于……的伦理学，59；Hume and，休谟和，162 - 165；restlessness in，在……的不安，32；Smith's vs. Hume's，斯密的对休谟的，29. 亦见 Knowledge

Equality，平等，46，64 - 65

Esposito，Roberto，艾斯珀斯托，罗伯特，283

Essex，Earl of，艾塞克斯，伯爵，188 - 190

Ethics，epistemology compared to，伦理学，相比较于……的认识论，59

Exchange value，交换价值，56

Existence，right to，存在，对……的权利，264 - 288，290，300 - 301，306 - 313，316 - 317，327 - 334，342

Experience，经验，111 – 112

Exposure of infants，将婴儿弃于户外，295

Famine，饥荒，267，270，288，294 – 298，301 – 305，337n1，383n126. 亦见 Dearth

Fénelon，François，芬奈伦，弗兰克斯，253，256

Ferguson，Adam，弗格森，亚当，5，13，98，103，147，184，218；History of Civil Society，229 – 233

Ferguson，Robert，弗格森，罗伯特，156 – 157

Fielding，Henry，菲尔丁，亨利，18，26，47，147，149，168 – 171，176 – 178，182，198，207，208；*Amelia*，《阿米莉亚》，169；*The Golden Rump*，《金臀》，149；*The Lottery*，《彩票》，179；*Tom, Jones*，《汤姆·琼斯》，147 – 148，160，201，220；*The Tragedy of Tragedies*，《悲剧中的悲剧》，149

Fielding，Penny，菲尔丁，潘尼，182

"Fifteen." "一五年。" 见 Uprising of 1715

Financial collapse 金融崩溃（2008），1 – 2

Finch，Anne（Countess of Winchelsea），芬奇，安妮（温切尔西伯爵夫人），160

Food shortage. 食品短缺。见 Disette

Forbes，Duncan，福贝斯，邓肯，160

Fortune. 运气。见 Chance and fortune

"Forty-Five." "四五年。" 见 Uprising of 1745

Foucault，Michel，福柯，米歇尔，49，129，261 – 263，272 – 273，313，342，358n58

Foulis，Robert，福尔斯，罗伯特，16

Freedom：death and，自由：死亡和，124 – 125，129，365n28；of the self，自我的，122，129；Stoicism and，斯多葛主义和，107 – 130

Free market：in grains，自由市场：谷物，267 – 288；neoliberalism and，新自由主义和，312 – 340；Smith on，斯密关于，287 – 307

Free trade, 自由贸易, 48

French Revolution, 法国革命, 225, 267, 307 - 308

Friedman, Milton, 弗雷德曼, 密尔顿, 312

Galiani, Abbé, 伽里阿尼, 阿贝, 273 - 280, 286, 331; *Dialogues sur le commerce des blés*, 《小麦贸易对话录》, 273

Gambling, 赌博, 177 - 179, 232

Gaps: in knowledge, 空白: 知识上的, 24, 37, 56, 58 - 59; in philosophy, 哲学上的, 39; in Smith's *oeuvre*, 斯密的《全集》中, 6, 11, 21, 24; succession hampered by, 被……阻碍的进程, 68; wholeness beset by, 受到威胁的总体性, 21, 42

Gardenston, Lord, 歌德斯顿, 勋爵, 88, 90

Generality, human, 一般性, 人, 40 - 70

Generalization: beauty and, 一般化: 美和, 55; as modern problem, 作为现代难题, 28;

philosophy and, 哲学和, 62 - 63; process of, ……的过程, 50 - 51

Genus, 科属, 52, 55, 57, 61 - 62, 78, 82

Geoffrey of Monmouth, *Historia Regum Britanniae*, 蒙默思郡的杰弗里, 《不列颠诸王纪》, 184

Geopolitics, 地缘政治, 83 - 84

George I, King of England, 乔治一世, 英格兰国王, 168, 180 - 181, 211, 213

George II, King of England, 乔治二世, 英格兰国王, 18

George III, King of England, 乔治三世, 英格兰国王, 94, 172 - 174

George IV, King of England, 乔治四世, 英格兰国王, 212

Germans, ancient, 德国人, 古代的, 217

Gloucester, Bishop of, 格罗塞斯特, 主教, 189

God, tutelage of, 上帝, 的保护, 227 - 228. 亦见 Jupiter (deity); Providence; Theodicy

Godwin, William, 葛德文, 威廉, 296

Gordon Riots, 高登动乱（1781），159

Gothic novels，哥特小说，202

Government，政府。见 State

Grains, free market in, 谷物，自由市场，267－288

Grammar books，语法书，85

Great Britain, union of, 大不列颠，联合，17－21，150－159，173－174，183，212，216－217

Greenspan, Alan，格林斯潘，阿兰，1－3

Grotius, Hugo，格劳秀斯，雨果，184

Guillory, John，盖尔利，约翰，348n36

Guthrie, William，古瑟里，威廉，12

Haakonssen, Knud，哈肯森，纳德，10，11

Habermas, Jürgen，哈贝马斯，尤尔根，15，50，161，168，208

Habit，习惯，44－45

Habits：epistemological，习惯：认识论的，44－45，51，54，163－168，199－200；social-political, 210－211，223－224

Hacking, Ian，哈金，耶恩，178

Hanoverian Proclamations，《汉诺威公告》，177

Hanoverian regime，汉诺威政权，19，157，173，182，212

Happiness, sympathy with, 幸福，对……的同情，125－128

Hardwicke, Lord，哈德威克，勋爵，209

Harmony，和谐，65－66

Hatred，仇恨，121－122

Haversham, Lord，哈弗希厄姆，勋爵，209

Hayek, Friedrich，哈耶克，弗里德里希，26，312－313，318，322，335－341

Hegel, G. W. F.，黑格尔，G. W. F，130，238－239，241，260－261，264；*Phenomenology of Spirit*，《精神现象学》，238－239

Hepburn, James，赫本，詹姆斯，183

Herbert, Claude-Jacques，赫伯特，克劳德—雅克，269－271

Heterotemporality，异质时间性，

170

High Church ritos，高教会派骚
乱，168

Highland Clearances，高地清洗，
19

Highlanders：in British Army，高
地人：在英国军队，175，
217 - 218；definitions of，……
的定义，155 - 156；disarming
of，……的裁军，150，159 -
160； educational initiatives
aimed at，旨在……的教育行
动，16，76 - 77；martial spirit
of，……的尚武精神，217 -
218；massacre of，……的屠
杀，75 - 76；savage character
of，……的野蛮特性，17，
215 - 218；uprisings of，……
的起义，149，155 - 156

Highland Society of Edinburgh，
爱丁堡高地协会，218

Hinton v，Donaldson，黑顿对唐
纳德森（1773），85 - 90，99

Hirschman，Albert O.，赫斯曼，
阿尔伯特·O.，129

Historicism，历史主义，247 -
248

Historiographer Royal of Scotland，
苏格兰皇家历史学家学会，

213

Historiography and history，历史
编纂与历史，25；novels in re-
lation to，与……相关的小说，
148，196 - 207；Scottish school
of，……的苏格兰学派，184；
Whig，辉格党，211 - 212. 亦
见 Conjectural history；Stadial
history

Hobbes，Thomas，霍布斯，托马
斯，109，113 - 114，122，
143，184，224，231 - 232，
252，255，309，340

Hogarth，William，贺加斯，威
廉，178

Homo oeconomicus，人的管理
术，129

Homo Sacer，《牲人》，264，306

Hont，István，亨特，伊斯特万，
9，184

Human nature，人的本性，
134 - 135，138

Hume，David，休谟，大卫，
12 - 13，22 - 25，29，38，58，
95；Abstract of a Treatise，《人
性论引言》，162 - 165；athe-
ism of，……的无神论，44 -
45；on the body，关于身体，
66，99；and causality，和因果

性，163 - 165，187；and criticism，和批评，84 - 85；*Dialogues Concerning Natural Religion*，《自然宗教对话录》，66 - 68；on English history，关于英国历史，153 - 155，184，188 - 192，202 - 203；*Enquiry Concerning Human Understanding*，《人类理解研究》，163，165 - 167；epistemology of，……的认识论，29；*Essays Moral*，*Political*，*Literary*，《道德、政治、文学文集》，91 - 94；on Gothic style，关于哥特风格，202；*The History of England*，《英国史》，153 - 155，189；on imagination，关于想象，202 - 203；influence of，……的影响，362n114；on insurrection，关于叛乱，149，153 - 155，184，202 - 203；on knowledge，imagination，and ignorance，关于知识，想象，以及无知，66 - 68；moral theory of，……的道德理论，49；on the multitude，关于人群，23，190；*The Natural History of Religion*，《宗教的自然史》，167；"Of the Original Contract"，"论原始契约"，210；on origins of government，关于政府的起源，210 - 211；on *Poems of Ossian*，关于《奥西恩诗集》，218；on religion，关于宗教，234；religious writings of，宗教写作，103；on resistence，关于反抗，223 - 225；on Scotland，关于苏格兰，187，222；and sociability，和社会性，109；on sympathy，关于同情，107，108；on taste，关于品位，91 - 94；and time，和时间，162 - 163；*Treatise of Human Nature*，《人性论》，101，162 - 166；on women，关于女人，209

Hungarian Soviet Republic，匈牙利苏维埃共和国，315

Hunter，Ian，宏特，伊安，356n37

Hunter，J. Paul，宏特，J. 保罗，194

Husserl，Edmund，胡塞尔，埃德蒙，248，336

Hutcheson，Francis，哈钦森，弗兰西斯，15，16，49，93，109 - 110，127，199，240，362n114

Huygens，Christiaan，惠更斯，

克里斯蒂安，178

Ideology, defined, 意识形态，明确的，2 – 3

Idiocy, 白痴，70 – 79

Idiotic politics, 白痴政治，71

Ignatieff, Michael, 伊格纳蒂夫，米切尔，9

Ignorance: associated with labor and laborers, 无知：与劳动和劳动者联系在一起，63，67 – 68，75，88，97；disruptive character of, ……的破坏性特点，30；epistemological role of, ……的认识论作用，27 – 28，30，32，37，56；oeconomy of, ……的管理术，73 – 74，79，83，87，89，91，92，94，96 – 97

Imgination: dangers of, 想象：……的危险，202；disciplinary approach to, 对……的规训方法，32 – 36；and impartiality, 和公正性，49 – 51；inexactness of, ……的不精确性，51；knowledge and, 知识和，58 – 59；and labor, 和劳动，33 – 36，199；philosophy in relation to, 与……相关的哲学，72，84，89 – 90；Smith and, 斯密和，48 – 51，133；Spinoza and, 斯宾诺莎和，133 – 134；and sympathy, 和同情，112 – 116，135 – 136，140 – 142

Imitation of affect, 情感模仿，25，135 – 136，142

Impartial spectatorship, 15，24；generality and, 46，52；morality and, 49 – 51；self-examination and, 121 – 123；and social harmony, 79，81；and taste, 94. 亦见 Spectatorship

India, 印度，36，297，298

Indifference, 无动于衷，41 – 42，91

Individuality: collectivity in relation to, 个体性：与……相关的集体性，40 – 70，141 – 142，144 – 146；concept of, 5 – 6；in Smith's thought, 在斯密的思想中，145 – 146；Spinozan conception of, ……的斯宾诺莎式概念，138 – 139；as theme in Smith's work, 作为斯密著作中的主题，8. 亦见 Particularity；Singularity

Industrial revolution, 工业革命，

48

Infant exposure，将婴儿弃于户外，295

Infant motality，婴儿死亡率，293

Insurrection，叛乱，25，149，150，154 - 155，184，186，202 - 203. 亦见 Riot

Intention，意图，56

Interdisciplinarity，学科间性，27. 亦见 Disciplinary division

International Monetary Fund，国际国币基金组织，298，383n126

Intersubjectivity，主体间性，14 - 15

Invisible hand：of the deity，"看不见的手"：神的，55；of Jupiter，朱庇特的，37，55 - 57，63；meaning of，……的意义，3；in Smith's thought，在斯密的思想中，176，343n3，364n23；social benefit achieved through，通过……实现的社会的利益，127 - 128，241，259 - 260，288

Inwardness，内在性质，110 - 116，126 - 127，130 - 131，134 - 135，144

Iran，伊朗，324

Ireland，爱尔兰，294，298

Jacobite's Journal，《詹姆斯二世党人报》，149

Jacobitism，詹姆斯二世党，25；activities of，……的行动，152，158，176 - 177；and American War of Independence，和美国独立战争，175；associated with Jews，与犹太人联系在一起，227；and British Politics，和英国政治，17 - 21，75 - 76；clubs devoted to，致力于……的俱乐部，157；elites of，……的精英，157；English country gentry and，英国乡绅和，157；and invasion of 1745，1745 年的入侵，148；Kames and，克米斯和，215；and memory，和记忆，161 - 162；and other forms of anti-Unionism，以及其他形式的反联合主义，153；outsider status of，……的局外人身份，157；participants in，参加……的人，157 - 159；popular，普遍的，民众的，148 - 164；recruitment for，征募，150 -

151; theatrical effects of, ……
的理论效果, 180, 182;
things/objects of, …… 的物/
对象, 157 - 158, 161 - 162,
181

James V, King of Scotland, 詹姆
斯五世, 苏格兰国王, 183

James VI and I, King of Scotland
and England, 詹姆斯六世和
一世, 苏格兰和英格兰国王,
25, 183

James VII and II, King of Scot-
land and England, 詹姆斯七
世和二世, 苏格兰和英格兰
国王, 17, 150, 158, 172,
175, 180, 181

James VIII and III, King of Scot-
land and England, 詹姆斯八
世和三世, 苏格兰和英格兰
国王, 18, 149

Jansenists, 詹森主义者, 178,
252, 253

Jarrells, Tony, 加莱斯, 托尼,
208

Jenyns, Soame, 吉恩斯, 索姆,
74

Jew Bill, 《犹太法案》, 228

Jews, 犹太人, 159, 227 - 228

Johnson, Samuel, 约翰逊, 塞缪

尔, 44, 172 - 177, 200 -
201, 218; Dictionary, 《字
典》, 60

Jupiter（deity）: invisible hand
of, 朱庇特（神）: …… 的
"看不见的手", 37, 55 - 57,
63, 120; plan of, …… 的计
划, 14, 53 - 54, 56, 65,
120, 226 - 227, 234; and so-
cial coherence, 和社会凝聚
力, 79. 亦见 God; Providence

Justice, 正义的, 265

Kames, Henry Home, Lord, 克
米斯, 亨利·休谟, 勋爵,
12 - 13, 24, 35, 38, 84 - 85,
184, 186 - 188, 191, 193;
and criticism, 和批评, 94 -
102; Essays upon Several Sub-
jects Concerning British Antiqui-
ties, 《关于英国古老传统的若
干主题》, 214; on fiction, 关
于虚构作品, 200; historiogra-
phy of, …… 的历史编纂,
212, 214 - 221; and literature,
和文学, 86 - 90; on memory,
关于记忆, 200; on Ossian,
关于奥西安, 218 - 220; Sket-
ches on the History of Man, 《人

类简史》，215 - 221；social thought of，……的社会思想，97 - 98；and state security，和国家安全，225 - 227

Kant, Immanuel, 康德，伊曼纽尔，113, 246

Kapp Putsch 卡普政变（1920），338

Kelsen, Hans, 凯尔森，汉斯，315, 328

Kidd, Colin, 基德，科林，152 - 153, 184, 211 - 212

Knowledge: Categorization of, 知识：……的范畴化，12 - 13；diffusion of, …… 的 传 播，12 - 13；divisions of, …… 的各种划分，31 - 36, 40 - 70；gaps in, …… 方面的空白，24, 37, 56, 58 - 59；imagination and, 想象和，58 - 59；philosophy and, 哲学和，53；process of, ……的过程，27 - 30, 37, 58；social organization compared to organization of, 相较于……组织的社会组织，40 - 70. 亦见 Epistomology

Knox, Vicesimus, 诺克斯，威尔斯，24, 38, 39, 74, 99

Königsmarck, Count, 凯尼格斯马克，伯爵，181

Kristol, Irving, 克里斯托，欧文，14

Labor and laborers: changing nature of, 劳动与劳动者：改变……的性质，178；criticism vs., 批评对，93；education and, 教育和，76 - 77, 360n90；ignorance associated with, 与……联系在一起的无知，63, 67 - 68, 75, 77 - 78, 88, 97；imagination and, 想象和，33 - 36, 199；literature and, 文字和，81；neoliberal conception of, ……的新自由主义概念，317 - 340；philosophy vs., 哲学对，37, 64 - 69, 78；in Smith's conception of the market, 288 - 307；solidarity of, ……的稳固性，144 - 145；thought vs., 思想对，33 - 37, 48, 62 - 64, 97 - 98；and wage rates, 和工资比率，289 - 292, 297 - 298, 304 - 305, 320 - 322, 326；writing vs., 写作对，87 - 88, 97 - 98

Lackington, James, 莱肯顿，詹姆斯，74, 205

Lagarde, Christine, 拉加德，克

里斯蒂娜，383n126

Laisser faire（letting be），自由竞争，263 - 264，335

Laisser mourir（letting die），任其毁灭，263 - 264，266，273，335

Langside, Battle of（1568），朗赛，……之战（1568），183

Language，语言，60 - 62，82

Laqueur, Thomas，拉克尔，托马斯，85

La Rochefoucauld, François, de，拉·罗切福考德，弗兰克斯，德，122，137

Law，法律，328 - 329，336 - 340

Le Bon, Gustave，勒庞，古斯塔夫，151

Leibniz, Gottfried Wilhelm，莱布尼茨，戈特弗里德·威廉，178，186，247 - 249，254 - 261

Lenin, V. I.，列宁，V.I.，328，330

Le Trosne, Guillaume-François，勒·德洛尼，纪尧姆 - 弗朗索瓦，285

Leveling，平衡，154，157，174，175

Levy, David，列维，大卫，64

Libel，诽谤，168，172

Libraries，图书馆，16，81

Literacy，识字，85

Literary criticism. 文学批评。见 Criticism

Literature：the multitude and，文学：群众和，38 - 39，68 - 69；philosophy in relation to，与……相关的哲学，89 - 90，94. 亦见 English literature；Novels

Locke, John，洛克，约翰，58，63，101，120，184，186 - 187，193，254，267

London Times（newspaper），《纽约时报》（报纸），102

Looser, Devoney，卢瑟，德芙妮，369n39

Lottery，彩票，179

Loudoun, Earl of，劳登，伯爵，156

Louis XIV, King of France，路易十四，法兰西国王，17

Löwith, Karl，鲁维斯，卡尔，245

Lupton, Christina，卢普顿，克里斯蒂娜，194

Luxury，奢华，25，29，67，

148，177－179，218，220－221，225－226，233. 亦见 Rich, the Lynch, Deidre, 195

Lynch, Deidre, 林奇，黛德丽，195

MacDonald clan, 麦克唐纳家族，17

Macfie, Alec, 麦克法伊，艾莱克斯，364n23

Machiavelli, Niccolò, 马基雅维里，尼可罗，229

Macpherson, C. B., 詹姆斯·麦克弗森，C. B., 247

Macpherson, James, *Poems of Ossian*，麦克弗森，詹姆斯，《奥西恩诗集》，218－220

Malebranche, Nicolas, 马勒布朗士，尼古拉斯，24，107，108，130－131，135，247，248，252－253，256－257，366n39

Malheureux, le, 不行的人，306－307

Malnutrition, 营养不良，277. 亦见 Nutritional requirements

Malthus, Robert, 马尔萨斯，罗伯特，26，47，296－298，310－312，327，332

Malt Tax, 麦芽税（1713），159

Mandeville, Bernard, 曼德维尔，伯纳德，107，110，120，122，127，236，237，240－241，254，258－259，303

Mankind, 人类，51－52，59，79

Manley, Delarivier, 曼雷，迪莱瑞薇儿，160

Mansfield, Lord Chief Justice, 曼斯菲尔德，首席法官，159

Mar, Earl of, 马尔，伯爵 155

Market, 市场，26；cooperation and, 合作与，143－144；linguistic/epistemological basis of, ……的语言学/认识论基础，60－61；self-oriented ideologicies and, 以自我为导向的意识形态和，130－131，146. 亦见 Free market

Marquard, Odo, 马卡德，奥杜，243

Marriage Act, 《婚姻法案》（1753），209

Marrinan, Michael, 马理南，麦克，181

Martial spirit and virtue, 尚武的精神品德，207－208，217－234

Martial virtue, 尚武 25

Marx, Karl, 马克思, 卡尔, 77, 246, 317; *The Communist Manifesto*, 《共产党宣言》, 308

Marxism, 马克思主义, 320, 325

Mary, Queen of Scots, 玛丽, 苏格兰女王, 183 – 189

Mary II, Queen of England, 玛丽二世, 苏格兰女王, 17

Maypole and May Day, 五月花柱和五月节, 180

Mbembe, Achille, 班贝, 阿基里, 262

McKeon, Michael, 麦凯因, 迈克尔, 198

Mediation, 间接, 165 – 166, 187, 193, 195, 223 – 224

Meek, Ronald, 米克, 罗纳德, 7

Memory, 记忆, 161 – 162

Menger, Anton, 门格尔, 安东, 328 – 332

Menger, Carl, 门格尔, 卡尔, 320, 328

Mercier de la Rivière, Joachim Henry le, 德·拉·里维埃, 乔吉姆, 亨利·拉, 279 – 280, 298

Mexico, 墨西哥, 322, 324

Middle class, 中产阶级, 15, 78, 357n54

Militia, Scottish, 民兵, 苏格兰人, 219 – 220

Miller, Thomas, P., 米勒, 托马斯·P., 101 – 103

Milton, John, *Paradise Lost*, 弥尔顿, 约翰, 《失乐园》, 31

Mind-body relationship, 精神—身体关系, 131 – 136

Mirror Club, 镜子俱乐部, 16

Mist, Mathanial, 梅斯特, 纳撒尼尔, 168

Mob, 暴徒, 141 – 142. 亦见 Crowd, Multitude, the

Modernity, 现代性, 12 – 13, 28

Molesworth, Jesse, 莫勒斯沃斯, 杰西, 178, 195

Monod, Paul, 莫诺德, 保罗, 158, 181, 182

Monoply, 垄断, 87

Montes, Leonidas, 蒙泰斯, 李奥尼达斯, 11

Montesquieu, Baron de, 孟德斯鸠, 拜伦·德, 184

Moore, Hannah, 莫尔, 汉娜, 74

Moralism, economy hampered by, 道德主义，被……束缚的经济，325

Morality：criticism in relation to, 道德：针对……的批评，83; freedom of the subject and, 主体的自由和，129; taste vs., 品位对，99－100; wealth's/luxury's corruption of, 财富/奢华对……的瓦解，25，148，221，233

Moral philosophy, Scottish, 道德哲学，苏格兰的，231

Moral sympathy. 到的同情。见Sympathy and moral sympathy

Moretti, Franco, 莫莱蒂，佛朗哥，195，198

Morrow, Glenn, 毛若，格兰，5

Multitude, the：affirmative use of, 群众：对……的确定用法，15; character of, ……的特点，151; concept of, ……的概念，25; constitution of, in market-oriented society, ……的构成，在以市场为导向的社会，145－146; criticisms of, 对……的批评，22－23; as historiographic problem, 作为历史编纂难题，193; Hobbes on, 霍布斯关于，231－232; ignorance and unknowability associated with, 与……联系在一起的无知和不可知性，63－64，73，77－78; language and, 知识和，61－62; and literature, 和文学，38－39，68－69; and Mary, Queen of Scots, 和玛丽，苏格兰女王，185; novels and, 小说和，194－210; political acquiescence of, 在政治上默许，40，44; in relation to philosophy, 与哲学的关系，22－23; state role and responsibilities concerning, 与……相关的国家作用和责任，4，266－288，292－293，303－304，310－342; and taste, 91－94; threat of starvation experienced by, 被……体验的威胁和饥饿，264－311; violence of, ……的暴力，145－146，157，223－226，269，303，306. 亦见 Mob; Popular contention

Murray, George, 莫里，乔治，149

National Covenant Movement, 国教运动，175

Nationalism, 民族主义，152－153

National sovereignty，国家主权，323

Natural resources，自然资源，323 – 324

Nature，oeconomy of，自然，……的管理术，26，241 – 242，252，258，266

Navigation Acts，《航海条例》，173，221

Necro-economics，僵尸—经济学，71，263 – 264，266，340，383n126

Necro-politics，僵尸—政治，262，264 – 266

Neoliberalism，新自由主义，312 – 341，381n91

Neo-pelagianism，新斐拉鸠斯主义，252

New Testament，《新约》，244，251

Newton, Isaac，牛顿，艾萨克，29，186

New Voices on Adam Smith (Schliesser and Montes)，《亚当·斯密新论》（施列塞和蒙泰斯），11 – 12

Niger，尼日尔，383n126

"Noise"，"噪音"，147，170，172，179

Nomen collectivum，总名，170 – 172

Nonintelligence，非智性，73，79，89

Nonsense，废话，89

North Briton (journal)，《北方英国人》（期刊），172，174

Norwich Gazette (newspaper)，《诺维奇报》（报纸），168

Novelism，小说学，195

Novels，小说，25，194 – 210；and chance，和机会，178；criticisms of，对……的批评，194，196 – 197，199 – 201；defining，规定，194 – 195，207；historical writing in relation to，与有关的历史写作，148，196 – 207；history of，……的历史，207 – 208；overproduction of，……的过度生产，25，147 – 148，166，194；and popular contention，和大众抗争，148，195，206；popularity of，……的流行性，147 – 148，201；and probability，和概率，196 – 201，203 – 204；the romance in relation to，与……有关的罗曼斯，201 – 210；Smith on，斯密关于，201 – 208；and social/familial relations，和社会/家庭关系，208 – 209；sorting function of，……的拣选功能，147，201；and women，和女人，209. 亦见 Literature

"Numbers"：and gambling，"数字"：和赌博，178 – 179；novels and，小说和，25，147 – 148，166，194 – 210；political concern with，对……的政治考虑，172 – 173；problem of，……的难题，25，99，148，167，178，187，192 – 194，198，205

Nutritional requirements，营养要求，326 – 327. 亦见 Malnutrition

Objects/things：historical，客体/物：历史的，193；Hume on knowledge of，休谟关于……的知识，162 – 165；of Jacobitism，二世党的，157 – 158，161 – 162，181

Oeconomy of ignorance，无知管理术，73 – 74，79，83，87，89，91，92，94，96 – 97

Oeconomy of nature，自然管理术，26，241 – 242，252，258，266

Oikonomia，管理学，244 – 245，250 – 251

Oncken, August，昂肯，奥古斯特，5，6，13

Ossian，奥西安，218 – 222

Oxford University，牛津大学，100 – 101

Oyster Club，牡蛎俱乐部，16

Pamphlet wars，小册子战争，168

Park, Robert，帕克，罗伯特，151

Particularity，特殊性，36，55，93. 亦见 Individuality；Singularity

Part-whole relationship，部分—整体关系，5 – 7，37 – 38，172

Pascal, Blaise，帕斯卡，布莱士，178，252 – 253

Passions，激情，124，132 – 138

Patriotism，爱国主义，45 – 47，128，148

Patronage system, in Scotland，资助人系统，在苏格兰，213 – 214

Peart, Sandra，帕特，桑德拉，64

Percy, Thomas, *Reliques of Ancient English Language*, 珀西, 托马斯,《古英语语言拾珠》, 86

Phillip II, King of Spain, 菲利普二世, 西班牙国王, 190

Phillipson, Nicholas, 菲利普森, 尼古拉斯, 34

Philosophy: and abstraction, 哲学: 和抽象化, 53 – 55; categorizing function of, ……的范畴化功能, 65; connection-making as function of, 建立联系作为……的功能, 57 – 60; criticism in relation to, 批评相对于, 72 – 74, 83 – 84; disappearing act of, ……的消失行为, 64, 69, 70, 74, 83 – 84; as a discipline, 作为一门学科, 69; imagination in relation to, 相对于……的想象, 89 – 90, 94; physical labor vs., 体力劳动对, 37, 64 – 69, 78; porters compared to philosophers, 搬运工与哲学家相比, 64; workings of, ……的工作, 53 – 55

Physiocrats, 重农学派, 268 – 269, 279, 290, 299 – 301, 306, 311

Pinochet, Augusto, 皮诺切特, 奥古斯托, 339

Pitt, William, the Younger, 皮特, 小威廉, 48

Pittock, Murray, 皮托克, 穆雷, 156 – 158, 160, 161, 165, 179, 181 – 182, 211 – 212, 227

Pity, 怜悯, 110, 113 – 114, 117, 136

Plank, Geoffrey, 普兰克, 杰弗里, 17, 19

Plato, 柏拉图, 58

Pleasure: aesthetic, 愉悦: 审美的, 30 – 32; of converting ignorance to knowledge, 将无知转化为知识, 28; in deriving unity from particularity, 从特殊性中获得的统一性, 60; diverse sources of, ……的不同源头, 235 – 236; in mental classification, 在精神分类中, 58; in systemic order, 在系统的秩序中, 128 – 129

Plebian agency, 平民的力量, 176

Pocock, J. G. A., 波考克, J. G. A., 36, 217, 228 – 229

Poetry，诗歌，206

Poker Club，扑克俱乐部，16，50，79，219－220

Political oeconomy，政治经济管理，258

Politics, parallels of criticism with，政治，与……平行的批评，94－95

Poor Laws， 《穷人法》，306，309

Poovey, Mary，普维，玛丽，63

Pope, Alexander，蒲伯，亚历山大，12，35，130，194，254

Popular contention，民众抗争，7－9，11，13，148－234；over Act of Union，关于《联合法案》，19－20；diverse character of，……的不同特点，150－155，160－161；historiography and，历史编纂和，148；Jacobitism and，二世党和，25，148－164；literature and，文学和，39；problem of……的难题，25；Smith and，斯密和，21.亦见 Multitude, the

Popular Party，人民党，213

Porteous Riots，波蒂厄斯暴动（1736），159，200

Positivism，实证主义，336

Poverty，贫穷，25；attitudes toward，对于……的态度，56，118－121；beneficial aspects of，……的有力方面，128；Hanoverian succession and，汉诺威家族的继承人和，173；relative character of，……的相对特点，127－128，291，326，334，383n126；and the right to subsistence，和生存的权利，264－288；scholarly silence on subject of，在……主题上学者的沉默，10；state role and responsibilities concerning，国家的作用和涉及……的责任，4，266－288，292－293，303－304，310－342

Presbyterians，长老派成员，102－103，157

Press, freedom of，出版，……的自由，166

Price controls，价格控制，270－273

Printed material，印刷品，71－104；and the constitution of literature as a discipline，和文学作为一门学科的构成，33－34；dangers of，……的危险，193；Hume on，休谟关于，

166 - 167; increase in, in early modern period, ……的增长，在现代早期，37，73 - 74，80 - 81，85 - 88; legal case affecting, 影响……的法律案件，85 - 89; proliferation of, ……的增加，166

Probability, 概率，191，196 - 201，203 - 204，216

Prodigality, 挥霍，235 - 236

Progress, historical, 进步，历史的，149，184 - 185，192 - 193，373n109. 亦见 Stadial history

Property: corporeality and, 财产：物质性和，87 - 89; God and, 上帝和，228; neoliberal prioritization of, 对于……的新自由主义优先顺序，329，333，337; one's person as, 某一个人作为，273 - 274，291 - 292; right to, 对……的权利，280 - 282; state's securing of, 国家对……的保护，225; violence stemming from equality of, 源自……的平等的暴力，221 - 222

Providence, 天意，3; chance and, 机会和，249 - 251; ear-ly modern controversies over, 现代早期关于……的争论，251 - 260; failures of, ……的失败，295 - 296; Hegel on, 黑格尔关于，260 - 261; invisible hand likened to, 被比作……的"看不见的手"，259 - 260; neoliberalism and, 新自由主义和，314; in Smith's thought, 在斯密的思想中，237 - 238; in social-economic relations, 在社会—经济关系中，241 - 245，259. 亦见 Theodicy

Public sphere, 公共领域，50，152，157，161，168 - 169，172 - 173，208

Pufendorf, Samuel, 普芬道夫，塞缪尔，184

Punishment and torture, 惩罚与折磨，111，123

Puritanism, 清教主义，166 - 167，175，183，231

Quesnay, François, 魁奈，弗朗斯瓦，244，250 - 251

Rabbling, 聚众闹事，175，176

Ramsay, Allan, 拉姆塞，阿兰，

16

Rapin, René, 拉宾, 热内, 33

Rational choice theory, 理性选择理论, 122

Raven, James, 莱文, 詹姆斯, 201

Reading, 阅读, 10, 74

Realism, 现实主义, 197

Reality: aspects of, 现实: ……的方面, 64; equality and, 平等和, 46; perspectival character of, ……的视角特征, 42 – 43;

Unknowability of, ……的不可知性, 50, 56 – 57, 62, 64, 82

Reciprocity, 相互性, 47

Regenting, 摄政, 362n119

Reid, Thomas, 雷德, 托马斯, 19, 35, 98, 365n37

Religion, and economic thought, 宗教, 和经济思想, 242 – 258. 亦见 Theodicy

Renan, Ernest, 雷南, 厄内斯特, 168

Resentment, 憎恨, 117

Resistance, 抵抗, 213, 222 – 225, 285, 307

Respect, 尊敬, 125

Restoration Day, 复辟日, 180 –

181

Retaliation, 报复, 117

Reynolds, Joshua, 雷诺兹, 乔舒亚, 36

Rich, the: attitudes of, toward the poor, 富人: 态度, 对穷人的, 120 – 121; self-interest of, resulting in social benefit, ……的自我利益, 结果是社会受益, 127 – 128, 241, 260, 288 – 289; sympathy and admiration for, 对于……的同情和敬重, 125 – 126. 亦见 Luxury

Richardson, Samuel, 理查森, 塞缪尔, 18, 201, 207, 208

Richelieu, Cardinal, 黎塞留, 卡迪纳尔, 33

Right to existence/subsistence, 存在/生存权, 264 – 288, 290, 300 – 301, 306 – 313, 316 – 317, 327 – 334, 342

Riot, 滋事生非, 75, 骚乱; 暴乱, 150, 155, 158, 160, 172, 176 – 177, 182. 亦见 Insurrection

Riot Act, 《取缔暴动法》(1714), 156, 177

Robertson, William, 罗伯逊, 威廉, 25, 176 – 177, 183 –

190, 211 - 214; *The History of Scotland*, 《苏格兰史》, 211 - 213

Rogers, Nicholas, 罗杰斯, 尼古拉斯, 150 - 152, 158, 180, 181, 188

Romance literature, 罗曼司文学, 201 - 210

Roubaud, Abbé, 罗宝德, 阿比, 281 - 284

Rousseau, Jean-Jacques, 卢梭, 让—雅克, 109, 117 - 118, 354n31

Royal Bank of Scotland, 苏格兰皇家银行, 16

Royal Society of Edinburgh, 爱丁堡皇家学会, 22

Rudé, George, 路德, 乔治, 151

Rye House Plot, 黑麦房阴谋 (1683), 172

Sacheverell, Henry, 萨谢弗雷尔, 亨利, 168

Savages, 野蛮人, 17, 123 - 124, 184, 187, 215 - 218, 230 - 231

Schliesser, Eric, 史莱塞艾尔, 埃里克, 10, 11, 29, 91 - 92

Schmitt, Carl, 施密特, 卡尔, 242, 245, 339

Scholarship on Smith, 关于斯密的学术研究, 9 - 14, 31 - 32

School for the Art of Design, Glasgow, 设计艺术学校, 格拉斯哥, 16

School of Common Sense, 常识学派, 35

Scot, William Robert, 司各特, 威廉·罗伯特, 16

Scotland: and British union, 苏格兰: 与英格兰的联合, 17 - 20, 150 - 159, 173 - 174, 183, 212, 216 - 217; and the concept of the nation, 以及民族概念, 155 - 156; English attitudes toward, 英格兰人对 …… 的态度, 17; Hume's attitude toward, 休谟对 …… 的态度, 187, 222; martial spirit of, …… 的尚武精神, 217 - 234; militia proposed for, 为 …… 提出的民间武装, 219 - 220; as object of wonder, 作为诧异的对象, 83 - 84; population of, …… 的人口, 85; reading and writing in, …… 方面的阅读和写作,

85; savage character of, ……的野蛮特性, 184, 187, 215 - 218; Smith on, 斯密关于, 218

Scott, Walter, 司各特, 沃尔特, 79, 209, 212; *Heart of Midlothian*, 《米德洛西恩监狱》, 200

Scottish Enlightenment, 苏格兰启蒙运动, 16 - 17, 19, 79

Scottish historical school, 苏格兰历史学派, 184

Scottish Philosophical Societies, 苏格兰哲学学会, 103

Secularization thesis, 世俗化主题, 245 - 250

Sedition, 引诱, 161, 168, 172

Select Society, 精英协会, 16, 50, 213

Self, the, 自我, 122 - 123, 129. 亦见 Inwardness

Self-command, 自我控制, 45 - 46, 51, 117, 123 - 124, 130 - 131, 235 - 238

Self-improvement, 自我完善, 235 - 237

Self-interest: ideology based on, 2; inwardness as basis for, 作为……基础的内在性, 144,

146; Mandeville's concept of, 曼德维尔的……概念, 240; in Smith's thought, 在斯密的思想中, 105, 122 - 123; social benefit achieved through, 通过……获得的社会利益, 1 - 2, 48, 79, 129, 142 - 144, 176, 241, 259 - 260, 299 - 307; strong theory of, ……的强硬理论, 107 - 108; in times of dearth, 在匮乏时期, 299 - 301

Self-regulating market, 自我调节的市场, 1 - 4

Self-seeking behavior, 追逐私利的行为, 26

Sen, Amartya, 森, 阿马蒂亚, 298

Seneca, 塞内加, 130

Septennial Act, 《七年法案》, 177

Seven Year's War, 七年战争, 225

Shaftesbury, Third Earl of, 沙夫兹伯里, 第三伯爵, 24, 81, 107, 109 - 110, 127, 240

Shapiro, Michael, *Reading "Adam Smith"*, 沙皮罗, 米切尔, 《解读"亚当·斯密"》,

13 – 14

Sher, Richard, *The Enlightenment and the Book*, 谢尔，理查德《启蒙与书籍》，12

Simons, Henry Calvert, 西蒙斯，亨利·卡尔弗特，312

Singularity, 独特性，29，42 – 44，55，58 – 61，138 – 139，142，144 – 145，230，232. 亦见 Individuality；Particularity

Siskin, Clifford, 西斯金，格里夫特，35，73，83，166，195，196，204，207

Skepticism, 怀疑论，163，166

Slavery, 奴隶制，186

Smith, Adam：absence as characteristic of, 斯密，亚当：作为……特征的不在场，22 – 23；conflicts and impasses in the thought of, ……思想中的矛盾和困境，9，11，12，23 – 24，106；interpretations of the thought of, ……思想的解释，3 – 11，23，105 – 106，243；life of, 22 – 23；moral philosophy background of, ……的道德哲学基础，349n41；political commitments of, ……的政治责任，345n19；popularity of, 民众性，7 – 8；readers of, ……的读物，345n11；sucessors of, ……的继承者，26，312 – 313，381n91；teaching of, ……的教诲，19，358n61；*The Theory of Moral Sentiments*,《道德情操论》，22

Smith, Adam, writings of：corpus of, 斯密，亚当，作品：……的全集，6，9 – 11，27；"Digression Concerning the Corn Trade and Corn Laws", "关于玉米贸易和玉米法的题外话"，268，298；*Essays on Philosophical Subjects*,《哲学论文集》，9，27，42，57，346n20；"The First Formation of Language", "语言的最初形成"，60 – 62；*Lectures on Jurisprudence*,《法理学讲义》，9，40，75，143，149，184 – 85，221 – 223；*Lectures on Rhetoric and Belles Lettres*,《修辞与纯文学演讲录》，9，23，24，27，38，81，346n20；minor vs. major, 少数对多数，27 – 28；missing, 下落不明，6，11；"Of the External Senses",《论外部感觉》，111；"On the Nature of That Imitation Which Takes Place in What Are Called the Imitative Arts"，"论我们所谓的模仿艺术中模仿莫的性质"，27，31，65 - 66；"Principles Which Lead and Direct Philosophical Inquiries；Illustrated by the History of Astronomy"，"哲学探索的指导原则；以天文学历史为例"，58 - 61；*The Theory of Moral Sentiments*，《道德情操论》，14 - 15，24，26，40 - 41，47，48，50，52，56，81 - 82，107 - 133，140 - 142，240；*The Wealth of Nations*，《国富论》，7，26，37，46，47，63，75，87，100 - 103，142 - 144，147，235 - 235，288 - 307，341 - 342

Smith, Charles，斯密，查尔斯，305

Smollett, Tobias，斯摩莱特，多比亚斯，18 - 20，173，207；*The History of England*，《英国史》，18

Sociability：invisible hand at work in，社会性：在……中发挥作用的"看不见的手"，127 - 128；labor antagonism addressed by，由……表达的劳动对抗，34；middle-class，中产阶级，15；political role of，16；in Smith's thought，……的政治作用，在斯密的思想中，108 - 110，127

Social benefit：Enlightenment initiatives for，社会受益：为了……的启蒙动机，16；Mandeville on vices contributing to，曼德维尔关于导致……的罪恶，259；self-interest as means to，自我利益作为……的途径，1 - 2，48，79，129，142 - 144，176，241，259 - 260，299 - 307

Social coherence：insecurity about life contributing to，社会凝聚力：有助于……的生活不安全，287，309；part-whole/individual-collective relations and，部分/整体—集体关系和，40 - 70，77 - 79，94 - 95；sympathy and，同情和，137；time and，时间和，166 - 168；transindividuality and，超个人性和，138 - 140

Social Democratic Party（Austria），社会民主党（奥地利），

315

Socialism，社会主义，314 - 315，328 - 330，336

Social justice，社会正义，337

Social organization，compared to organization of knowledge，社会组织，与知识组织相比的，40 - 70

Social progress，社会进步，126

Society in Scotland for Promotion of Christian Knowledge，苏格兰传播基督教知识学会（SSPCK），16，76 - 77，160，360n87

Sociolinguistics，社会语言学，42，61

Sorrow，sympathy with，忧伤，带着……的同情，115 - 117

South Sea Bubble，南海泡沫事件，225

Soviet Union，苏联，314

Spectator，*The*（journal），《伦理学》（杂志），16，50

Spectatorship，sympathy and，旁观，同情和，49 - 51，60，114 - 116，121. 亦见 Impartial spectatorship

Spinoza，Baruch：on affects，斯宾诺莎，巴鲁赫：关于情感，132 - 138；critique of Stoicism，对……的斯多葛主义的批判，131 - 132；*Ethics*，《伦理学》，131；and imitation of affect，对情感的模仿，25；political aspects of the thought of，……的思想的政治方面，136 - 137，146；on providence，关于天意，251，252，255 - 256；secularization thesis and，世俗化主题和，247 - 248；and sympathy，和同情，106 - 107，110；and transindividuality，和超个人性，15，107，134 - 136，138 - 140；von Mises and，冯·米塞斯和，317，332

Stadial history，冰退历史，17，25，40，148 - 149，184，186 - 187，192 - 193，197 - 198，201，206，216，217，226 - 233. 亦见 Conjectural history

Stallybrass，Peter，斯塔利布拉斯，皮特，204

Starvation，threat of，饥饿而死，……的威胁，264 - 311

State：role and responsibilities of，国家：……的作用和责任，4，266 - 288，292 - 293，303 - 304，310 - 342；violence employed by, 被……的采用的暴力, 25, 210, 225, 262, 264, 284, 302, 306, 317, 320, 337, 340

Statistical inference, 统计推断, 178

Statute of Anne, 《安妮法案》(1710), 85

St. Clair, William, 圣·克莱尔爵士, 威廉, 80 – 81

Sterne, Laurence, 斯特恩, 劳伦斯, 18

Steuart, James, 斯图亚特, 詹姆斯, 288

Stevenson, John, 斯蒂文森, 约翰, 362n121

Stewart, Dugald, 斯图亚特, 杜格尔德, 22 – 23, 27 – 28, 34, 75, 76, 191 – 193

Stoicism: critiques of, 斯多葛主义: 对……的批判, 130 – 132, 260; and providence, 和天意, 237 – 238, 251; and self-command, 和自我控制, 25, 117, 119, 214; and self-interest, 119, 235; Smith's appropriation of, 斯密对……的挪用, 15, 129 – 130

Stuart, John, 斯图亚特, 约翰, 18

Subsistence, right to, 生存, 对于……的权利, 264 – 288, 290, 300 – 301, 306 – 313, 316 – 317, 327 – 334, 342

Succession, 演替, 58, 66, 68, 186 – 187, 191, 214

Suffering, 受苦, 51 – 52, 115 – 116, 134, 270

Surprise, 惊奇, 28 – 29, 37, 44, 58, 354n31

Swift, Jonathan, 斯威夫特, 乔纳森, 85

Sympathy and moral sympathy, 同情和道德同情, 5; with the dead, 和死者一起; with happiness, 幸福地, 8; imagination and, 想象和, 16, 133 – 134, 140 – 142; impartiality and, 公正性和; impediments to, 对……的阻碍, 21; as innate property, 作为固有属性, intra-individual experience of, 对……的个体内部体验, 126 – 127; language as basis for, 语言作为……的基础, 60 – 61; political aspects of, ……的政治方面, 126, 136 – 137; reason in relation to, 相对于……的理性,

141；in Smith's thought, 在斯密的思想中，105 – 133，140 – 146；and social organization, 和社会组织，40 – 50；with sorrow, 带着忧伤，115 – 117；spectatorship and, 旁观和，49 – 51，60，114 – 116，121；Stoicism and, 斯多葛主义和，119；transindividuality and, 超个人性和，107，110

System, Smith's love of, 系统，斯密对……的热爱，28，32

Taste, 品位，34 – 36，38，58 – 59，63，83 – 103，355n35

Terry, Richard, 特里，理查德，33

Theater, 剧院，180 – 182

Theatrical Licensing Act, 《戏剧检查法》（1737），149

Theodicy, 神义论，3，226 – 227，242 – 244，255 – 261，286 – 287. 亦见 Providence

Things. 物。亦见 Objects/things

Thing Theory, 物理论，157 – 158

Third International, 第三国际，328，330

Thompson, E. P., 汤普森，E. P., 158，176，179 – 180，182，285，288，298，303，308

Thought, physical labor vs., 思想，体力劳动对，33 – 37，48，62 – 64，97 – 98

Time：false time, 时间：错误时间，187；Fielding and, 菲尔丁和，169；and Hobbes's notion of war, 和霍布斯的战争概念，231 – 232；homogenous/empty, 同质的/虚空的，167 – 168；in Hume's epistemology, 在休谟的认识论中，162 – 163；and social coherence, 和社会凝聚力，166 – 168

Tosel, André, 托塞，安德烈，110

Totalitarianism, 极权主义，334，338 – 340

Transindividuality, 超个人性，24；defined, 确定的，107；intraindividuality vs., 个体内部性对，110 – 114，146；Smith and, 斯密和，144；Spinoza and, 斯宾诺莎和，15，107，134 – 136，138 – 140；sympathy and, 同情和，107，110

Treason，叛国罪，161

Trevor-Roper，H. R.，特莱沃—卢波，H. R.，152

True Patriot（journal），《真爱国者》（杂志），149，170

Tuesday Club，星期二俱乐部，16

Tumult，动乱，29－30，34，44－45，61，146

Turgot，Anne-Robert-Jacques，杜尔哥，安妮—罗伯特—雅克，250，274，284－286，288，290，301－303，306，316

Turnbull，George，特恩布尔，乔治，35，38，98，99，199－200，356n37

Unemployment，失业，323

Unions，工会，322，338－339

United States，War of Independence，美国，独立战争，175

Universality：aesthetics and，普遍性：美学和，93；concept of，……的概念，5－6；division and，划分和，40－41；particularity vs.，特殊性对，36

Uprising of 1715（"Fifteen"），1715年起义（"一五年"），149，155，212

Uprising of 1745（"Forty-Five"），1745年起义（"四五年"），149，155，175，177，212，214，220，225

Vienna，Austria，维也纳，奥地利，312，315

Viner，Jacob，维纳，雅各，5，242－243，247

Violence：*homo sacer* and，暴力：牲人和，264，306；of the multitude，民众的，145－146，157，223－226，269，303，306；Scottish，苏格兰人，17，222；state's use of，国家对……的使用，25，210，225，262，264，284，302，306，317，320，337，340

Virtue，美德，53，119，358n63. 亦见 Martial spirit and virtue

Voltaire，伏尔泰，38

Von Mises，Ludwig，冯·米塞斯，路德维希，26，312－314

Wage rates，工资比率，289－292，297－298，304－305，320－322，326

Wakefield, Gilbert, 威克菲尔德, 吉尔伯特, 101

Wallerstein, Immanuel, 沃勒斯坦, 伊曼纽尔, 216

Walpole, Horace, 沃波尔, 贺拉斯, 149, 168

Walras, Léon, 瓦尔拉斯, 李昂, 243

Warner, William, 华纳, 威廉, 166, 195, 196, 204

War of Austrian Succession, 奥地利王位继承战争, 225

War of the Spanish Succession, 西班牙王位继承战争, 225

Warton, Thomas, *History of English Poetry*, 沃顿, 托马斯, 《英诗史》, 86

Watt, Ian, 瓦特, 伊安, 197

Waxman, Henry, 魏克斯曼, 亨利, 1

Wedderburn, Alexander, 韦德伯恩, 亚历山大, 90

Weekly Journal, 《周刊》, 168

Weimar Republic, 魏玛共和国, 338

Wells, Roger, 威尔斯, 罗杰, 377n1

Wharman, Doror, 沃尔曼, 多罗, 357n54

Whig history, 辉格历史, 211 – 212

Whig party, 辉格党, 18, 173, 177, 189

Wholeness, division in relation to, 整体性, 相对于……的划分, 36, 40 – 70, 76, 87. 亦见 Part-whole relationship

Wilkes, John, 威尔克斯, 约翰, 18, 172, 174

Wilkies, Riots, 威尔克斯, 骚乱 18, 172, 221

William III, King of England, 威廉三世, 英格兰国王, 17 – 18, 150, 156, 158

Winch, Donald, 文奇, 唐纳德, 10

Women, reading habits of, 女人, ……的阅读习惯, 209

Wonder, 诧异, 27 – 30, 37, 40 – 41, 58, 73, 83 – 84

Wordsworth, William, 华兹华斯, 威廉, 30 – 31, 33, 84, 203

World Bank, 世界银行, 298

Writing: disciplinary approach to, 写作：……的学科方式, 33; physical labor vs., 体力劳动对, 87 – 88, 97 – 98; prolifer-

ation of, ……的增长, 37,
69, 81 – 88, 98 – 99, 104;

taste and, 品位和, 355n35

Xenophon, 色诺芬, 244